C++
기초 프로그래밍 **트레이닝**

김상형 지음

한빛아카데미
Hanbit Academy, Inc.

지은이 **김상형**

경력

한메소프트 – 다울소프트 – LPA 전임 강사 – TODMobile – 프리랜서

참여 프로젝트

백과사전, NeoTest, iLark 워드, LifeDiary, Galaxy S 카메라, 보안 바코드 리더

저서

『안드로이드 프로그래밍 정복』(한빛미디어, 2016)

『HTML5+CSS3』(한빛미디어, 2014)

『JavaScript+JQuery』(한빛미디어, 2014)

『윈도우즈 API 정복』(한빛미디어, 2006)

『C 언어 트레이닝』(한빛아카데미, 2017)

운영 중인 웹 사이트

http://www.soen.kr

C++ 트레이닝

초판발행 2018년 3월 25일

지은이 김상형 / **펴낸이** 김태헌

펴낸곳 한빛아카데미(주) / **주소** 서울시 서대문구 연희로2길 62 한빛아카데미(주) 2층

전화 02-336-7195 / **팩스** 02-336-7199

등록 2013년 1월 14일 제2013-000013호 / **ISBN** 979-11-5664-390-6 93000

총괄 배용석 / **책임편집** 김현용 / **기획** 김미정 / **편집** 신꽃다미 / **전산편집** 김정미

디자인 김연정

영업 이윤형, 길진철, 김태진, 김성삼, 제주희, 주희 / **마케팅** 김호철

이 책에 대한 의견이나 오탈자 및 잘못된 내용에 대한 수정 정보는 아래 이메일로 알려주십시오.
잘못된 책은 구입하신 서점에서 교환해 드립니다. 책값은 뒤표지에 표시되어 있습니다.

홈페이지 www.hanbit.co.kr / **이메일** question@hanbit.co.kr

지금 하지 않으면 할 수 없는 일이 있습니다.

책으로 펴내고 싶은 아이디어나 원고를 메일(writer@hanbit.co.kr)로 보내주세요.

한빛아카데미(주)는 여러분의 소중한 경험과 지식을 기다리고 있습니다.

한빛아카데미(주)는 한빛미디어(주)의 대학교재 출판 부문 자회사입니다.

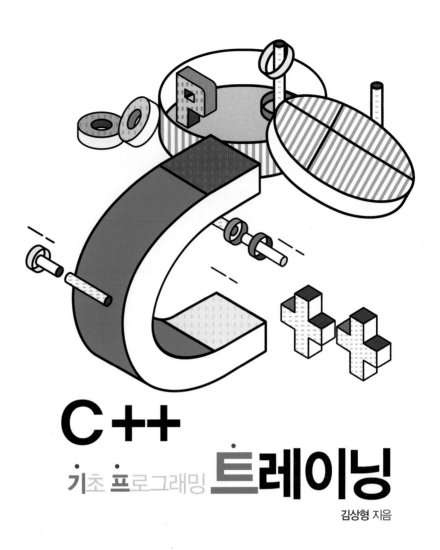

C++

기초 프로그래밍 **트레이닝**

김상형 지음

한빛**아카데미**
Hanbit Academy, Inc.

머리말

C++은 간결하고 성능 지향적인 C 언어에 객체 지향 프로그래밍 기능을 추가한 C 언어의 상위 버전입니다. 80년대의 눈부신 하드웨어 발전으로 대두된 소프트웨어 위기를 타개하기 위해 등장하여 대규모의 실무 프로젝트를 성공적으로 수행하였습니다. 탁월한 성능과 안정성, 코드 재사용성으로 최적의 응용 프로그램 개발 언어로 검증받았으며 현재도 성능이 필요한 분야의 주 개발 언어로 자리매김하고 있습니다.

C++은 C 언어의 불합리한 문법을 개선하고 구조적 프로그래밍 기법과 객체 지향 기법을 동시에 지원하는 혼합형 언어입니다. 따라서 이 책의 전판인 『C 언어 트레이닝』을 통해 프로그래밍 언어의 기본 원리와 구조적 프로그래밍 기법에 대한 기본기를 탄탄하게 다져야 객체 지향의 원리와 이점을 제대로 학습할 수 있습니다.

이 책은 전편의 연속이며 C 언어를 이미 알고 있다는 가정하에 쓰여졌습니다. C++에서 확장된 문법을 우선 소개하며 구조적 기법을 토대로 하여 객체 지향의 기본 원리와 필요성, 이점을 이해하기 쉬운 순서대로 기술합니다. 모형화된 간략한 예제를 통해 문법을 설명하며 실습 과제를 통해 실무에 적용하여 응용력을 높이고 각 장의 끝에 배치된 연습문제를 통해 복습 및 확인 과정을 거치도록 하였습니다.

객체 지향은 구조적 기법과는 완전히 다른 개발 방법이며 처음 배울 때는 복잡하고 난해한 개념을 익혀야 합니다. 다행히 객체 지향 이론은 일관된 흐름이 있어 철학을 깨우치면 전체적인 구조를 무난히 터득할 수 있고 백방으로 응용할 수 있습니다. 객체 지향의 개념을 익히면 C/C++의 문법과 유사한 최신 고급 언어도 쉽게 익힐 수 있습니다. 이 책으로 인해 많은 젊은이들이 흥미진진한 프로그래밍의 세계에 입문하기 바라며 이 책이 대한민국의 IT 발전에 미력이나마 이바지하기를 기대합니다.

지은이 김상형

C++ 이 책의 사용 설명서

대상 독자

이 책은 프로그래밍을 한 번도 한 적이 없는 초보자를 대상으로 쓴 초중급 입문서입니다. C/C++은 물론 다른 언어에 대한 경험이 전혀 없더라도 목차를 따라 문법을 학습하고 실습해 볼 수 있도록 쉬운 순서대로 구성하였습니다. 다만 C++은 C 언어의 상위 버전이며 C 언어의 구조적 기법을 먼저 알아야 C++의 객체 지향 기법을 학습할 수 있으므로 전권에 해당하는 C 책을 먼저 읽어야 합니다. 이 책에서 사용하는 주 컴파일러인 비주얼 스튜디오는 윈도우 환경에서 실행되므로 운영체제에 대한 기본적인 사용법은 숙지하고 있어야 합니다. 일반적인 윈도우 응용 프로그램을 익숙하게 다룰 수 있어야 하며 컴파일러 및 유틸리티를 자유자재로 설치 및 사용할 수 있어야 합니다. 프로젝트 실습 과정에서 생성되는 여러 가지 소스 파일과 구성 파일을 관리할 수 있어야 원활한 실습을 진행할 수 있습니다.

객체 지향은 부피는 작으나 개념이 복잡하여 이론만으로 익히기는 어려우며 반드시 실습을 진행해 봐야 합니다. 컴파일러를 설치한 후 문법 학습과 함께 실습을 병행하십시오. 다행히 C/C++ 컴파일러는 높은 사양을 요구하지 않아 웹 서핑이 가능한 노트북이나 데스크톱 정도면 충분합니다. 코드를 입력해 봐야 하므로 키보드가 필요하며 태블릿으로는 실습을 진행하기 어렵습니다.

예제 설치

이 책은 예제를 위한 별도의 CD-ROM을 제공하지 않으며 본문의 모든 예제는 인터넷 사이트의 압축 파일로 제공됩니다. 다음 주소는 이 책의 사후 지원을 위한 웹 페이지입니다.

저자 홈페이지 http://www.soen.kr/book/ccpp

한빛 홈페이지 http://www.hanbit.co.kr/src/4390

사이트에 접속한 후 배포 예제인 압축 파일을 다운로드하여 적당한 디렉터리에 설치하십시오. 압축 파일에는 실습에 필요한 cursor.h 헤더 파일과 모든 예제의 소스를 각 장별로 제공하는 CStudy 실행 파일이 포함되어 있습니다. 헤더 파일을 설치하고 CStudy 유틸리티로 예제의 소스를 복사해 사용하십시오.

이 책의 사용 설명서

지원 사이트에서는 지면에 포함되지 않은 고급 문법을 강좌 형태로 제공하며 출판 후에 발견된 오타에 대한 정오표를 게시합니다. 본 책을 다 읽은 후 고급 문법 강좌를 더 읽어 보고 수시로 지원 사이트를 방문하여 최신 예제와 정오표를 확인하십시오.

이 책을 읽는 방법

C/C++은 특별한 선수 과목은 없으나 C++을 익히기 위해서는 C 언어를 먼저 이해하고 있어야 합니다. C++은 C의 상위 버전이며 객체 지향 구현을 위해 C 언어에 없는 고유한 기능이 추가 및 확장되었습니다.

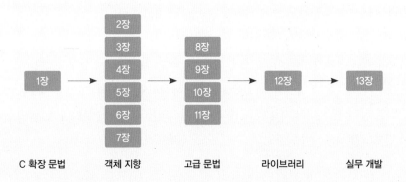

1장 에서는 C++ 언어에서 확장된 새로운 문법을 먼저 학습하며 아직 클래스는 다루지 않습니다. C 언어에 대한 보충 학습 및 C++ 학습을 위한 준비 과정에 해당합니다.

2~7장 에서는 객체 지향에 대한 기본 이론을 쉬운 순서대로 차례대로 소개 및 실습합니다. 속성과 동작을 하나로 묶어 클래스를 정의하고 생성자로 클래스를 초기화하는 방법, 정보를 은폐하는 방법, 상속을 통한 다형성 구현까지 객체 지향의 주 이론을 밀도있게 다룹니다. 핵심적인 객체 지향 이론을 순서에 맞게 자세히 서술하고 있으며 실습까지 겸하고 있으므로 두 번, 세 번 꼼꼼하게 읽어 모든 문법을 완전히 익혀야 합니다.

8~11장 에서는 클래스와 직접적인 연관성은 낮지만 객체 지향을 더 안정적으로 활용할 수 있는 고급 문법을 다룹니다. 객체 지향의 핵심 문법은 아니므로 서둘러 학습할 필요까지는 없습니다. 7장까지 기본을 완전히 익힌 후 대충의 통독을 통해 기능의 존재만 파악해 두고 필요할 때 찾아 학습하는 것이 효율적입니다.

12장 에서는 C++의 표준 라이브러리 중 사용 빈도가 높은 입출력 스트림과 문자열 타입을 소개합니다. 문자열은 실무에서 자주 사용할 뿐만 아니라 객체 지향의 모든 특성을 잘 보여 주는 전형적인 클래스이므로 사용 방법을 완벽하게 익혀 두는 것이 좋습니다. STL은 덩치가 너무 크고 복잡하여 본 책에서는 다루지 않습니다. 관심있는 독자는 별도의 책이나 추가 강좌를 통해 학습하십시오.

마지막 **13장** 은 모든 객체 지향 이론을 총 복습하기 위한 실습 프로젝트입니다. 실제 사물을 추상화하여 클래스로 정의하고 객체 간의 관계를 정의하여 프로그램을 완성하는 실습을 진행하며 개작을 통해 실무 경험을 쌓을 수 있도록 의도적으로 만든 프로젝트입니다. 단순히 분석만 할 것이 아니라 같이 예제를 만들어 보고 적극적으로 개작 및 추가 기능을 구현해 볼 것을 권합니다.

강의 보조 자료

한빛아카데미 홈페이지에서 '교수회원'으로 가입하신 분은 인증 후 교수용 강의 보조 자료를 제공받으실 수 있습니다. 한빛아카데미 홈페이지 상단의 〈교수전용공간〉 메뉴를 클릭해 주세요.

http://www.hanbit.co.kr/academy

목차

목차

목차

목차

목차

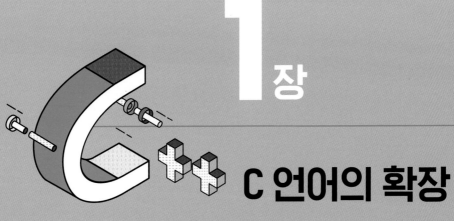

1장

C 언어의 확장

학습목표

소프트웨어 위기의 원인과 그 해결책으로서 객체 지향이 도입된 이유에 대해 알아본다. 객체 지향의 일반적인 특성을 소개하고 간단한 비교 예제를 통해 조립식 프로그래밍의 장점을 경험해 본다. 객체 지향을 위해 확장된 C++ 언어의 문법을 학습하여 본격적인 객체 지향 연구를 대비한다.

1 객체 지향

1 소프트웨어 위기

초기의 컴퓨터는 고가의 장비여서 과학, 공학용 등의 제한적인 분야에만 사용되었다. 하지만 하드웨어의 성능이 향상되고 가격도 저렴해져 일상 생활에까지 응용 범위가 넓어지면서 더 많은 소프트웨어가 필요해졌다. 기본적인 성능이나 안정성은 물론이고 예쁘고 편리한 프로그램을 원했다.

양적으로 질적으로 소프트웨어에 대한 요구는 대폭 증가했지만 개발 인력이 부족하고 생산성이 낮아 복잡도에 걸맞는 신뢰성을 확보하지 못했다. 기존의 후진적인 방법으로는 고품질의 프로그램을 신속하게 만들기 어려웠다. 이처럼 소프트웨어가 하드웨어의 발전을 따라가지 못하는 현상을 소프트웨어 위기Software Crisis라고 한다.

하드웨어는 18개월마다 2배씩 기하급수적으로 빨라져 10년에 80배나 성능 향상을 달성했지만 소프트웨어의 발전은 이를 따르지 못했다. 절차식 프로그래밍 방법은 문제를 중심으로 코드를 작성하는데 현실의 문제가 너무 특수해서 이미 만든 코드를 재사용히기 어려웠다. 매번 코드를 새로 작성하다 보니 생산성이 낮고 고급 인력도 부족해 소프트웨어의 질은 갈수록 떨어졌다.

하드웨어는 처음부터 다시 만드는 식이 아니라 이미 잘 만들어진 트랜지스터, 저항, IC 같은 부품을 조립하는 식이다. 부품의 신뢰성이 확보되어 있으니 조립이 간단하며 개발 기간이 짧고 완제품의 질도 훌륭하다. 반면 소프트웨어는 언제나 처음부터 다시 개발하는 식이라 시간이 오래 걸리고 신뢰성도 떨어진다.

```
int main()
{


}
```

▲ 하드웨어의 생산   ▲ 소프트웨어의 생산

이런 위기 상황을 타개하기 위해 학계에서는 여러 가지 새로운 개발 방법이 제시되었다. 그중 가장 탁월한 방법으로 공인받은 것이 바로 객체 지향 프로그래밍OOP; Object Oriented Programming이다. 절차가 아닌 데이터를 중심으로 하여 현실의 사물을 객체로 정의하고 잘 만들어진 객체를 조립하여 프로그램을 완성하는 방식이다.

전자 상가에 가면 각종 전자 부품과 조립 설명서가 포함된 라디오 조립 키트를 판다. 하드웨어에 대한 별다른 지식이 없어도 설명서를 따라 부품을 배치하고 납땜만 하면 된다. 중학생 정도만 되도 부품의 역할을 대충 알고 있어 라디오나 무전기 정도는 쉽게 만들 수 있다. 부품을 조립만 하면 되니 생산성이 높은데 소프트웨어도 이런 식으로 만들어야 한다.

객체는 필요한 모든 것을 자체적으로 품고 있어 독립적이며 재활용성이 높다. 그래서 한번 잘 만들어 놓으면 다른 프로젝트에도 쉽게 사용할 수 있어 생산성이 극적으로 향상된다. 객체 지향을 한마디로 정의하자면 조립식 소프트웨어 개발 방법이다. 멀티미디어, 네트워크, 그래픽 등의 기능을 가진 객체를 척척 조립하여 복잡한 프로그램을 쉽게 만들 수 있다.

맞춤형인 절차식에 비해 성능은 약간 떨어지지만 하드웨어의 발전이 워낙 빨라 무시할만하다. 현대의 프로그래밍은 성능보다는 신속한 개발과 신뢰성, 유지 보수의 편의성이 더 중요하다. 인건비보다 하드웨어가 훨씬 더 저렴하니 속도를 조금 희생하더라도 최단 기간에 싼 비용으로 개발하는 것이 더 이득이며 그 해답이 바로 객체 지향이다.

2 OOP의 특징

객체 지향은 이전 방식인 절차식 프로그래밍과는 문제를 푸는 방식이 완전히 다르다. 객체 지향 프로그래밍의 주요 특징은 대체로 다음과 같되 학자에 따라 몇 가지 특징을 더 추가하기도 하고 각 특징의 범주에 대해서도 견해가 조금씩 다르다.

- **캡슐화**Encapsulation

  표현하려는 자료Data와 동작Function을 하나의 단위로 묶어 객체Object를 정의한다. 대상의 특징을 나타내는 데이터와 동작을 처리하는 함수가 하나의 묶음이 되어 독립적인 부품이 된다. 재사용성이 높아 객체를 소프트웨어 IC라고 부른다.

- **정보 은폐**Information Hiding

  객체는 외부에서 사용하는 기능만 공개하고 내부적인 동작은 숨겨 스스로 방어한다. 외부에서 객체의 상태를 함부로 바꿀 수 없어 안정성이 향상된다.

- **추상화**Abstraction

  현실의 사물을 객체로 정의하기 위해 특성과 동작을 조사하는 것을 데이터 모델링 또는 개념화라고 한다. 모델링에 의해 속성과 동작의 목록을 작성하고 공개할 기능과 숨길 기능을 결정하여 객체로 정의한다. 외부에서는 복잡한 내부를 볼 수 없고 공개된 소수의 인터페이스만 볼 수 있어 사용법이 간단하며 객체를 수정하기도 용이하다.

- **상속**Inheritance

  이미 만들어진 클래스를 파생시켜 새로운 클래스를 정의한다. 파생 클래스는 기존 클래스의 모든 속성과 동작을 물려받으며 새로운 기능을 추가하거나 변경할 수도 있다. 현실의 문제가 특수해서 기존 클래스가 적합하지 않을 경우 상속받아 추가, 수정한다.

- **다형성**Polymorphism

  똑같은 호출이라도 상황에 따라, 호출하는 객체에 따라 다른 동작을 할 수 있는 능력이다. 실제 내부 구현은 다르더라도 개념적으로 동일한 동작을 하는 함수를 하나의 인터페이스로 일관되게 호출할 수 있다.

OOP의 특징은 처음 보는 사람에게는 대단히 난해해서 이 설명만으로 그 본질을 이해하기는 무척 어렵다. 객체 지향 프로그래밍 전체를 다 경험해 봐야 알 수 있는 어려운 내용인데 지금 당장은 쉬운 말로 개념만 이해하고 넘어가자. 물론 이는 이해를 위한 대략적인 비유일 뿐 정확한 정의는 훨씬 더 복잡하다. 특징 하나당 1~2개의 장을 할애하여 학습하고 실습해 봐야 제대로 이해할 수 있다.

▼ OOP의 특징

특징	간단한 설명
캡슐화	묶는다.
정보 은폐	숨긴다.
추상화	표현한다.
상속	재사용한다.
다형성	상황에 따라 달라진다.

3 OOP 맛보기

절차식Procedural 프로그래밍은 문제를 푸는 절차에 따라 코드를 작성한다. 문제를 분석하고 해결에 필요한 명령을 선정하여 연산문, 조건문, 반복문 등의 문법으로 표현하며 순서에 맞게 명령을 배치하여 프로그램을 완성해 나가는 방식이다. 자료 구조에 중점을 둔다고 하여 구조적Structural 프로그래밍 기법이라고도 한다.

큰 작업은 기능에 따라 더 작은 함수 단위로 나누는데 함수 내부도 절차가 중심이다. 예를 들어 성적 처리 프로그램을 만든다면 입력부, 계산부, 출력부로 분할하고 계산부는 총점을 구하는 코드와 평균, 석차를 내는 코드로 분할한다. 거대한 문제를 함수, 명령, 구문의 작은 단위로 내려가며 개발하기 때문에 절차식을 하향식Top Down이라고 한다.

C 언어는 이 방법으로 프로그램을 작성한다. 〈C 언어 트레이닝〉에서 만들었던 숫자 맞추기 게임인 randnum은 난수 생성 → 입력 → 비교 후 메시지 출력 과정을 맞출 때까지 반복한다. 프로그램이 실행되는 절차가 중심이며 더 큰 프로그램도 마찬가지이다. 절차식은 구조가 간결하고 성능이 좋지만 규모가 커질수록 복잡도가 증가해 확장이 어렵고 유지, 보수 비용이 많이 든다.

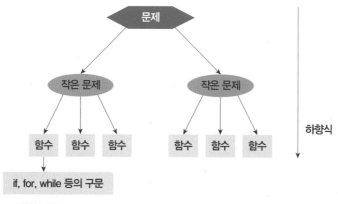

▲ 하향식 개발

이에 비해 객체 지향 프로그래밍은 객체에 초점을 두고 문제를 해결한다. 프로그램은 현실 세계의 모방이며 코드에서 다루는 모든 사물은 추상적인 객체로 모델링된다. randnum 예제의 핵심 사물은 컴퓨터가 무작위로 생성한 난수이다. 난수는 숫자값을 속성으로 가지고 난수를 생성하는 동작과 난수와 사용자의 입력값을 비교하는 동작으로 구성된다. 이 속성과 동작을 묶고 필요한 인터페이스를 외부로 공개하여 객체로 추상화한다.

사용자가 입력한 숫자도 객체이다. 입력받은 값과 질문하기, 입력받기 등의 동작을 가지며 역시 객체로 캡슐화한다. 부품이 되는 객체를 완성한 후 이 부품을 조립하고 객체끼리 상호 작용하도록 연결하여 프로그램을 완성한다. 부품을 먼저 만들어 놓고 부품을 조립하여 상위의 프로그램을 완성해 나가는 방식이므로 상향식Bottom Up이라고 한다.

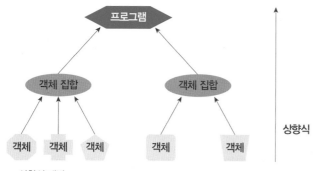

▲ 상향식 개발

절차식으로 작성했던 randnum 예제를 객체 지향으로 다시 작성하여 비교해 보자. 문제를 푸는 방식은 다르지만 실행 결과는 완전히 같다. 구경만 해 보는 것이므로 아직 모든 구문을 다 이해할 필요는 없다.

```
randnumOop
```

```cpp
#include <stdio.h>
#include <cursor.h>

class RandNum
{
private:
    int num;

public:
    RandNum() { randomize(); }
    void Generate() { num = random(100) + 1; }
    BOOL Compare(int input) {
        if (input == num) {
            printf("맞췄습니다.\n");
            return TRUE;
        } else if (input>num) {
            printf("입력한 숫자보다 더 작습니다.\n");
        } else {
            printf("입력한 숫자보다 더 큽니다.\n");
        }
        return FALSE;
    }
};

class Ask
{
private:
    int input;

public:
    void Prompt() { printf("\n제가 만든 숫자를 맞춰 보세요.\n"); }
    BOOL AskUser() {
        printf("숫자를 입력하세요(끝낼 때는 999) : ");
        scanf("%d", &input);
        if (input == 999) {
            return TRUE;
        }
        return FALSE;
    }
```

```
    int GetInput() { return input; }
};

int main()
{
    RandNum R;
    Ask A;

    for (;;) {
        R.Generate();
        A.Prompt();
        for (;;) {
            if (A.AskUser()) {
                exit(0);
            }
            if (R.Compare(A.GetInput())) {
                break;
            }
        }
    }
}
```

이 소스에서 RandNum, Ask가 클래스이고 클래스로부터 만들어진 A, R이 객체이다. RandNum
은 생성된 난수를 기억하는 num 멤버와 난수를 생성하는 Generate, 입력값과 비교하는
Compare 멤버 함수를 캡슐화한다. 사용자로부터 값을 입력받는 Ask 클래스는 입력값을 저장하
는 input 변수와 안내 메시지를 출력하는 Prompt, 키보드로 입력받는 AskUser, 입력된 값을 조
사하는 GetInput 함수를 캡슐화한다.

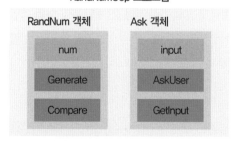

▲ 프로그램을 구성하는 객체

객체가 완성되면 main은 부품을 조립하여 객체들끼리 상호 작용하도록 코드를 작성한다. 난수를

생성하거나 입력을 받는 작업은 신경쓰지 않고 999가 입력될 때까지 게임을 계속 반복할 뿐이다. 절차식의 randnum 예제보다 더 길어졌지만 구조는 좋아져 다음과 같은 이점이 있다.

- **만들어 놓은 객체를 재사용하기 쉽다.**

  RandNum, Ask를 재사용하고 싶다면 클래스 정의부만 가져가면 된다. 클래스 내부에 모든 것이 캡슐화되어 있고 외부와는 추상적인 인터페이스로 통신하기 때문이다. RandNum은 Generate만 호출하면 난수를 만들어 num에 저장하고 Compare를 호출하면 비교 결과를 리턴한다.

- **부품의 안정성이 높아진다.**

  RandNum의 num 멤버는 은폐되어 있어 외부에서 이 값을 함부로 변경할 수 없다. R.num = 1234; 대입문은 에러 처리되며 그래서 부주의한 사용자나 오동작으로부터 스스로를 방어한다. 외부에서는 오로지 공개된 인터페이스만 사용할 수 있다.

- **확장성이 개선되었다.**

  Ask 클래스에 입력값의 유효성을 점검하는 기능을 넣고 싶다면 AskUser 함수에 if 조건문만 넣으면 된다. 내부 구현만 바뀌었을 뿐 외부 인터페이스는 변함이 없으므로 main은 전혀 영향을 받지 않는다. 확장이 쉬워져 유지, 보수도 편리해진다.

- **부품을 조립하는 식이라 개발 속도가 빠르다.**

  RandNum, Ask 클래스가 이미 만들어져 있다면 main은 단 몇 줄의 코드만으로도 프로그램을 완성할 수 있다. 조립식이라 개발 기간이 짧고 인건비가 줄어 비용이 절감된다.

객체 지향은 간단히 말해 부품 조립식이며 부품이 되는 객체를 얼마나 잘 만드는가가 관건이다. 범용성, 안전성, 재활용성, 확장성 등을 충분히 고려해서 정밀하게 만들어야 한다. C++의 모든 클래스 관련 문법은 이런 조건을 만족하는 객체를 제작하기 위한 것이다.

훌륭한 부품을 만드는 것은 아주 어려운 일이지만 한 번만 잘 만들어 놓으면 수많은 개발자가 이 부품을 편리하게 활용할 수 있다. OOP의 기본 철학은 재활용성이다. 비슷한 코드를 매번 만들지 말고 딱 한 번 제대로 만들어 놓고 적극적으로 재활용하자는 것이다.

객체 제작자는 완벽한 부품을 만들어야 하므로 상당한 수준이어야 하며 불특정 다수의 사용자와 다양한 환경까지 고려하여 정밀하게 테스트해야 한다. 이렇게 만들어진 부품은 재활용이 쉬워 조립식으로 대량의 소프트웨어를 신속하게 만들 수 있다. 최상급의 인력이 아니어도 조립 정도는 어렵지 않다. 결국 OOP는 소프트웨어 제작에 필요한 개발자의 숙련도를 떨어뜨려 소프트웨어 위기의 주요 원인인 인력 부족 문제를 해결한다.

객체 작성자
최상급의 개발자

객체 사용자
초중급 개발자

최종 사용자
일반 유저

▲ **객체 작성자와 개발자, 사용자**

객체 지향은 문제를 푸는 사고방식의 하나일 뿐 특정 언어의 기능이 아니다. 객체 지향적인 개념만 있다면 C 언어로도 구조체나 모듈 등의 장치를 활용하여 객체 지향 프로그래밍을 할 수 있다. 하지만 아무래도 언어 차원에서 클래스를 지원하는 C++이 더 효율적이다. C로 객체 지향 프로그래밍이 가능한 것처럼 C++로 절차적 프로그래밍도 가능하다. 그래서 C++을 완전한 객체 지향 프로그래밍 언어가 아닌 혼합형 언어라고 한다.

OOP는 절차식에 비해 성능이 떨어진다. 요즘의 컴퓨터 환경에서는 신속한 개발과 안정성이 더 중요하므로 성능을 위해 절차식을 고수할 필요는 없다. 반대로 OOP가 최신 개발 방법이니 무조건 OOP여야 한다는 생각도 바람직하지 않다. 절차식은 고리타분하고 OOP가 최상이라는 이분법적 사고는 곤란하다. 두 방법은 목적이 다를 뿐이므로 상황에 맞게 선택하는 것이 바람직하다.

2 개선된 문법

1 C 언어의 확장

간결함과 고효율로 무장한 C 언어는 당시의 열악한 컴퓨터 환경에도 고성능 프로그램 개발에 일조하였다. 여러 분야에 광범위하게 사용되어 대중성을 확보하고 상당 기간 장수했으며 현재도 사용처가 많다. 그러나 만든지 너무 오래 되어 생산성이 낮다는 한계가 있으며 대규모 프로젝트에는 부적합하다.

이런 한계를 극복하기 위해 C에 기능을 추가하고 개선하여 새로 만든 상위 버전이 C++이다. 추가된 기능 중 가장 중요하고 부피가 큰 것은 물론 객체 지향의 근간인 클래스이지만 그 외에도 자잘한 개선 사항이 많다. 클래스는 다음 장부터 알아보기로 하고 여기서는 그 외의 소소한 변화를 먼저 살펴보자. C++에서 개선된 문법은 다음과 같다.

- C의 주석인 /* */는 시작과 끝을 명시할 수 있어 여러 줄로 작성할 수 있지만 끝을 닫아야 한다는 점에서 불편하다. C++은 // 기호 다음은 줄 끝까지 주석으로 처리하여 간편하게 주석을 달 수 있다.
- C에서 지역 변수는 함수 선두에 선언하지만 C++은 함수 중간에도 선언할 수 있다. 긴 함수를 작성할 때 변수가 필요한 곳에 선언할 수 있어 편리하다.
- for 문의 초기식에서 제어 변수를 선언할 수 있다. 루프 바깥에 변수를 따로 선언할 필요 없이 for (int i = 0… 식으로 루프와 제어 변수를 하나로 묶을 수 있어 편리하다.

이 기능들은 원래 ANSI C에는 없었지만 C 언어도 지속적으로 C++의 기능을 흡수하여 지금은 이 기능을 사용할 수 있다. C++이 발전하는 만큼 C도 지속적으로 발전하고 있으며 서로의 장점을 적극적으로 받아들여 점점 동질화되고 있다.

C++은 C의 상위 버전이어서 C의 거의 모든 문법을 계승한다. 그러나 일부 바람직하지 못한 문법이나 모호한 구문은 더 이상 지원하지 않는 것도 있어 완벽한 하위 호환성을 제공하지는 않는다. 다음 예를 보자.

```
void drawrect(int left, int top, int right, int bottom)
{
}
```

네 개의 정수 인수를 취하는 함수를 정의했다. 모든 인수가 int 타입이므로 변수를 선언할 때처럼 타입을 한 번만 밝히고 인수를 나열하면 더 짧고 편리할 것이다.

```
void drawrect(int left, top, right, bottom)
```

그러나 이런 문법은 없으며 인수의 타입을 일일이 밝혀야 한다. 대신 인수의 이름만 나열하고 본체를 시작하기 전에 타입을 따로 밝히는 방법이 있다.

```
void drawrect(left, top, right, bottom)
int left, top, right, bottom;
{
}
```

좀 이상해 보이지만 인수의 개수가 굉장히 많을 때는 나름 실용성이 있다. 하지만 C++은 더 이상 이런 문법을 지원하지 않는다. 사용 빈도도 낮을 뿐더러 {} 괄호 이전의 본체 바깥에 선언문이 들어간다는 면에서 어색하고 타입은 한 번만 썼지만 변수명이 반복되어 비효율적이다.

이 외에도 C++에서 파기된 C 문법이 몇 가지 더 있는데 주로 모호함을 방지하기 위해서이다. C++이 지원하지 않는다는 것은 실용성이 없다는 뜻이며 실제로 C에서도 잘 사용하지 않거나 권장되지 않는 문법이다. 아주 옛날 소스를 보지 않는 한 파기된 문법은 몰라도 상관없다. C와 C++의 포함 관계를 그려 보면 다음과 같다.

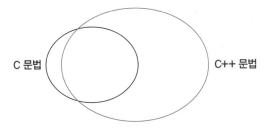

▲ C와 C++의 문법 범위

C++이 C의 기의 모든 기능을 포괄하며 새로 추가된 문법도 많지만 일부 제외된 문법도 있다. 그래서 두 언어의 관계를 학자마다 다르게 규정하며, 개발 방법이 판이하게 다르니 완전히 다른 언어

라고 주장하는 사람도 있다. 현재는 두 언어가 비슷한 기능을 서로 추가하며 같이 발전하고 있어 C++을 C의 상위 버전으로 보는 것이 타당하다.

2 bool 타입

C는 별도의 진위형이 없어 정수형을 대신 사용하며 0은 거짓이고 0 이외의 모든 값은 참으로 평가한다. 0이 거짓인 것은 상식적이지만 1이나 −1까지 모두 참으로 평가하는 것은 일관되지 못하다. 논리값을 정수로 표현하다 보니 다음과 같은 실수를 종종 한다.

```
int value = 3;
if (value = 4) {
    puts("참이다.");
}
```

비교 연산자로 ==을 써야 하는데 실수로 =을 썼다. 대입 연산자는 대입한 결과를 리턴하는데 4는 참으로 평가되므로 value의 이전 값과 상관없이 논리식이 참이 되어 버린다. 이런 문제점이 있기 때문에 C 라이브러리는 별도의 진위형을 BOOL 열거형이나 사용자 정의형으로 사용했었다. 그러나 BOOL도 정수여서 단 두 가지 값을 표현하는데 4바이트나 차지하여 불합리하다.

C++은 별도의 논리형인 bool 타입을 지원하며 참, 거짓에 대해 true, false 리터럴을 키워드로 제공한다. 진위형을 분명히 표현할 수 있어 의미가 명확하고 실수할 위험이 적다. 비교 연산식이나 논리 연산식의 결과를 bool 타입의 변수에 대입할 수 있고 이 변수를 if 문이나 for 문의 조건식에 사용할 수 있다.

```
bool

#include <stdio.h>

int main()
{
    int age = 25;
    bool isAdult = age > 19;
    if (isAdult) {
        puts("성인입니다.");
    }
}
```

```
성인입니다.
```

나이가 19보다 크다는 조건을 bool 타입의 isAdult 변수에 대입하고 이 변수를 if 문의 조건식에 사용하였다. 이 예제는 C++의 확장된 타입을 사용하기 때문에 프로젝트를 C++로 작성해야 한다. 소스 파일의 확장자가 .c이면 C 문법으로 컴파일하므로 확장자를 반드시 .cpp로 저장해야 한다. 이후의 예제도 마찬가지이다.

bool은 크기가 1바이트밖에 되지 않아 대용량의 배열이나 구조체의 멤버로 사용할 때 메모리가 절약된다. 하지만 CPU는 한 번에 4바이트씩 묶어서 처리하기 때문에 처리 속도는 별 차이가 없다. bool 타입은 정수형과 호환되어 정수에 bool 타입의 변수를 대입할 수 있고 bool 타입 변수에 정수 상수를 대입할 수도 있다. 정수와 직접 비교할 수도 있어 true 대신 1을 써도 되고 false 대신 0을 써도 된다.

```
int b = isAdult;
isAdult = 5;
```

정수형과 진위형은 사용처가 분명히 구분되고 논리적인 의미도 달라 이런 대입을 허용하는 것은 바람직하지 않다. 실제로 자바같은 언어는 bool 타입과 정수 타입을 철저히 분리하여 더 안전하다. 그러나 C++은 C와의 하위 호환성을 유지해야 하는 숙명이어서 어쩔 수 없다.

3 태그의 자격

열거형이나 구조체를 선언할 때는 태그를 먼저 선언한 후 태그로부터 변수를 선언한다. 이때 해당 태그가 열거형인지 구조체인지 구분하기 위해 앞에 enum, struct 등의 키워드를 붙인다. 다음 예제는 C의 방식으로 작성한 것이다.

```
tagtype
#include <stdio.h>

int main()
{
    enum origin { EAST, WEST, SOUTH, NORTH };
    enum origin mark = WEST;
    printf("%d 방향\n", mark);

    struct SHuman
    {
        char name[12];
```

```
        int age;
        double height;
    };
    struct SHuman kim = { "김상형", 29, 181.4 };
    printf("이름 = %s, 나이 = %d\n", kim.name, kim.age);
}
```

---

1 방향
이름 = 김상형, 나이 = 29

---

origin은 열거형 태그로 선언되어 있지만 이를 분명히 하기 위해 enum origin으로 타입을 지정한다. 마찬가지로 SHuman형 구조체를 선언할 때도 struct SHuman 타입을 사용한다. 그러나 앞에 키워드를 붙이지 않더라도 선언문을 보면 열거형인지 구조체인지 알 수 있다. C++은 태그를 하나의 타입으로 인정하기 때문에 태그명으로 변수를 선언할 수 있다.

```
origin mark = WEST;
SHuman kim = { "김상형", 29, 181.4 };
```

enum, struct 키워드 없이 태그만 써도 열거형인지 구조체인지 알 수 있으며 전혀 혼란스럽지 않다. 이처럼 태그를 하나의 타입으로 인정하여 문법이 간소화되었다.

4 명시적 캐스팅

C++은 캐스트 연산자의 형식을 하나 더 추가했다. C++에서는 다음 두 가지 형식을 사용할 수 있다. 정수 a를 실수로 바꾸는 예를 보자.

▼ 객체 지향 프로그래밍의 특성

	형식	예1	예2
C 형식	(타입)변수	(float)a	(float)(a + b)
C++ 형식	타입(변수)	float(a)	float(a + b)

C 형식은 변수명 앞의 괄호 안에 변환할 타입을 지정하고 C++ 형식은 함수 호출문과 유사하게 변수를 괄호로 감싼다. 단일 변수를 캐스팅할 때는 별 차이가 없으며 기능은 똑같아 쓰는 사람이 자유롭게 선택하면 된다. 다만 수식을 캐스팅할 때는 차이가 있다. 두 정수의 합 a + b를 실수형으로 캐스팅하는 예2를 보자.

C 형식은 수식을 괄호로 싸 전체 수식을 캐스팅해야 하지만 C++ 형식은 캐스팅할 범위를 괄호로 지정하는 것이라 추가 괄호가 더 필요 없다. 이런 경우를 제외하고는 C 형식도 특별한 문제가 없어 아직도 많이 사용된다.

이 외에 C++은 변환의 종류가 제한적인 특수한 캐스트 연산자를 더 제공한다. C의 캐스트 연산자는 기능이 너무 광범위해 위험한 면이 있어 용도별로 안전하게 쓸 수 있는 캐스트 연산자를 새로 정의해 두었다. 이 연산자는 클래스까지 공부한 후에 알아보도록 하자.

5 new 연산자

C가 메모리를 할당, 해제할 때 malloc/free 함수를 사용하는 데 비해 C++은 연산자로 메모리를 할당 및 해제한다. 함수가 아닌 연산자이기 때문에 별도의 헤더 파일을 포함할 필요 없이 언제든 사용할 수 있다. 메모리를 할당할 때는 new 연산자를 사용하며 기본 형식은 다음과 같다.

```
포인터 = new 타입[(초깃값)];
```

해당 타입의 크기만큼 메모리를 할당하여 포인터를 리턴한다. 할당과 동시에 초기화하고 싶으면 괄호 안에 초깃값을 지정하되 생략하면 쓰레기값을 가진다. 할당에 실패하면 NULL을 리턴하는데 단일 변수 할당에 실패하는 경우는 거의 없다.

할당한 메모리를 해제할 때는 delete 연산자를 사용하며 new가 리턴한 포인터를 전달한다. 한 포인터를 두 번 해제하는 것은 안되지만 NULL 포인터에 대해서는 아무것도 하지 않으므로 NULL에 대해 delete를 호출하는 것은 안전하다. 다음 예제는 정수형 변수 하나를 할당하여 값을 저장한다.

newdelete

```c
#include <stdio.h>

int main()
{
    int *pi;

    pi = new int;
    *pi = 123;
    printf("*pi = %d\n", *pi);
    delete pi;
}
```

```
*pi = 123
```

정수형 포인터 pi를 선언하고 new int 구문으로 정수형 변수 하나를 저장할 4바이트를 할당하여 그 번지를 대입받았다. pi가 힙heap에 할당된 4바이트를 가리키고 있으므로 *pi로 이 번지의 정수를 액세스한다. *pi에 123을 대입하고 잘 저장되었는지 확인해 보았다. new 호출문 뒤에 초깃값을 주면 할당과 동시에 값을 지정할 수 있다.

```
pi = new int(123);
```

이 문장은 힙에 4바이트를 할당하고 그 번지에 123을 저장하여 포인터를 리턴한다. malloc은 할당만 할 뿐 초기화는 할 수 없지만 new 연산자는 할당과 동시에 초깃값을 지정할 수 있다. 다 사용한 변수는 delete 연산자로 해제한다. 할당만 하고 해제하지 않으면 메모리가 누수되므로 해제를 잊지 말아야 한다. C 방식대로 malloc/free로도 똑같은 코드를 작성할 수 있지만 구문이 길어진다.

```
pi = (int *)malloc(sizeof(int));
*pi = 123;
printf("*pi = %d\n", *pi);
free(pi);
```

malloc 함수는 바이트 단위로 할당량을 지정하므로 sizeof 연산자가 필요하고 void*를 리턴하므로 캐스트 연산자도 반드시 사용해야 한다. 이에 비해 new 연산자는 할당할 때부터 타입을 지정하므로 크기를 밝힐 필요가 없고 캐스팅할 필요도 없다. 사용자 정의 타입도 할당할 수 있다.

또한 new/delete 연산자는 객체를 지원한다. new 연산자는 객체를 할당할 때 생성자를 호출하고 delete 연산자는 객체를 해제할 때 파괴자를 호출하여 어떤 방식으로 객체를 생성하든 항상 초기화와 정리를 수행한다. 그래서 객체를 동적 할당할 때는 반드시 new로 할당해야 한다. 배열을 할당할 때는 new 연산자 뒤쪽의 [ ] 괄호에 필요한 요소의 개수를 명시한다.

```
newarray
#include <stdio.h>

int main()
{
    int *ar;

    ar = new int[5];
    for (int i = 0; i < 5; i++) {
        ar[i] = i;
    }
```

```
    for (int i = 0; i<5; i++) {
        printf("%d번째 = %d\n", i, ar[i]);
    }
    delete[] ar;
}
```

```
0번째 = 0
1번째 = 1
2번째 = 2
3번째 = 3
4번째 = 4
```

new int[5] 구문에 의해 정수형 변수 다섯 개를 저장할 수 있는 20바이트의 메모리가 할당되며 그 번지를 포인터 변수로 받으면 정수형 배열이 된다. 배열을 할당할 때는 기본값으로 초기화되며 별도의 초깃값을 지정할 수는 없다. 배열을 해제할 때는 delete가 아닌 delete[ ] 문장을 사용하여 전체 요소를 한꺼번에 해제한다. new는 delete와 짝이고 new[ ]는 delete[ ]와 짝이다.

malloc/free에 비해 형식적인 몇 가지 차이점이 있고 그 외에 초깃값을 지정하거나 생성자를 호출하는 추가적인 기능이 더 있다. 그러나 realloc에 해당하는 재할당 기능은 없어 실행 중에 할당 크기를 바꿀 때는 새로 할당한 후 복사하는 방법밖에 없다.

> **셀프 테스트** ●
>
> 1-1. 크기 100의 실수형 배열을 할당하고 50번째 요소에 3.14를 대입하여 출력하라.

6 IO 스트림

어느 언어든지 입출력 명령을 먼저 배워야 결과를 확인할 수 있다. C의 기본적인 입출력 명령은 printf와 scanf이다. C++은 더 객체 지향적인 cin, cout 입출력 객체를 제공한다. cout 객체는 다음과 같이 사용한다.

cout ≪ 데이터 ≪ 데이터 …;

≪ 연산자로 cout 객체에 데이터를 보내기만 하면 된다. 여러 개의 데이터를 연속적으로 보낼 수 있으며 데이터 타입은 자동으로 판별한다. %d, %s 같은 서식을 지정할 필요가 없고 서식이 잘못되어 다운되는 경우도 없어 안전하다. 기본 입출력 예제를 C++로 작성해 보자.

```cpp
#include <iostream>
using namespace std;

int main()
{
    cout << "First C++ Program" << endl;

    int i = 56;
    char ch = 'S';
    double d = 2.414;

    cout << i << ch << d << endl;
}
```

```
First C++ Program
56S2.414
```

cout을 사용하려면 C++의 기본 헤더 파일인 iostream을 포함해야 한다. 헤더 파일의 확장자 .h가 없어졌는데 물리적인 파일뿐만 아니라 메모리나 미리 컴파일된 정보를 참조할 수도 있어 파일이 아닌 일반적인 명칭을 쓰기로 한 것이다. 또한 C++ 표준 라이브러리가 정의되어 있는 std 네임스페이스를 사용하겠다는 선언도 필요하다. C++ 프로그램은 대부분 이 두 줄로 시작한다.

문자열을 cout 객체로 보내면 그대로 출력된다. endl은 개행하라는 뜻이며 \n 확장열과 같다. 여러 개의 데이터를 연쇄적으로 보낼 수 있고 자동으로 타입을 판별한다. 정수든 실수든 문자열이든 뭐든 간에 《 연산자로 보내기만 하면 내부에서 자동으로 처리한다. 입력할 때는 cin 객체를 사용하며 》 연산자로 입력 내용을 변수로 보낸다.

```cpp
#include <iostream>
using namespace std;

int main()
{
    int age;
    cout << "나이를 입력하시오: ";
    cin >> age;
    cout << "당신은 " << age << "살입니다." << endl;
}
```

cin ≫ age 문장은 정수값을 입력받아 age 변수로 보낸다는 뜻이다. 변수의 타입은 자동으로 구분하며 모양이 직관적이라 쉽다. IO 스트림은 C 언어의 입출력 방법에 비해 여러 가지 장점이 있다.

- 출력할 때 ≪ 연산자는 객체로 보내는 형식이고 입력받을 때 ≫ 연산자는 값을 변수로 보내는 모양이라 직관적이다.
- 타입을 자동으로 판별하기 때문에 서식을 기억할 필요가 없다. 서식이 잘못되면 printf는 다운되고 scanf도 변수와 서식이 일치하지 않으면 실행 중에 먹통이 되어 버려 아주 위험하다. 입출력 객체는 처리하지 못하는 타입에 대해 컴파일 에러를 발생시켜 훨씬 안전하다.
- ≪, ≫ 연산자는 기본 타입에 대해 중복되어 있다. 원할 경우 사용자 정의 타입에 대해서도 기능을 확장할 수 있어 임의의 객체를 출력할 수도 있다.

아무래도 최신 기능이니 장점이 많은 것은 사실이지만 가독성은 오히려 떨어지며 연쇄적인 출력도 서식에 비해 딱히 편리하지는 않다. 또한 별도의 헤더 파일을 포함하고 네임스페이스 선언까지 필요해 예제 수준에서는 번거롭기까지 하다.

이 책은 당분간 printf와 scanf를 계속 사용하기로 한다. 실무 프로젝트라면 당연히 더 안정적인 cout과 cin을 사용해야겠지만 요즘같은 그래픽 세상에 어차피 콘솔에서 프로젝트를 할 일은 거의 없으며 cout을 사용할 기회는 실전에서도 무척 드물다. 두 방법 모두 문법 실습 결과를 확인한다는 것 외에는 별다른 의미가 없어 익숙한 방법을 계속 쓰기로 한다.

셀프 테스트 ●

1-2. IO 스트림으로 정수값 두 개를 입력받아 그 합을 출력하라.

레퍼런스

1 변수의 별명

레퍼런스Reference는 변수에 대해 별명Alias을 정의하여 이름을 하나 더 붙인다. 포인터와 유사한 파생형이며 사용하는 방식도 비슷하지만 차이점도 많다.

> 타입 &변수 = 대상체;

포인터는 구두점 *를 붙이는 데 비해 레퍼런스는 구두점 &를 붙인다. 처음 선언할 때 대상체를 정해야 하므로 초깃값으로 반드시 대상체를 지정해야 한다.

```
ref1
```

```c
#include <stdio.h>

int main()
{
    int i = 3;
    int &ri = i;

    printf("i = %d, ri = %d\n", i, ri);
    ri++;
    printf("i = %d, ri = %d\n", i, ri);
    printf("i번지 = %x, ri번지 = %x\n", &i, &ri);
}
```

```
i = 3, ri = 3
i = 4, ri = 4
i번지 = 5dfe7c, ri번지 = 5dfe7c
```

정수형 변수 i를 선언하며 3으로 초기화했다. 정수형 레퍼런스 ri를 i로 초기화하면 i에 대해 ri라는 별명이 하나 더 생긴다. 이후 i와 ri는 완전히 동일한 대상을 가리켜 둘 중 하나를 바꾸면 나머지 하나도 같이 바뀐다. ri를 1 증가시키면 ri뿐만 이니라 i도 같이 증가하여 둘 다 4가 되며 반대로 i를 변경하면 ri도 같이 바뀐다. 두 변수가 저장되어 있는 번지를 출력해 보면 메모리 위치가 같다.

```
    i      ri      한 번지에 두 개의 이름이
       3           붙어 있다.

    int &ri = i
```

▲ **변수의 별명**

저장되어 있는 주소가 같으니 두 변수는 이름만 다른 완전히 같은 변수이다. 일상 생활에서 사용하는 별명이라는 용어와 개념적으로 일치한다. 다음은 레퍼런스의 일반적인 특징 및 주의 사항이다.

- 별명은 같은 타입에 대해 붙이는 것이어서 레퍼런스와 대상체는 타입이 완전히 일치해야 한다.

```
int i;
int &ri = i;            // 가능
double &rd = i;         // 에러
short &rs = i;          // 에러
unsigned &ru = i;       // 에러
```

정수형(int) 변수 i의 레퍼런스는 반드시 정수형(int)이어야 한다. 실수형 레퍼런스로는 i의 별명을 만들 수 없으며 심지어 int형과 호환되는 short, unsigned형으로도 별명을 만들 수 없다.

- 레퍼런스의 대상체는 실제 메모리를 점유하고 있는 좌변값이어야 한다. 상수는 좌변값이 아니므로 레퍼런스를 만들 수 없고 비트 필드도 주소가 없어 레퍼런스의 대상체가 될 수 없다.

```
int &ri = 123;
```

이 선언이 허용된다면 ri = 456; 대입문으로 상수값을 바꿀 수 있으니 말이 안 된다. 단, const 지시자를 붙이면 상수를 가리킬 수 있다.

```
const int &ri = 123;
```

이 경우 대상체가 상수여서 ri는 읽기만 할 뿐 쓸 수는 없다. 상수 레퍼런스는 const int ri = 123; 식으로 상수를 선언하는 것과 아무 차이가 없어 실용성이 없다.

- 레퍼런스 생성시 대상체를 분명히 지정해야 한다. 포인터는 일단 선언만 해 놓고 차후에 가리킬 변수의 번지를 대입할 수 있다. 그러나 레퍼런스는 처음 만들 때부터 누구의 별명인지 명확히 지정해야 하며 널 레퍼런스는 인정되지 않는다.

```
int *pi;      // 가능
pi = &i;
```

```
int &ri;      // 에러
ri = i;
```

초깃값이 없는 int &ri; 선언문 자체가 에러이다. 단, 다음의 경우에는 예외적으로 초깃값 없이 레퍼런스를 선언할 수 있다.

① 함수의 형식인수로 사용되는 레퍼런스. 호출될 때 실인수의 별명으로 초기화된다.

② 클래스의 멤버로 선언된 레퍼런스. 생성자에서 초기화한다.

③ 변수를 extern 선언할 때는 외부에서 이미 대상체가 지정되어 있다는 뜻이다.

이 경우도 호출 시점이나 객체 생성 시점으로 초기화가 연기될 뿐이지 대상체 없이 레퍼런스를 선언하는 것은 아니다. 레퍼런스는 반드시 대상체가 있어야 한다.

• 레퍼런스는 선언할 때 초기화되어 같은 대상체를 계속 가리키며 실행 중에 참조 대상을 변경할 수 없다.

---

ref2

```c
#include <stdio.h>

int main()
{
    int i = 3, j = 7;
    int &ri = i;

    printf("i=%d, ri=%d, j=%d\n", i, ri, j);
    ri = j;
    printf("i=%d, ri=%d, j=%d\n", i, ri, j);
}
```

```
i=3, ri=3, j=7
i=7, ri=7, j=7
```

---

ri를 i의 별명으로 초기화해 놓고 중간에 ri = j 대입문으로 ri를 변경했는데 그런다고 해서 ri가 j의 별명이 되는 것은 아니다. ri = j 대입문에서 ri가 i의 별명이므로 이 식은 i = j와 같다. 레퍼런스에 대한 대입 연산자는 대상체를 변경하는 것이 아니라 대상체의 값을 변경한다. 레퍼런스의 대상체는 선언할 때 딱 한 번만 초기화할 수 있다.

• 레퍼런스에 대한 모든 연산은 대상체에 대한 연산이다. 정수형 레퍼런스 ri에 대해서는 정수에 대해 사용할 수 있는 모든 연산을 다 적용할 수 있으며 효과도 같다. 증감, 곱셈, 나머지, 쉬프트 등은 물론이고 주소 연산자 &도 사용할 수 있다. 일부 연산만 사용할 수 있는 포인터와 다른 점이다.

2 레퍼런스 인수

같은 함수 내에서 똑같은 변수에 대한 이름을 두 개 만드는 것은 사실 쓸데없는 짓이다. 하지만 레퍼런스를 함수의 인수로 전달할 때 실용적인 위력을 발휘한다. 함수가 실인수에 대한 별명을 가지면 실인수를 직접 조작할 수 있어 완전한 참조 호출이 된다. 《C 언어 트레이닝》 8장에서 포인터로 참조 호출을 구현한 byref 예제를 레퍼런스로 만들어 보자.

```
callref

#include <stdio.h>

void plusref2(int &ra)
{
    ra = ra + 1;
}

int main()
{
    int a = 5;

    plusref2(a);
    printf("a = %d\n", a);
}
```

```
a = 6
```

실행 결과는 byref 예제와 같다. plusref2 함수는 인수로 전달된 정수값을 1 증가시킨다. 5의 값을 가지는 a를 레퍼런스로 전달했고 plusref2 함수는 이 변수를 ra 레퍼런스로 받아 1 증가시켰으므로 결국 실인수 a의 값이 증가한다. 포인터를 사용한 예제와 어떤 점이 다른지 보자.

- 함수는 포인터가 아닌 레퍼런스를 인수로 받는다. 그래서 plusref2 함수 내에서 형식인수 ra는 실인수 a와 완전히 같은 변수가 되며 ra를 바꾸면 a도 바뀐다.
- 번지가 아니라 변수 자체를 받았으므로 함수 본체에서 형식인수를 참조할 때 * 연산자를 붙이지 않고 ra 자체를 바로 액세스한다. 구조체를 받았다면 –> 연산자가 아닌 . 연산자로 멤버를 읽는다.
- 함수 호출부에서도 변수의 번지인 &a를 넘기지 않고 변수 그 자체인 a를 전달한다. 값 호출을 할 때와 호출 형식이 같다.

값 호출은 값만 받기 때문에 함수 내부에서 실인수를 변경할 수 없고 구조체같이 큰 데이터는 복사 시간이 오래 걸린다. 포인터나 레퍼런스를 받는 참조 호출은 번지나 별명을 받기 때문에 실인수를 변경할 수 있고 전달 속도도 빠르다.

포인터에 비해 레퍼런스를 받는 방법은 형식인수를 이름으로 참조할 수 있어 깔끔하다. 포인터가 가리키는 실인수를 참조하기 위해 일일이 *를 붙이는 것은 무척 귀찮은 일이고 실수로 *를 빼 먹으면 엉뚱한 동작을 할 수 있다. 특히 이중 포인터를 넘길 때는 레퍼런스가 더 직관적이다.

```
refptr

#include <stdio.h>
#include <malloc.h>
#include <string.h>

void InputName(char *&Name)
{
    Name = (char *)malloc(32);
    strcpy(Name, "kim sang hyung");
}

int main()
{
    char *Name;

    InputName(Name);
    printf("이름은 %s입니다.\n", Name);
    free(Name);
}
```

```
이름은 kim sang hyung입니다.
```

《C 언어 트레이닝》 15장에서 만들었던 ptrref 예제를 레퍼런스로 바꾸어 보았다. char *&Name 인수가 포인터의 레퍼런스이다. T형의 레퍼런스는 T &이며 char * 자체가 하나의 타입이므로 이 타입에 대한 레퍼런스는 char *&이다(char &*가 아님에 주의하자). 포인터 자체를 받았으므로 Name이라는 이름으로 메모리를 할당하고 여기에 문자열을 복사해 넣으면 된다.

또 포인터는 잠재적 배열이어서 주변값을 마음대로 건드릴 수 있는 데 비해 레퍼런스는 대상체만 액세스할 수 있어 더 안전하다. 그러나 호출부의 형식이 값 호출과 같아 함수 원형을 봐야만 참조 호출인지 값 호출인지 알 수 있는 번거로움이 있다. 그래서 레퍼런스를 받는 함수는 이름 뒤에 Ref나 ByRef 등의 접미를 붙이는 것이 좋다.

셀프 테스트 ●

1-3. 두 개의 정수 인수 x, y를 레퍼런스로 받아 좌표값을 입력받는 getposition 함수를 작성하라. 함수 자체는 리턴값이 없어도 무방하다.

3 레퍼런스의 대상체

기본형은 물론이고 포인터에 대해서도 레퍼런스를 선언할 수 있다. 별 실용성은 없지만 배열이나 함수에 대한 레퍼런스도 가능하다. 그러나 모든 타입에 대한 레퍼런스를 다 선언할 수 있는 것은 아니며 일부 불가능한 형식도 있다.

• 레퍼런스에 대한 레퍼런스는 선언할 수 없다. 레퍼런스가 별명인데 별명에 대해 또 다른 별명을 붙이는 것은 실용적 가치가 없기 때문이다. 포인터는 2중 포인터가 있지만 레퍼런스는 중첩을 허락하지 않는다.

```
int i;
int &ri = i;
int &rri = ri;
```

ri는 i에 대한 레퍼런스로 선언되었고 rri는 ri에 대한 레퍼런스로 선언되었다. 이때 rri가 2중 레퍼런스인 것처럼 보이지만 rri는 단순 레퍼런스에 불과하다. ri가 i이므로 rri는 i의 또 다른 별명일 뿐이며 결국 rri와 ri는 같은 대상을 가리키는 다른 별명이다. int &&rri = i; 같은 선언문은 필요치 않으며 에러로 처리된다.

• 포인터에 대한 레퍼런스는 가능하지만 역으로 레퍼런스에 대한 포인터는 선언할 수 없다.

```
int i;
int &ri = i;
int &*pri = &ri;         // 에러
```

레퍼런스에 대한 포인터 pri 선언문은 에러로 처리된다. 개념적으로 레퍼런스에 대한 포인터는 레퍼런스의 대상체에 대한 포인터형이므로 단순 포인터와 같으며 굳이 레퍼런스의 포인터형을 정의할 필요가 없다. int *pi = &ri라는 선언은 가능하며 pi가 ri, 즉 i의 주소를 가리킨다.

• 레퍼런스의 배열도 선언할 수 없다. T형 배열이란 곧 T형 포인터인데 레퍼런스에 대한 포인터를 선언할 수 없으므로 배열도 선언할 수 없다. i와 j에 대한 레퍼런스가 필요하면 각각 따로 레퍼런스를 선언해야 한다.

```
int i, j;
int &ra[2]={i,j};         // 에러
```

요약하자면 레퍼런스는 중첩할 수 없고 포인터나 배열같은 파생형을 만들 수 없다. T형에 대해 T형 포인터나 T형 배열도 항상 가능하지만 레퍼런스에 대해서는 예외가 적용된다. 문법적으로 불가능해서가 아니라 실용성이 없기 때문에 금지한다.

4 레퍼런스 리턴

함수가 레퍼런스 타입을 리턴할 수도 있다. 이렇게 되면 리턴되는 대상이 좌변값의 별명이다 보니 함수 호출문에 값을 대입하는 것이 가능해진다.

```
refreturn

#include <stdio.h>

int ar[] = { 1,2,3,4,5 };

int &GetAr(int i)
{
    return ar[i];
}

int main()
{
    GetAr(3) = 6;
    printf("ar[3] = %d\n", ar[3]);
}
```

```
ar[3] = 6
```

GetAr 함수는 ar 배열에서 i번째 요소를 찾아 그 요소의 별명을 리턴한다. GetAr(3)이 리턴하는 값은 ar[3]의 별명이며 이 요소는 온전한 좌변값이기 때문에 함수 호출문이 대입식의 좌변에 올 수 있다. GetAr이 찾은 배열 요소에 6을 대입한 후 출력해 보면 배열 요소가 변경되어 있다.

C의 함수는 값을 리턴하기 때문에 이런 형식을 쓸 수 없지만 레퍼런스는 좌변값이어서 함수 호출문에 뭔가를 대입할 수 있다. 큰 배열 arSome에서 어떤 복잡한 조건으로 한 요소를 검색하여 변경하고 싶을 때 C 언어에서는 다음과 같이 한다.

```
int FindMatch(char *name, int value, bool bCase);
arSome[FindMatch(...)] = Data;
```

FindMatch 함수는 입력된 조건으로부터 배열 요소를 검색하여 그 첨자를 리턴한다. 호출원은 이 함수의 리턴값을 첨자로 사용하여 arSome 배열의 한 요소를 액세스한다. 첨자 연산자 [ ] 안에 함수 호출문이 들어가 복잡한데 레퍼런스를 리턴하면 더 간단해진다.

```
int &FindMatchRef(char *name, int value, bool bCase);
FindMatchRef(...) = Data;
```

FindMatchRef 함수는 조건에 맞는 요소를 찾아 그 요소 자체를 리턴하며 호출원은 리턴된 레퍼
런스에 곧바로 값을 대입한다. 함수를 대입식의 좌변에 쓸 수 있다는 것은 무척 흥미롭지만 기존의
코드와 이질적이고 직관성이 떨어지므로 자제하는 것이 좋다. 그러나 다음에 배울 연산자 오버로딩
에는 이 기법이 꼭 필요하다.

5 레퍼런스의 내부

레퍼런스는 굉장히 특수하고 신기해 보이지만 내부를 들여다 보면 포인터의 변형에 불과하다. 컴파
일러는 레퍼런스를 포인터로 바꿔 컴파일하며 내부 구현도 포인터로 되어 있다. 이 절의 첫 번째 예
제인 ref1은 내부적으로 다음과 같이 컴파일된다.

```
int i = 3;
int &ri = i;

printf("i = %d, ri = %d\n", i, ri);
ri++;
printf("i = %d, ri = %d\n", i, ri);
printf("i번지 = %x, ri번지 = %x\n", &i, &ri);
```
→
```
int i = 3;
int *ri = &i;

printf("i = %d, ri = %d\n", i, (*ri));
(*ri)++;
printf("i=%d, ri=%d\n", i, (*ri));
printf("i번지 = %x, ri번지 = %x\n", &i, &(*ri));
```

int &ri = i; 선언문에 대해 컴파일러는 ri를 정수형 포인터로 생성하고 i의 주소값으로 초기화한다.
레퍼런스가 포인터이므로 대상체에 대해 암시적으로 & 연산자를 붙인다. 코드에서 ri를 참조하는
모든 문장에 대해 암시적으로 * 연산자를 적용하여 ri가 가리키는 대상체를 읽는다. (*ri)가 곧 i와
같으니 ri는 i의 완전한 별명으로 동작한다. 참조 호출을 하는 plusref2 함수는 다음과 같이 번역
된다.

```
void plusref2(int &a)
{
    a = a + 1;
}
plusref2(i);
```
→
```
void plusref2(int *a)
{
    (*a) = (*a) + 1;
}
plusref2(&i);
```

plusref2 함수의 인수는 실제로는 정수형 포인터이며 본체에서 이 인수에 대해 일일이 * 연산자를

적용하여 실인수를 참조한다. 이 함수를 호출할 때 plusref2(i)로 실인수를 전달하면 plusref2(&i)로 해석하여 번지를 대신 전달한다.

내부적으로 포인터로 구현되어 있고 포인터의 대상체는 반드시 좌변값이어야 한다. 그러다 보니 레퍼런스의 대상체도 좌변값만 가능하며 상수는 쓸 수 없다. 레퍼런스를 리턴하는 GetAr 함수가 어떻게 번역되는지 보자. 이 함수도 마찬가지로 실제로는 포인터를 리턴한다.

```
int &GetAr(int i)
{
    return ar[i];
}
GetAr(3)=6;
```

→

```
int *GetAr(int i)
{
    return &ar[i];
}
(*GetAr(3))=6;
```

대상체의 번지를 리턴하며 호출문은 * 연산자를 적용하여 리턴된 대상체를 가리킨다. 함수가 리턴하는 것은 결국 번지라는 값이지만 이 번지에 * 연산자가 암시적으로 적용되어 좌변값이 되므로 함수 호출문이 좌변에 올 수 있다.

결국 레퍼런스는 컴파일러가 내부에서 절묘하게 조작하는 기만적인 포인터일 뿐이다. 하지만 레퍼런스는 주소를 읽고 내용을 액세스하는 &, * 연산자를 붙이는 과정이 자동화되어 있어 코드가 간결해지는 이점이 있다. 포인터에 대해 암시적 연산자를 붙여 일반 변수처럼 쓸 수 있게 해 주는 편의적인 문법이다.

당장은 레퍼런스가 왜 필요한지 감을 잡기 어렵겠지만 여기서는 별명이라는 것만 이해하고 넘어가자. 클래스가 완전한 타입이 되기 위해서는 기능뿐만 아니라 형식도 기본 타입과 일치시켜야 하는데 복사 생성자나 연산자 오버로딩에 레퍼런스가 유용하다.

C⁴ 함수의 확장

1 디폴트 인수

디폴트^{Default}는 기본값, 즉 내정된 값이라는 뜻이며 별다른 지정이 없을 때 적용되는 값이다. 일일이 모든 것을 다 지정하기는 번거로워 기본값을 정해 두고 변화가 있는 부분만 명시적으로 밝히는 방식이 흔히 사용된다. 예를 들어 순댓국집에서 "여기 두 그릇요" 하면 순댓국 두 그릇을 의미한다. 순댓국집에 술국이나 해장국도 팔지만 디폴트는 순댓국이다.

컴퓨터 환경이나 프로그래밍 언어에서도 디폴트가 흔히 사용된다. 수치 상수에 별다른 지정이 없으면 양수를 의미하므로 + 기호를 일일이 붙이지 않아도 된다. 즉 부호의 디폴트는 +이다. 물론 디폴트는 어디까지나 생략시의 기본값일 뿐이어서 −23처럼 음수 부호를 명시적으로 붙이면 무시된다.

디폴트 인수는 함수의 선언부에 = 기호와 기본값이 정의되어 있는 인수이다. 호출부에 별다른 지정이 없으면 기본값을 알아서 적용한다. 물론 값을 명시적으로 전달하면 기본값은 무시된다.

```
defpara
```
```
#include <stdio.h>

int GetSum(int from, int to, int step = 1, int base = 0);

int main()
{
    printf("%d\n", GetSum(1, 10));
    printf("%d\n", GetSum(1, 10, 2));
    printf("%d\n", GetSum(1, 10, 2, 10));
}

int GetSum(int from, int to, int step/* = 1*/, int base/* = 0*/)
{
    int sum = base;
```

```
        for (int i = from; i <= to; i += step) {
            sum += i;
        }
        return sum;
    }
```

```
55
25
35
```

GetSum 함수는 base에 from ~ to의 합계를 더하되 step 단위로 건너뛴다. 이 중 step은 1로, base는 0으로 무난한 기본값이 지정되어 있어 0부터 누적하며 1씩 증가한다. GetSum(1, 10)으로 호출하면 1에서 10까지 1씩 증가하며 0에서부터 합계를 구하라는 뜻이다. 호출부에서 생략한 step 과 base는 기본값인 1과 0이 적용된다.

누적합을 구할 때는 0부터 시작하고 1씩 증가하는 게 보통이다. 웬만하면 무난한 값을 쓰지만 필요할 경우 인수값을 직접 지정할 수 있다. GetSum(1, 10, 2)는 step에 2를 지정하여 2씩 건너뛰며 합계를 구한다. step 인수를 명시적으로 지정했으므로 디폴트인 1은 무시된다. base도 적용하여 모든 인수를 다 지정하면 여기서부터 합계 누적을 시작한다.

반드시 전달

int GetSum(int from, int to, int step = 1, int base = 0);

생략시 1   생략시 0

▲ 디폴트 인수 생략시 적용되는 값

함수의 인수가 많으면 변화를 줄 여지가 많아 활용성이 증가한다. 하지만 웬만하면 바꾸지 않는 무난한 값까지 인수로 받으면 호출할 때 일일이 전달해야 하니 불편하다. 디폴트 인수는 생략해도 상관없는 인수에 대해 기본값을 지정하여 활용성과 편의성을 동시에 만족시키는 기법이다. 개념은 간단하되 몇 가지 규칙만 주의하면 된다.

• 디폴트 인수는 원형에 지정하며 정의부에는 지정하지 않는다. 두 군데 모두 지정되어 있고 기본값이 다를 경우의 모호함을 제거하기 위한 규칙이다. 정의부에는 인수 목록만 적거나 기본값을 주석 처리하여 기본값이 있다는 표시만 해둔다.

• 디폴트 인수는 오른쪽부터 순서대로 지정할 수 있으며 가운데 인수는 지정할 수 없다. 생략 가능한 인수를 뒤쪽에 배치해야 한다.

```
int GetSum(int from, int to = 10, int step = 1, int base = 0);      // 가능
int GetSum(int from, int to = 10, int step, int base = 0);          // 불가능
int GetSum(int from = 1, int to = 10, int step = 1, int base = 0);  // 가능
int GetSum(int from = 1, int to, int step = 1, int base = 0);       // 불가능
```

뒤쪽의 to, step, base 셋 다 기본값을 줄 수는 있지만 step은 주지 않고 to에만 기본값을 지정할 수는 없다. 모든 인수에 기본값을 지정할 수 있지만 중간에 하나가 빠져서는 안 된다.

• 디폴트 인수를 가진 함수를 호출할 때도 뒤쪽의 인수만 생략할 수 있으며 중간의 한 인수를 생략할 수 없다.

```
GetSum(1, 10, , 100);
```

step은 1을 그대로 쓰고 base만 100으로 지정하고 싶다고 해서 중간에 인수 하나를 생략해서는 안 된다. 뒤쪽의 인수를 지정하고 싶다면 앞쪽 인수도 값을 주어 GetSum(1, 10, 1, 100);처럼 호출한다. 만약 step을 생략하고 base를 지정할 일이 많다면 두 인수의 순서를 바꾸어야 한다.

함수를 만들 때는 요구 사항을 잘 파악하여 변화가 있을만한 부분을 인수로 받는다. 예를 들어 화면의 특정 좌표에 적을 출력하는 함수라면 좌표와 적의 종류를 인수로 받아들인다.

```
void OutEnemy(int x, int y, int Enemy);
```

요구 사항이 바뀌면 함수의 기능이 확장된다. 새로 추가된 적 캐릭터 중 일부에 투명 처리가 들어간다고 해 보자. bool Trans 인수를 추가하면 될 것 같지만 이렇게 되면 기존의 코드가 모두 영향을 받아 일일이 false 인수를 전달해야 하는 번거로움이 있다.

이미 작성되어 있는 기존 코드를 보호하려면 OutEnemyTrans 함수를 따로 만들 수 있지만 이렇게 되면 비슷한 코드가 중복되고 함수의 개수가 늘어나 역시 불편하다. 이럴 때 디폴트 인수가 요긴하게 사용된다.

```
void OutEnemy(int x, int y, int Enemy, bool Trans = false);
```

기존의 OutEnemy 함수 호출문에 대해 Trans는 기본값 false가 적용되어 수정할 필요 없고 투명 처리가 필요한 캐릭터에 대해서만 Trans를 true로 전달하면 된다. 디폴트 인수를 사용하면 함수의 인터페이스가 유지되어 기존 코드를 보호하면서 기능을 확장할 수 있다.

2 함수 오버로딩

명칭은 중복되면 안 되는 것이 원칙이며 같은 이름의 변수를 두 개 선언할 수 없다. 그러나 함수는

예외적으로 인수열이 다르면 같은 이름으로 중복 정의^{Overloading}가 가능하다. 동작은 같되 인수의 형식이나 구현 방식이 약간 다른 함수는 이름이 같아도 무관하다.

Overload

```c
#include <stdio.h>

int Add(int a, int b);
int Add(int a, int b, int c);
double Add(double a, double b);

int main()
{
    printf("1 + 2 = %d\n", Add(1, 2));
    printf("3 + 4 + 5 = %d\n", Add(3, 4, 5));
    printf("1.414 + 2.54 = %f\n", Add(1.414, 2.54));
}

int Add(int a, int b)
{
    return a + b;
}

int Add(int a, int b, int c)
{
    return a + b + c;
}

double Add(double a, double b)
{
    return a + b;
}
```

```
1 + 2 = 3
3 + 4 + 5 = 12
1.414 + 2.54 = 3.954000
```

이 예제는 세 개의 Add 함수를 정의하는데 더한다는 동작은 같지만 인수의 타입이나 개수가 모두 다르다. 함수 이름은 같지만 인수열이 달라 모호하지 않으며 컴파일러는 호출부의 인수를 보고 호출할 함수를 정확하게 찾는다. 함수를 이름만으로 구분하는 C에서는 동작이 같아도 함수명을 각

각 다르게 작성해야 한다.

```
int AddInt2(int a, int b);
int AddInt3(int a, int b, int c);
double AddDouble2(double a, double b);
```

C 표준 함수 중에도 이런 예가 있는데 절댓값을 구하는 함수가 인수 타입에 따라 abs, fabs, labs
세 가지나 있다. 논리적인 동작이 같은 함수를 타입에 따라 골라 써야 하니 불편하다. C++은 인수
로 구분 가능하면 함수에 같은 이름을 줄 수 있고 호출부의 실인수 개수와 타입에 따라 적당한 함
수를 골라주니 편리하다. 만약 실인수와 정확히 일치하는 함수가 없으면 산술 변환하여 함수를 찾
는다.

```
short a = 1, b = 2, c;
c = Add(a, b);
```

두 개의 short 값을 인수로 전달했는데 Add(short, short) 함수는 없지만 short가 int형으로 자동
변환할 수 있으므로 Add(int, int) 함수가 호출된다. 일치하는 함수도 없고 산술 변환도 불가능하
면 에러로 처리된다. Add("one", "two")는 대응되는 함수가 없고 문자열을 정수나 실수로 바꿀 수
없으니 에러이다. Add(2.34, 5)처럼 산술 변환이 모호한 경우도 에러 처리된다.

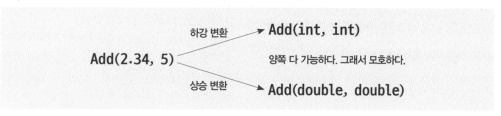

▲ 산술 변환에 의해 모호해지는 경우

이 경우는 2.34를 정수로 바꾸어 Add(int, int)를 호출할 수도 있고 5를 5.0으로 바꾸어
Add(double, double)을 호출할 수도 있다. 컴파일러는 모호한 상황에 대해서는 명확한 확인을 요
구한다. Add((int)2.34, 5)나 Add(2.34, 5.0)으로 의사를 명확히 표현해야 한다. 다음 예제는 에러
는 아니지만 역시 위험하다.

ptroverload

```
#include <stdio.h>

void sub(int a) { printf("int: %d\n", a); }
```

```
void sub(int *a) { printf("pointer: %p\n", a); }

int main()
{
    int i = 1234, *pi = &i;

    sub(i);
    sub(pi);
    sub(NULL);
}
```

```
int: 1234
pointer: 004FF9C8
int: 0
```

정수형을 받는 sub 함수와 정수형 포인터를 받는 sub 함수가 중복 정의되어 있다. sub(i), sub(pi)에 대해 호출할 함수는 명확하지만 sub(NULL)이 애매하다. NULL은 정수 0으로 볼 수도 있고 널 포인터로도 볼 수 있는데 컴파일러는 NULL을 정수로 해석한다. sub(NULL)에 대해 포인터가 호출되기를 바란다면 sub((int *)NULL)로 캐스팅해서 호출해야 한다.

오버로딩은 편리한 기능이지만 이처럼 타입이 애매한 경우 엉뚱한 함수가 호출되는 맹점이 있다. 그래서 리터럴에 대해서도 L, U, F 따위의 접미를 붙여 정확한 타입을 지정하는 문법이 제공되며 타입을 구분하지 못하는 #define보다 타입이 정확한 const 상수를 권장한다.

같은 이름으로 함수를 중복 정의할 수 있는 이유는 인수열을 보고 호출할 함수를 결정할 수 있기 때문이다. 호출부만으로 어떤 함수를 선택할지 명확히 구분되지 않는 모호한 경우는 오버로딩할 수 없다.

• 형식인수의 이름만 다른 경우는 안 된다. 함수의 원형에서 형식인수의 이름은 임시적인 명칭일 뿐 별 의미가 없고 함수를 구분하는 기준이 아니다.

```
int Add(int a, int b);
int Add(int c, int d);
```

이 두 함수는 호출부에서 볼 때 정수형이 두 개라는 점에서 같은 함수이다. Add(1, 2) 호출에 대해 어떤 함수를 호출할지 결정할 수 없다.

• 인수의 논리적 의미가 다른 경우도 결국 형식인수의 이름만 다른 경우와 같아 역시 구분할 수 없다. 학생을 학과와 출석 번호, 이름과 학번으로 각각 검색한다고 해 보자.

```
int FindStudent(char *depart, int depnum);
int FindStudent(char *name, int stnum);
```

인수의 의미가 완전히 다르지만 사람이 보기에만 그런 것이고 컴파일러가 보기에는 문자열 하나, 정수 하나일 뿐이라 똑같은 함수이다. 정 두 함수를 오버로딩시키고 싶다면 한쪽 함수의 인수 순서를 바꾸어 구분 가능하게 만들 수는 있다. 뒤쪽 함수를 다음과 같이 바꾸면 오버로딩이 가능하다.

```
int FindStudent(int stnum, char *name);
```

학번을 앞에 두고 문자열을 뒤로 옮기면 두 함수를 구분할 수 있다. 그러나 인수의 순서가 헷갈리고 논리적으로도 바람직하지 않아 아예 다른 이름으로 함수를 따로 만드는 것이 좋다.

• 리턴 타입만 다른 경우도 오버로딩의 대상이 아니다. 리턴값은 함수 호출 단계에서 참고하는 것이 아니라 호출 후에 적용하는 것이기 때문에 어떤 함수를 호출할지 결정할 수 없다.

```
int func(int a, double b);
double func(int a, double b);
```

• 레퍼런스와 일반 변수도 호출부의 모양이 같아 중복 정의할 수 없다. 둘 다 호출할 때는 Add(a, b) 형식이라 어떤 함수를 호출할지 모호하다.

```
int Add(int a, int b);
int Add(int &a, int &b)
```

• 디폴트 인수에 의해 같아질 수 있는 경우도 모호하다. 다음 두 함수는 인수의 개수가 다르지만 c를 생략할 수 있어 Add(1, 2)가 Add(1, 2)를 의미하는지 Add(1, 2, 0)을 의미하는지 애매하다.

```
int Add(int a, int b);
int Add(int a, int b, int c = 0);
```

• 사용자 정의형에 의해 결국 같은 타입인 경우도 오버로딩할 수 없다.

```
typedef int *PINT;
void sub(int *p);
void sub(PINT p);
```

PINT가 곧 int * 타입이므로 두 sub 함수는 인수의 타입이 같다. 마찬가지로 int *p를 받는 타입과 int p[ ]을 받는 타입도 둘 다 인수가 포인터여서 오버로딩할 수 없다.

규칙이 굉장히 많은 것 같지만 모두 인수의 개수와 타입이 같은 경우이다. 참고로 const 지정자는 오버로딩의 대상이어서 다음 두 함수는 오버로딩이 가능하다.

```
int strlength(char *s);
int strlength(const char *s);
```

대상체가 상수인가 아닌가는 호출 시점에 분명히 판단할 수 있어 애매하지 않다. 단, 포인터가 상수
인가 아닌가는 중요치 않아 오버로딩 대상이 아니다.

```
int strlength(char * const s);
```

이 경우는 내부에서 포인터를 변경할 수 있느냐 없느냐의 차이만 있는데 호출 시점에서 함수 내부
의 동작까지 살펴볼 수는 없다. 그래서 이 함수는 char *를 취하는 함수와 같은 이름을 쓸 수 없다.
어차피 포인터 s는 지역 변수일 뿐이어서 함수가 포인터를 바꾸든 바꾸지 않든 실인수는 영향을 받
지 않아 비상수 포인터를 받을 수 있다.

함수 오버로딩은 동일한 동작을 하는 함수를 같은 이름으로 정의함으로써 개발자가 기억하는 데
도움을 준다. 가장 적절한 사용 예는 다음과 같다.

```
void DrawRect(int x1,int y1,int x2,int y2);
void DrawRect(POINT lefttop, POINT rightbottom);
void DrawRect(RECT *bound);
```

사각형을 그리는 함수를 세 가지 버전으로 정의했다. 좌상단과 우상단의 x, y 좌표를 직접 줄 수도
있고 두 개의 POINT 구조체를 전달할 수도 있다. 또는 두 점의 좌표를 가지는 RECT 구조체의 포
인터로 전달해도 된다. 개발자는 타입에 따라 함수를 구분할 필요 없이 자신이 가장 구하기 쉬운 정
보를 인수로 전달할 수 있으며 사각형을 그릴 때는 DrawRect 함수를 호출한다는 것만 기억하면
된다.

3 인라인 함수

함수는 반복된 동작을 하나의 틀로 정의해 두고 필요할 때마다 호출해 사용하는 것이다. 다음 예제
의 randfunc 함수는 인수로 전달된 n보다 작은 난수 하나를 생성하여 돌려준다.

```
randfunc

#include <stdio.h>
#include <stdlib.h>
```

```
int randfunc(int n)
{
    return rand() % n;
}


int main()
{
    int i, j, k;
    i = randfunc(10);
    j = randfunc(100);
    k = randfunc(50);
    printf("난수 = %d,%d,%d\n", i, j, k);
}
```

```
난수 = 1,67,34
```

반복을 제거한다는 면에서 구조적이며 사용하기도 편리하다. 그러나 내부적인 동작을 살펴보면 약간 비효율적이다.

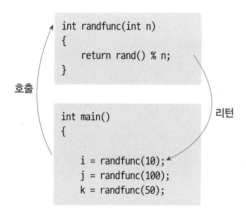

▲ 함수의 호출과 리턴

함수를 호출할 때마다 분기가 일어나며 이 과정에서 내부적으로 스택 프레임이 생성되고 해제되는 복잡한 과정을 거친다. 호출 과정에서 비용이 발생하는 셈이다. 함수가 거대하고 많은 일을 한다면 이 비용이 덜 부담스럽지만 난수 하나를 생성하는 간단한 작업을 하는 데 너무 오랜 시간이 걸린다.

이럴 때는 함수로 분기하지 말고 호출부에 해당 코드를 직접 삽입하는 것이 더 빠르다. 이런 식으로 동작하는 함수를 인라인^{Inline} 함수라고 한다. 분기하지 않고 함수 본체의 코드를 바로 새겨 넣어 버림으로써 호출의 부담을 제거하는 기법이다. 함수를 인라인으로 만들려면 함수 선언문 앞에 inline 키워드를 붙인다.

```
inline int randfunc(int n)
{
    return rand() % n;
}
```

인라인으로 지정된 함수는 호출문에 함수 본체를 삽입한다. randfunc(10) 호출문이 rand() % 10
코드로 대체되어 버린다. 함수 실행 방법이 바뀌었을 뿐 코드가 바뀐 것은 아니므로 결과는 같다.

```
int main()
{
    i = rand() % 10
    j = rand() % 100
    k = rand() % 50
```

▲ 인라인 함수는 코드에 본체가 삽입된다

함수로 분기하지 않아 실행 속도는 빨라지지만 본체가 매번 삽입되어 실행 파일은 더 커진다. 즉 인
라인은 속도에 유리하고 크기에 불리한 방법이다. 본체가 짧고 속도가 중요한 함수를 인라인으로
선언하면 유리하다. 반면 본체가 거대한 함수는 호출 시간이 실행 시간에 비해 상대적으로 짧기 때
문에 인라인으로 만들어도 별 이득이 없으며 실행 파일만 비대해져 불리하다.

개발자는 인라인으로 만들고 싶은 함수 앞에 inline 키워드를 붙여 의사를 밝힐 뿐이며 이 함수가
실제 인라인이 될 것인가 아닌가는 컴파일러가 결정한다. 아무리 개발자의 지정이 있더라도 다음의
경우에는 인라인이 될 수 없다.

· 재귀 호출 함수는 스택을 기반으로 하므로 실제 호출이 일어나야 정상 동작한다. 이 경우는 인라인 지정을 무시하고 일
  반 함수로 컴파일한다. 재귀 호출 함수가 인라인이 되면 크기가 무한대다.
· 함수 포인터로 가리키는 함수는 인라인이 될 수 없다. 실제 본체를 가져야 번지가 할당되는데 인라인은 번지를 가지지
  않는다.
· 함수가 너무 길면 득보다 실이 많아 일반 함수로 컴파일한다.

반면, 인라인 지정을 하지 않아도 자동으로 인라인이 되는 경우도 있다. 클래스 선언문에 작성된 함
수는 항상 인라인이 된다. 인라인 함수와 일반 함수는 호출 속도와 크기의 차이만 있을 뿐 동작 자
체에 변화는 없어 컴파일러가 재량껏 인라인 여부를 결정한다.

인라인 함수는 그 자리에 코드가 삽입된다는 면에서 매크로 함수와 유사하다. 실제로 randfunc
함수와 똑같이 동작하는 매크로 함수를 만들 수 있으며 이 책에서 실습용으로 사용하는 cursor.h

헤더 파일에도 작성되어 있다.

```
#define random(n) (rand()%(n))
```

매크로 함수도 크기에 불리하고 속도에 유리하다는 특성이 같아 이 둘은 서로 대체 가능한 관계이다. 그러나 인라인 함수는 기계적으로 동작하는 매크로 함수에 비해 다음과 같은 이점이 있다.

• 타입을 인식하므로 민감한 타입 문제가 없고 산술 변환도 잘 처리된다.
• 어쨌든 함수의 형태를 띠므로 지역 변수를 사용할 수 있다.
• 매크로는 괄호로 잘 묶지 않으면 부작용이 있지만 인라인 함수는 컴파일러가 처리하므로 안전하다.

무식하게 동작하는 매크로 함수에 비해 컴파일러가 처리하는 인라인 함수가 한 수 위이며 그래서 C++은 매크로 함수보다 인라인 함수 사용을 권장한다. 그러나 매크로 함수도 나름의 이점이 있어 기존에 잘 동작하던 것까지 인라인으로 만들 필요는 없다. 다음 함수는 인라인으로 만들 수 없다.

```
#define ARSIZE(ar) (sizeof(ar)/sizeof(ar[0]))
```

배열의 크기를 계산하는 매크로인데 배열 자체를 함수로 넘길 방법이 없기 때문에 인라인으로는 이 동작을 구현할 수 없다. 이 경우는 매크로같은 단순 무식한 방법이 더 유용하다.

셀프 테스트 ● 풀이

```
1-1.
#include <stdio.h>

int main()
{
    double *ar;

    ar = new double[100];
    ar[50] = 3.14;
    printf("%f\n", ar[50]);
    delete[] ar;
}
```

```
1-2.
#include <iostream>
using namespace std;
```

```cpp
int main()
{
    int left, right;
    cout << "좌변을 입력하시오 : ";
    cin >> left;
    cout << "우변을 입력하시오 : ";
    cin >> right;
    cout << "두 정수의 합은 " << left + right << "입니다." << endl;
}
```

1-3.
```cpp
#include <iostream>
using namespace std;

void getposition(int &x, int &y)
{
    cout << "x 좌표를 입력하시오 : ";
    cin >> x;
    cout << "y 좌표를 입력하시오 : ";
    cin >> y;

}

int main()
{
    int x, y;
    getposition(x, y);
    cout << "입력한 좌표는 (" << x << ", " << y << ")입니다." << endl;
}
```

호출원에서는 변수를 먼저 선언하고 이 변수에 대한 레퍼런스를 인수로 전달한다. 레퍼런스 인수를 통해 값을 리턴할
수 있으므로 여러 개의 값을 채워줄 수 있다.

1 C++에서 확장된 문법이 <u>아닌</u> 것은?

① 한줄 주석을 달 때는 // 기호를 사용한다.

② 함수 중간에도 변수를 선언할 수 있다.

③ { } 블록의 선두에 변수를 선언할 수 있다.

④ for 문의 초기식에 제어 변수를 선언할 수 있다.

2 다음 중 객체 지향 프로그래밍의 특징이 <u>아닌</u> 것은?

① 섬세한 제어   ② 캡슐화

③ 다형성   ④ 상속

3 객체 지향 프로그래밍에 대한 설명 중 <u>틀린</u> 것은?

① 부품을 먼저 만들고 조립하는 상향식이다.

② C++ 언어의 고유한 기능이다.

③ 문제를 푸는 사고방식이다.

④ 소프트웨어 위기를 해결하기 위해 대두되었다.

4 new 연산자에 대한 설명으로 <u>잘못된</u> 것은?

① 별도의 헤더 파일을 포함할 필요가 없다.

② 임의 타입에 대해 메모리를 할당할 수 있다.

③ 할당과 동시에 초깃값을 지정할 수 있다.

④ 할당한 메모리의 크기를 바꾸어 재할당할 수 있다.

5 레퍼런스에 대한 설명으로 옳지 <u>않은</u> 것은?

① 실행 중에 대상체를 바꿀 때는 = 연산자를 사용한다.

② 좌변값만 가리킬 수 있다.

③ 대상체와 타입이 완전히 일치해야 한다.

④ 대상체에 적용되는 모든 연산을 적용할 수 있다.

6 다음 중 선언 가능한 형식은 무엇인가?

① 레퍼런스에 대한 레퍼런스 　　　② 포인터에 대한 레퍼런스

③ 레퍼런스에 대한 포인터 　　　　④ 레퍼런스 배열

7 레퍼런스의 내부 구조에 대한 설명으로 **틀린** 것은?

① 포인터의 변형이며 레퍼런스는 내부적으로 포인터로 선언된다.

② 레퍼런스를 참조하는 모든 문장에 암시적으로 * 연산자가 적용된다.

③ 레퍼런스의 대상체에 대해 암시적으로 & 연산자가 적용된다.

④ 포인터가 가리킬 수 있는 모든 변수, 상수에 대한 레퍼런스를 선언할 수 있다.

8 디폴트 인수를 선언 및 사용하는 규칙으로 옳지 **않은** 것은?

① 오른쪽부터 순서대로 디폴트 인수를 지정한다.

② 호출할 때 오른쪽부터 순서대로 생략할 수 있다.

③ 선언부와 정의부에 모두 디폴트값을 밝혀야 한다.

④ 가운데 인수를 생략하고 싶다면 순서를 바꾸어야 한다.

9 다음 중 같은 이름의 함수를 정의할 수 있는 경우는?

① 형식인수의 이름이 다른 경우 　　② 형식인수의 논리적 의미가 다른 경우

③ 형식인수의 개수가 다른 경우 　　④ 리턴 타입이 다른 경우

10 다음 두 함수는 오버로딩할 수 없다. 이유는 무엇인가?

```
int increase(int value);
void increase(int &value);
```

11 다음 중 인라인 함수로 적합한 것은?

① 본체가 짧고 자주 호출되는 함수 　　② 재귀 호출 함수

③ 함수 포인터로 간접 호출하는 함수 　　④ 수십 줄이 넘는 거대한 함수

2장

장

클래스

C 1 구조체의 확장

1 멤버 함수

구조체는 타입이 다른 멤버를 하나의 범주 안에 모은 것이다. 데이터의 집합이어서 정보만 저장할 뿐 동작은 표현할 수 없다. 혼자서는 아무것도 할 수 없어 구조체를 사용하는 별도의 함수가 있어야 한다.

HumanStruct

```c
#include <stdio.h>

struct SHuman
{
    char name[12];
    int age;
};

void IntroHuman(SHuman who)
{
    printf("이름 = %s, 나이 = %d\n", who.name, who.age);
}

int main()
{
    SHuman kim = { "김상형", 29 };
    IntroHuman(kim);
}
```

```
이름 = 김상형, 나이 = 29
```

SHuman 구조체는 이름과 나이를 표현하는 멤버를 가지며 사람의 신상을 표현한다. 이 구조체를 표시하려면 각 멤버의 값을 문자열로 조립하여 화면에 출력하는 코드가 필요하다. 그래서 IntroHuman 함수를 만들었다. main에서 kim 구조체를 선언 및 초기화하고 IntroHuman 함수를 호출하여 화면에 출력한다.

이 예제에서 SHuman 구조체와 IntroHuman 함수는 상호 의존적이다. SHuman 구조체가 없으면 IntroHuman은 인수를 받을 수 없어 아무것도 출력할 수 없고 IntroHuman 함수가 없으면 SHuman 구조체는 자신의 존재를 표현할 방법이 없다. SHuman은 정보를 가지고 IntroHuman은 정보를 보여 주는 동작을 하니 이 둘은 서로를 필요로 하는 의존 관계이다.

```
struct SHuman
{
    char name[12];
    int age;
};
```
출력할 대상 →
← 출력 방법 제공
```
void IntroHuman(SHuman who)
{
    printf("이름 = %s, 나이 = %d\n",
        who.name, who.age);
}
```

▲ 긴밀한 관계의 구조체와 함수

다른 프로젝트에서 이 구조체를 재사용하고 싶다면 구조체와 함수를 같이 가져가야 한다. 이처럼 밀접한 관계의 구조체와 함수를 한쌍으로 묶는 것을 캡슐화라고 한다. 구조체는 다양한 타입의 멤버를 가질 수 있는데 함수도 아예 구조체 안에 포함시키면 된다.

HumanStruct2

```
#include <stdio.h>

struct SHuman
{
    char name[12];
    int age;

    void intro() {
        printf("이름 = %s, 나이 = %d\n", name, age);
    }
};

int main()
{
    SHuman kim = { "김상형", 29 };
    kim.intro();
}
```

intro 함수가 SHuman 구조체 안에 포함되었다. 이처럼 구조체에 포함된 함수를 멤버 함수라고 부르며 기존의 정보를 저장하는 변수를 멤버 변수라고 부른다.

```
struct SHuman
{
    char name[12];
    int age;
};
```

```
void IntroHuman(SHuman who)
{
    printf("이름 = %s, 나이 = %d\n",
      who.name, who.age);
}
```

이 둘은 연관성이 많다

```
struct SHuman
{
    char name[12];
    int age;

    void intro() {
        printf("이름 = %s, 나이 = %d\n",
          name, age);
    }
};
```

그래서 하나의 구조체로 묶는다

▲ 클래스에 캡슐화된 멤버 변수와 멤버 함수

전문적인 용어로 멤버 변수를 필드Field, 멤버 함수를 메서드Method라고 칭하기도 한다. C에서 구조체는 변수의 집합이지만 C++에서는 함수까지 포함할 수 있다. 실행 결과는 같지만 함수가 구조체 안으로 들어감으로써 소스의 구조는 다소 바뀌었다.

- 꼭 필요치는 않지만 IntroHuman 함수의 이름을 intro로 바꾸었다. 밖에 있을 때는 동작에 대한 목적어가 필요하지만 안으로 소속되면 목적어가 분명해져서 동작만 밝히면 된다.
- intro 함수가 인수를 받지 않는다. 출력 대상이 소속 구조체로 정해져 있으므로 누구를 출력할지 지정할 필요가 없다.
- intro 함수 본체에서 멤버를 참조할 때 소속 구조체를 밝히지 않는다. 같은 구조체에 속한 형제 멤버를 참조할 때는 이름만 밝힌다.
- main에서 intro 함수를 호출할 때 대상 구조체를 인수로 전달하지 않고 멤버 변수를 액세스할 때처럼 소속 구조체를 앞에 적는다. kim.intro() 호출문은 kim의 정보를 출력하라는 명령이다.

정보를 저장하는 멤버 변수뿐만 아니라 동작을 표현하는 멤버 함수까지 포함하면 구조체는 스스로 동작할 수 있는 독립성이 확보된다. 구조체 내부에 필요한 모든 정보가 포함되어 있어 다른 프로젝트로 가져갈 때 구조체 선언문만 복사하면 된다. 이것이 바로 캡슐화이다.

2 멤버 함수 외부 작성

앞 예제의 intro 함수는 길이가 짧아 구조체 선언문 안에 작성했다. 그러나 함수의 개수가 많고 길면 선언문이 너무 복잡해진다. 이럴 때는 구조체 안에 함수의 원형만 선언하고 본체는 외부에 따로 정의하는 것이 좋다. 멤버 함수를 정의하는 형식은 다음과 같다.

```
리턴타입 소속구조체::멤버함수(인수)
{
     본체
}
```

일반 함수 선언 방식과 같되 함수 이름 앞에 구조체와 :: 연산자를 붙여 소속을 밝힌다는 것만 다르다. intro 함수를 외부에 정의하면 SHuman::intro라고 쓴다.

HumanStruct3

```
#include <stdio.h>

struct SHuman
{
     char name[12];
     int age;

     void intro();                    // 원형 선언
};

void SHuman::intro()                  // 본체 정의
{
     printf("이름 = %s, 나이 = %d\n", name, age);
}

int main()
{
     SHuman kim = { "김상형", 29 };
     kim.intro();
}
```

함수 본체가 어디에 있건 구조체에 소속되는 것은 마찬가지여서 동작은 같다. 그러나 본체 정의 위치에 따라 다음과 같은 차이가 있다.

• **내부 정의**: 인라인 속성을 가진다. 실제로 함수가 호출되는 것이 아니라 멤버 함수를 호출하는 코드가 함수의 본체 코드로 대체된다.

• **외부 정의**: 일반적인 함수 호출처럼 멤버 함수를 호출한다. 스택을 경유하여 인수를 넘기고 제어의 분기가 발생한다.

인라인 함수는 호출 부담이 없어 속도는 빠르지만 자주 호출하면 실행 파일이 커지는 단점이 있다. 멤버 함수의 코드가 아주 짧을 때는 내부에 인라인으로 정의하는 것이 유리하다. 내부 정의는 선언

문일 뿐이므로 실제 코드를 생성하지 않아 무조건 인라인 속성이 적용된다.

함수를 외부에 정의하면 일반 함수로 생성하되 정 인라인으로 선언하고 싶으면 함수 원형이나 정의 문 어디든 inline 키워드를 붙인다. 컴파일러가 이 요구를 무조건 들어주는 것은 아니며 길이가 짧은 함수이면 인라인으로 만든다.

```cpp
inline void SHuman::intro()
{
    printf("이름 = %s, 나이 = %d\n", name, age);
}
```

실제 프로젝트에서는 덩치 큰 멤버 함수를 클래스 선언문 외부에 분리해서 작성하는 것이 일반적이다. 그러나 이 책은 가독성 향상을 위해 가급적이면 클래스 안에 멤버 함수를 정의한다. 예제는 효율보다는 내용을 신속히 파악하는 것이 중요해 읽기 쉬운 쪽을 선택했다.

3 액세스 지정

구조체에 대해 . 연산자를 사용하면 외부에서 언제든지 멤버를 읽거나 쓸 수 있다. kim 구조체의 나이를 29로 초기화했더라도 kim.age에 값을 대입하면 286세로 바뀐다.

```cpp
SHuman kim = { "김상형", 29, 181.4 };
kim.age = 286;
kim.intro();
```

비단 구조체의 멤버뿐만 아니라 모든 변수는 읽고 쓸 수 있고 모든 함수는 호출 가능한 것이 당연하다. 그러나 객체 지향의 세계에서는 외부에서 함부로 변경하도록 내버려 두면 부주의한 사용으로 인해 무의미한 정보가 대입되어 위험해진다. 사람 나이가 286살이라니 이게 말이 되는가? 그래서 C++은 액세스 지정자를 통해 외부에서 멤버 참조 여부를 통제한다.

- **private**: 외부에서 액세스할 수 없으며 내부적으로만 사용하는 멤버이다. 쓸 수 없음은 물론이고 존재가 알려지지 않아 읽을 수도 없다.
- **public**: 외부로 공개되어 누구나 읽고 쓸 수 있으며 함수는 자유롭게 호출할 수 있다. 자신의 속성이나 동작을 외부로 공개하는 멤버이며 이를 인터페이스라고 한다.
- **protected**: 외부에서 액세스할 수 없으나 상속 관계의 자식 클래스는 액세스할 수 있는 중간 단계의 지정자이다.

선언문 내에 액세스 지정자를 붙이면 이후의 멤버는 다른 지정자가 나올 때까지 같은 속성이 적용된다. 액세스 지정자의 순서는 아무래도 상관없으나 보통은 private, protected, public 순으로 선언한다. 액세스 지정자를 사용하여 SHuman 구조체를 더 안전하게 선언해 보자.

```
access
#include <stdio.h>

struct SHuman
{
private:
    char name[12];
    int age;

public:
    void intro() {
        printf("이름 = %s, 나이 = %d\n", name, age);
    }
};

int main()
{
    SHuman kim;
    // kim.age = 286;
    kim.intro();
}
```

name, age 멤버를 private 블록에 선언하여 외부에 숨겼다. 이제 클래스 외부에서는 이 값을 액세스할 수 없으며 초기식으로 값을 대입할 수도 없다. 반면 intro 함수는 public 영역에 두어 외부에서 호출할 수 있도록 허락했다.

외부에서 멤버 변수를 읽을 수 없어 kim.age = 286 대입문은 액세스 위반으로 에러 처리된다. 이럴 경우 보통은 멤버 변수를 대신 읽거나 변경해 주는 public 메서드를 제공하는데 이런 함수를 액세서Accessor라고 부른다.

```
int getAge() { return age; }
void setAge(int aAge) {
    if (aAge > 0 && aAge < 120) {
        age = aAge;
    }
}
```

getAge 함수는 age 멤버값을 읽어 준다. setAge는 인수로 전달된 값으로 age 멤버를 변경한다. 이때 0 ~ 120 사이인지 점검하여 유효한 값만 받아들인다. kim.setAge(50)은 잘 실행되지만 kim.setAge(286)은 무효한 값을 거부하여 안정성을 지킨다.

객체의 정보를 숨김으로써 안정성을 높이는 이런 기능을 정보 은폐라고 한다. 왜 숨겨야 하고 숨기면 어떤 이점이 있는지 잠시 후 다시 연구해 보기로 하고 여기서는 액세스 지정자의 기능만 파악하고 넘어가자.

셀프 테스트 ●

2-1. SHuman 구조체에 이름을 변경하는 setName 함수를 작성하되 버퍼 길이를 넘는 문자열은 복사하지 않도록 하라.

2 클래스

1 class

구조체는 다양한 타입의 변수를 모아 놓은 것인데 C++에서 함수까지 포함하여 속성뿐만 아니라 동작까지 표현할 수 있게 되었다. 구조체 변수는 객체가 됨으로써 객체 지향의 부품이 된다. 확장된 구조체에 뭔가 멋지고 그럴듯한 이름을 붙인 것이 바로 클래스이다. 클래스도 일종의 구조체이지만 C의 전통적인 구조체와 구분하기 위해 새로운 이름을 붙였다.

결국 클래스는 별다른 것이 아니라 함수를 포함할 수 있는 확장된 구조체이다. 구조체 선언문의 struct를 class 키워드로 바꾸면 클래스가 된다. 구조체와 클래스의 유일한 차이점은 디폴트 액세스 지정자뿐인데 구조체는 public이고 클래스는 private이다. 구조체는 별다른 지정이 없을 때 멤버를 외부로 공개하지만 클래스는 가급적이면 멤버를 숨긴다.

```
struct S
{
    int x;
    ....
};
S s;
s.x = 1234;              // 가능
```

```
class C
{
    int x;
    ....
};
C c;
c.x = 1234;              // 에러
```

액세스 지정자 없이 멤버 변수 x를 선언했다. 구조체의 멤버 s.x는 public 속성을 가져 아무나 읽을 수 있는데 비해 클래스의 멤버 c.x는 private 속성을 가져 외부에서 참조할 수 없다. 전통적인 구조체는 멤버에 대한 액세스 제한이 없었으므로 하위 호환성 유지를 위해 공개가 디폴트이다. 그러나 클래스는 정보 은폐를 위해 가급적 멤버를 숨긴다.

물론 어디까지나 디폴트만 다를 뿐 양쪽 모두 액세스 지정자를 명시적으로 지정할 수 있다. 다음 두 쌍의 선언문은 완전히 같다. 액세스 지정자를 private으로 바꾼 구조체는 클래스와 동일하며 반대

로 액세스 지정자를 public으로 바꾼 클래스는 구조체와 동일하다.

```
struct Some
{
private:
    ...
};
```
=
```
class Some
{
    ...
};
```

```
struct Some
{
    ...
};
```
=
```
class Some
{
public:
    ...
};
```

그 외에는 어떠한 차이점도 없다. 이미 습득한 구조체 관련 문법인 . 연산자, -> 연산자, 구조체 대입, 구조체 중첩 등은 클래스에도 그대로 적용된다. 마찬가지로 이후 배우게 될 상속, 다형성, 연산자 오버로딩도 구조체에 동일하게 적용된다. 구조체로 만들었던 예제를 클래스로 바꾸어 보자.

HumanClass

```
#include <stdio.h>

class Human
{
public:
    char name[12];
    int age;

    void intro() {
        printf("이름 = %s, 나이 = %d\n", name, age);
    }
};

int main()
{
    Human kim = { "김상형", 29 };
    kim.intro();
}
```

키워드 struct 대신 class를 사용하여 클래스로 선언했다. 꼭 필요치는 않지만 접두 S가 구조체를 의미하므로 제거하고 평이하게 Human으로 이름을 바꾸었다. 클래스는 관행상 접두 C를 붙여 CHuman으로 적기도 하는데 실습에서는 번거로워 짧은 명사를 쓰기로 한다. 변수나 함수와 구분하기 위해 첫 자를 대문자로 시작한다.

클래스의 디폴트 액세스 지정자가 private이므로 이전 소스의 구조체와 호환되도록 액세스 지정자를 public으로 지정했다. 확장된 구조체는 클래스와 사실상 같지만 멤버 함수를 가질 때는 클래스로 선언하는 것이 일반적이다. 구조체는 변수의 집합일 때만 사용한다.

2 클래스는 타입이다

C++에서는 태그가 타입으로 승격되어 struct 키워드 없이 SHuman 태그만으로 변수를 선언할 수 있다. 이는 클래스도 마찬가지이며 Human이 int, double 같은 기본형 타입과 동등한 자격을 가진다. C++은 클래스를 완전한 타입으로 정의하기 위해 여러 가지 문법적 장치를 제공한다. 이 장치들 덕분에 정수형과 똑같은 방법으로 사용할 수 있는 가상의 복소수 클래스인 Complex를 만들 수 있다.

▼ 정수형과 Complex형의 연산

정수형	Complex 클래스	C++ 관련 문법
int i;	Complex c;	클래스의 이름이 타입과 같은 자격을 가진다.
int i = 3;	Complex c(1.0, 2.0);	생성자로 선언과 동시에 초기화할 수 있다.
int i = j;	Complex d = c;	복사 생성자로 같은 타입의 다른 객체로부터 생성된다.
i = j;	d = c;	대입 연산자
i + j;	d + c;	연산자 오버로딩
i = 3.14	Complex c(1.2);	변환 생성자와 변환 함수
3 + i	1.0 + c;	전역 연산자 함수와 프렌드

C++에는 언어 차원의 복소수 타입이 없지만 필요하다면 클래스로 타입을 정의하면 된다. 정수형 타입인 int가 할 수 있는 모든 동작은 복소수 클래스인 Complex도 똑같이 할 수 있다. 복소수 객체끼리 더하고 뺄 수 있고 인수로 전달하거나 리턴할 수도 있다. 그래서 클래스는 모든 면에서 타입이다.

Human도 정수와 같은 방법으로 사용할 수 있는데 사람끼리 대입하거나 전달할 수 있고 연산자를 정의하면 사람끼리 더하거나 곱할 수도 있다. 그러려면 클래스에 다양한 문법을 적용해야 하는데 C++의 거의 모든 문법은 클래스를 완전한 타입으로 만들기 위해 존재한다.

클래스가 일종의 타입이므로 클래스로부터 파생형 타입을 정의할 수 있다. T형에 대해 T형 포인터와 T형 배열이 항상 가능하므로 클래스의 배열이나 객체를 가리키는 포인터도 만들 수 있다. 다음 예제로 확인해 보자.

```
#include <stdio.h>

class Human
{
public:
    char name[12];
    int age;

    void intro() {
        printf("이름 = %s, 나이 = %d\n", name, age);
    }
};

int main()
{
    Human arFriend[10] = {
        { "문동욱", 49  },
        { "김유진", 49  },
        { "박상막", 49  },
    };

    Human *pFriend;
    pFriend = &arFriend[1];
    pFriend->intro();
}
```

이름 = 김유진, 나이 = 49

Human 타입으로 크기 10의 배열인 arFriend를 선언하고 앞쪽 세 개에 대해 초깃값을 주었다. 클래스의 배열로 많은 사람의 신상을 하나의 묶음으로 관리할 수 있고 정보가 배열에 모여 있으니 루프를 돌리며 반복적인 처리도 가능하다.

Human 타입의 객체를 가리키는 포인터인 pFriend는 사람 한 명의 정보를 가리킨다. 예제에서는 arFriend[1]의 주소를 대입받아 이 구조체의 intro 함수를 호출했다. 구조체와 마찬가지로 포인터로부터 멤버 함수를 호출할 때는 -> 연산자를 사용한다.

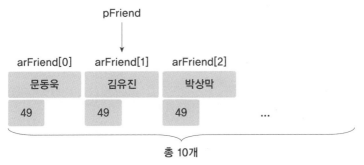

▲ 객체의 배열과 포인터

보다시피 arFriend 배열이나 pFriend 포인터를 사용하는 방식은 int형 배열이나 int *형 변수와 완전히 같다. C 문법이 클래스에 대해서도 일관되게 적용되어 이차 배열이나 이중 포인터도 선언할 수 있다. 클래스가 하나의 타입이기 때문이다.

3 인스턴스

클래스는 어떤 멤버가 포함되어 있는지 컴파일러에게 알리는 타입 선언일 뿐 그 자체가 정보를 저장하는 변수는 아니다. 정보를 저장하려면 클래스 타입의 변수를 선언해야 한다.

```
Human kim;
int i;
```

Human kim 선언에 의해 Human 타입의 변수 kim이 생성되며 이 객체에 사람의 이름과 나이를 저장한다. int i 선언에 의해 4바이트의 정수를 저장하는 변수 i가 생성되는 것과 같으며 이 선언에서 실제 생성되는 것은 i이지 int가 아니다. Human, int는 타입의 이름이고 kim, i는 변수의 이름이다.

클래스 타입으로 선언된 변수를 인스턴스Instance라고 한다. 클래스가 메모리에 구현된 실체이며 지금까지 변수라고 불러왔던 개념이 바로 인스턴스이다. Human의 한 예로 kim 인스턴스가 선언된 것이며 int형의 한 예로 i 인스턴스가 선언된 것이다. 타입에 대해 여러 개의 인스턴스를 동시에 선언할 수 있다.

```
Human kim, lee, park;
```

이 선언에 의해 Human 타입의 인스턴스 세 개가 메모리에 각각 생성된다. 각 인스턴스는 멤버 변수를 따로 가져 인스턴스별로 독립적인 정보를 저장할 수 있다. 인스턴스의 크기는 클래스에 선언된 멤버 변수 크기의 총합과 같다. kim, lee, park은 모두 16바이트이다. 각 인스턴스마다 속성이 달라 멤버 변수는 따로 가지지만 동작은 같아서 모든 인스턴스가 멤버 함수를 공유한다.

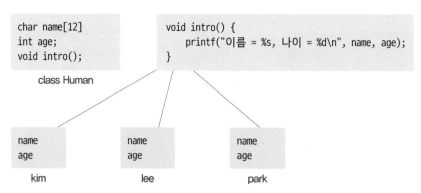

▲ 멤버 변수는 객체별로 가지고 멤버 함수는 공유한다

인스턴스를 다른 말로 객체Object라고도 한다. 두 용어는 사실상 같은 대상을 가리키지만 사용되는 문맥이 조금 다르다. 인스턴스는 클래스가 메모리에 구현된 실체라는 의미이며 객체는 프로그램을 구성하는 독립적인 부품이라는 의미이다.

똑같은 여자를 칭하는 말로 여성, 숙녀, 아줌마, 소녀 등 여러 가지 단어가 있고 경우에 따라 적합한 단어가 다르다. 인스턴스와 객체도 같은 뜻이되 문맥에 따라 사용하는 용어가 조금 다를 뿐이다. 둘 다 평이한 단어로 표현하면 변수이다.

4 클래스의 예

실세계의 모든 사물은 독특한 속성을 가지고 고유한 동작을 한다. 사람은 이름, 나이, 성별, 피부색 등의 속성이 있고, 말하다, 생각하다, 일하다 등의 동작을 할 수 있다. 세상의 모든 사물은 속성과 동작 두 가지 특징을 가지며 핸드폰, 컴퓨터, 자동차 등의 물건도 고유의 속성과 동작을 추출하여 표현할 수 있다.

클래스는 속성을 멤버 변수로 표현하고 동작을 멤버 함수로 기술하여 실세계의 사물을 모델링한다. 나무, 책, 집, 피자 등의 사물은 물론이고 예금, 권한, 자격, 건강 등 보이지 않는 개념적인 것까지 클래스로 표현할 수 있다. 사물의 특징을 추출하여 속성과 동작으로 표현하는 것을 추상화라고 한다.

앞으로 실습을 위해 여러 가지 클래스를 만들어 볼 것이다. 여기서는 이후 실습에 사용할 몇 가지 전형적인 클래스를 만들어 보고 실세계의 사물을 어떻게 모델링하는지 살펴보자. 다음 클래스는 시간을 표현한다. 하루 중 특정 시점을 나타내는 시각으로도 쓸 수 있고 경과한 정도를 나타내는 시간으로도 쓸 수 있다.

```c
#include <stdio.h>

class Time
{
private:
    int hour, min, sec;

public:
    void SetTime(int h, int m, int s) {
        hour = h;
        min = m;
        sec = s;
    }
    void OutTime() {
        printf("현재 시간은 %d:%d:%d입니다.\n", hour, min, sec);
    }
};

int main()
{
    Time now;

    now.SetTime(12, 30, 40);
    now.OutTime();
}
```

```
현재 시간은 12:30:40입니다.
```

클래스 이름은 Time으로 지었다. 시간은 시, 분, 초의 요소로 구성되는데 각 요소를 정수형의 hour, min, sec 멤버 변수로 선언한다. 현재값을 설정하는 기능과 출력하는 동작은 각각 SetTime, OutTime 멤버 함수로 선언한다. 여러 요소로 구성되는 시간이라는 복잡한 정보를 클래스로 선언해 두면 간편하게 사용할 수 있다.

main에서 Time형의 객체 now를 선언하고 SetTime 멤버 함수를 호출하여 초기화하고 OutTime 멤버 함수를 호출하여 현재 시간을 출력한다. 이외에 시간을 증가, 감소시키는 동작과 시간끼리 비교 연산하는 동작도 멤버 함수로 작성할 수 있다.

다음 클래스는 게임의 주인공인 철수를 클래스로 만든 것이다. 어드벤처 게임의 주인공인 철수는 사이버 세계를 돌아다니며 흉칙한 적을 무찌른다. 철수는 수많은 속성을 가지며 게임 속에서 다양한 동작을 하는데 이를 묶어 하나의 클래스로 표현한다.

```cpp
class ChulSoo
{
private:
    int x,y;                        // 현재 위치
    int hp;                         // 체력
    int shield;                     // 보호막
    int level;                      // 레벨
    double exp;                     // 경험치
    Item items[MAXITEM];            // 보유한 무기

public:
    void walk();                    // 걷는다.
    void jump(short height);        // 점프한다.
    void turn(int dir);             // 방향을 바꾼다.
    BOOL attack(int what);          // 적을 신나게 공격한다.
    void defence();                 // 방어한다.
    BOOL hurt(int fromwhom);        // 공격을 당한다.
    BOOL die();                     // 너무 많이 맞아서 죽는다.
};
```

어드벤처 게임의 캐릭터가 보편적으로 가지는 체력, 경험치 같은 속성은 멤버 변수로 표현한다. 아이템은 여러 개를 소유할 수 있어 배열로 선언한다. 멤버 함수는 게임 속에서 철수의 동작을 표현한다. 걷기도 하고 점프도 하며 적과 만나면 싸우거나 방어한다. 각 함수는 철수의 동작을 화면에 그래픽으로 그려 묘사한다.

철수 클래스를 완벽하게 만드는 데는 많은 노력과 시간이 들지만 일단 만들어지면 ChulSoo cs; 선언문으로 객체를 쉽게 만들 수 있다. 코드에서는 철수의 세부 구현에 대해 더 신경쓸 필요 없이 다른 객체와의 관계만 잘 정의하면 된다. 게임을 완성하려면 주인공 외에도 수많은 객체가 필요하다. 무찌를 적이 나와야 하며 철수가 돌아다니는 데 필요한 지도도 있어야 한다.

▲ **객체를 이용한 상향식 조립 개발**

클래스는 게임의 부품인 객체를 표현하며 main은 객체를 모아 관계와 상호작용을 정의한다. 적의 공격을 받으면 철수의 체력이 떨어지고 철수가 공격하면 적이 죽는다. 부품이 잘 만들어져 있다면 상향식으로 쉽게 조립할 수 있고 부품을 재활용하여 비슷한 게임도 금방 만들 수 있다. 이것이 객체 지향의 이점이다.

셀프 테스트 ●

2-2. 시, 분, 초의 멤버를 가지는 Time 클래스를 정의하듯이 년, 월, 일을 멤버로 가지는 Date 클래스를 정의하라. 오늘 날짜를 출력하는 멤버 함수도 정의한다.

---

5 클래스 모듈

독립된 부품인 클래스는 보통 별도의 모듈로 작성하며 클래스 이름과 같은 파일명을 사용한다. Time 클래스를 만든다면 Time.h 헤더 파일에 클래스 선언문을 작성하고 멤버 함수의 본체는 Time.cpp 구현 파일에 작성한다.

```
class Time
{
private:
    int hour, min, sec;
public:
    void SetTime(int h, int m, int s);
    void OutTime();
};
```
Time.h

포함   포함

```
#include "Time.h"

void Time::SetTime(int h, int m, int s)
{
    hour = h;
    min = m;
    sec = s;
}
void Time::OutTime()
{
    printf("현재 시간은 %d:%d:%d입니다.\n",
        hour, min, sec);
}
```
Time.cpp

```
#include "Time.h"

int main()
{
    Time now;
    now.SetTime(12, 34, 56);
    now.OutTime();
}
```
main.cpp

▲ 클래스 모듈

클래스를 사용하는 모듈은 Time.h를 포함하여 클래스에 대한 정보를 파악한다. 클래스 관련 코드가 Time.h, Time.cpp에 작성되어 있으므로 다른 프로젝트에 재사용하려면 두 파일을 가져가 포함시키면 된다.

실전에서는 가급적 이 관행대로 클래스별로 모듈을 만드는 것이 코드 관리 및 재활용에 유리하다. 모듈을 잘게 나누면 실습이 번거롭고 코드를 읽기도 어려워 이 책에서는 학습 편의상 메인 파일에 선언과 구현을 다 하기로 한다.

셀프 테스트 ● 풀이

2-1.

public 영역에 다음 멤버 함수를 추가한다. 문자열 관련 함수를 사용하므로 string.h를 포함한다.

```
void setName(const char *newName) {
    if (strlen(newName) < 12) {
        strcpy(name, newName);
    }
}
```

인수로 전달된 newName 이름의 길이가 12자 미만일 경우에만 name으로 복사하고 12자 이상이면 무시한다. 널종료 문자분을 고려해야 하므로 최대 11자까지만 저장할 수 있다.

2-2.
```c
#include <stdio.h>

class Date
{
private:
    int year, month, day;

public:
    void SetDate(int y, int m, int d) {
        year = y;
        month = m;
        day = d;
    }
    void OutDate() {
        printf("오늘은 %d년 %d월 %d일입니다.\n", year, month, day);
    }
};

int main()
{
    Date today;

    today.SetDate(2018, 6, 29);
    today.OutDate();
}
```
년, 월, 일을 각각 year, month, day 멤버로 선언한다. SetDate 함수로 날짜를 설정하고 OutDate 함수로 현재 날짜를 출력한다.

1 멤버 함수의 정의 위치와 인라인 속성에 대한 설명으로 옳은 것은?

① 클래스 내부에 정의하면 무조건 인라인 속성을 가진다.

② 클래스 외부에 정의하면 무조건 인라인이 아니다.

③ 외부에 정의하더라도 inline 키워드를 지정하면 무조건 인라인 속성을 가진다.

④ 내부에 정의하더라도 inline 키워드를 빼면 일반 함수가 된다.

2 구조체와 클래스의 유일한 차이점은 무엇인가?

① 멤버 함수의 포함 여부　　　　　　　　　② 디폴트 액세스 지정자

③ 생성자와 파괴자에 의한 자동화된 초기화와 정리　　④ 다형성 지원 여부

3 시간을 표현하는 Time 클래스가 있다. sizeof 연산자로 이 클래스의 객체 크기를 조사하면 얼마인가?

```
class Time
{
private:
    int hour, min, sec;

public:
    void SetTime(int h, int m, int s) {
        hour = h;
        min = m;
        sec = s;
    }
    void OutTime() {
        printf("현재 시간은 %d:%d:%d입니다.\n", hour, min, sec);
    }
};
```

4 다음 중 액세스 지정자가 <u>아닌</u> 것은?

① private　　　　　② public　　　　　③ protected　　　　　④ pointer

5 인스턴스와 객체는 어떻게 다른가?

3장

생성자

1 생성자

1 생성자

클래스의 인스턴스를 생성하면 객체 크기만큼 메모리가 할당된다. 할당만 될 뿐 일반 변수와 마찬가지로 초기화되지 않은 쓰레기값을 가진다. 이대로는 객체를 쓸 수 없으니 선언 직후에 각 멤버에 원하는 값을 일일이 대입해야 한다.

```
Human kim;
strcpy(kim.name, "김상형");
kim.age = 29;
```

쓰레기를 치워 이름과 나이를 제대로 초기화해야 kim 객체가 유효한 정보를 가진다. 가장 쉬운 초기화 방법이지만 멤버가 많으면 일일이 대입하기 번거롭다. 어차피 초기화해야 한다면 선언과 동시에 하는 것이 간편하다. 클래스는 구조체의 확장이므로 초기화 문법을 사용하여 {} 괄호 안에 초깃값을 순서대로 나열하면 된다.

```
Human kim = { "김상형", 29 };
```

간단하지만 이 방법은 클래스에 어울리지 않는다. 외부에서 초깃값을 지정하려면 모든 멤버가 공개되어야 하는데 이는 정보 은폐가 기본인 클래스와 맞지 않다. 또 모든 멤버가 대입만으로 초기화되는 것은 아니며 계산이 필요하거나 메모리를 할당하는 능동적인 동작이 필요한 경우도 있다.

그래서 클래스는 초기식을 쓰지 않고 객체를 초기화하는 생성자Constructor라는 특별한 함수를 사용한다. 생성자는 클래스 스스로 초기화 방법을 캡슐화하여 부품으로서의 완성도를 높이고 기본 타입과 동등해지는 장치이다. 생성자는 컴파일러가 자동으로 호출하기 때문에 클래스와 이름이 같고 초기화만 담당해 리턴값은 없다. Human 클래스에 생성자를 정의해 보자.

```c
#include <stdio.h>
#include <string.h>

class Human
{
private:
    char name[12];
    int age;

public:
    // 생성자
    Human(const char *aname, int aage ) {
        strcpy(name, aname);
        age = aage;
    }
    void intro() {
        printf("이름 = %s, 나이 = %d\n", name, age);
    }
};

int main()
{
    Human kim("김상형", 29);
    kim.intro();
}
```

클래스 이름과 똑같은 Human 함수를 정의했으며 두 개의 인수를 받아 대응되는 멤버에 대입한다. 코드를 가지는 함수여서 훨씬 더 복잡한 초기화도 가능하다. 클래스에 초기화 코드가 포함되어 있으니 main 코드는 단순해진다. 선언문에서 생성자를 호출하는 방법은 두 가지이다.

· **명시적인 방법**: Human kim = Human("김상형", 29);
· **암시적인 방법**: Human kim("김상형", 29);

함수를 호출하는 것처럼 생성자 이름과 인수 목록을 쓰는 것이 원칙이나 타입명과 같은 생성자 이름을 또 적는 것이 번거롭다. 그래서 변수명 뒤의 괄호에 인수를 전달하는 간편한 방식을 주로 사용한다. 변수 선언문 뒤의 괄호에 생성자로 전달할 인수를 나열하면 생성자가 이 값을 받아 멤버를 초기화한다.

2 생성자의 인수

생성자도 함수의 일종이니 당연히 인수를 받는다. 이때 인수는 주로 멤버의 초깃값인데 수가 많으면 대응 관계를 찾기 어려워 멤버와 유사한 이름을 붙인다. 하지만 똑같은 이름은 쓸 수 없다.

```
Human(const char *name, int age) {
    strcpy(name, name);
    age = age;
}
```

name, age 인수를 전달받아 같은 이름의 멤버에 대입한다. 대응 관계를 찾기는 쉽지만 이름이 충돌하여 제대로 동작하지 않는다. age = age; 대입문은 인수로 받은 age 값을 age 멤버에 대입하라는 의도지만 두 변수의 명칭이 같아 원하는대로 동작하지 않는다.

명칭이 충돌할 때는 좁은 범위가 우선이라 이 대입문의 age는 인수를 의미하며 자기 자신에게 똑같은 값을 대입하는 의미 없는 문장이다. 에러는 발생하지 않지만 초기화는 제대로 수행되지 않는다. 멤버와 인수를 구분할 수 있어야 하며 이 문제를 해결하는 여러 가지 해결책이 있다.

❶ 인수의 이름에 접두를 붙여 멤버 이름과 구분한다. 예제의 경우 인수(Argument)를 의미하는 a를 붙여 aname, aage 식으로 이름을 붙인다. 접두 뒤쪽은 멤버와 이름이 같아 대응 관계를 찾기 쉽다.

❷ 멤버의 이름에 접두를 붙여 일반 변수와 구분한다. 알파벳 m을 붙이거나 m_를 붙여 m_name, m_age 식으로 접두를 붙이면 긴 코드에서도 멤버임을 바로 알 수 있어 직관적이다. 그러나 입력하기 번거롭다.

❸ 같은 이름을 쓰되 this 키워드를 사용하여 멤버임을 명시한다. this 키워드는 객체 자신을 의미하는 포인터 상수이며 this->age는 age 멤버를 의미하여 인수와 분명히 구분된다.

```
Human(const char *name, int age) {
    strcpy(this->name, name);
    this->age = age;
}
```

❹ 클래스 이름과 멤버 연산자를 사용하여 구분할 수도 있다. 클래스명::멤버 식으로 칭하면 인수가 아닌 멤버를 의미한다.

```
Human(const char *name, int age) {
    strcpy(Human::name, name);
    Human::age = age;
}
```

마지막 방법은 잘 사용되지 않으며 위의 세 가지 방법 중 하나를 주로 사용한다. 어떤 방법을 쓰든 생성자의 인수와 멤버의 이름이 구분되기만 하면 된다.

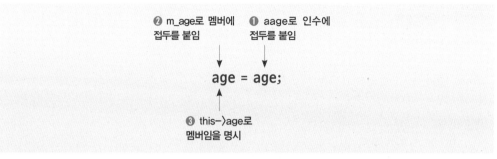

▲ 멤버와 인수의 구분

모두 장단점이 있어 기호에 따라 선택하되 한 가지 방법을 일관되게 사용하는 것이 좋다. 이 책에서는 인수에 a 접두를 붙이는 방법을 주로 사용한다.

3 생성자 오버로딩

시간을 표현하는 Time 클래스도 유효한 시간을 저장하려면 시, 분, 초 값을 규칙에 맞게 초기화해야 한다. 앞 장의 예제에서는 객체 생성 후 SetTime 함수로 시간을 설정했는데 이 역할은 선언시에 생성자가 하는 것이 옳다. 코드는 그대로 쓰고 이름만 Time으로 바꾸면 된다.

```
Time(int h, int m, int s) {
    hour = h;
    min = m;
    sec = s;
}
```

객체를 초기화하는 방법은 한 가지만 있는 것이 아니다. 복잡한 객체는 계산이나 조합에 의해 멤버 값을 결정할 수 있고 잘 안 쓰는 멤버는 무난한 디폴트로 초기화할 수도 있다. 생성자도 일종의 함수이며 인수열이 다르면 여러 벌로 오버로딩할 수 있으므로 객체 초기화 방법의 개수만큼 정의할 수 있다.

시간은 12시 34분 56초로 세 개의 요소를 일일이 지정하는 방법 외에 하루 중 경과한 절대 초로도 지정할 수 있다. 예를 들어 2시 10분 34초는 2 × 3,600 + 10 × 60 + 34 = 7,834초와 같다. 시간을 일차원적으로 표현하는 방식은 비교 및 계산에 유리하다. 하루는 86,400초이므로 이 중 한 값을 주면 시, 분, 초를 계산하여 초기화한다. 이 방식으로 초기화하는 생성자도 정의해 보자.

```c
#include <stdio.h>

class Time
{
private:
    int hour, min, sec;

public:
    // 생성자1
    Time(int h, int m, int s) {
        hour = h;
        min = m;
        sec = s;
    }

    // 생성자 2
    Time(int abssec) {
        hour = abssec / 3600;
        min = (abssec / 60) % 60;
        sec = abssec % 60;
    }

    void OutTime() {
        printf("현재 시간은 %d:%d:%d입니다.\n", hour, min, sec);
    }
};

int main()
{
    Time now(12, 30, 40);
    now.OutTime();
    Time noon(44000);
    noon.OutTime();
}
```

현재 시간은 12:30:40입니다.
현재 시간은 12:13:20입니다.

Time 클래스는 두 개의 생성자를 정의한다. 인수 목록이 다르면 개수에 상관없이 얼마든지 많은 생성자를 정의할 수 있다. 일반 함수와 마찬가지로 어떤 생성자를 호출할 것인가는 객체 선언문의 인수에 의해 결정된다.

now는 세 개의 정수를 주었으니 Time(int, int, int) 생성자가 호출되고 noon은 한 개의 정수만 주었으니 Time(int) 생성자가 호출된다. 경과 초를 받은 생성자는 초의 값을 나누어 시간과 분을 계산하여 초기화한다. 초를 3,600으로 나누면 시간이고 60으로 나누면 분이되 60단위의 몫은 시간이므로 버린다.

객체가 모델링하는 실세계의 사물은 int나 double 같은 수치보다 복잡해 초기화 방법도 다양하다. 원을 표현할 때는 중심점과 반지름을 지정하는 것이 상식이지만 마우스를 주로 쓰는 환경에서는 외접 사각형을 지정하는 것이 더 편리하다. 이럴 때 두 개의 생성자를 모두 제공하면 객체 사용자가 편리한 방식으로 초기화할 수 있다.

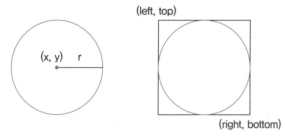

▲ 원을 정의하는 여러 가지 방법

색상의 경우도 모델에 따라 RGB로 표현할 수 있고 CMYK나 HSB 방식으로 표현할 수도 있다. 그래서 C++은 생성자 오버로딩을 지원하며 선언 단계에서 상황에 따라 적절한 방법대로 초기화하도록 허락한다.

셀프 테스트 ●

3-1. 중심 좌표 cx, cy와 반지름 radius를 가지는 원 클래스인 Circle을 선언하되 외접 사각형으로 초기화하는 생성자를 정의하라. 단, 타원은 고려하지 않으며 외접 사각형은 좌상단과 우하단으로 정규화되어 있다고 가정한다.

2 파괴자

1 파괴자

Human 클래스의 name 멤버는 길이가 12바이트밖에 안 된다. 한국 이름은 2~4자이므로 충분하지만 외국인의 긴 이름을 저장하기에는 턱없이 부족하다. 12자 이상의 이름으로 객체를 생성하면 버퍼 뒤쪽을 침범하여 위험해진다.

```
Human anold("아놀드 슈워제네거", 65);
```

버퍼 크기를 128로 충분히 길게 잡더라도 가변적인 길이까지 완벽하게 저장할 수 없다. 안전하게 저장하려면 이름의 길이에 맞게 버퍼를 실시간으로 할당해야 한다. 그러자면 이름을 저장하는 name을 배열이 아닌 포인터로 선언하고 생성자에서 적당한 길이로 버퍼를 동적 할당해야 한다.

```
Destructor
#include <stdio.h>
#include <string.h>

class Human
{
private:
    char *pname;
    int age;

public:
    Human(const char *aname, int aage) {
        pname = new char[strlen(aname) + 1];
        strcpy(pname, aname);
        age = aage;
        printf("%s 객체의 생성자가 호출되었습니다.\n", pname);
```

```
        }

        ~Human() {
            printf("%s 객체가 파괴되었습니다.\n", pname);
            delete[] pname;
        }

        void intro() {
            printf("이름 = %s, 나이 = %d\n", pname, age);
        }
};

int main()
{
    Human boy("김수한무거북이와두루미", 12);
    boy.intro();
}
```

> 김수한무거북이와두루미 객체의 생성자가 호출되었습니다.
> 이름 = 김수한무거북이와두루미, 나이 = 12
> 김수한무거북이와두루미 객체가 파괴되었습니다.

생성자에서 aname 인수의 길이를 조사하고 널종료 문자를 위한 1바이트를 포함하여 버퍼를 할당한다. 전달된 인수에 딱맞는 메모리를 할당했으니 aname을 안전하게 저장할 수 있다. 이름을 저장하는 버퍼는 객체 외부에 있지만 pname 포인터가 가리키고 있어 언제든지 읽고 쓸 수 있으며 실행 중에 할당한 거라 길이의 제한이 없다.

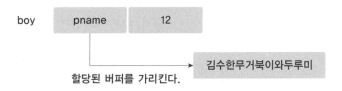

이 예에서 보다시피 생성자는 객체 내부의 멤버만 초기화하는 것이 아니라 객체의 동작을 위한 모든 것을 준비하는 임무를 띤다. 메모리를 할당하거나 라이브러리를 로드하는 경우도 있고 때로는 네트워크나 데이터베이스 등의 외부 환경까지도 변경한다.

컴퓨터 안에서 동작하는 모든 것은 항상 자신이 생성되기 전의 상태로 환경을 돌려 놓아야 시스템이 항상성을 유지한다. 객체도 마찬가지로 자신이 생성되기 전의 상태로 정리해야 하는데 이런 뒷처리를 담당하는 함수가 파괴자^{Destructor}이다.

파괴자의 이름은 '~클래스명'으로 정해져 있으며 Human 클래스의 파괴자는 ~Human이다. 객체가 소멸될 때 파괴자가 자동으로 호출되는데 main의 지역 변수인 boy 객체는 main이 리턴할 때 파괴되며 이때 파괴자가 호출된다.

생성자에서 new [] 연산자로 메모리를 할당했으니 파괴자는 반대로 delete [] 연산자로 메모리를 회수한다. 생성자에서 단순히 멤버값만 대입했다면 파괴자가 군이 필요치 않지만 앞의 예제처럼 메모리를 할당했다면 객체가 사용하던 메모리를 파괴자가 해제해야 한다.

2 생성자와 파괴자의 특징

클래스는 기본형에 비해 훨씬 거대하고 복잡한 정보를 다루기 때문에 초기화 방법이 특수하다. 그래서 초기화를 전담하는 생성자가 필요하고 생성자가 벌려 놓은 일의 뒤치다꺼리를 하는 파괴자도 필요하다. 이 두 함수는 임무가 정해져 있고 자동으로 호출된다는 면에서 일반 함수와는 다른 독특한 특징이 있다.

· 컴파일러에 의해 자동으로 호출되므로 이름이 정해져 있고 임의의 이름을 붙일 수 없다. 생성자는 클래스명과 같고 파괴자는 앞에 ~를 붙인다. 이름이 고정되어 있어야 컴파일러가 필요할 때 이 함수를 찾아 호출할 수 있다.

· 생성과 파괴는 동작일 뿐 조사나 계산이 아니어서 리턴값이 없다. 설사 리턴을 하더라도 컴파일러가 자동으로 호출하는 것이어서 리턴을 받을 주체도 없다. 일반 함수에 비한다면 void형 함수와 유사하되 리턴의 개념이 없기 때문에 void라는 것조차 밝힐 필요 없이 리턴 타입을 생략한다.

· 외부에서 자동으로 호출되므로 public 액세스 속성을 가져야 한다. 생성자를 숨겨 버리면 외부에서 객체를 생성할 수 없다. 특수한 예로 생성자를 숨기는 기법이 있지만 통상 생성자는 공개한다.

· 생성자는 인수를 가진다. 따라서 오버로딩하여 복수 개의 초기화 방법을 제공할 수 있다. 반면 암묵적으로 호출되는 파괴자는 인수를 받지 않으며 오버로딩할 수 없다. 정리에는 선택 사항이 없으며 객체가 생성되기 전의 모든 것을 원래대로 돌려 놓아야 한다.

· 둘 다 디폴트가 있어 개발자가 정의하지 않으면 컴파일러가 아무것도 하지 않는 생성자와 파괴자를 알아서 만든다. 초기화할 필요가 없으면 둘 다 생략해도 무방하다.

· friend나 static이 될 수 없고 그럴 필요도 없다. 파괴자는 가상 함수로 정의할 수 있지만 생성자는 그럴 수 없다. 이 특성은 이후 공부를 더 해야 이해할 수 있다.

일반적인 함수에 비해 특성이 까다롭지만 두 함수의 역할을 파악했다면 상식적인 내용이다. Human 클래스의 생성자와 파괴자를 이해했다면 충분하다.

3 객체의 동적 생성

정수형 변수가 필요하면 언제든지 int i; 구문으로 선언해 사용한다. 이것을 정적 할당이라고 하며
스택에 변수가 생성된다. 실행 중에 변수가 필요하다면 힙에 동적 할당을 하는데 다음은 정수형 변
수를 할당하는 예이다.

```
int *pi;
pi = new int(1234);
*pi 사용;
delete pi;
```

new 연산자로 할당하고 초깃값을 준 후 그 포인터를 pi로 대입받아 실컷 사용한 후 delete 연산자
로 해제한다. 클래스는 일종의 타입이므로 정수형 변수와 마찬가지로 정적 할당과 동적 할당이 모
두 가능하다.

newHuman

```c
#include <stdio.h>
#include <string.h>

class Human
{
private:
    char *pname;
    int age;

public:
    Human(const char *aname, int aage) {
        pname = new char[strlen(aname) + 1];
        strcpy(pname, aname);
        age = aage;
        printf("== <%s> 객체 생성 ==\n", pname);
    }

    ~Human() {
        printf("== <%s> 객체가 파괴 ==\n", pname);
        delete[] pname;
    }

    void intro() {
```

```cpp
            printf("이름 = %s, 나이 = %d\n", pname, age);
    }
};

int main()
{
    Human boy("김수한무거북이와두루미", 12);
    boy.intro();

    Human *leo;
    leo = new Human("레오나르도 디카프리오", 40);
    leo->intro();
    delete leo;
}
```

```
== <김수한무거북이와두루미> 객체 생성 ==
이름 = 김수한무거북이와두루미, 나이 = 12
== <레오나르도 디카프리오> 객체 생성 ==
이름 = 레오나르도 디카프리오, 나이 = 40
== <레오나르도 디카프리오> 객체가 파괴 ==
== <김수한무거북이와두루미> 객체가 파괴 ==
```

boy 객체는 정적으로 할당했으며 스택에 생성된다. leo 객체는 동적으로 할당했는데 이때는 new 연산자를 사용한다. new 연산자 다음에 할당할 타입과 생성자의 인수를 나열하면 힙에 메모리를 할당하고 생성자를 호출하여 객체를 초기화한다. new 연산자가 리턴하는 포인터를 Human 타입의 포인터 leo로 받으면 이후부터 leo 포인터를 통해 이 객체를 사용할 수 있다.

실행 중에 생성한 객체는 포인터 타입이어서 멤버 함수는 leo.intro()가 아니라 leo->intro()로 호출한다는 것에 유의하자. 정적 할당한 객체는 범위를 벗어날 때 자동으로 파괴되지만 동적 할당한 객체는 다 사용한 후 delete 연산자로 해제해야 한다. 이때 객체의 파괴자가 호출되어 할당한 메모리를 해제한다. leo 객체의 일생을 그려보면 다음과 같다. 객체 자체도 힙에 생성되지만 객체가 사용하는 메모리도 힙에 생성된다.

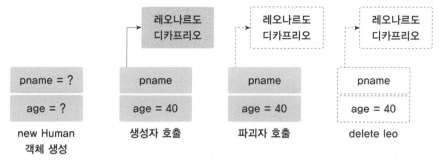

▲ **객체가 사용하는 메모리**

객체를 동적으로 생성할 때는 new 연산자를 사용한다. new 연산자는 객체를 저장할 메모리를 할당할 뿐만 아니라 생성자를 호출하여 객체를 초기화한다. 마찬가지로 delete 연산자는 메모리를 회수하기 전에 파괴자를 호출하여 정리할 기회를 준다. 과연 그런지 예제의 생성자와 파괴자에 출력문을 넣어 확인해 보았다. 정적으로 선언한 boy나 동적으로 할당한 leo나 둘 다 생성자와 파괴자가 정상적으로 잘 호출된다.

C에서는 메모리 할당과 해제를 위해 malloc/free 함수를 사용하지만 C++에서는 new/delete 연산자를 사용한다. 두 방법의 가장 큰 차이는 생성자와 파괴자를 호출하는가 아닌가이다. 객체는 메모리만 할당한다고 해서 초기화되지 않으므로 반드시 new/delete 연산자를 사용해야 한다. 객체 내부에서 사용하는 pname 버퍼는 단순 메모리이므로 malloc/free 함수를 사용해도 상관없다. 그러나 두 방법을 섞어서 사용하면 일관성이 떨어지므로 가급적이면 new/delete 연산자만 사용하는 것이 좋다.

셀프 테스트

3-2. Time 객체를 동적으로 생성하여 임의의 시간으로 초기화하고 시간을 출력하는 코드를 작성하라.

3 여러 가지 생성자

1 디폴트 생성자

생성자는 여러 벌 만들 수 있는데 그중 인수를 취하지 않는 생성자를 디폴트 생성자(또는 기본 생성자)라고 부른다. Human 클래스의 디폴트 생성자는 Human()이다. 인수를 받지 않으므로 멤버에 특정값을 대입하지는 못하며 무난한 값으로 초기화하는 역할을 한다.

DefConstructor

```
#include <stdio.h>
#include <string.h>

class Human
{
private:
    char name[12];
    int age;

public:
    Human() {
        strcpy(name, "이름없음");
        age = 0;
    }
    void intro() {
        printf("이름 = %s, 나이 = %d\n", name, age);
    }
};

int main()
{
    Human momo;
```

```
        momo.intro();
    }
```

```
이름 = 이름없음, 나이 = 0
```

Human() 디폴트 생성자는 name을 "이름없음"으로, age를 0으로 초기화한다. 두 값은 실존하는 객체의 속성이 아니라 아직 초기화되지 않았다는 정도만 표시한다. 최소한 쓰레기값보다는 나으며 무난한 값이라도 들어 있으면 멤버 함수에서 초기화 여부를 알 수 있다.

```
if (age == 0) { ... }
```

나이가 0이라면 이 객체는 아직 초기화되지 않은 것으로 판단할 수 있어 에러 처리하거나 늦게라도 필요할 때 초기화할 수 있다. 디폴트 생성자를 호출할 때는 객체 선언문에 빈 괄호를 붙이지 않으며 아예 괄호가 없어야 한다. 아니면 명시적으로 생성자를 호출하면서 괄호를 붙일 수는 있다.

[맞음]

```
Human momo;
Human momo = Human();
```

[틀림]

```
Human momo();
```

디폴트 생성자 호출문에 괄호를 붙이면 이는 객체를 선언하는 것이 아니라 Human 타입의 객체를 리턴하는 함수의 원형을 선언하는 것이다. Human momo;와 Human momo();는 완전히 다른 뜻이다. 일반 함수는 인수가 없어도 함수임을 분명히 하기 위해 괄호를 붙이지만 반대로 객체 선언문은 함수가 아님을 분명히 하기 위해 괄호를 빼야 한다. 헷갈린다면 정수형으로 바꿔 생각해 보자.

```
int sub;            // 정수형 변수
int sub();          // 정수를 리턴하는 함수
```

생성자를 전혀 정의하지 않으면 컴파일러가 디폴트 생성자를 자동으로 정의한다. 위 예제에서 Human()을 제거하면 아무것도 하지 않는 빈 생성자 함수가 암시적으로 정의된다.

```
Human() {
}
```

어쨌거나 클래스는 생성자를 하나는 꼭 가지는 셈이며 그래서 생성자가 없어도 Human momo; 식으로 객체를 만들 수 있다. 객체의 멤버 초기화 여부는 일반 변수와 같은데 전역이면 모든 멤버가

0이 되고 지역이면 쓰레기값을 가진다.

컴파일러가 디폴트 생성자를 만드는 경우는 다른 생성자가 전혀 없을 때뿐이다. 단 하나라도 생성자가 있다면 암시적인 디폴트 생성자는 정의되지 않으며 이 경우 빈 객체나 객체의 배열을 생성할 수 없다. 다음 예제로 이 두 가지 사항을 점검해 보자.

NoDefCon

```cpp
#include <stdio.h>
#include <string.h>

class Human
{
private:
    char name[12];
    int age;

public:
    Human(const char *aname, int aage) {
        strcpy(name, aname);
        age = aage;
    }
    void intro() {
        printf("이름 = %s, 나이 = %d\n", name, age);
    }
};

int main()
{
    // Human momo;              // 에러
    // Human arFriend[3];       // 에러

    Human arFriend[3] = {
        { Human("문동욱", 49) },
        { Human("김유진", 49) },
        { Human("박상막", 49) },
    };

    arFriend[2].intro();
}
```

```
이름 = 박상막, 나이 = 49
```

두 개의 인수를 받는 생성자를 정의하면 컴파일러는 디폴트 생성자를 만들지 않는다. 이 상태에서 주석 처리된 두 문장은 에러로 처리되는데 왜 그런지 이유를 보자. Human momo; 선언문은 인수가 없는 생성자를 필요로 하는데 이 함수가 없으니 에러이다. 이 클래스의 개발자가 객체를 생성할 때 반드시 이름과 나이를 주도록 명시했으므로 그 규칙을 따라야 한다.

만약 Human momo 형식으로 객체를 생성하도록 하고 싶다면 아예 생성자를 정의하지 말아야 컴파일러가 디폴트 생성자를 만든다. 아니면 다른 생성자와 함께 인수가 없는 디폴트 생성자도 정의해야 한다. 또는 다음과 같이 생성자의 인수에 기본값을 주어 디폴트 생성자를 겸하는 것도 괜찮은 방법이다.

```
Human(const char *aname = "", int aage = 0)
```

Human arFriend[3] 배열 선언문이 에러가 되는 이유도 디폴트 생성자가 없기 때문이다. 세 개의 객체를 생성하되 각 요소의 멤버를 초기화할 적당한 생성자를 찾을 수 없어 에러 처리된다. 객체의 배열을 선언만 하려면 기본값으로 객체를 생성해야 하므로 인수를 받지 않는 디폴트 생성자가 꼭 필요하다.

디폴트 생성자가 없는 상태에서 객체의 배열을 선언하려면 초기식에서 생성자를 일일이 호출한다. = {} 괄호 안에서 생성자를 명시적으로 호출하면 각 배열 요소에 대해 생성자를 순서대로 호출하여 차례대로 초기화한다.

2 복사 생성자

이미 선언된 객체로부터 같은 타입의 객체를 또 만드는 것은 아주 흔한 일이다. 정수형 변수를 하나 선언하고 똑같은 값을 가지는 변수를 하나 더 만들 수 있는데 이때는 다음과 같이 한다.

```
int a = 12;
int b = a;
```

a를 12로 초기화해 두고 같은 정수형의 b를 선언하면서 a의 값으로 초기화했다. 이 둘은 선언할 때만 같은 값을 가질 뿐 완전히 독립적인 변수여서 각자의 고유한 값을 잘 저장한다. 선언 후 b를 30으로 바꿔도 a는 여전히 12의 값을 유지한다.

똑같은 타입의 객체를 하나 더 생성하는 것을 복사 생성이라고 하는데 사본을 만드는 일은 아주 흔하다. 클래스는 일종의 타입이므로 객체도 기본형과 마찬가지로 복사 생성을 할 수 있으며 똑같은 방식으로 동작해야 한다. Time 클래스로 이를 확인해 보자.

TimeCopy

```c
#include <stdio.h>

class Time
{
private:
    int hour, min, sec;

public:
    Time(int h, int m, int s) {
        hour = h;
        min = m;
        sec = s;
    }

    void OutTime() {
        printf("현재 시간은 %d:%d:%d입니다.\n", hour, min, sec);
    }
};

int main()
{
    Time now(12, 34, 56);
    Time then = now;

    then.OutTime();
}
```

현재 시간은 12:34:56입니다.

now 객체를 생성해 놓고 then 객체를 생성하면서 now로 초기화했다. 이때 복사 생성자가 호출되어 원본 객체로부터 사본을 만드는 역할을 한다. 위 예제는 복사 생성자가 따로 없지만 컴파일러가 다음과 같은 디폴트 복사 생성자를 만들어 주기 때문에 잘 동작한다.

```
Time(const Time &other) {
    hour = other.hour;
    min = other.min;
    sec = other.sec;
}
```

디폴트 복사 생성자는 똑같은 타입의 객체 레퍼런스를 인수로 받아 이 객체의 멤버를 생성되는 객체의 멤버에 복사한다. 원본 객체는 읽기만 하므로 const여도 상관없다.

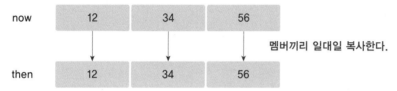

▲ 멤버별 복사

멤버끼리 일대일로 값을 복사하니 새로 생성되는 객체는 원본 객체와 완전히 같다. 두 객체는 생성 시점에만 같은 값을 가질 뿐 완전히 독립적이다. 이후 now와 then은 각각의 값을 저장하며 하나가 바뀌어도 다른쪽이 전혀 영향을 받지 않는다.

Human 클래스에 대해서도 디폴트 복사 생성자로 사본을 만들 수 있다. 그러나 일대일 복사는 단순 타입에 대해서는 완전한 사본을 만들지만 동적 할당한 메모리에 대해서는 얕은 복사만 수행하기 때문에 위험하다. 어떤 문제가 있는지 pname 포인터를 가지는 Human 클래스의 사본을 만들어 보자.

HumanCopy

```
#include <stdio.h>
#include <string.h>

class Human
{
private:
    char *pname;
    int age;

public:
    Human(const char *aname, int aage) {
        pname = new char[strlen(aname) + 1];
        strcpy(pname, aname);
        age = aage;
```

```
        }

        ~Human() {
            delete[] pname;
        }

        void intro() {
            printf("이름 = %s, 나이 = %d\n", pname, age);
        }
};

int main()
{
    Human kang("강감찬", 1424);
    Human boy = kang;

    boy.intro();
}
```

kang 객체를 만들고 이 객체로부터 boy 객체를 복사 생성했다. boy가 kang의 사본이므로 intro 메서드를 호출하면 정보가 잘 출력된다. 그러나 두 객체가 파괴될 때 다운되어 버린다. 왜 그런지 복사 후의 메모리 내부를 들여다 보자.

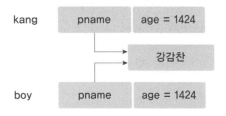

디폴트 복사 생성자는 멤버값을 일대일로 대입할 뿐이어서 두 객체의 포인터가 같은 번지를 가리키고 있다. 이렇게 되면 완전한 사본이 아니며 한 쪽을 변경하면 다른 쪽이 영향을 받는다. 더 큰 문제는 두 객체가 파괴될 때 메모리를 이중으로 정리한다는 점이다. 먼저 파괴되는 객체가 pname을 이미 해제한 상태에서 나중에 파괴되는 객체가 해제한 메모리를 또 해제하니 다운된다.

포인터를 가진 클래스는 완전한 사본을 만들기 위해 깊은 복사를 해야 한다. 그래서 단순 대입만 하는 디폴트 복사 생성자를 쓸 수 없으며 직접 복사 생성자를 정의하여 사본에 별도의 메모리를 할당해야 한다.

```cpp
#include <stdio.h>
#include <string.h>

class Human
{
private:
    char *pname;
    int age;

public:
    Human(const char *aname, int aage) {
        pname = new char[strlen(aname) + 1];
        strcpy(pname, aname);
        age = aage;
    }

    Human(const Human &other) {
        pname = new char[strlen(other.pname) + 1];
        strcpy(pname, other.pname);
        age = other.age;
    }

    ~Human() {
        delete[] pname;
    }

    void intro() {
        printf("이름 = %s, 나이 = %d\n", pname, age);
    }
};

void printHuman(Human who) {
    who.intro();
}

int main()
{
    Human kang("강감찬", 1424);
```

```
        Human boy = kang;

        printHuman(boy);
    }
```

복사 생성자 Human(Human &other)는 같은 타입의 다른 객체에 대한 레퍼런스를 받는다. 인수로 받은 객체의 pname 멤버의 길이만큼 메모리를 새로 할당한 후 문자열을 복사한다. 이렇게 되면 객체별로 별도의 메모리를 가져 독립적인 사본이 된다.

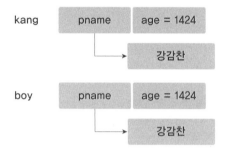

이제 kang과 boy는 완전히 다른 객체이며 둘 중 하나를 어떻게 바꾸더라도 서로 영향을 받지 않는다. 메모리를 할당하거나 DB 연결이나 네트워크 연결 등 독점적인 자원이 필요한 클래스는 반드시 복사 생성자를 정의하여 독립된 사본을 만들어야 한다.

똑같은 객체를 만드는 일은 보기보다 흔하다. 명시적인 선언에 의한 복사 생성 외에도 함수로 객체를 넘길 때도 복사 생성이 발생한다. 위 예제의 printHuman 함수는 Human 타입의 who 객체를 받는다. main에서 boy 객체를 넘기는데 실인수가 형식인수로 대입되는 과정도 who = boy와 같은 복사 생성이다. 형식인수가 완전한 사본이어야 함수 종료시 파괴되더라도 실인수가 영향을 받지 않는다. 그래서 복사 생성자가 꼭 필요하다.

복사 생성자는 같은 타입의 객체 레퍼런스(Human &)를 받아야 하는데 값으로 받으면 안 된다. 객체를 값으로 받으면 어떻게 되는지 살펴보기 위해 Human 타입을 받는다고 해 보자.

```
Human(Human other) {
    name = new char[strlen(other.name) + 1];
    strcpy(name, other.name);
    age = other.age;
}
```

문법적으로는 말이 되는 것 같지만 실제로는 무한 루프에 걸린다. 왜냐하면 복사 생성자도 함수인데 이 함수를 호출하는 과정에서 other 인수를 전달하며 복사가 발생하기 때문이다. 결국 복사 생성자가 자기 자신을 종료 조건 없이 무한히 재귀 호출하는 것과 같다. 컴파일러는 이 상황을 에러로 처리한다.

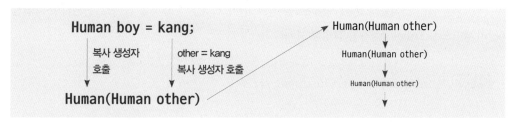

▲ **객체의 값 전달에 의한 무한루프**

복사 생성을 하는 동안에 또다른 값의 복사가 발생하기 때문에 객체를 값으로 넘길 수 없다. 그렇다면 포인터는 어떨까? 포인터는 객체가 아닌 번지값일 뿐이므로 일단 무한 호출은 방지할 수 있다.

```
Human(Human *other) {
    name = new char[strlen(other->name) + 1];
    strcpy(name, other->name);
    age = other->age;
}
```

Human * 타입의 other을 인수로 받고 본체에서는 -> 연산자로 멤버를 읽으면 된다. 이 생성자는 기능적으로 아무 문제가 없고 실제로 컴파일도 잘 된다. 그러나 객체를 초기화하는 선언문과 원형이 일치하지 않는다. 생성자가 포인터를 받으므로 선언문도 포인터를 넘겨야 한다.

```
Human boy = &kang;
```

선언문을 이렇게 고치면 복사 생성자로 포인터가 전달되어 잘 초기화된다. 하지만 이는 일반적인 변수 선언문과 달라 비상식적이다. 기본 타입은 int a = b;로 사본을 만들지 int a = &b;로 사본을 만들지 않는다. 클래스가 완전한 타입이 되려면 int a = b; 형식을 사용할 수 있어야 한다.

이런 이유로 레퍼런스가 꼭 필요해졌다. 레퍼런스는 객체 이름에 대해 암시적으로 &를 붙이고 함수는 포인터를 받아 암시적으로 * 연산자를 적용한다. Human boy = kang;으로 써도 kang의 번지가 전달되고 복사 생성자는 전달받은 번지로부터 kang 객체를 찾아 멤버값을 읽는다. C에서 없었던 개념인 레퍼런스가 필요해진 이유는 클래스를 기본 타입과 똑같이 만들기 위해서이다.

3 멤버 초기화 리스트

멤버 변수의 값을 초기화하는 것이 주임무인 생성자는 인수로 전달받은 값을 멤버에 대입하는 것이 보통이다. 특별한 처리 없이 단순 대입만 한다면 초기화 리스트Member Initialization List를 사용하는 것이 간편하다. 함수 정의문과 본체 사이에 :을 찍고 '멤버:초깃값'의 목록을 콤마로 구분하여 나열한다. 이 방식으로 Time 생성자를 작성해 보자.

```
Time(int h, int m, int s) : hour(h), min(m), sec(s) {
}
```

hour(h) 문장은 hour = h와 효과가 같다. 세 멤버를 모두 초기화 리스트에서 대입하므로 생성자의 본체는 비어 있다. 대입문에 비해 한 줄을 차지하지 않아 간편하지만 위치가 좀 엉뚱해서 가독성은 떨어진다.

일반 멤버는 본체에서 대입하는 것과 초기화 리스트에서 초기화하는 것이 별 차이가 없어 둘 중 편한 방법을 사용하면 된다. 그러나 특수한 멤버는 반드시 본체가 시작되기 전인 초기화 리스트를 사용해야 한다. 주로 대입 연산이 불가능한 멤버인데 간단한 예제로 확인해 보자.

InitConstMember

```
#include <stdio.h>

class Some
{
public:
    const int total;
    Some(int atotal) : total(atotal) { }
    void OutTotal() { printf("%d\n", total); }
};

int main()
{
    Some S(5);
    S.OutTotal();
}
```

```
5
```

Some 클래스는 정수형 상수 total을 멤버로 가진다. 상수는 원래 선언과 동시에 초깃값을 주어야 하지만 클래스 내의 멤버는 선언할 때 초깃값을 줄 수 없다. 다음 코드는 원칙적으로 에러 처리된다. 단 최신 컴파일러는 이 구문을 예외적으로 허용하되 정수형에만 국한되어 일반적이지는 않다.

```
class Some
{
public:
    const int total = 5;
```

클래스 선언문은 클래스의 모양을 컴파일러에게 알릴 뿐 실제 메모리를 할당하는 것은 아니다. 아직 존재하지도 않는 상수를 초기화할 수 없으며 객체가 생성될 때 생성자에서 초기화해야 한다. 그러나 생성자의 본체에서도 값을 대입할 수 없다.

```
Some(int atotal) {
    total = atotal;
}
```

상수는 변경할 수 없는 값이어서 생성자라 하더라도 대입문으로 상수를 변경할 수 없다. 그래서 본체가 시작되기 이전에 초기화 리스트라는 특별한 영역을 만들고 이 안에서만 total(atotal) 형식으로 초깃값을 주도록 되어 있다.

초기화 리스트는 객체가 생성되기 이전에 할당과 동시에 값을 대입할 수 있는 특별한 영역이다. 생성자가 호출되면 이미 객체가 만들어졌기 때문에 상수를 변경할 수 없어 생성자 이전의 더 빠른 초기화가 필요하다. 레퍼런스 멤버도 사정은 비슷하다.

InitRefMember

```
#include <stdio.h>

class Some
{
public:
    int &total;
    Some(int &atotal) : total(atotal) { }
    void OutTotal() { printf("%d\n", total); }
};

int main()
{
```

```
        int value = 8;
        Some S(value);
        S.OutTotal();
    }
```

```
    8
```

레퍼런스는 다른 변수에 대한 별명이며 초기화 이후에는 대상을 변경할 수 없다. Some 클래스의 total 멤버는 정수형 변수에 대한 별명이며 객체 생성시에 대상을 밝혀야 한다. 하지만 생성자의 본체에서는 다음 코드를 쓸 수 없다.

```
Some(int &atotal) {
    total = atotal;
}
```

본체에서 total에 대한 대입은 레퍼런스의 대상을 지정하는 것이 아니라 그 대상체에 대한 대입이다. 대상이 정해지지도 않은 레퍼런스에 뭔가를 대입할 수는 없는 노릇이다. 그래서 레퍼런스도 생성자의 본체가 시작되기 전인 초기화 리스트에서만 초기화할 수 있다. 포인터와는 달리 대상이 없는 레퍼런스는 존재할 수 없어 레퍼런스를 초기화하지 않으면 에러 처리된다.

상수와 레퍼런스는 사용하기 전에 값과 대상이 정해져야 한다. 생성자의 본체는 이미 객체가 할당된 후여서 늦다. 그래서 본체 이전에 초기화할 대상을 위해 초기화 리스트를 제공한다. 그 외에 포함된 객체나 상속받은 멤버를 초기화할 때도 초기화 리스트가 필요한데 차후에 관련 부분에서 연구해 보자.

타입 변환

1 변환 생성자

대입 연산자의 좌우변은 타입이 일치하는 것이 원칙이지만 호환되는 타입은 약간 달라도 산술 변환에 의해 대입이 가능하다.

```
int a = 'z';
int b = 3.14;
```

'z'는 1바이트의 문자 상수지만 상승 변환되어 4바이트의 정수형 변수에 대입할 수 있다. b는 정수형 변수지만 8바이트의 실수 상수가 하강 변환되어 대입된다. 정확도가 손실된다는 경고가 발생하는 경우가 있지만 타입이 달라도 어느 정도는 대입이 허락된다.

클래스의 객체도 마찬가지로 비슷한 타입끼리는 암시적으로 변환되는데 그러기 위해서는 변환 장치가 있어야 한다. 변환 생성자는 다른 타입의 값으로부터 객체를 만든다. 앞에서 절대초를 입력받아 Time 객체를 생성하는 Time(int) 생성자가 그 예이다.

int2Time

```
#include <stdio.h>

class Time
{
private:
    int hour, min, sec;

public:
    Time(int h, int m, int s) {
        hour = h;
        min = m;
```

```cpp
            sec = s;
        }

        Time(int abssec) {
            hour = abssec / 3600;
            min = (abssec / 60) % 60;
            sec = abssec % 60;
        }

        void OutTime() {
            printf("현재 시간은 %d:%d:%d입니다.\n", hour, min, sec);
        }
};

void printTime(Time when)
{
    when.OutTime();
}

int main()
{
    Time noon(40000);
    Time now = 60000;
    now.OutTime();
    now = 70000;
    now.OutTime();

    printTime(80000);
}
```

현재 시간은 16:40:0입니다.
현재 시간은 19:26:40입니다.
현재 시간은 22:13:20입니다.

정수형의 절대 초를 입력받아 시, 분, 초로 변환하는 생성자가 정의되어 있어 정수로부터 Time 객체를 생성할 수 있다. noon 객체처럼 생성자를 명시적으로 호출해도 되고 now 객체처럼 정수값을 초기식에 써도 된다. 또는 실행 중에 정수를 바로 대입해도 상관없다.

int와 Time은 원래 호환되지 않는 타입이지만 변환 생성자가 있어 now = 70000;으로 대입할 수 있다. 컴파일러는 우변의 정수에 대해 변환 생성자를 호출하여 Time 임시 객체를 생성하고 그 객체를 now에 대입한다. 변환 생성자는 정수 하나를 쪼개 시, 분, 초 멤버에 값을 나누어주는 식으로 Time 객체를 만든다.

▲ 정수로부터 Time 객체를 만드는 변환 생성자

정수가 Time 객체로 바뀔 수 있으니 Time 객체를 요구하는 함수에 정수를 전달하는 것도 가능하다. printTime은 Time 객체를 인수로 받지만 printTime(80000)으로 정수를 전달해도 변환 생성자에 의해 80000이 Time 객체로 바뀌어 전달된다.

정수와 Time 객체의 변환이 자유로워 편리하지만 때로는 위험할 수도 있다. printTime(80000)이 의도된 호출이라면 상관없지만 정수를 잘못 전달한 것이라면 컴파일러가 이를 잡아내기 어렵다. 뿐만 아니라 printTime('z')나 printTime(3.14)처럼 정수와 호환되는 다른 타입도 정수를 거쳐 Time 객체로 바뀔 수 있어 혼란스럽다.

타입 간의 변환은 편리하지만 타입의 구분을 모호하게 만드는 맹점이 있고 컴파일러의 엄격한 타입 체크를 방해하여 골치 아픈 버그가 되기도 한다. 이런 부작용을 방지하려면 변환 생성자에 explicit 키워드를 붙여 명시적인 변환만 허가한다.

```
explicit Time(int abssec) {
    hour = abssec / 3600;
    min = (abssec / 60) % 60;
    sec = abssec % 60;
}
```

explicit가 붙은 생성자는 암시적인 형 변환에 사용되지 않도록 금지되어 컴파일러의 임의적인 판단을 방지한다. 하지만 생성자 호출이나 캐스트 연산자는 사용자가 변환 의사를 분명히 밝힌 것이므로 여전히 허용된다.

```
Time now(30000);                // 가능
Time now = 30000;               // 불가능
Time now = (Time)30000;         // 가능
printTime(30000);               // 불가능
printTime((Time)30000);         // 가능
```

변환 생성자도 필요한만큼 여러 개 정의할 수 있다. 실수로부터 Time 객체를 변환 생성하는 또 다른 Time(double) 생성자를 만들어 보자.

double2Time

```c
#include <stdio.h>

class Time
{
private:
    int hour, min, sec;

public:
    Time(int h, int m, int s) {
        hour = h;
        min = m;
        sec = s;
    }

    Time(int abssec) {
        hour = abssec / 3600;
        min = (abssec / 60) % 60;
        sec = abssec % 60;
    }

    Time(double d) {
        hour = int(d) % 24;
        min = int((d - int(d)) * 100) % 60;
        sec = 0;
    }

    void OutTime() {
        printf("현재 시간은 %d:%d:%d입니다.\n", hour, min, sec);
    }
```

```
    };

    int main()
    {
        Time now(3.14);
        now.OutTime();
    }
```

```
현재 시간은 3:14:0입니다.
```

실수를 어떻게 Time 객체로 바꿀 것인지 명확히 정의해야 하는데 이 예제의 경우 정수부는 시간으로 사용하고 실수부는 분으로 사용하며 초는 0으로 정의했다. 실수 3.14가 3시 14분이라는 Time 객체가 된다. 이 방식은 하나의 값으로 시, 분을 표현할 수 있어 간편하다(실제로 파스칼 언어가 이 방식을 사용한다).

변환 생성자는 A를 B로 바꾸는 일대일의 연산을 수행하므로 인수를 하나만 취하며 인수가 둘 이상이면 변환 생성자가 아니다. 위 예제에서 보다시피 Time now(3.14)는 변환 대상 하나만 인수로 취한다. Time now = 3.14 대입문은 이항 연산을 하지만 좌변이 객체 자신으로 고정되어 있어 피연산자는 우변 하나밖에 없다.

2 변환 함수

정수가 Time형 객체가 될 수 있다면 반대로 Time형 객체도 정수가 될 수 있어야 한다. 양방향으로 상호 변환할 수 있어야 진짜 호환되는 타입이며 두 타입이 호환되면 다음 대입도 가능하다.

```
Time now(12, 34, 56);
int i = now;
```

그러나 Time 객체를 정수로 바꾸는 방법을 알려 주지 않아 아직 이 코드는 동작하지 않는다. 객체를 다른 타입으로 변환하려면 변환 함수를 정의한다. 변환 함수는 특정 타입으로 변환하는 캐스트 연산자이다.

```
operator 변환타입()
{
    본체
}
```

operator 키워드 다음에 변환할 타입을 밝히고 본체에 객체를 해당 타입으로 변환하여 리턴하는 코드를 작성한다. 변환 함수의 변환 대상은 자기 자신이고 변환 결과는 지정한 타입임이 명백하므로 인수와 리턴값을 모두 생략한다. 다음 예제의 int() 변환 함수는 Time형 객체를 정수형으로 변환한다.

```
Convertint

#include <stdio.h>

class Time
{
private:
    int hour, min, sec;

public:
    Time(int h, int m, int s) {
        hour = h;
        min = m;
        sec = s;
    }

    Time(int abssec) {
        hour = abssec / 3600;
        min = (abssec / 60) % 60;
        sec = abssec % 60;
    }

    operator int() {
        return hour * 3600 + min * 60 + sec;
    }

    void OutTime() {
        printf("현재 시간은 %d:%d:%d입니다.\n", hour, min, sec);
    }
};

int main()
{
    Time now(12, 34, 56);
    int i = now;
```

```
        printf("i = %d\n", i);
}
```

```
i = 45296
```

변환하는 방법은 간단하다. 시간에 3600을 곱하고 분에 60을 곱해 더하고 마지막으로 초를 더하면 절대 초가 된다. 이 함수에 의해 Time 객체는 정수로 변환된다. int i = now; 대입문에 대해 컴파일러는 now 객체의 int() 변환 함수를 호출하여 절대 초를 i에 대입한다. int와 호환된다는 것은 곧 모든 수치형과 호환된다는 얘기다.

변환 생성자와 마찬가지로 암시적 변환이 가능해져 다소 위험한 면이 있다. 정수형을 취하는 함수에 Time 객체를 넘겨도 잘 동작하니 엉뚱한 실수를 할 가능성이 다분하다. 변환 함수는 explicit 지정자를 쓸 수 없어 주의가 필요한데 정 문제가 된다면 TimeToInt, IntToTime과 같은 명시적인 함수를 정의하는 것이 안전하다.

3 클래스 간의 변환

기본 타입과 클래스 간의 변환에 대해 연구해 봤는데 일반적으로 얘기하자면 적절한 방법만 지정하면 모든 타입끼리 변환이 가능하다. 이번에는 화씨와 섭씨를 다루는 클래스끼리 상호 변환해 보자.

ConvertClass

```
#include <stdio.h>

class Fahrenheit;
class Celsius
{
public:
    double Tem;
    Celsius() { }
    Celsius(double aTem) : Tem(aTem) { }
    operator Fahrenheit();
    void OutTem() { printf("섭씨 = %f\n", Tem); }
};

class Fahrenheit
{
public:
```

```cpp
        double Tem;
        Fahrenheit() { }
        Fahrenheit(double aTem) : Tem(aTem) { }
        operator Celsius();
        void OutTem() { printf("화씨 = %f\n", Tem); }
};

Celsius::operator Fahrenheit()
{
        Fahrenheit F;
        F.Tem = Tem * 1.8 + 32;
        return F;
}

Fahrenheit::operator Celsius()
{
        Celsius C;
        C.Tem = (Tem - 32) / 1.8;
        return C;
}

int main()
{
        Celsius C(100);
        Fahrenheit F = C;
        C.OutTem();
        F.OutTem();

        printf("\n");
        Fahrenheit F2 = 120;
        Celsius C2 = F2;
        F2.OutTem();
        C2.OutTem();
}
```

```
섭씨 = 100.000000
화씨 = 212.000000

화씨 = 120.000000
섭씨 = 48.888889
```

화씨와 섭씨는 둘 다 온도를 나타내는 단위이며 범위와 간격이 다를 뿐 같은 대상에 대한 값이므로 간단한 공식에 의해 상호 변환이 가능하다. 다음 공식에 따라 변환 함수를 정의하면 된다.

```
C = (F – 32) / 1.8
F = C * 1.8 + 32
```

두 클래스가 서로 참조하는 상황이라 순서를 정하기 어려워 뒤쪽에 있는 클래스를 전방 선언했다. class Fahrenheit; 선언문은 이 명칭이 클래스라는 것을 먼저 밝힌다. 각 클래스의 멤버 함수가 상대방 클래스를 알아야 하므로 모두 외부 정의했다.

각 변환 함수는 수학 공식에 따라 자신의 정보로부터 상대편의 임시 객체를 만든 후 그 객체를 리턴한다. 이제 두 객체는 암시적으로 상호 변환이 가능하여 서로 초기식에 사용할 수 있고 실행 중에 대입하거나 함수의 인수로 전달할 수도 있다.

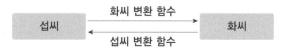

▲ 클래스 간의 상호 변환

두 클래스가 상호의 타입으로 변환하는 함수를 제공하는 대신 한쪽 클래스가 변환 생성자와 변환 함수를 동시에 제공해도 상관없다. Celcius::operator Farenheit() 변환 함수를 제거하고 Farenheit에 Celsius 타입으로부터 자신을 생성하는 변환 생성자를 정의해 보자.

```cpp
class Fahrenheit
{
public:
    double Tem;
    Fahrenheit() { }
    Fahrenheit(double aTem) : Tem(aTem) { }
    Fahrenheit(Celsius C) {
        Tem = C.Tem * 1.8 + 32;
    }
    operator Celsius();
    void OutTem() { printf("화씨 = %f\n", Tem); }
};
```

이렇게 해도 결과는 동일하다. Celsius가 자신을 Farenheit로 변환하든 Farenheit가 Celsius로부터 자신을 생성하든 효과는 같다. 변환 생성자와 변환 함수는 상호 대체성이 있어 양방향으로 변환 가능한 두 개의 함수가 존재하면 된다. 어디에 있건 컴파일러가 귀신같이 잘 찾아 적용한다.

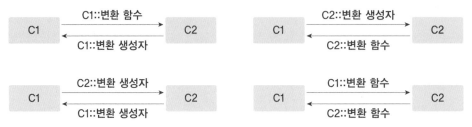

▲ 변환 생성자와 변환 함수의 조합

그렇다면 변환 생성자만 해도 충분한데 변환 함수는 왜 필요할까? 그 이유는 기본 타입은 내장되어 있어 마음대로 수정할 수 없기 때문이다. int를 Time으로 변환할 때는 Time에 변환 생성자를 정의한다. 그러나 반대로 Time을 int로 바꿀 때는 int에 변환 생성자를 정의할 수 없다. 내장 타입인 int가 Time을 인식할 수 없기 때문에 Time이 int로 변환하는 함수가 꼭 필요하다.

▲ 내장 타입과 클래스 간의 변환

기본 타입뿐만 아니라 사용자 정의 타입도 프로그래밍할 수 없는 경우가 있다. 상용으로 판매되는 클래스 라이브러리는 보통 소스를 공개하지 않기 때문에 사용만 할 수 있을 뿐 뜯어 고칠 수는 없다. 쓰는 쪽에서 라이브러리 타입에 대한 변환을 모두 제공해야 하므로 변환 생성자와 변환 함수가 모두 필요하다.

클래스 간의 변환은 함수로 정의하므로 어떤 코드든 작성할 수 있고 규칙만 명백하다면 모든 변환이 가능하다. 그러나 논리적인 호환성이 있어야 변환도 의미가 있다. 시간과 절대 초는 수치값이라는 면에서 유사성이 있고 섭씨와 화씨는 둘 다 같은 물리량을 표현하므로 역시 변환이 가능하다. 하지만 사람과 탱크, 자동차와 커피는 연관성이 거의 없어 이런 변환은 실용성이 없다. 문법은 꼭 필요한 곳에 주의해서 사용해야 한다.

셀프 테스트 ● 풀이

```
3-1.
#include <stdio.h>

class Circle
{
private:
```

```cpp
        int cx, cy;
        int radius;

public:
    Circle(int acx, int acy, int aradius) {
        cx = acx;
        cy = acy;
        radius = aradius;
    }
    Circle(int left, int top, int right, int bottom) {
        cx = (left + right) / 2;
        cy = (top + bottom) / 2;
        radius = right - cx;
    }
};

int main()
{
    Circle c1(20, 20, 10);
    Circle c2(100, 100, 200, 200);
}
```

외접 사각형의 좌상단과 우하단의 좌표를 전달받았을 때 중심은 두 점의 중간 지점이며 반지름은 중앙과 오른쪽 변과의 거리이다. 좌상단 (100, 100) ~ 우하단 (200, 200)에 내접하는 원의 중심은 150, 150이며 반지름은 50이다.

3-2.

```cpp
Time *pTime;
pTime = new Time(12, 34, 56);
pTime->OutTime();
delete pTime;
```

new 연산자로 할당하며 괄호안에 초깃값을 전달한다. 객체의 포인터를 가지고 있으므로 멤버 함수를 호출할 때는 -> 연산자를 사용하며 다 사용한 후 delete 연산자로 해제한다.

1 클래스에 구조체의 초기화 방법을 사용하지 않는 합당한 이유가 <u>아닌</u> 것은?

① 클래스는 정보를 숨기므로 외부에서 초기화할 수 없다.

② 단순 대입 이상의 복잡한 처리는 할 수 없다.

③ 멤버 변수만 초기화할 수 있을 뿐 멤버 함수는 초기화하지 못한다.

④ 초기화 방법을 자유롭게 선택하기 어렵다.

2 생성자의 인수와 멤버를 구분하는 적합한 방법이 <u>아닌</u> 것은?

① 인수에 접두를 붙인다.

② 멤버에 접두를 붙인다.

③ 멤버 앞에 'this->'를 붙여 객체 소속임을 밝힌다.

④ 멤버 앞에 '클래스명.'을 붙여 객체 소속임을 밝힌다.

3 생성자와 파괴자에 대한 설명 중 <u>틀린</u> 것은?

① 값을 리턴할 수 없으므로 타입은 반드시 void여야 한다.

② 이름이 고정되어 있다.

③ 초기화 방법이 다양할 경우 생성자가 여러 개일 수 있다.

④ 생성자는 인수가 있지만 파괴자는 인수가 없다.

4 생성자와 파괴자의 이름은 임의로 붙일 수 없고 클래스명과 같아야 하는 이유는 무엇인가?

5 다음 빈 괄호에 코드를 작성하여 생성자와 파괴자를 완성하라.

```
Human(const char *aname, int aage) {
    pname = new char[strlen(aname) + 1];
}

~Human() {
    (     ) pname;
}
```

① delete   ② delete[ ]   ③ free   ④ null

6 디폴트 생성자란 무엇인가?

① 생성자가 정의되어 있지 않을 때 컴파일러가 만드는 생성자

② 인수가 없는 생성자

③ 모든 멤버의 초깃값을 전달받는 생성자

④ 실인수 생략시 형식인수의 디폴트를 정의하는 생성자

7 int a=3; int b=a;는 적법한 선언문이다. 클래스도 이와 같은 선언이 가능해야 하는데 이를 위해 제공되는 문법적 장치는 무엇인가?

① 복사 생성자   ② 변환 생성자

③ 대입 연산자   ④ 디폴트 생성자

8 Coffee 클래스의 가장 바람직한 복사 생성자 원형은?

① Coffee(Coffee Other)

② const Coffee(const Coffee &Other)

③ Coffee(const Coffee &Other)

④ Coffee(const Coffee *Other)

9 멤버 초기화 리스트에서 초기화하는 대상이 <u>아닌</u> 것은?

① 상수 멤버   ② 레퍼런스 멤버

③ 포함된 객체   ④ 포인터 멤버

10 다음 중 변환 생성자가 <u>아닌</u> 것은?

① Pizza(int a)

② Chicken(const char *name)

③ Beer(int a, double b)

④ Cola(Cider c)

11 변환 생성자의 암시적 변환 기능이 때로는 위험할 수도 있는데 이를 금지하고 싶을 때는 생성자 선언문 앞에 (　　　　　　) 키워드를 쓴다.

12 Keyboard 타입을 int로 변환하는 함수의 올바른 원형은?

① Keyboard operator int(int a)

② operator int()

③ int operator int(Keyboard K)

④ int operator int(Keyboard &K)

4장

캡슐화

정보 은폐

1 프로그램의 부품

구조적 프로그래밍 기법에서는 함수가 프로그램을 구성하는 부품 역할을 수행한다. 실질적인 주요 기능은 함수가 담당하고 main은 함수를 호출하여 작업을 분담하는 총사령관 역할만 한다. 잘 짜여진 C 소스 코드를 보면 함수끼리 작업 분담이 잘 되어 있어 구조적이며 재사용성이 높다.

이에 비해 객체 지향 프로그래밍에서는 기존의 함수가 맡던 역할을 객체가 대신한다. 속성과 동작을 캡슐화한 객체가 모여 상호작용을 하면서 프로그램을 구동시킨다. 함수는 동작만 하는 데 비해 객체는 스스로의 상태를 관리하고 동작까지 수행하는 더 우월한 존재이다.

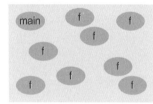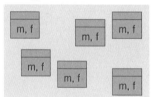

▲ **구조적 기법과 객체 지향 기법에서 함수의 역할**

구조적 기법에서 함수가 차지하던 자리를 객체 지향에서는 객체가 대신하며 함수는 객체를 구성하는 단위로 격하되었다. 거대한 프로젝트의 소스를 보지 않더라도 현대적인 응용 프로그램의 모습과 동작을 잘 관찰해 보면 객체 지향의 이점을 직관적으로 느낄 수 있다. 프레젠테이션을 제작하는 파워포인트를 실행해 보자.

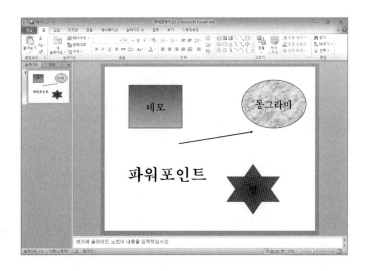

툴바 안에 다양한 버튼이 있으며 메뉴, 대화상자, 각종 컨트롤이 화면의 각 부분을 차지한다. 이런 것이 모두 객체이며 이러한 객체 부품이 모여 응용 프로그램이 만들어진다. 슬라이더에 놓이는 네모, 원, 선, 글자 등도 모두 객체다. 객체가 모여 슬라이더가 되고 슬라이더가 모여 프레젠테이션이 된다.

이 정도의 대형 프로그램을 구조적 방식으로 만들자면 규모가 너무 방대하여 시간이 오래 걸리고 유지 보수 비용도 많이 든다. 객체를 먼저 만들고 조립하는 방식이 훨씬 효율적이다. 객체를 만드는 데는 굉장한 시간과 노력이 들지만 한 번만 잘 만들어 두면 재사용이 수월하다. 같은 회사에서 만든 워드나 엑셀을 보면 비슷한 컨트롤을 재사용한 것을 알 수 있다.

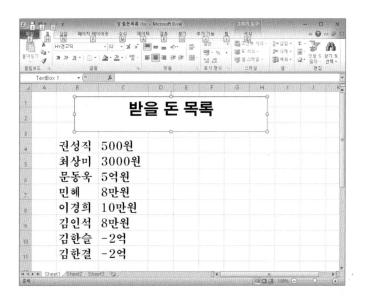

리본이나 메뉴가 파워포인트와 똑같아 가져다 쓰기만 하면 되니 짧은 시간에 고기능의 프로그램을 쉽게 만들 수 있다. 객체 지향은 개발사뿐만 아니라 사용자에게도 일관된 경험을 선사하므로 사용

법을 한 번만 익히면 된다. 심지어 배우지 않아도 척 보면 감_{Look & Feel}이 온다.

이런 장점을 누리려면 객체를 견고하고 사용하기 쉽게 만들어야 한다. 부품의 완성도가 높아야 조립이 쉽고 완제품의 품질도 좋아진다. 관련 속성과 동작을 잘 분석하여 합리적으로 캡슐화해야 하며 꼭 필요한 인터페이스만 노출하고 세부 구현은 숨겨 최소한의 지식만으로 객체를 활용할 수 있도록 추상화해야 한다. 이것이 정보 은폐이다.

2 몰라도 된다

정보 은폐의 목적은 '몰라도 된다'이다. 부품 사용자는 부품을 사용하는 방법만 알면 될 뿐 상세 구조나 내부 동작까지 알 필요는 없다. 필요치 않은 정보를 숨기면 사용자는 최소한의 지식만 습득하여 부품을 쉽게 사용할 수 있다.

우리는 이미 정보 은폐의 이점을 실생활에서 누리고 있다. 자동차는 2만 가지나 되는 부품으로 구성된 복잡한 기계이지만 사용자는 이 부품의 동작 방식을 다 알 필요가 없으며 심지어 부품의 존재 자체도 모른다. 액셀을 밟으면 가고 브레이크를 밟으면 멈추며 핸들을 틀면 방향이 바뀐다는 정도만 알아도 운전할 수 있다.

시동은 어떻게 걸리고 엔진이 어떻게 추진력을 얻는지 아는 사람은 드물다. 만약 이런 것을 다 알아야 운전할 수 있다면 운전은 너무 어려운 기술이 될 것이다. 다행히 자동차가 정보 은폐를 잘 하고 있어 공개된 조작법(인터페이스)만 알면 면허증을 딸 수 있고 자동차를 잘 활용할 수 있다. 자동차 뿐만 아니라 텔레비전, 세탁기, 리모컨 등의 일상 용품도 정보 은폐가 잘 되어 있다.

프로그래밍의 부품인 객체도 꼭 필요한 기능만 공개하고 사용자가 굳이 몰라도 되는 부분은 숨겨야 한다. 클래스의 멤버를 숨길 때는 액세스 지정자를 사용한다. 다음의 JpegImage 클래스는 Jpeg 파일을 관리하며 이미지를 읽고 출력하는 기능을 캡슐화한다.

```cpp
class JpegImage
{
private:
    BYTE *RawData;
    JPEGHEADER Header;
    void DeComp();
    void EnComp();

public:
    Jpeg();
    ~Jpeg();
```

```
        BOOL Load(char *FileName);
        BOOL Save(char *FileName);
        void Draw(int x, int y);
    };
```

Jpeg 포맷은 손실 압축이라는 복잡한 인코딩 방식으로 이미지를 고효율로 압축한다. 이 포맷을 제대로 다루려면 헤더의 구조, 압축 알고리즘, 버전별 차이 등을 상세하게 알아야 하며 비트를 직접 다루는 저수준 연산을 수행해야 한다. 그러나 사용자가 원하는 것은 Jpeg의 내부가 아니라 오로지 그림 파일을 출력하는 것뿐이다. 이때 필요한 코드는 다음과 같다.

```
    JpegImage grim;
    grim .Load("c:\\Image\\PrettyGirl.jpg");
    grim .Draw(10,10);
```

JpegImage 객체를 생성하고 Load 함수로 파일을 읽어 Draw 함수로 출력할 좌표만 지정하면 된다. 압축을 어떻게 해제하는지, 비트의 색상값을 어떻게 조합해서 이미지를 만들어 내는지, 화면으로 어떻게 전송하는지 이런 것은 전혀 신경 쓸 필요가 없다. 그래서 JpegImage 클래스의 RawData, Header 멤버 변수는 공개하지 않았으며 압축을 해제하는 DeComp 멤버 함수도 은폐한다.

이 클래스를 쓰기 위해 사용자가 알아야 할 것은 오로지 Load, Save, Draw뿐이다. 이 함수들이 바로 인터페이스이며 이 함수만 사용해도 이미지를 읽고 출력할 수 있다. 숨겨진 정보는 몰라도 상관없고 있는지 관심조차 가질 필요 없다. 최소한의 인터페이스만 공개하는 것이 바로 추상화이다. 다음은 어떤 초급 개발자가 만든 웹 브라우저이다.

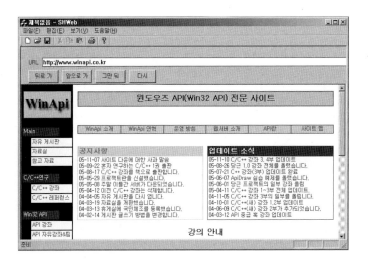

웹 서버와 통신하여 HTML과 이미지 파일을 받고 태그를 분석하여 화면을 그려 내는 작업은 엄청나게 복잡하다. 그러나 WebBrowser라는 객체를 생성하여 화면에 배치하면 모든 작업은 객체가 처리한다. 프로그램은 객체에게 읽어올 주소의 URL만 알려 주면 알아서 동작하도록 잘 추상화되어 있다.

동영상 재생기나 MP3 플레이어, 그래픽 뷰어 등의 응용 프로그램도 핵심 엔진은 모두 객체로 만들어진 부품을 재활용한다. 쓰기 쉽고 성능 좋은 부품을 잘 만들어 놓았기 때문에 이런 프로그램을 신속하게 개발할 수 있다.

3 몰라야 한다

사용자가 몰라도 되는 부분에 대해 액세스 지정자까지 동원하여 굳이 숨길 필요가 있을까? 관심 없는 기능은 알아서 무시하고 필요한 함수만 사용할 수도 있다. 그러나 형식성 없이 사용자에게 알아서 하라는 식은 무책임하다. 자동차의 액셀을 밟으면 연료의 양을 조절하는 스로틀 밸브가 열리고 회전수가 빨라진다. 사용자는 액셀만 조작할 수 있으며 스로틀 밸브는 숨겨져 있다.

만약 스로틀 밸브가 공개되어 있다면 고의든 실수든 과다한 연료를 쏟아 부어 엔진이 과열되는 사고가 발생할 수 있다. 이런 기능 공개는 바람직하지 않으며 주입 가능한 연료량을 적극적으로 제한해야 한다. 그래서 스로틀 밸브를 엔진 깊숙한 곳에 숨겨 두고 건드리지 못하게 해 놓았는데 이는 합리적인 은폐이며 누구도 자유를 구속한다는 불평을 하지 않는다.

JpegImage 클래스도 마찬가지이다. RawData 멤버에는 이미지의 압축 정보가 저장되는데 사용자가 이 데이터를 직접 조작할 수 있다면 이미지가 손상될 위험이 있다. 헤더를 함부로 변형한다거나 준비도 안한 채 DeComp 함수를 호출하여 압축을 풀어도 안 된다. 그래서 위험한 부분은 완전히 숨기고 공개된 인터페이스만 제공한다.

▲ 정보 은폐와 공개 인터페이스

소프트웨어 위기의 주 원인인 고급 인력 부족을 해결하려면 초급 사용자도 객체를 안전하게 사용할 수 있도록 필요한 숙련도를 낮춰야 한다. 정보 은폐는 최소한의 지식만으로 객체를 쉽게 사용할 수 있도록 하며 민감한 정보를 감추어 실수를 원천적으로 방지한다.

이쯤 되면 정보 은폐는 '몰라도 된다'가 아니라 '몰라야 한다'라고 할 수 있다. 사용자는 객체 제작자가 숨겨놓은 정보를 몰라도 되는 권리와 함께 몰라야 하는 의무를 가진다. 공개된 정보만으로도 객체를 얼마든지 자유롭고 안전하게 사용할 수 있다.

최소한의 정보만 공개하면 기능을 개선하기도 쉽다. 비공개 영역은 사용자가 쓰지 않는 부분이므로 어떻게 바꾸더라도 상관없다. 공개된 인터페이스만 유지하면 사용법이 바뀌지 않으며 객체를 사용하는 기존 코드도 영향을 받지 않는다. 예를 들어 더 빠른 압축 해제 알고리즘을 개발하여 DeComp 함수에 적용해도 사용자 코드가 이 함수를 직접 호출하지 않으니 호환성이 유지된다.

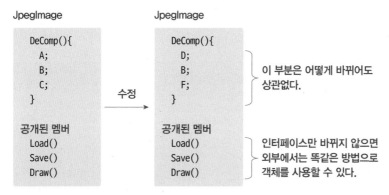

▲ 정보 은폐에 의한 유지 보수 편의성

반면 공개된 영역을 수정하면 객체 사용법이 바뀌어 기존 객체와의 호환성이 파괴된다. 이 객체를 사용하는 코드는 모두 수정해야 하며 사용자가 습득한 지식도 무효가 되어 다시 배워야 한다. 그래서 애초에 사용자와 직접적인 인터페이스를 이루는 공개 영역을 최소화하는 것이 유리하다.

실생활에서도 정보 은폐에 의한 혜택의 예는 많다. 에어컨의 냉각 방식이 인버터, 시스템, 무풍 식으로 여러 가지가 있지만 내부에서 어떻게 열을 식히든 사용 방법이 바뀌는 것은 아니다. 객체 지향 이전에도 정보 은폐는 흔히 사용되었다. 지금까지 문자열 출력에 사용한 printf 함수도 우리는 내부 구현을 전혀 모르지만 %d, %s 등의 서식을 외운 것만으로 잘 사용하고 있다.

```
int printf(const char *format, ...)
{
    // 이 내부는 알 필요가 없다.
}
```

정보 은폐에 의해 객체는 쓰기 쉽고 안전한 부품이 되며 우리는 이런 부품을 조립하여 프로그램을 만든다. 남의 코드를 쓰는 것에 대해 거부감을 느낄 필요는 없다. 객체를 잘 조립해서 고기능의 안정적인 프로그램을 만드는 것도 개발자의 훌륭한 능력이다.

하드웨어를 만들 때 모래에서 실리콘을 추출하여 저항과 다이오드부터 만드는 사람은 없다. 소프트웨어도 마찬가지로 처음부터 모든 것을 다 만들던 시대는 지났다. 남이 만든 것이라도 잘 가져다 쓰면 된다. 물론 실력이 된다면 남을 위해 객체를 만들어 보는 것도 즐거운 일이다.

4 캡슐화 방법

숨겨야 할 정보와 공개해야 할 정보를 구분하는 명확한 공식은 없고 클래스마다 다르다. 객체의 상태를 저장하는 멤버 변수는 외부에서 함부로 바꾸지 못하도록 숨기고 외부와의 인터페이스를 이루는 멤버 함수는 공개하는 것이 보편적이다. Time 클래스를 예로 들어 정보를 은폐하는 방법을 실습해 보자.

InfoHide

```cpp
#include <stdio.h>

class Time
{
private:
    int hour, min, sec;

public:
    Time(int h, int m, int s) {
        SetHour(h);
        SetMinute(m);
        sec = s;
    }

    int GetHour() { return hour; }
    void SetHour(int h) {
        if (h >= 0 && h < 24) {
            hour = h;
        }
    }

    int GetMinute() { return min; }
```

```
        void SetMinute(int m) {
            if (m >= 0 && m < 60) {
                min = m;
            }
        }
        int GetSecond() { return sec; }

        void OutTime() {
            printf("현재 시간은 %d:%d:%d입니다.\n", hour, min, sec);
        }
    };

    int main()
    {
        Time now(12, 34, 56);
        now.SetHour(40);
        now.OutTime();
        now.SetHour(9);
        now.OutTime();
    }
```

```
현재 시간은 12:34:56입니다.
현재 시간은 9:34:56입니다.
```

시간 요소를 저장하는 hour, min, sec 멤버 변수는 모두 private로 선언하여 숨겼다. 외부에서 29시 86분 −12초 따위의 규칙에 맞지 않는 시간을 대입하는 것을 방지하기 위해서이다. 주요 멤버를 숨기면 외부에서 값을 읽거나 변경할 수 없어서 멤버값을 대신 읽거나 쓰는 액세서^{Accessor}를 제공한다.

▲ 비공개 멤버와 공개 액세서

액세서 함수는 보통 Get, Set으로 시작하며 대상 멤버 변수를 대신 읽고 쓰는 역할을 한다. hour 멤버에 대한 액세서는 GetHour, SetHour이다. 멤버값을 읽어 주는 Get 함수는 통상 return 문으로 멤버값을 읽어 주지만 필요할 경우 둘 이상의 값을 조합하거나 실시간으로 값을 조사하여 돌려주기도 한다.

Set 함수는 멤버의 값을 변경한다. 무조건 대입하는 것이 아니라 조건에 맞는 값만 받아들여 객체 상태를 유효하게 관리한다. SetHour 함수는 0 이상 24 미만의 시간만 유효한 값으로 인정한다. 외부에서 SetHour(40) 식으로 엉뚱한 값을 전달하면 무시하고 SetHour(9) 같은 유효한 값만 받아들인다. 멤버의 특성에 맞는 고유한 규칙을 적용할 수 있어 안전하며 객체의 무결성이 유지된다.

분을 변경하는 SetMinute 함수도 비슷하되 유효한 범위가 0 ~ 59라는 점이 다르다. sec 멤버 변수에 대해서는 GetSecond만 있고 SetSecond가 없어 이 멤버는 읽기 전용이다. 외부에서 참조만 할 수 있고 변경해서는 안 되는 중요한 정보는 Set 메서드를 빼거나 private 영역에 두어 쓰기를 제한한다. 별 실용성은 없지만 Get 함수는 빼고 Set 함수만 제공하여 쓰기 전용으로 만들 수도 있다.

5 자동차 클래스

자동차는 복잡한 내부 구조에 비해 공개된 인터페이스가 적어 정보 은폐를 잘 하는 대표적인 사물이다. C++ 클래스로 자동차를 어떻게 표현할 수 있는지 실습해 보자. 다음 예제의 Car 클래스는 자동차의 기본 기능을 흉내낸다.

```
CarClass
#include <stdio.h>
#include <stdlib.h>
#include <conio.h>
#include <cursor.h>

class Car
{
private:
    int gear;
    int angle;
    int rpm;

public:
    Car() { gear = 0; angle = 0; rpm = 0; }
    void ChangeGear(int aGear) {
        if (aGear >= 0 && aGear <= 6) {
            gear = aGear;
```

```
            }
        }

        void RotateWheel(int Delta) {
            int tAngle = angle + Delta;
            if (tAngle >= -45 && tAngle <= 45) {
                angle = tAngle;
            }
        }

        void Accel() {
            rpm = min(rpm + 100, 3000);
        }

        void Break() {
            rpm = max(rpm - 500, 0);
        }

        void Run() {
            int Speed;
            char Mes[128];
            gotoxy(10, 13);
            if (gear == 0) {
                puts("먼저 1~6키를 눌러 기어를 넣으시오          ");
                return;
            }
            if (gear == 6) {
                Speed = rpm / 100;
            } else {
                Speed = gear * rpm / 100;
            }

            sprintf(Mes, "%d의 속도로 %s쪽 %d도 방향으로 %s진중      ",
                abs(Speed), (angle >= 0 ? "오른" : "왼"), abs(angle),
                (gear == 6 ? "후" : "전"));
            puts(Mes);
        }
};


int main()
```

```cpp
{
    Car C;
    int ch;

    for (;;) {
        gotoxy(10, 10);
        printf("1~5:기어 변속, 6:후진 기어, 0:기어 중립");
        gotoxy(10, 11);
        printf("위:액셀, 아래:브레이크, 좌우:핸들, Q:종료");
        if (kbhit()) {
            ch = getch();
            if (ch == 0xE0 || ch == 0) {
                ch = getch();
                switch (ch) {
                case 75:
                    C.RotateWheel(-5);
                    break;
                case 77:
                    C.RotateWheel(5);
                    break;
                case 72:
                    C.Accel();
                    break;
                case 80:
                    C.Break();
                    break;
                }
            } else {
                if (ch >= '0' && ch <= '6') {
                    C.ChangeGear(ch - '0');
                } else if (ch == 'Q' || ch == 'q') {
                    exit(0);
                }
            }
        }
        C.Run();
        delay(10);
    }
}
```

주요 멤버로 기어값인 gear, 앞바퀴 각도인 angle, 엔진 회전수인 rpm을 가지는데 모두 숨겨져 있어 외부에서 직접 조작할 수 없다. 대신 공개된 멤버 함수로만 자동차를 조작하되 엄격한 규칙이 적용된다.

기어를 바꾸는 ChangeGear 함수는 0 ~ 6단까지만 인정하며 존재하지도 않는 8단, 9단 기어는 무시한다. RotateWheel 함수는 앞바퀴의 각도를 좌우로 45°까지만 변경할 수 있어 바퀴가 180° 뒤로 휙 돌아가는 것을 방지한다.

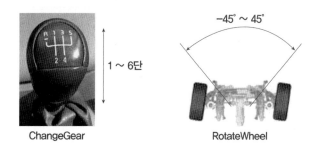

ChangeGear   RotateWheel

Accel, Break는 엔진 회전수인 rpm을 0 ~ 3000 범위 내에서 조작한다. 액셀을 밟으면 회전수가 천천히 올라가고 브레이크를 밟으면 급격하게 감속하여 사실감 있게 표현했다. 유효한 범위를 잘 통제하고 있어 액셀을 오래 밟아도 엔진 능력치 이상 빨라지지 않으며 브레이크를 아무리 세게 밟아도 회전수가 음수로 떨어지지 않는다.

Run 함수는 이 모든 정보를 참조하여 자동차를 운행한다. 기어가 중립이면 바퀴와 엔진이 연결되지 않아 달릴 수 없어 에러 메시지를 출력하고 리턴한다. 기어 단수와 rpm을 곱해 속도를 결정하되 후진인 경우는 1단과 속도가 같다. main은 Car 객체를 생성하고 키 입력을 받아 공개된 함수를 통해 자동차를 조작한다.

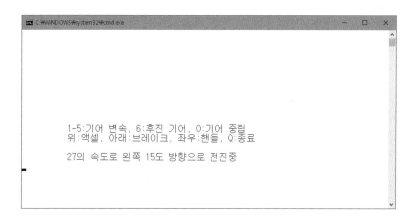

텍스트 환경이라 글자로 자동차가 달리는 흉내만 낸다. 그래픽 환경이라면 실제 자동차를 그리고 달리는 모습을 역동적으로 보여줄 수 있다. 좀 더 복잡하게 모델링하면 타이어가 회전하는 모습이나 배기가스를 뿜어내는 광경도 그릴 수 있다.

자동차 객체 여러 개를 만들고 도로나 신호등 객체를 만들어 객체끼리의 관계를 정의하면 자동차 경주 게임이 된다. 이런 식이라면 항공모함이나 우주선도 얼마든지 만들 수 있다. 클래스가 실세계의 사물을 묘사한다는 말이 무슨 뜻인지 감이 올 것이다.

셀프 테스트 ●

4-1. Human 클래스의 멤버 변수를 숨기고 액세서 함수를 작성하라. 이름은 12 미만인 경우만 받아들이고 그 이상은 빈 문자열을 대입한다. 나이는 0 ~ 120 범위만 인정하며 범위 밖의 나이는 0을 대입한다.

2 프렌드

1 프렌드 함수

객체의 신뢰성 향상과 기능 개선의 편의를 위해 정보 은폐는 꼭 필요한 기법이다. 그러나 때로는 너무 엄격한 은폐가 불편하거나 비효율적인 경우도 있다. 이럴 때는 예외를 두어 특정 대상에 대해 모든 멤버를 공개할 수 있는데 이를 프렌드 지정이라고 한다.

프렌드로 지정되면 액세스 지정자에 상관없이 모든 멤버를 읽을 수 있다. 프렌드는 전역 함수, 클래스, 멤버 함수의 세 가지 수준에서 지정한다. 외부의 전역 함수를 프렌드로 지정할 때는 클래스 선언문 안에 원형을 밝히되 friend 지정자를 붙인다. sub 함수를 Some 클래스의 프렌드로 지정하려면 다음과 같이 선언한다.

```
class Some
{
    friend void sub();
    ....
};
```

클래스 내부에 sub의 원형이 선언되어 있지만 friend 지정을 위한 것일 뿐이어서 멤버는 아니며 본체는 외부에 따로 존재한다. 프렌드로 지정된 함수에는 클래스의 모든 멤버를 자유롭게 액세스할 수 있는 특권이 주어진다.

FriendFunc

```
#include <stdio.h>

class Date;
class Time
{
```

```cpp
        friend void OutToday(Date &, Time &);
private:
        int hour, min, sec;
public:
        Time(int h, int m, int s) { hour = h; min = m; sec = s; }
};

    class Date
    {
        friend void OutToday(Date &, Time &);
private:
        int year, month, day;
public:
        Date(int y, int m, int d) { year = y; month = m; day = d; }
};

    void OutToday(Date &d, Time &t)
    {
        printf("오늘은 %d년 %d월 %d일이며 지금 시간은 %d:%d:%d입니다.\n",
            d.year, d.month, d.day, t.hour, t.min, t.sec);
    }

    int main()
    {
        Date d(2018, 06, 29);
        Time t(12, 34, 56);
        OutToday(d, t);
    }
```

오늘은 2018년 6월 29일이며 지금 시간은 12:34:56입니다.

Date 클래스는 날짜를 표현하고 Time 클래스는 시간을 표현한다. 주요 멤버가 모두 private 영역에 있어 외부에서 읽을 수 없다. 날짜와 시간을 한 번에 출력하려면 두 객체의 모든 멤버를 읽어야 한다. 한쪽 클래스의 멤버 함수로 선언하면 반대쪽의 멤버를 읽을 수 없다.

```
class Time
{
private:
        int hour, min, sec;
                    ◄─────────────── 여기에 두면 Date의 멤버를 못 읽음

}

class Date
{
private:
        int year, month, day;
                    ◄─────────────── 여기에 두면 Time의 멤버를 못 읽음

}
```

이럴 때는 외부에 전역 함수를 정의하고 양쪽 클래스에 프렌드로 지정한다. OutToday 함수를 Time과 Date의 프렌드로 지정하여 양쪽 클래스에 대해 자유 이용권을 주었다. 외부 함수지만 프렌드로 지정되었으니 마치 멤버 함수처럼 내부의 모든 멤버를 읽을 수 있다.

원칙을 따지자면 프렌드로 지정하는 것보다 각 클래스가 멤버를 읽어 주는 액세서 함수를 제공하는 것이 더 바람직하다. 그러나 멤버 수가 많아지면 일일이 액세서를 만들기도 번거로워 프렌드라는 방법을 제공한다. 다음 장에서 배울 연산자 오버로딩에는 프렌드 지정이 필수적이다.

2 프렌드 클래스

두 개의 클래스가 서로 밀접한 관계이고 상대편의 멤버를 참조해야 한다면 클래스를 통째로 프렌드로 지정한다. 클래스 선언문에 프렌드로 지정할 클래스의 이름을 밝힌다. Any 클래스를 Some 클래스의 프렌드로 지정하고 싶다면 다음과 같이 선언한다.

```
class Some
{
    friend class Any;
    ....
};
```

Any는 Some의 모든 멤버를 자유롭게 액세스할 수 있다. 앞 예제의 OutToday 함수를 Date 클래스의 멤버 함수로 선언하고 Date를 Time의 프렌드로 지정해 보자.

```
#include <stdio.h>

class Time
{
    friend class Date;
private:
    int hour, min, sec;
public:
    Time(int h, int m, int s) { hour = h; min = m; sec = s; }
};

class Date
{
private:
    int year, month, day;
public:
    Date(int y, int m, int d) { year = y; month = m; day = d; }
    void OutToday(Time &t) {
        printf("오늘은 %d년 %d월 %d일이며 지금 시간은 %d:%d:%d입니다.\n",
            year, month, day, t.hour, t.min, t.sec);
    }
};

int main()
{
    Date d(2018, 06, 29);
    Time t(12, 34, 56);
    d.OutToday(t);
}
```

OutToday가 Date 소속으로 바뀌었다. 날짜 정보는 내부에 있으니 Date 인수는 받을 필요 없고 Time 객체만 받으면 된다. Date가 Time의 프렌드로 지정되어 있어 Time 객체의 모든 멤버를 읽을 수 있다. 반대로 OutToday를 Time에 선언하고 Date가 Time을 프렌드로 선언해도 상관없다.

클래스끼리 프렌드가 되는 실제 예는 그리 흔하지 않다. 복잡하고 밀접한 클래스끼리 프렌드가 되는데 대표적인 예는 MFC의 CDocument와 CView이다. CDocument는 문서를 표현하며 CView는 이 문서를 보여 주는 역할을 하는데 그러기 위해서는 문서의 모든 정보를 자유롭게 읽을 수 있어야 한다.

3 프렌드 멤버 함수

클래스끼리 프렌드가 되는 것은 양쪽의 멤버를 공유하는 편리한 방법이지만 허용 범위가 너무 넓어 위험하다. 상대편 멤버를 읽을 필요가 없는 함수까지도 권한을 가지게 되어 실수할 가능성이 높아진다. 이럴 때는 특정 멤버 함수에 대해서만 프렌드로 지정한다.

개념은 전역 함수와 같되 특정 클래스의 특정 멤버 함수에 대해서만 프렌드로 지정한다는 점이 다르다. 클래스 선언부에 프렌드로 지정할 멤버 함수의 소속과 원형을 friend 키워드와 함께 선언한다. 다음 선언은 Any::sub 함수만 Some 클래스의 프렌드로 지정한다.

```
class Some
{
    ....
    friend void Any::sub(Some &S);
};
```

이 선언에 의해 Any 클래스의 sub 멤버 함수는 Some의 모든 멤버를 읽을 수 있는 권한을 가진다. 그러나 Any에 속한 다른 멤버 함수에게는 이런 권한이 부여되지 않는다. 앞 예제의 OutToday 멤버 함수에게만 프렌드 지정을 해 보자.

FriendMember

```
#include <stdio.h>

class Time;
class Date
{
private:
    int year, month, day;
public:
    Date(int y, int m, int d) { year = y; month = m; day = d; }
    void OutToday(Time &t);
};

class Time
{
    friend void Date::OutToday(Time &t);
private:
    int hour, min, sec;
public:
```

```cpp
        Time(int h, int m, int s) { hour = h; min = m; sec = s; }
    };

    void Date::OutToday(Time &t)
    {
        printf("오늘은 %d년 %d월 %d일이며 지금 시간은 %d:%d:%d입니다.\n",
                year, month, day, t.hour, t.min, t.sec);
    }

    int main()
    {
        Date d(2018, 06, 29);
        Time t(12, 34, 56);
        d.OutToday(t);
    }
```

개념은 간단하지만 선언 순서가 복잡하다. Date::OutToday가 Time 객체를 인수로 받으려면 Time 클래스가 먼저 선언되어야 한다. 그런데 Time이 Date::OutToday를 프렌드로 지정하려면 Date 클래스가 먼저 와야 한다. 양쪽이 서로를 먼저 알아야 하는 상황이라 선언 순서로는 문제를 해결할 수 없다. 그래서 Date, Time 순으로 선언하되 선두에 Time에 대한 전방 선언을 하여 클래스임을 미리 밝혔다.

OutToday의 본체에서 Time 클래스의 멤버를 참조하므로 이 함수의 본체를 Date 클래스 선언부에 둘 수 없고 Time 클래스 선언 후에 별도로 정의해야 한다. 그래서 OutToday 함수는 두 클래스를 선언한 후 본체를 작성했다.

두 클래스가 서로 참조하는 상황이다 보니 조금 복잡하다. 서로 알 수 있도록 미리 소개를 해야 하는데 직접 코드를 작성해 보면 상식적이다. 비슷한 코드를 작성할 필요가 있다면 이 예제의 선언 순서를 그대로 따르면 된다.

4 프렌드의 특성

프렌드 지정은 정보 은폐의 예외를 두는 것이어서 몇 가지 주의 사항이 있다. 예외에 의한 부작용을 최소화하기 위한 상식적인 규칙인데 명시적으로 지정되지 않은 대상에 대해서는 가급적 특권을 주지 않는다.

- 프렌드 지정은 단방향이다. A가 B를 친구로 지정했다고 해서 B도 A를 친구로 인정하는 것은 아니다.

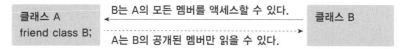

야박해 보이지만 사실 인간 관계도 비슷하다. 양쪽이 자유롭게 읽으려면 양쪽 클래스가 서로 프렌드로 지정해야 한다. 이런 관계를 상호 프렌드라고 한다.

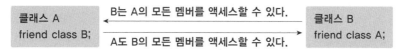

- 프렌드 지정은 전이되지 않으며 프렌드의 프렌드 관계는 인정하지 않는다. A가 B를 친구로 지정하고 B가 C를 친구로 지정했더라도 C가 A의 멤버를 마음대로 액세스할 수 없다. 프렌드는 허가하는 쪽이 명시적으로 지정해야 성립한다.

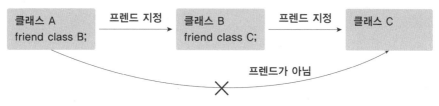

- 복수의 대상에 대해 프렌드 지정을 할 수 있지만 한 번에 하나씩만 가능하다. A가 B, C를 동시에 프렌드로 지정하고 싶다면 각 줄에 하나씩 선언한다.

```
class A
{
    friend class B;
    firend class C;
    ....
```

변수를 선언할 때처럼 콤마로 구분하여 friend class B, C; 식으로 선언할 수 없다. 자주 하는 선언이 아니고 보안상의 문제가 있어 의도적으로 불편하게 해 두었다.

- 프렌드 관계는 상속되지 않는다. 프렌드로 지정한 클래스의 파생 클래스는 프렌드로 인정되지 않는다. 친구의 자식은 친구가 아니다.

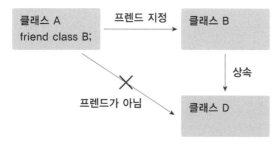

그러나 D가 상속받은 B의 멤버 함수는 B 클래스 소속이므로 A의 멤버를 자유롭게 액세스할 수 있다.

프렌드 지정은 정보 은폐의 예외 기능이어서 위험한 면이 있다. 빈번히 사용하는 것은 바람직하지 않으며 프렌드가 아니면 문제를 해결할 수 없는 복잡한 경우에만 조심스럽게 사용해야 한다. 다행히 클래스 외부에서는 지정할 수 없고 명시적 선언에 의해서만 인정되어 보안상의 문제는 없다.

3 정적 멤버

1 this

객체의 고유한 상태를 저장하는 멤버 변수는 객체별로 따로 유지하고 객체의 동작을 정의하는 멤버 함수는 공유한다. 속성은 객체마다 다르지만 동작은 공통적이어서 각 객체가 따로 가질 필요 없다. 다음 예제로 이를 확인해 보자.

```
this
#include <stdio.h>

class Simple
{
private:
    int value;

public:
    Simple(int avalue) : value(avalue) { }
    void OutValue() {
        printf("value = %d\n", value);
    }
};

int main()
{
    Simple A(1), B(2);
    A.OutValue();
    B.OutValue();
}
```

```
value = 1
value = 2
```

정수값 하나를 저장하는 value 멤버를 선언하고 OutValue 함수는 이 값을 출력한다. main에서 value 값을 다르게 주어 A, B 두 객체를 생성했다.

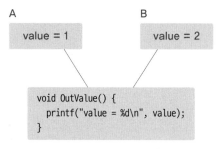

▲ 멤버 변수는 객체별로 가진다

value는 객체마다 다른 값을 가져야 하니 객체별로 할당되지만 값을 출력하는 동작은 다르지 않아 두 객체가 OutValue 함수를 공유한다. 객체의 크기는 멤버 변수 크기의 총합이며 멤버 함수의 개수는 영향을 미치지 않는다. sizeof(A)는 정수 하나 크기인 4이다.

A, B 객체에 대해 OutValue를 호출하면 각각 1과 2가 출력된다. 지극히 당연해 보이지만 이게 과연 정말 당연하기만 한 것인지 생각해 보자. OutValue 함수는 별도의 인수를 받지 않으며 value 값을 출력할 뿐이다. 함수의 동작은 인수에 따라 달라지는데 인수가 없으면 동작은 항상 같아야 한다. 입력이 일정하면 출력도 일정할 수밖에 없다.

하지만 OutValue 함수는 인수가 없지만 출력이 일정하지 않다. 이 함수의 호출문을 보면 A.OutValue(), B.OutValue() 식으로 호출 객체가 다르기는 하다. 그러나 함수는 자기 앞에 붙어 있는 A. B. 객체는 읽을 수 없으며 오로지 인수로만 동작을 결정한다. 그래서 C++ 컴파일러는 호출 객체를 암시적인 인수로 전달하는데 A.OutValue() 호출문은 다음과 같이 컴파일된다.

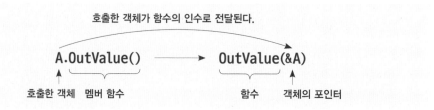

호출 객체를 전달하는 방법은 컴파일러마다 차이가 있는데 보통은 숨겨진 첫 번째 인수로 객체의 포인터를 전달한다. 암시적으로 전달하는 객체 포인터를 this라고 칭하는데 번지가 자기 자신으로

고정된 포인터 상수이다. OutValue 함수의 내부적인 코드는 다음과 같다.

```
void OutValue(Simple * const this) {
    printf("value=%d\n",this->value);
}
```

this 인수는 함수를 호출한 객체의 포인터이며 멤버를 참조하는 모든 문장 앞에 this->가 암시적으로 적용된다. A.OutValue() 호출문에서 this는 &A이며 따라서 this->value는 A의 멤버이다. 마찬가지로 B.OutValue 호출문에서 참조하는 value는 B의 멤버이다. 호출 객체에 따라 함수가 참조하는 실제 value 값이 달라진다.

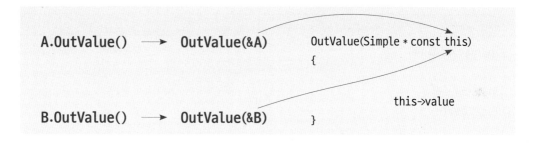

숨겨진 인수가 하나 더 있어 n개의 인수를 받는 멤버 함수의 실제 인수는 n+1개이다. 호출 객체를 일일이 전달하는 것은 귀찮을 뿐만 아니라 당연한 것이어서 컴파일러가 자동으로 한다. 개발자는 단지 A.OutValue() 식으로 앞쪽에 호출 객체를 밝히면 된다.

이런 식으로 동작하는 호출 규약을 thiscall이라고 하며 모든 멤버 함수에 강제로 적용된다. 모든 것이 자동화되어 있어 this의 존재는 크게 신경쓸 필요가 없지만 함수 내부에서 객체 자신을 칭할 때는 this가 필요하다. 다음 함수는 인수로 전달된 other와 자기 자신을 비교하여 큰 객체를 리턴한다.

```
Simple *FindBig(Simple *other) {
    if (other->value > value) {
        return other;
    } else {
        return this;
    }
}
```

other의 value와 자기 사진의 value를 비교하여 other가 더 크면 other를 리턴하고 그렇지 않으면 자기 자신을 리턴한다. 이때 필요한 키워드가 this이다. 멤버 함수에서 this는 나 자신을 의미하며 여러 가지 용도로 사용된다. memset(this, 0, sizeof(*this))는 모든 멤버의 값을 0으로 리셋한다.

프로그램 종료나 치명적인 에러로 동적 할당된 객체가 자신을 삭제할 때 delete this; 문장을 사용한다. 이 문장의 의미는 '나 좀 죽여줘'인데 '나'라는 1인칭을 칭하기 위해 this 키워드가 필요하다. 또 멤버 변수와 지역 변수의 이름이 충돌할 때도 멤버임을 분명히 하기 위해 this->value 식으로 쓴다.

2 정적 멤버 변수

정적 멤버 변수는 클래스 바깥에 선언되지만 클래스에 소속되며 객체별로 할당되지 않고 모든 객체가 공유한다. 정의가 복잡한데 이런 변수가 왜 필요한지 단계별로 예제를 만들어 보며 연구해 보자. 다음 예제의 count 전역 변수는 Simple 타입의 객체가 몇 개나 생성되었는지 관리한다.

ObjCount

```c
#include <stdio.h>

int count = 0;
class Simple
{
private:
    int value;

public:
    Simple() { count++; }
    ~Simple() { count--; }
    void OutCount() {
        printf("현재 객체 개수 = %d\n", count);
    }
};

int main()
{
    Simple s, *ps;
    s.OutCount();
    ps = new Simple;
    ps->OutCount();
    delete ps;
    s.OutCount();
    printf("크기 = %d\n", sizeof(s));
}
```

```
현재 객체 개수 = 1
현재 객체 개수 = 2
현재 객체 개수 = 1
크기 = 4
```

count 전역 변수를 0으로 초기화하고 Simple 클래스의 생성자에서 1 증가시키고 파괴자에서 1 감소시킨다. 정적으로 선언된 객체든 동적으로 생성되는 객체든 생성자와 파괴자는 정확하게 호출된다. 객체가 생성될 때 증가하고 파괴될 때 감소하므로 count를 통해 생성된 객체의 수를 알 수 있다. 객체의 개수를 세는 목적은 달성했지만 전역 변수를 사용했다는 점에서 문제가 많다.

- 클래스와 관련된 정보가 외부에 선언되어 있어 캡슐화 위반이다.
- 전역 변수가 없으면 동작하지 않아 독립성이 떨어지며 재사용하기 어렵다.
- 전역 변수는 은폐할 수 없어 위험하다. 외부에서 count를 뭘로 바꿔도 방어할 수 없다.

구조적 기법에서도 사용을 꺼리는 전역 변수는 객체 지향과 어울리지 않는다. 캡슐화, 정보 은폐, 추상성 등의 모든 OOP 원칙과 맞지 않다. 관련된 정보는 클래스 안에 캡슐화해야 한다. count를 클래스 안에 선언해 보자.

CountMember

```
class Simple
{
private:
    int value;
    int count = 0;

public:
    Simple() { count++; }
    ~Simple() { count--; }
    void OutCount() {
        printf("현재 객체 개수 = %d\n", count);
    }
};
....
```

```
현재 객체 개수 = 1
현재 객체 개수 = 1
현재 객체 개수 = 1
크기 = 8
```

count를 Simple 클래스 안으로 포함시키고 0으로 초기화했다. 이런 식의 초기화도 최근 C++ 문법에서 가능해진 것이며 원래는 멤버 선언문에 초깃값을 쓸 수 없었다. 언뜻 보기에는 잘 동작할 것같지만 막상 실행해 보면 객체별로 count 멤버가 있고 생성자에서 자신의 카운트만 개별적으로 증가시키므로 항상 1이다.

s나 ps나 각자의 count를 가져 메모리를 낭비할 뿐만 아니라 어느 객체의 count가 진짜 개수인지도 명확하지 않다. 자신과 같은 타입인 객체의 개수를 자신이 가진다는 것도 논리적으로 합당하지 않다. count는 개별 객체의 정보가 아니라 객체를 관리하는 정보이며 객체보다 상위의 클래스에 포함되어야 합당하다.

이 문제를 해결하려면 count는 클래스의 멤버이면서 클래스의 모든 객체가 공유해야 한다. 이것이 정적 멤버 변수가 필요한 이유이면서 정적 멤버 변수의 정의이다. 예제를 다음과 같이 수정하면 문제가 해결된다.

CountStatic

```
class Simple
{
private:
    int value;
    static int count;

public:
    Simple() { count++; }
    ~Simple() { count--; }
    void OutCount() {
        printf("현재 객체 개수 = %d\n", count);
    }
};
int Simple::count = 0;
....
```

count 앞에 static 키워드를 붙여 정적 멤버임을 명시한다. 이 선언문은 count가 Simple 클래스 소속이라는 것만 알릴 뿐 메모리는 할당하지 않는다. 정적 멤버 변수는 클래스 외부에 :: 연산자와 함께 소속을 밝혀 별도로 정의하고 초기화한다.

단일 소스 파일일 때는 클래스 선언문 바로 아래에 정의한다. 클래스를 별도의 모듈로 작성할 때 헤더 파일에는 선언만 들어가므로 정적 멤버에 대한 정의는 구현 파일(*.cpp)에 작성한다. 헤더 파일에 정의를 두면 두 번 포함될 때 이중으로 정의되어 에러 처리된다.

이제 count는 Simple 클래스 소속이며 딱 한 번만 초기화된다. 객체 A, B, C가 생성되면 각자의 고유한 멤버 value를 개별적으로 가진다. 정적 멤버 count는 딱 하나밖에 없으며 모든 객체가 공유한다. 각 생성자에서 증가하는 대상은 count 정적 멤버 변수이며 생성된 객체수를 정확히 유지한다.

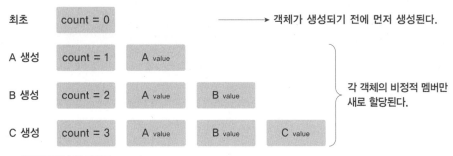
▲ 생성된 객체수와 카운트

정적 멤버 변수는 객체와 논리적으로 연결되어 있지만 객체 내부에 포함되지 않으며 클래스에 소속된다. '정적'이라는 용어가 어려운데 '공유 멤버'라고 이해하는 것이 더 직관적이다. 정적 멤버는 모든 객체가 공유하므로 개별 객체의 크기에는 포함되지 않는다. sizeof(s)는 value의 크기값인 4이다.

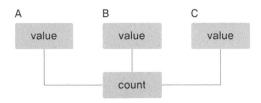
▲ 정적 멤버는 모든 객체가 공유한다

정적 멤버의 액세스 지정은 일반 멤버와 같다. 공개하려면 public 영역에 선언하고 private 영역에 두어 숨기면 외부에서 참조할 수 없다. 단, 외부에서 정의하고 초기화할 때는 대입과는 다른 연산이어서 액세스 속성의 영향을 받지 않는다. 정적 멤버를 참조할 때는 다음 두 가지 방법을 사용한다.

```
Simple::count = 3;          // 클래스 소속
Simple s;
s.count++;                  // 객체로 소속 클래스를 밝힌다.
```

정적 멤버는 클래스 소속이므로 Simple::count 식으로 클래스명과 범위 연산자로 액세스하는 것이 원칙이다. 클래스명으로 참조하므로 객체가 전혀 생성되지 않은 상태에서도 참조할 수 있다. 편의상 s.count처럼 객체로부터 참조하는 것도 허용하되 이때 s 객체는 소속 클래스를 밝히는 역할만한다. Simple로부터 생성된 어떤 객체로 참조해도 상관없지만 원칙대로 클래스명으로 참조하는 것이 바람직하다.

3 정적 멤버 함수

정적 멤버 함수는 객체가 아닌 클래스와 연관되어 모든 객체에 공통적인 작업을 처리한다. 선언할
때 함수 원형 앞에 static 키워드를 붙이며 외부에 작성할 때는 static 키워드를 생략한다. 앞 예제
를 조금 수정해 보자.

```
StaticFunc

#include <stdio.h>

class Simple
{
private:
    int value;
    static int count;

public:
    Simple() { count++; }
    ~Simple() { count--; }
    static void InitCount() {
        count = 0;
    }
    static void OutCount() {
        printf("현재 객체 개수 = %d\n", count);
    }
};
int Simple::count;

int main()
{
    Simple::InitCount();              // 카운트 0
    Simple::OutCount();
    Simple s, *ps;                    // 카운트 1
    Simple::OutCount();
    ps = new Simple;                  // 카운트 2
    Simple::OutCount();
    delete ps;                        // 카운트 1
    Simple::OutCount();
    printf("크기 = %d\n", sizeof(s));
}                                     // 카운트 0
```

```
현재 객체 개수 = 0
현재 객체 개수 = 1
현재 객체 개수 = 2
현재 객체 개수 = 1
크기 = 4
```

count의 초기식을 생략하고 정적 멤버 함수 InitCount에서 0으로 초기화한다. 객체의 개수를 출력하는 OutCount 함수도 정적으로 선언했다. 객체의 개수는 클래스 전체와 연관되는 정보이며 따라서 이 정보를 관리하는 함수도 정적으로 선언하는 것이 옳다.

두 함수 모두 객체가 생성되지 않은 상태에서도 호출할 수 있다. main의 선두에서 카운트를 초기화하고 출력했는데 아직 객체가 없어 0이 출력된다. s 객체를 생성하면 카운트는 1이 되고 ps 객체를 동적 생성하면 2가 된다. ps 객체를 해제하면 1로 감소하고 main이 완전히 종료되어 s 객체가 파괴되면 0이 된다.

정적 멤버 함수는 객체에 의해 호출되는 것이 아니어서 호출 객체인 this는 전달되지 않는다. 클래스 전반적인 작업을 하므로 호출 객체가 따로 없다. 그래서 정적 멤버 함수는 정적 멤버만 참조할 수 있으며 일반 멤버(비정적 멤버)는 액세스할 수 없다. OutCount에서 비정적 멤버인 value를 액세스하면 에러 처리된다.

```
static void OutCount() {
    printf("현재 객체 개수 = %d\n", count);
    value = 100;
}
```

일반 멤버 앞에는 암시적으로 this->가 붙는데 정적 멤버 함수는 this가 없어 본체에서 value를 칭하면 누구의 value인지 구분할 수 없다. 정적 멤버 함수는 객체가 없어도 호출 가능한데 이때 value는 아예 존재하지도 않는다. 정적 멤버는 정적 멤버끼리만 어울린다.

4 정적 멤버의 활용

정적 멤버는 선언과 정의가 분리되어 있고 클래스 외부에 정의하여 캡슐화에 위배되는 것처럼 보인다. 그러나 클래스와 관련된 정보를 표현하고 동작을 처리한다는 면에서 클래스 소속이 분명하며 액세스 지정자로 숨길 수도 있다. 정적 멤버가 꼭 필요한 상황이 종종 있는데 유용하게 사용되는 몇 가지 전형적인 예를 살펴보자.

■ 딱 한 번만 해야 하는 전역 자원의 초기화

DB 연결이나 네트워크 접속처럼 한 번만 수행하는 초기화는 정적 멤버 함수에서 처리하고 그 결과를 정적 멤버 변수에 저장한다. 전역 초기화는 객체별로 할 필요 없이 클래스 수준에서 딱 한 번 초기화하고 그 결과를 모든 객체가 공유하는 것이 합리적이다.

DB에 접속하려면 DB 서버에 연결하여 인증 절차를 거쳐야 한다. 연결이나 인증을 두 번 할 필요는 없으니 한 번 연결해 놓고 모든 객체가 연결 상태를 공유하는 것이 경제적이다. 여러 번 연결이 허용되지 않는 경우도 있고 가능하더라도 비용이 증가한다. 실제 연결은 복잡하니 가상적인 연결 흉내만 내 보자.

```
GlobalInit
#include <stdio.h>

class DBQuery
{
private:
    static int hCon;
    int nResult;

public:
    DBQuery() { };
    static void DBConnect(const char *Server, const char *ID, const char *Pass);
    static void DBDisConnect();
    bool RunQuery(const char *SQL);
    // ....
};
int DBQuery::hCon;

void DBQuery::DBConnect(const char *Server, const char *ID, const char *Pass)
{
    // 여기서 DB 서버에 접속한다.
    hCon = 1234;
    puts("연결되었습니다.");
}

void DBQuery::DBDisConnect()
{
    // 접속을 해제한다.
    hCon = NULL;
```

```
        puts("연결이 끊어졌습니다.");
}

bool DBQuery::RunQuery(const char *SQL)
{
        // Query(hCon,SQL);
        puts(SQL);
        return true;
}

int main()
{
        DBQuery::DBConnect("Secret", "Adult", "doemfdmsrkfk");
        DBQuery Q1, Q2, Q3;

        // 필요한 DB 질의를 한다.
        Q1.RunQuery("select * from tblBuja where 나랑 친한 사람");

        DBQuery::DBDisConnect();
}
```

```
연결되었습니다.
select * from tblBuja where 나랑 친한 사람
연결이 끊어졌습니다.
```

DBConnect 함수는 서버 이름과 ID, 비밀 번호를 전달 받아 DB 서버와 연결한다. 연결 관련 정보는 정적 멤버 변수 hCon에 저장되며 이후 모든 객체가 이 핸들을 사용하여 DB 서버와 통신한다. main에서 세 개의 DBQuery 객체를 생성한다.

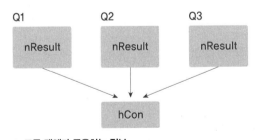

▲ 모든 객체가 공유하는 정보

RunQuery는 일반 함수지만 정적 멤버인 hCon을 참조하여 질의를 처리한다. 비정적 멤버에서 모든 객체가 공유하는 정적 멤버를 참조하는 것은 언제나 가능하다. 모든 질의를 마친 후 프로그램을

종료하기 전에 DBDisConnect 함수로 연결을 끊는다. 이 함수도 클래스 차원의 정리 작업을 처리하므로 정적으로 선언했다. hCon을 정적으로 선언하는 대신 각 객체에 둘 수도 있다.

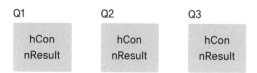

▲ 공유 멤버를 각 객체에 둘 때의 메모리 낭비

객체별로 DB 서버와 연결을 유지해도 잘 동작하지만 매 객체 생성시마다 다시 접속하면 느리고 자원 낭비가 심하다. 어떤 서버는 클라이언트당 접속 가능 개수로 라이선스비를 책정해 비용 또한 무시할 수 없다. 그래서 정적으로 딱 한 번만 연결해 놓고 모든 객체가 공유하는 것이 유리하다.

■ 읽기 전용 자원의 초기화

객체는 종종 자신이 동작하는 외부 환경에 대한 정보를 요구한다. 정확한 출력을 위해 화면 크기를 알아야 한다거나 하드웨어 구성 정보가 필요할 수도 있다. 이런 정보는 실행 중에 바뀌지 않는 읽기 전용이어서 객체별로 따로 조사할 필요 없이 클래스 수준에서 한 번만 조사하면 된다. 다음 예제는 화면 크기에 대한 정보를 조사하여 정적 멤버에 저장한다. 운영체제의 정보를 읽어야 하므로 windows.h 헤더 파일을 포함했으며 화면 크기를 조사하는 API 함수를 호출한다.

```
ReadOnlyInit
#include <stdio.h>
#include <windows.h>

class Shape
{
private:
    int shapeType;
    RECT shapeArea;
    COLORREF color;

public:
    static int scrx, scry;
    static void GetScreenSize();
};

int Shape::scrx;
int Shape::scry;
```

```
void Shape::GetScreenSize()
{
    scrx = GetSystemMetrics(SM_CXSCREEN);
    scry = GetSystemMetrics(SM_CYSCREEN);
}

int main()
{
    Shape::GetScreenSize();
    Shape C, E, R;
    printf("화면 크기 = (%d,%d)\n", Shape::scrx, Shape::scry);
}
```

화면 크기 = (3840,2160)

도형을 표현하는 Shape 클래스는 정확한 출력을 위해 화면 크기가 필요하다고 하자. 화면 크기는 GetScreenSize 정적 멤버 함수가 조사하여 scrx, scry 정적 멤버 변수에 저장한다. 객체를 생성하기 전에 딱 한 번만 조사해 두면 이후 생성되는 Shape 객체는 따로 조사할 필요 없이 이 정보를 공유한다.

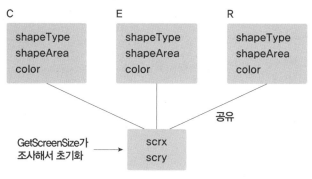

▲ 한 번 조사한 정보를 정적 멤버에 저장한다

어떤 정보는 조사 시간이 오래 걸리거나 덩치가 큰 자원일 수도 있다. 도형별로 다른 정보를 참조하는 것이 아니므로 정적으로 선언해 두고 딱 한 번만 조사한 후 공유하는 것이 효율적이다.

■ 모든 객체가 공유하는 정보
환율이나 이자율 같은 기준값은 모든 객체가 참조하는 중요한 값이다. 실행 중에 수시로 변할 수 있지만 일단 정해지면 모든 객체에 일관되게 적용된다. 이런 중요한 값을 개별 객체가 가져서는 안 되며 클래스에 정적으로 선언해 두고 필요할 때마다 읽어 사용한다. 다음은 환율을 계산하는 Exchange 클래스의 예이다.

ShareInfo

```cpp
#include <stdio.h>

class Exchange
{
private:
    static double rate;

public:
    static double GetRate() { return rate; }
    static void SetRate(double aRate) { rate = aRate; }
    double DollarToWon(double d) { return d * rate; }
    double WonToDollar(double w) { return w / rate; }
};
double Exchange::rate;

int main()
{
    Exchange::SetRate(1200);
    Exchange A, B;
    printf("1달러는 %.0f원이다.\n", A.DollarToWon(1.0));
    Exchange::SetRate(1150);
    printf("1달러는 %.0f원이다.\n", B.DollarToWon(1.0));
}
```

```
1달러는 1200원이다.
1달러는 1150원이다.
```

환율을 기억하는 rate 멤버 변수는 Exchange 클래스에 정적으로 선언되어 있다. Exchange 객체는 필요할 때 언제든지 이 값을 읽거나 변경할 수 있다. 딱 하나밖에 없는 정보이므로 누가 바꾸든 모든 객체가 참조하는 값이 같다. 만약 객체별로 환율 정보를 가진다면 객체를 생성할 때마다 환율을 전달해야 하고 변경시 모든 객체에게 이 사실을 알려야 하므로 번거롭다. 하나의 값은 한 장소에 두어야 한다.

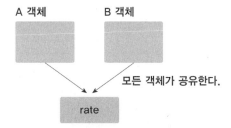

▲ **공동으로 참조하는 값은 한 장소에 둔다**

main에서 최초 환율을 1200원으로 초기화했다. 이후 생성되는 A, B 객체는 이 값을 참조하여 환율을 계산한다. 중간에 환율이 바뀌면 SetRate 함수로 변경하며 모든 객체가 다음 계산시부터 이 환율을 참조한다. 기준값이 하나여서 관리하기 쉽고 불일치가 발생하지 않는다.

4 상수 멤버

1 상수 멤버

상수 멤버는 값이 결정되면 변경할 수 없는 멤버이다. 클래스 전체에서 참조하는 중요한 값을 상수로 정의하는데 멤버 선언문 앞에 const 지정자를 붙인다. 예를 들어 원주율을 자주 사용한다면 이 값을 상수 멤버로 선언한다.

ConstMember

```
#include <stdio.h>

class MathCalc
{
private:
    const double pie;

public:
    MathCalc(double apie) : pie(apie) { }
    void DoCalc(double r) {
        printf("반지름 %.2f인 원의 둘레 = %.2f\n", r, r * 2 * pie);
    }
};

int main()
{
    MathCalc m(3.1416);
    m.DoCalc(5);
}
```

```
반지름 5.00인 원의 둘레 = 31.42
```

pie라는 명칭으로 실수형의 상수 멤버를 선언했다. 상수는 대입 연산자를 쓸 수 없어 생성자의 초기화 리스트에서 초기화한다. 상수 멤버는 매크로 상수와 마찬가지로 값의 파악이 쉽고 일괄 수정이 용이하다는 이점이 있다. 각 객체가 상수 멤버를 따로 가지므로 객체별로 상수가 달라도 상관없으며 필요한 정밀도에 따라 각각 다른 원주율로 초기화할 수 있다.

```
MathCalc m1(3.14);
MathCalc m2(3.1416);
MathCalc m3(3.14159265358979);
```

다음 예제는 객체별로 다른 상수를 정의한다. Enemy 클래스는 적군을 표현하는데 객체별로 속도는 다르지만 한 번 속도가 정해지면 불변이다. 이럴 때 상수 멤버를 사용하며 생성자의 초기화 리스트에서 객체별로 초기화한다.

ConstMemberInit

```c
#include <stdio.h>

class Enemy
{
private:
    const int Speed;

public:
    Enemy(int aSpeed) : Speed(aSpeed) { }
    void Move() {
        printf("%d의 속도로 움직인다.\n", Speed);
    }
};

int main()
{
    Enemy e1(10), e2(20);
    e1.Move();
    e2.Move();
}
```

```
10의 속도로 움직인다.
20의 속도로 움직인다.
```

객체별로 값이 달라지지 않는 고정된 상수라면 정적 상수 멤버로 선언하고 딱 한 번만 초기화하는 것이 유리하다.

```
StaticConst
#include <stdio.h>

class MathCalc
{
private:
    static const double pie;

public:
    MathCalc() { }
    void DoCalc(double r) {
        printf("반지름 %.2f인 원의 둘레 = %.2f\n", r, r * 2 * pie);
    }
};
const double MathCalc::pie = 3.1416;

int main()
{
    MathCalc m;
    m.DoCalc(5);
}
```

pie 멤버 선언문에 static과 const를 같이 붙이면 공유 상수가 된다. 클래스에 포함되며 딱 한 카피만 존재하여 메모리가 절약되며 값을 바꿀 수도 없다. 정적 멤버는 생성자에서 초기화할 수 없고 클래스 외부에 정의하면서 초기화하는 것이 원칙적이다. 외부에 별도로 정의하는 것이 귀찮다면 멤버 선언문에 = 기호와 함께 초깃값을 바로 지정하는 방법도 있다.

```
class MathCalc
{
private:
    static const double pie = 3.1416;
    ....
```

훨씬 더 간단해 보이지만 이 방법은 최근에 C++에 추가된 것이어서 모든 컴파일러가 다 지원하지는 않는다. gcc는 지원하지만 비주얼 C++은 정수형에 한해서만 지원한다. 아직 호환성에 불리하므로 외부에 따로 정의하는 정석대로 선언하는 것이 바람직하다.

정수 상수의 경우는 열거 멤버를 대신 사용하는 방법도 흔히 사용된다. 열거형은 열거 멤버 다음에 = 기호와 초깃값을 지정할 수 있으며 열거 타입을 정의하지 않아도 멤버만 사용할 수 있어 간편하다. 다음 클래스는 value 상수를 123으로 정의한다.

```
class Some
{
public:
    enum { value = 123 };
    ....
```

열거형은 어디까지나 선언문일 뿐이어서 메모리를 차지하지 않고 선언과 정의를 한 번에 할 수 있어 간편하다. 다만 정수형 상수만 표현할 수 있고 객체 지향과 어울리지 않는다는 점에서 활용성이 떨어진다.

2 상수 멤버 함수

상수 멤버 함수는 객체의 상태를 읽기만 하는 함수이다. 멤버 변수를 읽기만 하고 변경하지 않는다면 const 지정자를 붙여 상수 함수로 선언한다. 함수 원형의 앞쪽은 리턴 타입을 지정하기 때문에 const 지정자를 함수명 뒤에 붙인다.

```
class Some
{
private:
    int value;

public:
    int SetValue(int avalue);       // 비상수 멤버 함수
    int GetValue() const;           // 상수 멤버 함수
};
```

value의 값을 변경하는 SetValue는 상수 함수가 아니며 읽기만 하는 GetValue는 상수 함수이다. 그래서 GetValue 함수의 뒤에 const 지정자를 붙여 객체의 상태를 변경하지 않음을 분명히 한다.

```cpp
#include <stdio.h>

class Time
{
private:
    int hour, min, sec;

public:
    Time(int h, int m, int s) {
        SetTime(h, m, s);
    }

    void SetTime(int h, int m, int s) {
        hour = h;
        min = m;
        sec = s;
    }

    void OutTime() const {
        printf("현재 시간은 %d:%d:%d입니다.\n", hour, min, sec);
    }
};

int main()
{
    Time now(12, 34, 56);
    now.SetTime(11, 22, 33);
    now.OutTime();

    const Time meeting(16, 00, 00);
    // meeting.SetTime(17, 00, 00);
    meeting.OutTime();
}
```

```
현재 시간은 11:22:33입니다.
현재 시간은 16:0:0입니다.
```

SetTime 함수는 시간을 변경하므로 비상수 함수이다. 반면 OutTime 함수는 시간을 읽기만 하고 변경하지 않아 상수 함수로 지정했다. 비상수로 선언된 now 객체는 SetTime으로 시간을 변경할 수 있고 OutTime으로 현재 시간을 출력할 수도 있다. 비상수 객체가 상수 함수를 호출하는 것은 언제나 가능하다.

meeting 객체는 선언할 때 const 지정자로 상수 객체임을 명시하여 값을 변경할 수 없다. 회의 시간이 정해지면 중간에 변경할 수 없음을 분명히 한다. 상수 객체는 상수 함수만 호출할 수 있으며 상태를 변경하는 비상수 함수는 호출할 수 없다. 그래서 meeting 객체는 OutTime으로 시간을 확인할 수만 있고 SetTime으로 시간을 변경할 수는 없다.

▲ 상수 객체는 비상수 멤버 함수를 호출할 수 없다

함수의 상수성을 지정하는 const 지정자는 함수가 암시적으로 전달받는 this의 상수성을 결정한다. SetTime의 this는 Time * const 타입이며 this 자체는 상수지만 this가 가리키는 대상체인 객체는 상수가 아니어서 멤버값을 변경할 수 있다. 반면 OutTime의 this는 const Time * const 타입이며 this도 상수이고 대상체인 객체도 상수여서 멤버값을 변경할 수 없다.

상수 객체는 모든 멤버가 상수로 취급되어 상태를 변경할 가능성이 있는 비상수 함수를 호출할 수 없다. 상수 객체에 대해 호출 가능한 함수는 const 지정자를 붙여 객체의 상태를 변경하지 않는다는 것을 분명히 표시해야 한다. 설사 코드에서 멤버값을 바꾸지 않더라도 컴파일러가 코드까지 다 점검할 수는 없으므로 const 지정자가 없으면 비상수 함수로 취급한다.

3 mutable

상수 함수나 상수 객체는 멤버를 읽을 수만 있고 변경할 수는 없다. mutable 지정자는 이 규칙에 대한 예외를 지정하여 이 속성을 가지는 멤버는 객체의 상수성과 상관없이 언제나 수정이 가능하다. 객체의 상태를 저장하지 않는 임시 멤버에 대해 이 속성을 사용한다.

```
mutable
#include <stdio.h>

class Some
{
private:
    mutable int temp;
```

```
public:
    Some() { }
    void method() const { temp = 0; }
};

int main()
{
    Some s;
    s.method();

    const Some t;
    t.method();
}
```

임시 정보를 저장하는 temp 멤버 변수는 중요한 정보가 아니어서 mutable로 지정하였다. method는 상수 함수로 선언되었지만 temp의 값을 마음대로 변경할 수 있다. main의 t 객체는 상수로 선언되었지만 method를 호출하여 temp의 값을 변경한다.

변수는 원래 값을 마음대로 변경할 수 있지만 const 지정자는 값 변경을 금지한다. mutable 지정자는 이런 const의 값 변경 금지 기능을 뒤집어 언제든지 값을 변경하도록 허락한다. 객체의 상수성을 완전히 무시해 버리는 것이다.

const는 우발적인 변경을 방지하여 안정성을 높이기 위해 도입되었다. 그러나 객체의 일부이면서 객체의 속성이 아닌 멤버도 있다. 값 교환을 위한 임시 변수나 잠시 사용할 버퍼, 디버깅 정보 등은 객체의 상태라고 볼 수 없으며 이런 값은 언제 바뀌어도 상관없다. 객체의 상태가 아닌 멤버는 mutable로 지정하여 제외한다.

const는 객체의 안정성 향상을 위해 일정한 역할을 담당하지만 임시적인 정보나 디버깅에는 불편한 면이 있다. 이를 해소하기 위해 도입한 키워드가 mutable이다. 상수성을 정확히 결정하여 const 지정자를 일일이 붙이고 관리하는 것은 무척 번거로운 일이다. 하지만 처음부터 원칙대로 상수 지정을 제대로 해 두면 우연한 실수를 방지하여 안정성이 높아진다.

셀프 테스트 ●

4-2. 1권에서 삼각함수 실습을 위해 지구를 그리고 태양 주위를 공전하는 예제를 만들었다. 태양과 지구의 속성과 동작을 추출하여 클래스로 정의하고 객체 지향적으로 작성하라.

4-3. 달 클래스를 추가하여 달이 지구 주위를 공전하도록 작성하라. 지구와 비슷한 방법으로 달을 정의할 수 있다.

4-1.
```c
#include <stdio.h>
#include <string.h>

class Human
{
private:
    char name[12];
    int age;

public:
    Human(const char *aname, int aage) {
        SetName(aname);
        SetAge(aage);
    }
    void intro() {
        printf("이름 = %s, 나이 = %d\n", name, age);
    }

    char *GetName() { return name;  }
    void SetName(const char *aname) {
        if (strlen(aname) < 12) {
            strcpy(name, aname);
        } else {
            strcpy(name, "");
        }
    }
    int GetAge() { return age; }
    void SetAge(int aage) {
        if (aage >= 0 && aage <= 120) {
            age = aage;
        } else {
            age = 0;
        }
    }
};

int main()
```

```
{
    Human kim("김상형", 29);
    kim.SetName("Kim Sang Hyung");
    kim.SetAge(138);
    kim.intro();
}
```

Get 함수는 멤버값을 읽어만 준다. Set 함수는 주어진 조건에 맞을 때만 멤버의 값을 변경하고 그렇지 않으면 빈 문자열이나 0을 대입하여 잘못된 정보임을 기록한다. 생성자도 멤버의 값을 직접 변경하지 말고 멤버의 값을 안전하게 변경하는 액세서 함수를 통하는 것이 좋다.

4-2.
```
#include <stdio.h>
#include <conio.h>
#include <math.h>
#include <cursor.h>

class Sun
{
private:
    const int x, y;
    const char ch;

public:
    Sun(int ax, int ay, char ach) : x(ax), y(ay), ch(ach) { ; }
    void Show() {
        gotoxy(x, y); putch(ch);
    }
    void Hide() {
        gotoxy(x, y); putch(' ');
    }
    int GetX() const { return x; }
    int GetY() const { return y; }
};

class Earth
{
private:
    const int r;
    int x, y;
    const char ch;
```

```cpp
        const Sun *pSun;

public:
    Earth(int ar, char ach, Sun *apSun) : r(ar), ch(ach), pSun(apSun) { ; }
    void Revolve(double angle) {
        Hide();
        x = int(cos(angle*3.1416 / 180)*r * 2);
        y = int(sin(angle*3.1416 / 180)*r);
        Show();
    }
    void Show() {
        gotoxy(pSun->GetX() + x, pSun->GetY() + y); putch(ch);
    }
    void Hide() {
        gotoxy(pSun->GetX() + x, pSun->GetY() + y); putch(' ');
    }
};

int main()
{
    Sun S(40, 12, 'S');
    Earth E(10, 'E', &S);

    clrscr();
    showcursor(0);
    S.Show();
    for (double angle = 0; !kbhit(); angle += 10) {
        E.Revolve(angle);
        delay(100);
    }
    showcursor(1);
}
```

태양을 표현하는 Sun 클래스는 중심 좌표 x, y와 출력 문자 ch를 속성으로 가진다. 태양은 정해진 좌표에서 움직이지 않아 모든 멤버 변수는 상수로 선언했다. 멤버 변수는 숨겨져 있으며 외부에서 GetX(Y) 함수로 좌표를 조사하거나 Show, Hide 함수로 보이거나 숨길 수만 있다. Show, Hide는 객체의 상태를 변경하지 않지만 의미상으로 보이기 상태가 바뀌므로 상수 함수로 선언하지 않았다. 차후 보이기 상태를 기억하는 bVisible 멤버가 추가되면 객체의 상태를 변경할 수도 있다.

Earth 클래스는 지구를 표현한다. 공전 궤도의 반지름 r과 출력 문자, 공전 중심 좌표인 태양은 상수이다. 지구의 입장에서 태양은 주어진 환경일 뿐 조작 대상은 아니다. 지구가 생겨날 때부터 누구 주위를 돌 것인지 숙명적으로 결정되는 것이지 태양이 마음에 안 든다고 직녀성이나 북극성으로 이사가다가는 중간에 다 얼어 죽을 것이다. 상수 멤버는 반드시 초기화 리스트에서 초기화해야 한다.

공전 동작은 Revolve 함수가 처리한다. 공전 각도를 인수로 받아 궤도상의 좌표를 구해 지구의 위치를 옮긴다. 공전 반지름과 각도로부터 공전 위치를 찾는 알고리즘을 캡슐화하여 사용자 코드는 이 공식을 몰라도 상관없다. 태양 중심 좌표를 얻기 위해 pSun의 GetX(Y) 함수를 호출하는데 pSun이 상수 지시 포인터이지만 GetX(Y) 함수도 상수 함수여서 자유롭게 호출할 수 있다.

객체가 완성되면 클라이언트 코드에서 태양과 지구 객체를 만들고 루프를 돌리며 임의의 키를 누를 때까지 지구를 공전시킨다. 구조적으로 만든 예제보다 더 길어졌지만 Sun, Earth 클래스를 다른 프로젝트에 재사용하기 쉽다. 만약 이 클래스가 이미 만들어져 있다면 부품 조립식으로 프로그램을 완성할 수 있어 개발 속도가 빨라진다.

4-3.

```cpp
#include <stdio.h>
#include <conio.h>
#include <math.h>
#include <cursor.h>

class Sun
{
private:
    const int x, y;
    const char ch;

public:
    Sun(int ax, int ay, char ach) : x(ax), y(ay), ch(ach) { ; }
    void Show() {
        gotoxy(x, y); putch(ch);
    }
    void Hide() {
        gotoxy(x, y); putch(' ');
    }
    int GetX() const { return x; }
    int GetY() const { return y; }
};

class Earth
{
private:
    const int r;
    int x, y;
    const char ch;
```

```
        const Sun *pSun;

public:
    Earth(int ar, char ach, Sun *apSun) : r(ar), ch(ach), pSun(apSun) { ; }
    void Revolve(double angle) {
        Hide();
        x = int(cos(angle*3.1416 / 180)*r * 2);
        y = int(sin(angle*3.1416 / 180)*r);
        Show();
    }
    void Show() {
        gotoxy(pSun->GetX() + x, pSun->GetY() + y); putch(ch);
    }
    void Hide() {
        gotoxy(pSun->GetX() + x, pSun->GetY() + y); putch(' ');
    }
    int GetX() const { return pSun->GetX() + x; }
    int GetY() const { return pSun->GetY() + y; }
};

class Moon
{
private:
    const int r;
    int x, y;
    const char ch;
    const Earth *pEarth;

public:
    Moon(int ar, char ach, Earth *apEarth) : r(ar), ch(ach), pEarth(apEarth) { ; }
    void Revolve(double angle) {
        Hide();
        x = int(cos(angle*3.1416 / 180)*r * 2);
        y = int(sin(angle*3.1416 / 180)*r);
        Show();
    }
    void Show() {
        gotoxy(pEarth->GetX() + x, pEarth->GetY() + y); putch(ch);
    }
    void Hide() {
```

```cpp
            gotoxy(pEarth->GetX() + x, pEarth->GetY() + y); putch(' ');
        }
};

int main()
{
    Sun S(40, 12, 'S');
    Earth E(8, 'E', &S);
    Moon M(5, 'M', &E);

    clrscr();
    showcursor(0);
    S.Show();
    for (double angle = 0; !kbhit(); angle += 10) {
        E.Revolve(angle);
        for (double angle2 = 0; angle2 <= 360 && !kbhit(); angle2 += 15) {
            M.Revolve(angle2);
            delay(20);
        }
        M.Hide();
    }
    showcursor(1);
}
```

앞 예제와 거의 비슷한 방법으로 약간만 확장하면 된다. 태양은 중심에 있기만 하므로 변경할 부분이 없고 지구는 달을 위해 자신의 좌표를 읽어 주는 GetX(Y) 함수를 제공한다. 달은 지구를 중심으로 궤도상의 좌표를 구해 이동한다. 지구가 달로 인해 영향을 받는 부분은 없다.

달의 공전 운동은 태양이 아닌 지구를 중심으로 돈다는 것만 제외하고 지구의 운동과 유사하다. 지구가 태양 주위를 한 칸 공전할 때마다 달은 지구를 한 바퀴 돈다. 콘솔 환경의 표현력이 부족하여 실감이 나지 않지만 그래픽 환경에서는 훨씬 더 사실적으로 묘사할 수 있다.

1 정보 은폐로 인한 이점이 <u>아닌</u> 것은?

① 부주의한 사용으로부터 객체를 방어할 수 있다.

② 사용자는 공개된 함수만으로 객체를 사용할 수 있다.

③ 객체의 업그레이드가 용이하다.

④ 객체의 크기가 작아진다.

2 숨겨진 멤버를 대신 읽거나 안전한 방법으로 변경하는 함수를 (   )라고 한다.

3 프렌드로 지정할 수 있는 대상이 <u>아닌</u> 것은?

① 클래스　　　　　　② 멤버 함수　　　　　　③ 전역 함수　　　　　　④ 모듈

4 프렌드의 특성 중 <u>틀린</u> 것은?

① A가 B를 프렌드로 지정하면 양쪽 모두 자유롭게 액세스할 수 있다.

② 프렌드 관계는 전이되지 않아 친구의 친구는 친구가 아니다.

③ 프렌드 지정은 한 번에 한 대상에 대해서만 할 수 있다.

④ 프렌드 관계는 상속되지 않는다.

5 다음 클래스의 크기는 얼마인가?

```
class SomeClass
{
private:
    double k;
    char *name;
    static int i;
};
```

① 4　　　　　　　　② 8　　　　　　　　③ 12　　　　　　　　④ 16

6 this란 무엇인가?

① 멤버 함수로 전달되는 호출 객체의 레퍼런스

② 멤버 함수로 전달되는 호출 객체의 포인터

③ 멤버 함수로 전달되는 호출 객체의 값

④ 담배 이름

7 다음 코드에서 study 함수를 호출하는 문장이 <u>아닌</u> 것은?

```
class Student
{
public:
    static void study();
};
Student s, *pS=&s;
```

① Student.study()   ② s.study()

③ Student::study()   ④ pS→study();

8 다음과 같이 선언된 상수 멤버에 대한 설명으로 옳은 것은?

```
class Enemy
{
private:
    const int Speed;
```

① 한번 초기화되면 변경할 수 없다.

② 객체별로 다른 값을 가질 수 없다.

③ 생성자 본체에서 즉시 초기화한다.

④ 선언문에서 = 초깃값을 주어야 한다.

9 상수 멤버 함수의 마지막에 오는 const 지정자는 어떤 대상에 상수성을 부여하는가?

① 인수   ② 리턴값   ③ this   ④ 모든 멤버 변수

5장

연산자 오버로딩

01 연산자 함수

1 기본형의 연산자

클래스는 일종의 타입이다. 기본형에서 가능한 모든 동작은 객체에 대해서도 가능해야 하며 객체끼리 연산할 수 있어야 한다. 먼저 기본형의 연산문이 어떻게 동작하는지 관찰해 보자.

```
int i = 1 + 2;
double d = 1.1 + 2.2
```

정수끼리 더하면 정수합이 계산되어 i에 3이 대입되고 실수끼리 더하면 실수합이 계산되어 d에 3.3이 대입된다. 지극히 상식적이지만 이 연산이 성립하는 이유는 복잡하다. 정수형과 실수형은 내부 구조가 상이해 더하는 알고리즘이 다르지만 둘 다 똑같은 + 연산자로 더한다.

이것이 가능한 이유는 덧셈 연산자가 정수와 실수에 대해 각각 따로 정의되어 있기 때문이다. 연산자는 피연산자(인수)를 받아들여 하나의 결과(리턴값)를 도출한다는 면에서 함수와 같다. 덧셈을 처리하는 연산자는 인수의 타입에 따라 여러 벌로 오버로딩되어 있다.

```
int +(int, int);
double +(double, double);
```

인수의 내부 구조에 따라 적절한 덧셈 연산을 하도록 되어 있어 전혀 다른 두 타입에 대해 논리적으로 똑같은 더하기 동작이 가능하다. 컴파일러는 피연산자의 타입을 판별하여 적합한 덧셈 연산자를 호출한다. 2 + 3.14처럼 타입이 섞여 있으면 2를 정밀도가 높은 실수로 상승 변환한 후 실수 덧셈 연산자를 호출한다.

정수, 실수뿐만 아니라 다른 기본 타입에 대해서도 오버로딩되어 있다. 포인터와 정수를 더할 때는 포인터의 대상체 타입만큼 더한다. 그러나 모든 타입에 대해 다 오버로딩되어 있는 것은 아니다.

char * + (char *, char *) 형식의 덧셈 연산자는 없으므로 문자열끼리 더할 수 없다. 포인터와 실수를 더할 수 없는 이유도 이런 인수를 받는 덧셈 연산자가 존재하지 않기 때문이다.

논리적으로 같은 동작에 대해 + 연산자 하나로 일관되게 처리할 수 있어 편리하며 오버로딩을 제대로 활용한 예이다. 피연산자의 타입에 따라 사용할 연산자가 달라진다면 얼마나 피곤하겠는가? 그렇다면 객체는 어떨까? 클래스도 타입이므로 객체끼리 연산이 가능해야 한다. 예를 들어 두 개의 Time 객체를 더해 새로운 시간을 정의할 수 있다.

```
t3 = t1 + t2;
```

t1이 1시간 20분이고 t2가 2시간 30분이면 이 둘을 더한 t3는 3시간 50분이 된다. Time 객체끼리 더하려면 다음 함수가 필요하다.

```
Time + (Time, Time);
```

그러나 + 연산자는 기본 타입에 대해서만 오버로딩되어 있을 뿐 클래스에 대해서는 정의되어 있지 않다. 사용자 정의 타입인 클래스의 구조를 모르니 이런 함수가 존재할 리 없고 따라서 시간 객체 두 개를 더할 수 없다.

클래스가 완전한 타입이 되려면 int가 할 수 있는 모든 일을 흉내내야 한다. 연산자 오버로딩은 클래스에 대한 연산자를 정의하여 t3 = t1 + t2;처럼 객체끼리 연산할 수 있게 만드는 문법이다. 개념은 간단하지만 규칙은 다소 복잡하다.

2 연산자 함수

시간 객체끼리 더하고 싶다면 두 객체를 합산하는 함수를 만든다. 두 객체를 더하는 방법은 클래스가 표현하는 실제 사물의 구조에 따라 달라진다. 시간은 각 요소끼리 더하고 자리넘침만 잘 처리하면 된다. 다음 예제는 AddTime 멤버 함수로 시간끼리의 덧셈을 수행한다.

TimeAdd
```
#include <stdio.h>

class Time
{
private:
    int hour, min, sec;
```

```cpp
public:
    Time() { }
    Time(int h, int m, int s) { hour = h; min = m; sec = s; }
    void OutTime() {
        printf("%d:%d:%d\n", hour, min, sec);
    }
    const Time AddTime(const Time &other) const {
        Time t;
        t.sec = sec + other.sec;
        t.min = min + other.min;
        t.hour = hour + other.hour;

        t.min += t.sec / 60;
        t.sec %= 60;
        t.hour += t.min / 60;
        t.min %= 60;
        return t;
    }
};

int main()
{
    Time t1(1, 10, 30);
    Time t2(2, 20, 40);
    Time t3;

    t3 = t1.AddTime(t2);
    t3.OutTime();
}
```

```
3:31:10
```

AddTime 멤버 함수는 인수로 Time 객체를 받아 현재 객체와 더해 새로운 시간을 리턴한다. 연산 결과를 저장하기 위해 임시 객체 t를 선언하고 현재 객체(this)와 인수로 전달받은 other의 대응되는 시간 요소끼리 더한다. 초는 초끼리, 분은 분끼리 더해 t의 멤버에 저장하고 자리넘침을 처리한다.

40초와 30초를 더하면 70초가 아닌 1분 10초가 되어야 한다. 초가 60이 넘으면 분을 증가시키고 분이 60이 넘으면 시를 증가시킨다. 나누기와 나머지 연산자를 잘 활용하면 간단하다. main에서 1:10:30의 시간을 가지는 t1과 2:20:40의 시간을 가지는 t2 객체를 더해 t3에 합산하여 출력했다.

$$1 : 10 : 30$$
$$+ \ 2 : 20 : 40$$
$$3 : 30 : 70 \longrightarrow 3 : 31 : 10$$
60초 = 1분

AddTime 함수는 대응되는 시간 요소를 더하고 자리넘침까지 처리하여 시간 객체끼리 멋지게 더한다. 함수는 선언이나 지정이 아니라 코드를 마음대로 작성할 수 있어 복잡하고 특수한 연산 규칙도 얼마든지 자유롭게 구현할 수 있다. 그러나 기능상 문제는 없지만 연산자 기호가 아닌 함수 호출 형식이어서 직관성이 떨어진다.

기본형과 완전히 같아지려면 일반 함수가 아닌 연산자 함수를 정의해야 한다. 만드는 방법은 똑같되 함수의 이름만 연산자로 바꾸면 된다. 단, 연산자는 보통 +, −, * 같은 기호로 정의하는데 기호는 명칭 규칙상 함수명으로 쓸 수 없어 앞에 operator 키워드를 붙이고 뒤에 정의할 연산자 기호를 쓴다.

AddOperator

```
#include <stdio.h>

class Time
{
private:
    int hour, min, sec;

public:
    Time() { }
    Time(int h, int m, int s) { hour = h; min = m; sec = s; }
    void OutTime() {
        printf("%d:%d:%d\n", hour, min, sec);
    }
    const Time operator +(const Time &other) const {
        Time t;
        t.sec = sec + other.sec;
        t.min = min + other.min;
        t.hour = hour + other.hour;

        t.min += t.sec / 60;
        t.sec %= 60;
```

```
            t.hour += t.min / 60;
            t.min %= 60;
            return t;
        }
    };

    int main()
    {
        Time t1(1, 10, 30);
        Time t2(2, 20, 40);
        Time t3;

        t3 = t1 + t2;
        t3.OutTime();
    }
```

AddTime 함수명을 operator +로 바꾸었다. 이제 함수 호출 구문이 아닌 연산문으로 두 객체를 더할 수 있다. t1 + t2 연산문에 대해 컴파일러는 Time 객체끼리 더하는 함수를 찾는데 Time 클래스에 이를 처리할 operator + 함수가 정의되어 있다. 연산문 대신 연산자 함수를 직접 호출해도 된다.

```
t3 = t1.operator +(t2);
```

연산자 함수의 동작은 일반 함수인 AddTime과 완전히 같지만 호출문이 훨씬 간결하다. 연산자 기호가 짧아 입력하기 쉽고 오타의 가능성이 낮다. t1 + t2라는 표현식이 두 객체를 더한다는 것을 잘 표현하여 누가 봐도 직관적이고 가독성도 높다. 또한 연산자는 우선순위와 결합 순서의 적용을 받아 괄호로 감싸지 않아도 연산 순서가 자동으로 결정된다. 시간 객체끼리 곱하는 기능을 추가하고 t1, t2의 곱과 t3, t4의 곱을 더해 t5에 대입한다고 해 보자.

일반 함수
```
t5 = (t1.MultiTime(t2)).AddTime(t3.MultiTime(t4));
```

연산자 함수
```
t5 = t1 * t2 + t3 * t4;
```

어느 쪽이 더 읽기 쉬운지 확연한 차이가 드러난다. 가독성과 편의성이 증가하면 시간을 절약할 수 있고 실수를 할 가능성이 줄어들어 유지, 보수도 편해진다. 물론 어느 경우에라도 잘 동작하는 완벽한 연산자 함수를 정의하는 것은 쉬운 일이 아니며 덕분에 C++ 문법도 굉장히 복잡해졌다.

하지만 소수의 객체 작성자가 연산자 함수를 잘 만들어 놓으면 다수의 객체 사용자가 편리하게 활용할 수 있다. 만드는 것은 딱 한 번이지만 쓰는 것은 수천, 수만 번이니 사용 편의성을 중시한다. 만드는 사람은 고생을 좀 하더라도 쓰는 사람의 편의성을 높여 생산성을 끌어올리는 작전이다. 이것이 OOP의 철학이다.

3 연산자 함수의 형식

시간 객체끼리 더하는 operator + 연산자를 만들어 보고 사용도 해 봤다. 어떻게 동작하는지, 어떤 이점이 있는지 어렵지 않게 파악할 수 있지만 연산자 함수의 형태가 복잡해 직접 만들기는 어려워 보인다. 곳곳에 const 지정자가 있고 레퍼런스 타입도 사용한다.

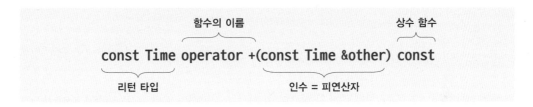

연산자 함수가 이렇게 복잡한 이유를 한마디로 설명하면 int와 똑같이 동작하기 위해서이다. 완전한 타입이 되려면 기본 타입의 동작과 같아야 하는데 그러기 위해 이런 난해한 문법이 동원된다. 연산자 함수가 왜 이런 형태를 띠는지 하나씩 살펴보자.

■ 인수의 타입

연산자 함수의 인수는 피연산자로 사용된다. 덧셈은 두 개의 피연산자를 취하는데 좌변은 이 연산자를 호출하는 자신[this]으로 정해져 있으니 우변의 객체만 전달받는다.

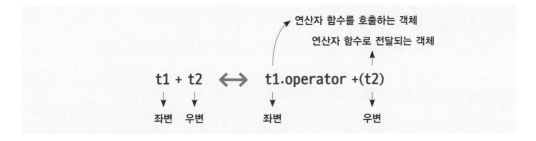

피연산자의 타입에는 제한이 없지만 논리적 연산이 가능한 타입이어야 한다. Time 객체는 정수, 실수 등과 더할 수 있지만 문자열이나 포인터와 더하는 것은 합당하지 않다. 보통 자기 자신과 같은 타입의 객체인 경우가 보편적이며 그래서 Time 객체를 받았다.

객체를 인수로 받는 방법은 ① 값 ② 포인터 ③ 레퍼런스 세 가지가 있다. 값으로 넘겨도 연산은 가능하지만 객체는 덩치가 커 통째로 넘기면 속도가 느리다는 치명적인 단점이 있다. 포인터는 단 4바이트만 전달되니 값으로 넘기는 것보다 효율적이다. 실제로 가능한지 예제를 수정해 보자.

```
const Time operator +(const Time *other) const {
    Time t;
    t.sec = sec + other->sec;
    t.min = min + other->min;
    t.hour = hour + other->hour;
```

포인터로 받으면 전달 속도가 빠르고 -> 연산자로 멤버를 자유롭게 읽을 수 있다. 동작에는 문제 없지만 호출부가 이상해진다. 포인터를 넘겨야 하니 연산문이 다음 형식이어서 일반적인 형태와 맞지 않고 직관적이지 못하다.

```
t3 = t1 + &t2;
```

정수를 더할 때 a = b + &c 형태로 쓰지 않으니 이 형식은 적합하지 않다. 값은 느리고 포인터는 연산문이 비상식적인데 이 두 문제를 깔끔하게 해결할 수 있는 방법이 바로 레퍼런스이다. 레퍼런스로 넘기면 실제로는 주소가 전달되어 빠르고 호출문에 암시적으로 &를 붙여 주므로 표기법도 기본형과 같다. C++이 레퍼런스를 도입한 이유가 바로 이것이다.

예제의 other 인수는 const 지정자가 붙은 상수 레퍼런스로 선언하였다. 이항 연산자는 피연산자를 읽기만 할 뿐 변경하지 않으며 a + b 연산 후에 b의 값은 그대로이다. 피연산자는 const 지정자를 붙여 변경할 수 없도록 제한하며 그래야 상수 객체에 대해서도 이 연산자를 사용할 수 있다. a = b + 3이 가능한 것처럼 const Time t2로 선언된 객체도 더할 수 있어야 한다.

■ 호출 객체의 상수성

인수뿐만 아니라 연산자의 좌변, 즉 연산자를 호출하는 객체도 상수로 받는다. a + b 연산에서 a도 값을 읽기만 할 뿐 덧셈 후에 변경되지 않는다. 그래서 함수 자체가 호출 객체를 건드리지 않는다는 것을 분명히 하기 위해 함수 끝에 const 지정자를 붙였다. 정수의 경우를 보자.

```
const int a = 1;
int b =2;
int c = a + b;
```

좌변의 a가 상수로 선언되어 있어도 덧셈이 가능하며 덧셈 후에도 a의 값은 변하지 않는다. 객체도 마찬가지로 상수 객체를 피연산자로 쓰려면 함수가 상수성을 가져야 한다. 좌우변의 피연산자가 모

두 상수이므로 덧셈에 사용할 임시 객체가 필요하며 이런 목적으로 결과 저장을 위한 임시 객체 t를
선언해 사용한다.

■ 리턴 타입

연산자는 수식 내에서 사용될 수 있어 전체가 하나의 값으로 평가되어야 하며 리턴값이 반드시 있
어야 한다. a + b가 덧셈만 하고 리턴하지 않으면 c = a + b처럼 덧셈 결과를 대입할 수 없다. 리턴
타입은 연산자별로 다르다. 보통은 호출 객체와 같은 타입을 리턴하지만 비교, 논리 연산자는 bool
타입을 리턴하고 첨자 연산자는 멤버 중 하나를 리턴하기도 한다.

시간 객체끼리 더한 결과는 역시 시간이다. 리턴 형식은 레퍼런스나 포인터가 아닌 값이어야 한다.
연산자 함수에서 선언한 임시 객체는 함수가 리턴되면 사라지므로 주소를 리턴하는 것은 위험하다.
반면 값으로 리턴하는 것은 곧바로 대입받거나 수식 내에서 사용되므로 안전하다. 예제에서 t1, t2
를 더한 임시 객체 t를 리턴하지만 스택에서 이 변수가 사라지기 전에 t3로 대입된다.

리턴 타입의 상수성은 연산자마다 다른데 덧셈의 경우 값을 산출하므로 리턴값도 상수성을 가진
다. 덧셈 결과는 더한 시간을 표현하는 값일 뿐 어딘가에 저장되어 있는 변수가 아니므로 좌변값으
로 사용할 수 없다. 정수형의 경우를 보자.

```
int a = 1, b = 2;
int c = a + b;
```

이 연산의 결과 c에 대입되는 값은 3이라는 정수 상수일 뿐 정수형 변수가 아니다. 만약 a + b가 상
수가 아닌 변수를 리턴한다면 a + b = 5라는 대입도 허용되어야 하는데 수식의 평가 결과는 값이
라는 정의에 위배된다. 객체끼리 더한 결과도 값이므로 변경 불가능한 상수여야 한다.

규칙이 굉장히 복잡한 것 같지만 하나씩 따져 보면 기본형의 덧셈과 똑같은 방식으로 동작하기 위
한 것이다. 이 규칙을 다 외우거나 숙지할 필요는 없고 대충이라도 이해하고 있으면 충분하다. 직접
만든 클래스에 대해 덧셈 연산자를 정의해야 한다면 베껴 쓰는 작전도 훌륭하다.

덧셈 연산자의 규칙에 대해서만 중점적으로 연구해 봤는데 연산자의 종류나 객체에 따라 조금씩 다
른 규칙이 적용되기도 한다. 클래스가 표현하는 대상에 따라 연산 방법이 워낙 특수해 클래스 제작
자가 연산자 함수를 직접 제공해야 하며 그래서 C++이 연산자 오버로딩이라는 문법을 제공한다.

셀프 테스트 ●

5-1. 시간 객체끼리 뺄셈하는 - 연산자를 정의하라. 분과 초에 음수가 올 수 없으므로 부족하면 윗자리에서 빌려
와야 한다. 예를 들어 3:10에서 1:20을 빼면 2:-10이 되는 것이 아니라 1:50이 되어야 한다.

2 전역 연산자 함수

1 전역 연산자 함수

객체끼리 연산하는 함수는 클래스 안의 멤버로 캡슐화하는 것이 무난하지만 인수만 제대로 전달한다면 클래스 외부의 전역 함수로 작성할 수도 있다. 객체 자신이 피연산자가 되든 인수로 전달받든 연산에 필요한 피연산자를 구할 수만 있으면 된다. 앞에서 만든 Time 클래스의 + 연산자를 전역 함수로 만들어 보자.

TimeOpPlus

```
#include <stdio.h>

class Time
{
    friend const Time operator +(const Time &me, const Time &other);
private:
    int hour, min, sec;

public:
    Time() { }
    Time(int h, int m, int s) { hour = h; min = m; sec = s; }
    void OutTime() {
        printf("%d:%d:%d\n", hour, min, sec);
    }
};

const Time operator +(const Time &me, const Time &other) {
    Time t;
    t.sec = me.sec + other.sec;
    t.min = me.min + other.min;
```

```
        t.hour = me.hour + other.hour;

        t.min += t.sec / 60;
        t.sec %= 60;
        t.hour += t.min / 60;
        t.min %= 60;
        return t;
    }

    int main()
    {
        Time t1(1, 10, 30);
        Time t2(2, 20, 40);
        Time t3;

        t3 = t1 + t2;
        t3.OutTime();
    }
```

Time 클래스 바깥에 operator + 일반 함수를 전역으로 작성했다. 피연산자 두 개를 me, other라는 이름의 인수로 전달받아 두 객체를 더해 리턴한다. 더하는 논리는 같되 연산 대상을 별도의 인수로 받는다는 점만 다르다.

외부에 존재하는 연산자 함수가 대상 클래스의 멤버를 자유롭게 읽으려면 friend 선언이 필요하며 이럴 때 사용하는 것이 프렌드 지정이다. Time은 operator +를 멤버로 포함하지 않지만 friend 지정을 통해 액세스 권한을 부여한다. 프렌드 선언을 빼면 외부 함수에서 숨겨진 멤버를 참조할 수 없어 연산이 불가하다.

main에서 시간 객체끼리 더하는 코드는 동일하다. t1 + t2 연산문에 대해 컴파일러는 두 개의 Time 객체를 인수로 취하는 함수를 찾는다. 멤버 함수건 전역 함수건 원형만 맞으면 된다. 이 예제에서 멤버 연산자 함수는 없고 전역 연산자 함수가 발견되니 t3 = t1 + t2에 대해 다음 함수가 호출된다.

```
t3 = operator +(t1, t2);
```

멤버 함수나 전역 함수나 소속만 다를 뿐 연산하는 코드나 호출하는 방법은 똑같다. 다만 소속에 따라 함수의 원형에 차이가 발생한다.

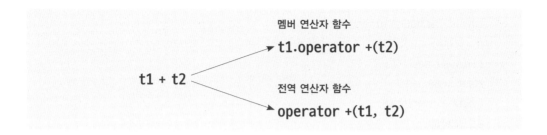

덧셈 연산자는 두 개의 인수를 취하는 이항 연산자이다. 멤버 연산자 함수는 호출 객체^{this}가 피연산자로 정해져 있어 인수가 하나밖에 없다. 반면 전역 연산자 함수는 암시적으로 전달되는 객체가 없어 두 개의 피연산자를 다 인수로 받는다.

인수의 개수 외에 프렌드 지정의 필요성도 다르다. 멤버 함수는 클래스 내부를 자유롭게 액세스할 수 있지만 전역 함수는 숨겨진 멤버를 읽기 위해 프렌드 지정이 반드시 필요하다. 다른 기능적 차이는 없으므로 클래스와 관련된 연산자 함수는 내부에 정의하여 캡슐화하는 것이 일반적이다.

2 객체와 기본형의 연산

함수가 임의 타입의 인수를 받을 수 있듯이 연산자 함수가 받는 피연산자의 타입도 제약이 없다. 객체끼리 연산할 수도 있고 객체와 호환되는 기본형과 연산할 수도 있다. 현재 시간에서 100초 후는 언제인지 알고 싶다면 시간 객체에 정수 100을 더한다. Time 객체에 정수를 더하고 싶다면 operator +(int) 연산자 함수를 정의한다.

TimePlusInt

```
#include <stdio.h>

class Time
{
private:
    int hour, min, sec;

public:
    Time() { }
    Time(int h, int m, int s) { hour = h; min = m; sec = s; }
    void OutTime() {
        printf("%d:%d:%d\n", hour, min, sec);
    }
    const Time operator +(int s) const {
        Time t = *this;
```

```
            t.sec += s;

            t.min += t.sec / 60;
            t.sec %= 60;
            t.hour += t.min / 60;
            t.min %= 60;
            return t;
        }
};

int main()
{
    Time now(11, 22, 33);
    now.OutTime();
    now = now + 1;
    now.OutTime();
}
```

```
11:22:33
11:22:34
```

시간에 초를 더하는 방법은 간단하다. 임시 객체 t를 this의 사본으로 생성한 후 t.sec에 인수로 받은 s초를 더한다. 이 경우도 자리넘침이 발생할 수 있어 분, 시의 값은 조정해야 한다. 간단하게 1초만 증가시켜 봤는데 100초나 1000초를 더해도 잘 동작한다.

Time 객체끼리 뿐만 아니라 호환되는 타입과 연산이 가능해져 Time이 기본형에 더욱 가까워졌다. 그러나 아직 문제가 있다. 교환법칙이 성립하는 덧셈은 피연산자의 순서를 바꿔도 잘 동작해야 한다. int형은 다음 두 가지 연산문이 모두 가능하다.

```
int a = 3, b;
b = a + 1;
b = 1 + a;
```

수학적 상식에 의하면 a에 1을 더하든 1에 a를 더하든 결과가 같아야 한다. 그러나 Time 클래스에는 아직 이 능력이 없어 now + 1은 잘 연산하지만 1 + now는 수행할 수 없다. 1 + now로 연산하는 경우가 흔치 않지만 어쨌거나 int에서 가능한 모든 연산이 클래스에서도 가능해야 한다. 1+ now를 수행할 수 없는 이유는 이 수식을 처리할 수 있는 함수가 정의되어 있지 않기 때문이다.

```
const Time int::operator +(Time);        // int의 멤버 함수
const Time operator +(int, Time);        // 전역 함수
```

1 + now가 가능하려면 1의 소속 클래스인 int에 Time 객체를 받는 연산자 함수가 있어야 한다. 그러나 내장 타입인 int는 임의로 확장할 수 없으며 따라서 연산자 함수를 추가하는 것은 불가능하다. 첫 번째 인수의 소속 클래스인 int에 멤버 함수를 추가할 수 없기 때문에 어쩔 수 없이 (int, Time) 순으로 인수를 받는 전역 연산자 함수가 필요하다.

TimePlusInt2

```
#include <stdio.h>

class Time
{
    friend const Time operator +(int s, const Time &me);
private:
    int hour, min, sec;

public:
    Time() { }
    Time(int h, int m, int s) { hour = h; min = m; sec = s; }
    void OutTime() {
        printf("%d:%d:%d\n", hour, min, sec);
    }
};

const Time operator +(int s, const Time &me) {
    Time t = me;

    t.sec += s;

    t.min += t.sec / 60;
    t.sec %= 60;
    t.hour += t.min / 60;
    t.min %= 60;
    return t;
}

int main()
```

```
{
    Time now(11, 22, 33);
    now.OutTime();
    now = 1 + now;
    now.OutTime();
}
```

operator +(int , Time) 전역 함수를 추가하여 정수에 시간 객체를 더한다. Time 클래스는 외부 함수에 대해 프렌드로 지정한다. 정수와 Time 객체를 받는 함수가 정의되었으니 1 + now 연산이 가능해졌다.

그러나 이 예제는 1 + now는 가능하지만 now + 1은 처리하지 못한다. 결국 두 연산이 모두 가능하려면 멤버 함수든 전역 함수든 int, Time 순의 함수와 Time, int 순의 함수가 모두 필요하다. 앞의 두 예제를 합치면 둘 다 가능해지는데 그렇다고 두 함수의 본체를 다 작성할 필요는 없다. 연산하는 논리는 같으니 한쪽에 코드를 작성하고 다른 쪽은 중계만 하면 된다.

TimePlusInt3

```
#include <stdio.h>

class Time
{
private:
    int hour, min, sec;

public:
    Time() { }
    Time(int h, int m, int s) { hour = h; min = m; sec = s; }
    void OutTime() {
        printf("%d:%d:%d\n", hour, min, sec);
    }
    const Time operator +(int s) const {
        Time t = *this;

        t.sec += s;

        t.min += t.sec / 60;
        t.sec %= 60;
        t.hour += t.min / 60;
        t.min %= 60;
```

```
            return t;
        }
    };

    const Time operator +(int s, const Time &me) {
        return (me + s);
    }

    int main()
    {
        Time now(11, 22, 33);
        now.OutTime();
        now = 1 + now;
        now = now + 1;
        now.OutTime();
    }
```

```
11:22:33
11:22:35
```

멤버 함수가 실제 코드를 제공하고 전역 함수는 (int, Time) 순으로 인수를 받아 (Time + int)로
순서를 바꿔 넘긴다. 이렇게 하면 전역 함수가 Time 클래스의 멤버를 직접 읽지 않으므로 프렌드
지정을 생략해도 무방하다.

반대로 전역 함수가 코드를 제공하고 멤버 함수는 순서만 바꿔 전역 함수를 호출해도 상관없다. 하
지만 외부에서 클래스의 멤버를 읽으려면 프렌드 선언이 필요해 번거롭고 클래스 관련 코드는 가급
적 내부에 캡슐화하는 것이 합당하므로 위 예제의 형식이 더 효율적이다.

셀프 테스트 ●

5-2. 시간 객체와 정수를 곱하는 * 연산자를 정의하라. 1:20:12초를 두 배하면 2:40:24초가 되어야 한다. 정수
* 시간 형식도 지원해야 한다.

---

3 오버로딩 규칙

오버로딩의 필요성과 편의성은 긍정적이지만 문법을 확장하다 보니 잘못 적용하면 부작용과 위험
이 따른다. 그래서 연산자 오버로딩에는 많은 규칙과 제약이 있는데 상식 범위에서 크게 벗어나지는
않는다.

- 연산자 오버로딩은 기존 연산자를 대상으로 할 뿐 없는 연산자를 임의로 정의할 수는 없다. 예를 들어 C++은 누승 연산자가 없는데 ** 기호를 누승으로 정의한다고 해 보자. 이 경우 a ** b는 a^b인지 a와 b 포인터의 대상체를 곱하는 것인지 애매하다.

  기존 연산자 대신 사용되지 않는 $, @ 같은 기호에 연산 기능을 부여할 수도 있다. 하지만 컴파일러의 구문 해석 과정이 복잡해지고 새 연산자의 피연산자 개수와 우선순위, 결합 순서를 규정하는 과정이 필요하다. 이론상은 분명 가능하지만 득보다 실이 더 많아 새 연산자를 정의하는 문법은 지원하지 않는다.

- 기존 연산자 중에 언어의 핵심적인 기능을 담당하는 연산자와 클래스 관련 연산자는 오버로딩 대상에서 제외한다.

.(구조체 멤버 연산자)	::(범위 연산자)	?:(삼항 조건 연산자)
.*(멤버 포인터 연산자)	sizeof	typeid
static_cast	dynamic_cast	const_cast
reinterpret_cast	new	delete

  클래스의 멤버를 읽는 . 연산자는 광범위하게 사용되고 클래스를 활용하는 기본 연산자라 재정의가 금지되어 있다. 삼항 조건 연산자는 피연산자가 너무 많아 재정의 문법이 복잡하며 가능하더라도 비효율적이다. C++에서 새로 생긴 특수한 연산자도 오버로딩이 금지된다.

  문법적으로 가능은 하지만 권장되지 않는 연산자도 있다. 콤마 연산자는 최하위 순위여서 실용성이 떨어진다. &&, || 논리 연산자는 연산 속도 향상을 위해 쇼트 서키트 기능의 적용을 받는데 오버로딩하면 더 이상 이 기능이 동작하지 않아 정확한 결과를 예측하기 어렵다. 이런 연산자는 원래의 기능대로만 쓰는 것이 바람직하다.

- 연산자의 기능은 바꾸더라도 고유의 속성은 변경할 수 없다. 이항 연산자인 +는 재정의해도 두 개의 피연산자를 취해야 한다. 우선순위와 결합 순서도 연산자 고유의 속성을 유지한다. + 연산자의 기능을 어떻게 바꾸더라도 *나 / 보다 먼저 연산되지 않는다. 그래서 재정의할 연산자를 고를 때는 적당한 우선순위의 연산자를 잘 골라야 한다.

- 피연산자 중 하나는 사용자 정의형이어야 한다. 기본 타입끼리 연산하는 방법은 컴파일러에 이미 규정되어 있어 오버로딩할 수 없다. 예를 들어 정수끼리의 덧셈 연산을 변경한다고 해 보자.

```
int operator +(int a, int b)
{
    ....
}
```

  정수 덧셈은 언어의 가장 기본적인 연산일 뿐 아니라 CPU의 원자적인 연산이어서 이 정의가 바뀌면 파급효과가 너무 크다. 그래서 기본형에 대한 연산을 바꾸는 것은 허가되지 않는다. 오버로딩은 인수의 타입이 다른 연산자를 중복 정의하는 것인데 정수끼리의 덧셈은 이미 정의되어 있어 변경할 수 없다.

이런 강제적인 규칙 외에 권장 사항도 있다. 클래스에 대한 연산을 어떻게 정의할 것인가는 개발자의 마음이지만 연산자의 원래 의미는 유지하는 것이 바람직하다. 더하는 동작을 하는 + 연산자는 어떤 클래스에 적용하더라도 뭔가를 더하는 동작을 하는 것이 직관적이다. Time 객체에 시간끼리 더하거나 정수를 더하는 것은 합당하지만 + 연산자로 시간을 바꾸거나 변환하는 것은 합당하지 않다.

이런 여러 가지 규칙과 권장 사항까지 준수하며 연산자를 오버로딩하는 것은 상당히 어려운 작업이다. 그러나 잘 만들어 놓으면 생산성 향상 효과는 확실하다. 예를 들어 str 버퍼 앞쪽에 s1, s2, s3 문자열을 차례대로 합친다고 해 보자. 뒤쪽에 덧붙이는 함수는 있지만 앞에 삽입하는 함수는 없어 다음과 같은 복잡한 코드를 작성해야 한다.

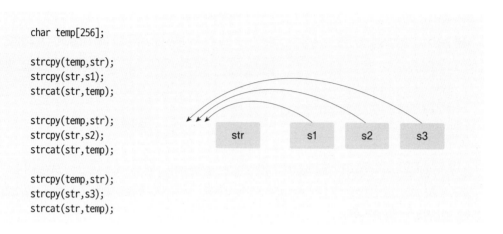

```
char temp[256];

strcpy(temp,str);
strcpy(str,s1);
strcat(str,temp);

strcpy(temp,str);
strcpy(str,s2);
strcat(str,temp);

strcpy(temp,str);
strcpy(str,s3);
strcat(str,temp);
```

앞쪽 삽입을 위해 임시 버퍼를 준비하고 복사 및 연결을 반복적으로 수행해야 하니 코드가 길다. 또한 버퍼가 충분한지 항상 신경써야 하며 너무 긴 문자열을 붙이면 위험해진다. C++에서는 이 문제를 아주 간단히 해결할 수 있다.

```
str = s3+s2+s1+str;
```

문자열 객체의 + 연산자를 사용하면 단 한 줄로 끝난다. 내부적인 코드는 C와 유사해 효율상의 이점은 별로 없지만 세부적인 과정을 숨김으로써 개발자의 사고가 단순해진다. 개발자는 하고 싶은 동작을 연산식으로 기술하여 의사만 밝히면 되고 모든 것은 객체가 알아서 처리한다.

위 연산식이 제대로 실행되기 위해서는 문자열 클래스가 버퍼를 지능적으로 관리하고 + 연산자가 연쇄적인 연산을 잘 지원해야 하며 생성자, 파괴자, 대입 연산자가 모두 제대로 구비되어 있어야 한다. 제대로 만들기는 어렵지만 잘 만들어 놓으면 생산성은 극적으로 향상된다.

3 오버로딩의 예

1 관계 연산자

가장 대표적인 연산자인 +에 대한 오버로딩을 집중적으로 연구해 봤다. 이제 다양한 연산자를 오버로딩하는 실습을 해 보자. 연산자별로 독특한 개성이 있어 오버로딩하는 방법도 조금씩 다르고 특이한 규칙이 적용되기도 한다.

관계 연산자는 객체끼리 비교한다. 두 개의 Time 객체가 같은지, 어떤 객체가 더 큰지 비교 결과를 리턴하여 객체 비교식을 조건문이나 반복문에 바로 사용할 수 있다. 통상 같은 타입의 객체끼리 비교하므로 멤버 연산자 함수로 정의하는 것이 간편하다.

TimeRelation

```cpp
#include <stdio.h>

class Time
{
private:
    int hour, min, sec;

public:
    Time() { }
    Time(int h, int m, int s) { hour = h; min = m; sec = s; }
    void OutTime() {
        printf("%d:%d:%d\n", hour, min, sec);
    }
    bool operator ==(const Time &other) const {
        return (hour == other.hour && min == other.min && sec == other.sec);
    }
    bool operator !=(const Time &other) const {
        return !(*this == other);
```

```cpp
        }
        bool operator >(const Time &other) const {
            if (hour > other.hour) return true;
            if (hour < other.hour) return false;
            if (min > other.min) return true;
            if (min < other.min) return false;
            if (sec > other.sec) return true;
            return false;
        }
        bool operator >=(const Time &other) const {
            return (*this == other || *this > other);
        }
        bool operator <(const Time &other) const {
            return !(*this >= other);
        }
        bool operator <=(const Time &other) const {
            return !(*this > other);
        }
};

int main()
{
    Time t1(12, 34, 56);
    Time t2(12, 34, 21);

    if (t1 == t2) {
        puts("두 시간은 같다.");
    } else {
        puts("두 시간은 다르다.");
    }

    if (t1 > t2) {
        puts("t1이 더 크다.");
    } else {
        puts("t1이 더 작다.");
    }
}
```

```
두 시간은 다르다.
t1이 더 크다.
```

비교 연산자는 논리가 비슷해 전체를 묶음으로 오버로딩한다. == 비교가 가능하다면 != 비교도 당연히 가능해야 한다. 관계 연산자는 진위 여부를 판단하므로 bool 타입을 리턴한다. 두 시간 객체가 같은지 비교하는 == 연산자는 시, 분, 초 요소가 모두 일치하는지 각각 비교하여 && 논리 연산자로 연결한다. !=는 세 요소 중 하나라도 다른지 점검하면 되는데 새로 만들 필요 없이 == 연산의 결과를 반대로 뒤집어 리턴한다. 같지 않다가 곧 다르다는 뜻이다.

좌변이 더 큰지 검사하는 > 연산자는 코드가 길지만 논리는 단순하다. 가장 큰 단위인 시간을 먼저 비교해 보고 좌변 객체의 시간이 더 크면 참이고 더 작으면 거짓이다. 만약 크지도 않고 작지도 않다면 시간이 같다는 뜻인데 이때는 다음 단위인 분을 비교하고 분까지 같으면 초를 비교한다. 입체적인 비교가 번거롭다면 일차원의 절대초로 바꾼 후 비교하는 간편한 방법도 있다.

```
int operator >(const Time &T) const {
    return (hour * 3600 + min * 60 + sec > other.hour * 3600 + other.min * 60 + other.sec);
}
```

==과 >가 정의되면 나머지 연산자는 두 연산의 조합으로 정의한다. 크거나 같다는 ==과 > 연산을 ||로 묶으면 된다는 것이 상식이다. 그러나 다음 두 연산자는 주의가 필요하다.

```
< 의 반대 조건 : 크거나 같다.
<= 의 반대 조건 : 크다.
```

대충 생각하면 작다의 반대 조건이 크다라고 오해할 수 있는데 크거나 같다이다. 자연어와는 달리 수학에서의 조건은 엄격하다.

2 증감 연산자

증가 연산자인 ++는 피연산자를 1 증가시키는 단항 연산자이다. 증가 연산을 어떻게 정의할 것인가는 클래스마다 다른데 사람이라면 나이를 1 증가시키는 것이 적당하다. 시간 객체는 시 단위나 분 단위로 증가시킬 수도 있지만 1초 더하는 것이 가장 합리적이다. 다음 예제는 Time 객체에 1초를 더한다.

TimePlusPlus

```
#include <stdio.h>

class Time
```

```cpp
{
private:
    int hour, min, sec;

public:
    Time() { }
    Time(int h, int m, int s) { hour = h; min = m; sec = s; }
    void OutTime() {
        printf("%d:%d:%d\n", hour, min, sec);
    }
    Time operator ++() {
        sec++;
        min += sec / 60;
        sec %= 60;
        hour += min / 60;
        min %= 60;
        return *this;
    }
    const Time operator ++(int dummy) {
        Time t = *this;
        ++*this;
        return t;
    }
};

int main()
{
    Time t1(1, 1, 1);
    Time t2;

    t2 = ++t1;
    t1.OutTime();
    t2.OutTime();
    t2 = t1++;
    t1.OutTime();
    t2.OutTime();
}
```

```
1:1:2
1:1:2
1:1:3
1:1:2
```

++ 연산자는 좌변값을 요구하며 피연산자를 변경하므로 상수성을 가지지 않는다. 전역 함수로 정의할 때는 const Time이 아닌 Time을 인수로 받아야 한다. 증가 연산은 간단한데 초를 1 증가시키고 자리넘침만 처리하면 된다. 증가식을 수식 내에서 사용할 수 있도록 증가시킨 객체를 리턴한다.

증가 연산자는 전위형과 후위형 두 가지 형태로 쓸 수 있으며 ++ 연산자의 위치에 따라 효과가 다르다. 객체에 대해서도 똑같은 규칙을 적용해야 하는데 곤란한 문제가 있다. 전위형이나 후위형이나 둘 다 단항 연산자여서 취하는 인수가 없으며 원형만으로는 두 형식을 구분할 수 없다.

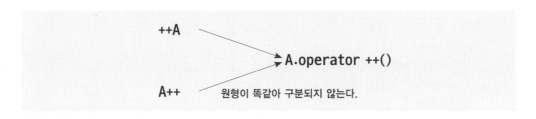

이 문제를 해결하기 위해 후위형의 증가 연산자는 정수형 더미 인수 하나를 취하는 방법을 사용한다. 논리적으로는 맞지 않지만 다른 뾰족한 방법이 없어 C++ 표준 위원들이 약속으로 합의한 사항이다. 더미 인수는 사용되지 않지만 오버로딩 요건을 충족시켜 두 형식의 증가 연산자를 모두 정의할 수 있도록 하는 보조 역할을 수행한다.

이 약속에 의해 전위형은 operator ++()로 정의하고 후위형은 operator ++(int)로 정의한다. 더미 인수는 함수의 형식 구분에만 사용될 뿐 본체에서 참조하지 않으니 이름은 주지 않아도 상관없다. 후위형은 값을 먼저 리턴하고 증가시키므로 임시 객체 t에 현재 객체의 사본을 뜨고 객체를 증가시킨 후 증가 전의 t를 리턴한다.

main에서 1:1:1로 t1 객체를 초기화하고 이 값을 전위형과 후위형의 증가 연산자로 증가시켜 t2에 대입했다. 전위형은 t1, t2가 모두 증가되지만 후위형은 t1을 먼저 리턴한 후 증가시키므로 t2는 증가 전의 t1값을 가진다. 정수형에 대한 증가 연산과 사실상 같다. 감소 연산자인 --도 똑같은 방식으로 정의한다.

3 대입 연산자

앞에서 이름을 저장하는 pname 멤버를 동적으로 할당하는 Human 클래스를 만들어 보았다. 단순 멤버만 가지는 클래스에 비해 파괴자가 필요하고 깊은 복사를 수행하는 복사 생성자도 따로 만들어야 했다. 그러나 이것만으로는 충분하지 않다. 어떤 문제가 있는지 다음 예제를 실행해 보자.

HumanAssign

```
#include <stdio.h>
#include <string.h>

class Human
{
private:
    char *pname;
    int age;

public:
    Human() {
        pname = new char[1];
        pname[0] = NULL;
        age = 0;
    }
    Human(const char *aname, int aage) {
        pname = new char[strlen(aname) + 1];
        strcpy(pname, aname);
        age = aage;
    }
    Human(const Human &other) {
        pname = new char[strlen(other.pname) + 1];
        strcpy(pname, other.pname);
        age = other.age;
    }

    ~Human() {
        delete[] pname;
    }

    void intro() {
        printf("이름 = %s, 나이 = %d\n", pname, age);
    }
```

```
    };

    int main()
    {
        Human kang("강감찬", 1424);
        Human boy;

        boy = kang;
        boy.intro();
    }
```

앞 예제는 Human boy = kang; 식으로 생성하면서 초기화했는데 생성한 후 객체끼리 대입할 수도 있어야 한다. 정수형에 대해 다음 두 가지가 모두 가능한 것처럼 객체도 마찬가지이다.

```
int a = b;
```

```
int a;
a = b;
```

이런 선언이 가능하려면 디폴트 생성자가 있어야 한다. 디폴트 생성자는 멤버를 NULL, 0, false 등으로 초기화하여 쓰레기를 치우는 것이 주 임무지만 포인터를 NULL로 할당해서는 안 된다. intro에서 이미 name 멤버를 참조하기 때문에 최소한 1바이트라도 할당해서 빈 문자열이라도 넣어 놔야 쓰레기를 제대로 치운 것이다.

디폴트 생성자를 정의했으므로 빈 Human 객체를 생성할 수 있다. main에서 boy를 생성한 후 boy에 kang을 대입했다. 대입은 잘 되지만 이때의 대입은 멤버간의 복사여서 포인터가 그대로 대입된다. 얕은 복사로 인해 두 객체가 메모리를 공유하며 한쪽이 바뀌면 다른 쪽이 영향을 받는다.

결국 복사 생성자가 없을 때와 똑같은 문제가 발생한다. 깊은 복사를 하는 복사 생성자가 정의되어 있지만 이 코드는 생성시 초기화할 때만 호출된다. 실행 중에 대입할 때는 생성하는 것이 아니므로 복사 생성자가 아닌 대입 연산자가 호출된다.

Human a = b;   ⟶ 복사 생성자 호출

Human a, b;
a = b;   ⟶ 대입 연산자 호출

위 예제는 대입 연산자를 정의하지 않아 얕은 복사를 수행하여 문제가 발생했다. 문제를 해결하려

면 깊은 복사를 하는 대입 연산자를 오버로딩해야 한다. 대입 연산자는 객체와 직접적인 연관이 있어 전역으로 정의할 수 없고 반드시 멤버 함수로 정의해야 한다.

```
HumanAssign2

class Human
{
    ....
    Human &operator =(const Human &other) {
        if (this != &other) {
            delete[] pname;
            pname = new char[strlen(other.pname) + 1];
            strcpy(pname, other.pname);
            age = other.age;
        }
        return *this;
    }
    ....
```

코드는 복사 생성자와 유사하지만 몇 가지 다른 점이 있다. 복사 생성은 딱 한 번만 일어나지만 대입은 실행 중에 여러 번, 그것도 임의의 대상으로부터 대입받을 수 있다. 직접 또는 간접적으로 a = a 처럼 자기 자신을 대입하는 경우도 발생하는데 의미 없는 NULL 문장이지만 틀린 문법은 아니어서 방어해야 한다. 복사 원본과 대상이 같으면 아무것도 할 필요 없이 그냥 리턴해 버린다.

대입은 이미 사용중이던 객체를 다른 용도로 재사용하는 것이다. 그래서 기존 버퍼를 먼저 해제하여 이전 객체를 완전히 버리고 새로 할당한다. 이 해제를 제대로 하지 않으면 객체를 대입할 때마다 기존 객체의 버퍼를 잃어버려 메모리 누수가 발생한다. 복사 원본의 길이만큼 새로 할당하여 원본의 이름 문자열을 복사하고 나이는 단순 대입한다.

원본 객체의 사본을 만들어 현재 객체의 레퍼런스를 리턴한다. 대입 자체가 목적이지만 모든 연산자는 결과를 리턴하도록 되어 있다. 대입한 결과를 리턴해야 객체끼리 연쇄적인 대입이 가능하다. 각 대입 과정에서 대입 연산자가 깊은 복사를 수행하여 모든 객체가 별도의 버퍼를 가진다.

```
Human boy, kim, lee;
kim = lee = boy = kang;
```

대입한 값을 바로 사용할 수도 있어 상수성을 가질 필요는 없다. (boy = kang).intro(); 식으로 대입한 후 바로 메서드를 호출할 수 있는데 실제 이런 코드를 잘 쓰지 않고 좀 이상해 보이지만 정수형도 이게 가능하다.

```
int a = 1, b;
printf("%d", (b = a));
```

대입한 값 자체를 바로 다시 사용했다. 심지어 (b = a) 대입문에 다른 값을 다시 대입하는 것도 가능하다. 기본형에 이런 동작이 가능하니 클래스도 최대한 똑같이 동작하도록 만들어야 한다.

4 복합 대입 연산자

복합 대입 연산은 산술 연산과 대입 연산을 합쳐 놓은 것이다. 그러나 동작이 비슷할 뿐 별도의 연산자여서 산술 연산과 연관성은 없다. operator +를 오버로딩했다고 해서 operator +=까지 같이 정의되는 것은 아니다. Time 클래스는 정수와 더하는 연산자를 정의했으니 시간 객체와 정수를 더할 수 있다.

```
now = now + 5;
```

그러나 이 식이 가능하다고 해서 now += 5도 가능한 것은 아니다. 복합 대입까지 가능하려면 += 연산자도 별도로 오버로딩해야 한다. 논리가 비슷하므로 쉽게 만들 수 있다.

OpPlusEqual
```
#include <stdio.h>

class Time
{
private:
    int hour, min, sec;

public:
    Time() { }
    Time(int h, int m, int s) { hour = h; min = m; sec = s; }
    void OutTime() {
        printf("%d:%d:%d\n", hour, min, sec);
    }
    const Time operator +=(int s) {
        sec += s;

        min += sec / 60;
        sec %= 60;
```

```
            hour += min / 60;
            min %= 60;
            return *this;
        }
        const Time operator +(int s) const {
            Time t = *this;
            t += s;
            return t;
        }
    };

    int main()
    {
        Time now(11, 22, 33);
        now.OutTime();
        now = now + 2;
        now += 40;
        now.OutTime();
    }
```

```
11:22:33
11:23:15
```

+ 연산자와 거의 비슷하지만 몇 가지 차이점이 있다. + 연산은 더한 결과를 값으로 리턴하는 데 비해 += 연산은 객체 자체를 변경하기 때문에 함수가 const는 아니다. 자기 자신이 피연산자이므로 임시 객체를 쓸 필요 없이 멤버에 직접 연산한다.

사용자는 Time + int가 가능하면 Time += int도 가능할 것으로 기대하므로 두 연산자는 같이 오버로딩하는 것이 좋다. 이 경우 비슷한 코드가 중복되는데 +=을 먼저 정의하고 +에서 +=을 호출하거나 아니면 반대로 해도 상관없다. 유사한 코드는 한곳에 집중해 두어야 유지, 보수가 편리하다.

5 ≪ 연산자

표준 출력 스트림 객체인 cout은 ≪ 연산자를 오버로딩하여 피연산자를 콘솔에 출력한다. ≪ 연산자는 원래 비트를 이동시키는 동작을 하는데 왼쪽으로 뭔가를 보내는 모양이 마음에 든다는 이유로 선택되었다. cout은 피연산자를 구분하지 않고 다 출력할 수 있는데 그 이유는 모든 타입에 대해 ≪ 연산자 함수를 오버로딩해 놓았기 때문이다.

```
ostream& operator≪(int);
ostream& operator≪(double);
ostream& operator≪(const char *);
...
```

기본 타입에 대한 ≪ 연산자 함수가 모두 정의되어 있고 출력 후 자기 자신을 다시 리턴하여 cout ≪ i ≪ d ≪ "string" 처럼 다양한 타입에 대해 연쇄적인 출력이 가능하다. 그렇다면 Time 객체를 cout 으로 보내면 어떻게 될까? 클래스는 사용자가 직접 정의한 타입이어서 cout이 직접 지원하지 않는다. 하지만 Time 객체를 받는 연산자 함수를 오버로딩하면 표준 출력의 혜택을 누릴 수 있다.

cout의 소속 클래스인 ostream의 멤버 함수로 정의하는 것이 이상적이지만 이 클래스는 C++ 표준 라이브러리에 이미 컴파일되어 있어 임의 확장하는 것은 대단히 어렵거나 불가능하다. 그래서 전역 연산자 함수로 작성할 수밖에 없다.

coutTime

```
#include <stdio.h>
#include <iostream>
using namespace std;

class Time
{
    friend ostream &operator ≪(ostream &c, const Time &T);
    friend ostream &operator ≪(ostream &c, const Time *pT);
private:
    int hour, min, sec;

public:
    Time() { }
    Time(int h, int m, int s) { hour = h; min = m; sec = s; }
    void OutTime() {
        printf("%d:%d:%d\n", hour, min, sec);
    }
};

ostream &operator ≪(ostream &c, const Time &T)
{
    c ≪ T.hour ≪ "시" ≪ T.min ≪ "분" ≪ T.sec ≪ "초";
    return c;
```

```
    }

    ostream &operator ≪(ostream &c, const Time *pT)
    {
        c ≪ *pT;
        return c;
    }

    int main()
    {
        Time now(1, 2, 3);
        Time *pTime;

        pTime = new Time(4, 5, 6);
        cout ≪ "현재 시간은 " ≪ now ≪ "입니다." ≪ endl;
        cout ≪ "현재 시간은 " ≪ pTime ≪ "입니다." ≪ endl;
        delete pTime;
    }
```

```
현재 시간은 1시2분3초입니다.
현재 시간은 4시5분6초입니다.
```

두 개의 operator ≪ 전역 연산자 함수를 정의했는데 첫 번째 인수는 ostream 객체이고 두 번째 인
수는 각각 Time형의 객체, Time형의 포인터이다. Time 클래스의 멤버를 c 객체로 순서대로 보내
되 중간 중간에 시, 분, 초 구분자를 넣었다. 출력 포맷은 마음대로 결정할 수 있어 1:2:3 식으로 간
략하게 출력할 수도 있다.

Time형의 포인터도 별도의 타입이므로 이 타입을 받는 연산자 함수도 따로 정의했다. 출력 방법이
같으니 본체를 작성할 필요는 없고 * 연산자로 객체를 구해 객체를 받는 ≪ 연산자로 넘기면 간편하
다. 두 함수 모두 Time 클래스의 프렌드이며 ostream 타입의 레퍼런스를 리턴하여 연쇄적인 출력
을 지원한다.

이제 Time 객체도 cout으로 보내 출력할 수 있으며 포인터를 보내도 잘 동작한다. 표준 라이브러리
를 직접 확장할 수는 없지만 전역 연산자 함수를 추가하는 방식으로 사용자 정의형도 기본형과 똑
같은 방식으로 지원할 수 있다. 컴파일러는 멤버 함수든 전역 함수든 인수의 타입에 맞는 함수가 있
으면 귀신같이 찾아 호출한다.

5-3. cout으로 Human 객체와 포인터를 출력하는 ≪ 연산자를 오버로딩하라.

5-1.
```c
#include <stdio.h>

class Time
{
private:
    int hour, min, sec;

public:
    Time() { }
    Time(int h, int m, int s) { hour = h; min = m; sec = s; }
    void OutTime() {
        printf("%d:%d:%d\n", hour, min, sec);
    }
    const Time operator -(const Time &other) const {
        Time t;
        t.sec = sec - other.sec;
        t.min = min - other.min;
        t.hour = hour - other.hour;

        if (t.sec < 0) {
            t.min--;
            t.sec += 60;
        }
        if (t.min < 0) {
            t.hour--;
            t.min += 60;
        }
        return t;
    }
};

int main()
{
    Time t1(3, 10, 30);
```

```
        Time t2(1, 20, 20);
        Time t3;

        t3 = t1 - t2;
        t3.OutTime();
}
```

```
1:50:10
```

operator −연산자를 정의한다. 초, 분, 시끼리 대응되는 요소를 빼되 초가 음수이면 분을 1 감소시키고 초에 60을 더한다. 분도 마찬가지로 음수이면 시에서 자리를 빌려온다. 시가 음수가 되는 것은 어쩔 수 없다.

5-2.
```c
#include <stdio.h>

class Time
{
private:
    int hour, min, sec;

public:
    Time() { }
    Time(int h, int m, int s) { hour = h; min = m; sec = s; }
    void OutTime() {
        printf("%d:%d:%d\n", hour, min, sec);
    }
    const Time operator *(int s) const {
        Time t = *this;

        t.sec *= s;
        t.min *= s;
        t.hour *= s;

        t.min += t.sec / 60;
        t.sec %= 60;
        t.hour += t.min / 60;
        t.min %= 60;
        return t;
    }
};

const Time operator *(int s, const Time &me) {
```

```cpp
        return (me * s);
}

int main()
{
    Time now(1, 2, 33);
    now = now * 2;
    now.OutTime();
    now = 3 * now;
    now.OutTime();
}
```

```
2:5:6
6:15:18
```

5-3.

```cpp
#include <stdio.h>
#include <string.h>
#include <iostream>
using namespace std;

class Human
{
    friend ostream &operator <<(ostream &c, const Human &H);
    friend ostream &operator <<(ostream &c, const Human *pH);
private:
    char name[12];
    int age;

public:
    // 생성자
    Human(const char *aname, int aage) {
        strcpy(name, aname);
        age = aage;
    }
    void intro() {
        printf("이름 = %s, 나이 = %d\n", name, age);
    }
};

ostream &operator <<(ostream &c, const Human &H)
{
    c << "이름 : " << H.name << ", 나이 : " << H.age << "살";
```

```
        return c;
    }

ostream &operator <<(ostream &c, const Human *pH)
{
    c << *pH;
    return c;
}

int main()
{
    Human kim("김상형", 29);
    Human *pLee = new Human("이승우", 45);

    cout << "대장은 " << kim << "입니다." << endl;
    cout << "졸병은 " << pLee << "입니다." << endl;
    delete pLee;
}
```

대장은 이름 :김상형,나이 : 29살입니다.
졸병은 이름 :이승우,나이 : 45살입니다.

1 연산자 오버로딩이 필요한 이유가 <u>아닌</u> 것은?

① 클래스는 기본 타입과 같아야 하므로

② 함수만으로는 객체끼리 연산할 수 없으므로

③ 사용자 정의 타입의 연산은 사용자가 정의해야 하므로

④ 객체간의 연산을 직관적으로 짧게 표현하기 위해

2 Time형의 객체끼리 덧셈을 하는 연산자의 올바른 원형은?

① const Time operator+(const Time &T) const

② const Time operator+(const Time *T) const

③ const Time &operator+(const Time &T) const

④ operator+(const Time *T) const

3 다음 중 오버로딩할 수 <u>없는</u> 연산자는?

① .   ② →   ③ [ ]   ④ ==

4 ++ 연산자의 오버로딩에 관해 <u>틀린</u> 것은?

① 호출 형태만으로는 전위형, 후위형이 구분되지 않는다.

② 후위형일 때는 int형의 더미 인수를 가져야 한다.

③ const 함수여야 한다.

④ 증가의 방식은 작성자가 마음대로 결정할 수 있다.

5 동적으로 메모리를 할당하는 T 클래스가 있다. 다음 중 대입 연산자가 호출되는 시점은?

① T t1("문자열");

② T t2=t1;

③ t2=t1;

④ func(t2)

6 다음 코드는 동적 할당을 하는 Person 클래스의 대입 연산자이다. 실행 결과는?

```
Person &operator =(const Person &Other) {
    if (this != &Other) {
        delete [] Name;
        Name = new char[strlen(Other.Name) + 1];
        strcpy(Name,Other.Name);
        Age = Other.Age;
    }
}
```

① 컴파일되지 않는다.

② 컴파일은 되지만 실행 중에 다운된다.

③ 다운되지는 않지만 제대로 대입되지 않는다.

④ 아무 이상 없이 잘 동작한다.

7 복합 대입 연산자 +=의 동작을 정의할 때는 어떻게 해야 하는가?

① 디폴트 대입 연산자가 있으므로 + 연산자만 오버로딩하면 된다.

② + 연산은 기본 연산이므로 대입 연산자만 오버로딩하면 된다.

③ + 연산자와 = 연산자를 모두 오버로딩해야 한다.

④ +=은 아예 다른 연산자이므로 +=을 오버로딩해야 한다.

8 T형 클래스의 객체를 cout으로 출력하고 싶다. 어떻게 해야 하는가?

① cout이 타입을 인식하므로 아무것도 할 필요 없다.

② cout 클래스(ostream)에 T&를 인수로 취하는 《 연산자를 오버로딩한다.

③ T에 cout 객체를 인수로 취하는 《 연산자를 오버로딩한다.

④ 전역 《 연산자 함수를 오버로딩하고 T의 프렌드로 지정한다.

6장

상속

1 상속

1 클래스 확장

상속Inheritance의 사전적인 의미는 부모의 모든 것을 자식에게 물려주는 것인데 OOP의 상속도 비슷하다. 상속은 이미 정의한 클래스의 멤버를 물려받아 새로운 클래스를 정의하는 기법이다. 상속에 의해 여러 가지 긍정적인 효과가 발생한다.

• 기존 클래스를 재활용한다.
• 공통 부분을 상위 클래스에 통합하여 반복을 제거한다.
• 공동의 조상을 가지는 클래스 계층을 형성하여 다형성을 구현한다.

클래스를 아무리 잘 설계해도 요구 사항이 끊임없이 변하고 환경이 수시로 바뀌기 때문에 기능을 추가, 변경해야 하는 경우가 빈번하다. 기존 클래스를 수정해 버리면 이 클래스를 사용하는 기존의 코드가 영향을 받기 때문에 원래 클래스는 유지하고 확장된 클래스를 새로 만들어야 한다.

원본은 유지한채 새로운 것을 확장 또는 변형할 때 가장 쉬운 방법은 복사 후 편집하는 것이다. 코드를 짤 때나 문서를 작성할 때 일상적으로 많이 사용하는 방법이다. 예를 들어 Human 클래스를 확장하여 학번 속성과 공부한다는 동작을 추가한 Student 클래스를 정의하고 싶다면 다음과 같이 한다.

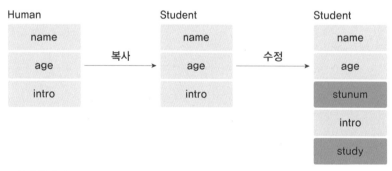

▲ 복사 후 수정

Human 클래스의 선언문을 복사하여 붙여 넣고 이름을 Student로 변경한다. 그리고 학번을 의미하는 stunum 멤버 변수와 공부하는 동작을 하는 study 멤버 함수를 추가한다. 복사 원본을 직접 수정한 것이 아니어서 원본은 유지되고 새로운 클래스도 손쉽게 만들었다.

그러나 두 클래스에 똑같은 멤버 선언문이 반복된다는 점에서 낭비가 있다. 멤버 수가 적을 때는 별 상관없지만 멤버 수가 늘어나면 비효율적이다. 또한 두 클래스가 완전히 독립적이어서 연관성이 없고 일괄 수정하기도 번거롭다. 상속 기능을 활용하여 원본 클래스를 밝히면 기존 멤버를 사본 클래스에 복사하는 작업을 컴파일러가 대신해 준다.

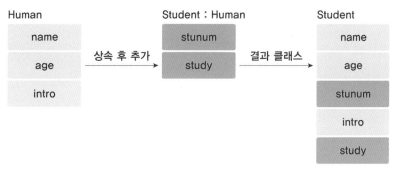

▲ 상속 후 추가

Student : Human 상속 선언문에 의해 Student 클래스 정의문에 Human의 멤버를 복사해 온다. 컴파일러가 소스를 뜯어 고치는 것은 아니고 컴파일 중간 단계에서 내부적으로 이 작업을 수행한다. 컴파일러가 부모의 멤버를 알아서 선언해 주니 개발자는 원하는 멤버만 추가하면 된다.

복사 방법과 상속 방법은 기존 클래스의 멤버를 누가, 언제 복사할 것인지가 다르다. 단순한 편의성의 문제가 아니라 코드의 유지, 보수에 엄청난 차이가 발생한다. 사본을 뜬 상태에서 원본을 변경해야 한다고 해 보자. 개발자가 직접 복사한 경우는 두 곳을 모두 수정해야 하지만 상속한 경우는 원본만 수정하면 사본도 같이 수정되는 효과가 있다.

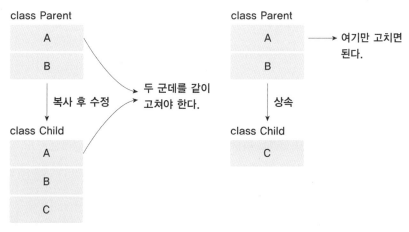

▲ 복사와 상속의 차이점

A, B 멤버를 가진 Parent로부터 Child 클래스를 만들고 C 멤버를 추가했다. 이 상태에서 A 멤버의 타입이나 이름을 바꾼다고 해 보자. 직접 복사한 경우는 원본과 사본 양쪽을 다 수정해야 하지만 상속한 경우는 원본의 A만 수정하면 사본은 자동으로 수정된다. 멤버의 추가, 삭제가 빈번하거나 여러 단계로 재사용할 경우 상속의 이점이 더 커진다.

상속의 개념은 사실 그리 난해한 것이 아니며 우리는 이미 습관적으로 많이 사용해 왔다. 함수가 원하는 기능을 제공하지 않거나 추가 동작이 더 필요하면 이 함수를 감싸는 또 다른 함수를 정의한다. 예를 들어 메시지를 출력한 후 사용자가 다 읽고 키를 누를 때까지 대기하고 싶다면 다음 함수를 정의한다.

```
void putswait(const char *message)
{
    puts(message);
    getch();
}
```

puts 함수의 기능에 키 입력 대기 기능을 추가했다. 원본 함수인 puts를 뜯어고친 것이 아니라 이 함수의 기능을 상속받고 여기에 getch 호출문을 작성하여 대기 기능을 추가한 것이다. 만약 puts 함수의 기능이 바뀐다면 putswait 함수의 기능도 같이 바뀐다. 클래스의 상속도 기본 개념은 유사하다.

2 상속의 예

기존 클래스를 상속하여 새로운 클래스를 정의하는 문법은 다음과 같다. 상속 액세스 지정자는 잠시 후 따로 알아보기로 하고 일단은 public만 사용하자.

```
class 자식클래스 : ┌ public    ┐
                  ┤ protected ├ 부모클래스
                  └ private   ┘
{
    추가 멤버 선언
}
```

새로 선언할 클래스의 이름 뒤에 :과 부모 클래스를 지정한다. 이 지정에 의해 컴파일러는 부모 클래스의 모든 멤버를 자식 클래스로 복사하며 {} 괄호 안에 자식이 추가할 멤버를 선언하면 된다. 상속 관계에 있는 두 클래스는 언어에 따라 사용하는 명칭이 조금씩 다르다.

원본 클래스: 기반(base), 슈퍼, 부모
새 클래스: 파생(derived), 서브, 자식

C++에서는 주로 기반/파생이라는 용어를 사용하며 자바는 슈퍼/서브 용어를 사용하는데 부모/자식이라는 용어가 가장 직관적이다. 다음 예제는 Human으로부터 Student 클래스를 파생한다.

InheritStudent

```
#include <stdio.h>
#include <string.h>

class Human
{
private:
    char name[12];
    int age;

public:
    Human(const char *aname, int aage) {
        strcpy(name, aname);
        age = aage;
    }
    void intro() {
        printf("이름 = %s, 나이 = %d\n", name, age);
    }
};

class Student : public Human
{
private:
    int stunum;

public:
    Student(const char *aname, int aage, int astunum) : Human(aname, aage) {
        stunum = astunum;
    }
    void study() {
        printf("이이는 사, 이삼은 육, 이사 팔\n");
    }
};
```

```cpp
int main()
{
    Human kim("김상형", 29);
    kim.intro();
    Student han("김한결", 15, 123456);
    han.intro();
    han.study();
}
```

```
이름 = 김상형, 나이 = 29
이름 = 김한결, 나이 = 15
학번:123456
이이는 사, 이삼은 육, 이사 팔
```

name, age 멤버 변수와 intro 멤버 함수를 가지는 Human 클래스를 상속받아 Student 클래스를 선언한다. Human의 모든 멤버를 상속받은 후 학번을 저장하는 stunum 멤버 변수와 공부하는 동작을 표현하는 study 멤버 함수를 추가했다.

Student에는 name, age 선언문이 없고 intro 함수도 정의되어 있지 않지만 부모인 Human으로부터 상속받아 이 멤버를 모두 가진다. 그래서 Student 객체 han에 대해 intro 함수를 호출하면 이름과 나이를 잘 출력한다. 뿐만 아니라 추가로 선언한 study 함수도 잘 동작한다.

부모로부터 상속받은 멤버는 자식이 초기화할 수 없다. 초기화 방법도 모를 뿐더러 부모의 멤버가 private로 숨겨져 있으면 아무리 자식이라도 읽을 수 없다. 그래서 상속받은 멤버를 초기화할 때는 초기화 리스트에서 부모의 생성자를 호출하여 부모에게 부탁한다. 예제의 Student han("김한결", 15, 123456); 객체가 어떻게 초기화되는지 살펴보자.

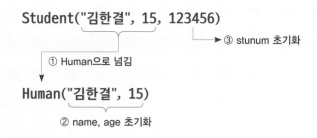

▲ 상속받은 객체의 초기화 과정

han 객체 선언문에서 Student 생성자로 세 개의 인수를 전달한다. 이 중 부모로부터 상속받은 name, age 멤버는 초기화 리스트의 Human 생성자로 전달한다. 부모 클래스는 자식 클래스가 동작하기 위한 전제조건이어서 우선적으로 초기화한다.

당장 생성자 본체에서부터 부모의 멤버를 참조할 수 있으니 본체로 들어가기 전인 초기화 리스트에서 상속받은 멤버를 초기화해 두어야 한다. Human 생성자가 이름과 나이를 초기화한 후 리턴하면 Student 생성자의 본체에서 나머지 학번 멤버를 초기화한다.

객체를 생성할 때마다 부모의 생성자가 호출되어 시간이 오래 걸릴 것 같지만 생성자의 코드가 짧고 대부분 인라인이어서 호출 속도의 부담이 없다. Student 객체 생성에는 문자열 복사 코드와 정수 대입문 두 개만 실행된다. 코드가 짧다고 해서 자식이 직접 부모의 멤버를 초기화해서는 안 된다.

```
Student(const char *aname, int aage, int astunum) {
    strcpy(name, aname);
    age = aage;
    stunum = astunum;
}
```

Student에도 상속받은 name과 age 멤버가 있지만 두 멤버는 숨겨져 있어 자식 클래스가 액세스할 수 없다. 설사 가능하다 하더라도 부모의 멤버는 부모가 초기화하는 것이 바람직하다. 부모의 생성자를 직접 호출하는 다음 코드도 사용할 수 없다.

```
Student(const char *aname, int aage, int astunum) {
    Human(aname, aage);
    stunum = astunum;
}
```

이 호출문은 상속받은 멤버를 초기화하는 것이 아니라 이름없는 임시 객체 하나를 생성하는 문장일 뿐이다. 게다가 초기화 리스트를 비워 두면 부모의 디폴트 생성자가 자동으로 호출되는데 Human이 디폴트 생성자를 정의하지 않아 에러 처리된다.

이런 여러 가지 이유로 상속받은 멤버는 반드시 초기화 리스트에서 부모의 생성자로 전달하여 초기화를 위임한다. 부모의 생성자가 여러 벌로 오버로딩되어 있다면 초기화 리스트의 인수 목록에서 어떤 생성자를 호출할 것인지 선택한다.

3 상속과 정보 은폐

부모 클래스의 모든 멤버는 자식 클래스에 상속된다. 그러나 상속받는 것과 마음대로 사용하는 것은 다른 문제이다. 자식은 부모의 멤버를 소유하지만 부모가 허락하지 않은 멤버를 마음대로 읽을 수는 없다. 앞 예제의 Student 클래스에 보고서를 제출하는 다음 멤버 함수를 작성해 보자.

```
void report() {
    printf("이름 : %s, 학번 : %d 보고서 제출합니다. \n", name, stunum);
}
```

Student는 Human으로부터 name 멤버를 물려받아 이름을 가지며 보고서에 자신의 이름을 사용할 수 있다. 그러나 현재 상태에서 이 문장은 에러 처리된다. 왜냐하면 Human의 name 멤버가 private로 선언되어 있기 때문이다. private 멤버는 오로지 자기 자신만 사용할 수 있다. 상속 관계의 자식 클래스도 외부로 간주되어 private 멤버를 액세스할 수 없다.

아무리 자식이라 해도 부모의 숨겨진 멤버를 마음대로 건드릴 수는 없다. 그런데 자식 클래스는 부모 클래스와 어느 정도 관련이 있어 쌩판 남은 아니다. 외부에 대해서는 숨기더라도 자식에 대해서는 액세스를 허용할 필요가 있다. 이럴 때 사용하는 중간 단계의 액세스 지정자가 protected이다.

InheritAccess

```
#include <stdio.h>
#include <string.h>

class Human
{
protected:
    char name[12];
    int age;

public:
    Human(const char *aname, int aage) {
        strcpy(name, aname);
        age = aage;
    }
    void intro() {
        printf("이름 = %s, 나이 = %d\n", name, age);
    }
};

class Student : public Human
{
protected:
    int stunum;
```

```
public:
    Student(const char *aname, int aage, int astunum) : Human(aname, aage) {
        stunum = astunum;
    }
    void study() {
        printf("이이는 사, 이삼은 육, 이사 팔\n");
    }
    void report() {
        printf("이름 : %s, 학번 : %d 보고서 제출합니다.\n", name, stunum);
    }
};

int main()
{
    Student han("김한결", 15, 123456);
    han.intro();
    han.study();
    han.report();
}
```

```
이름 = 김한결, 나이 = 15
이이는 사, 이삼은 육, 이사 팔
이름 : 김한결, 학번 : 123456 보고서 제출합니다.
```

Human의 name, age 멤버에 대한 액세스 지정자를 private에서 protected로 변경하였다. 외부에서는 여전히 이 멤버를 읽을 수 없지만 자식 클래스인 Student는 자유롭게 액세스할 수 있다. Student에 새로 추가된 stunum도 protected로 변경하였는데 자식 클래스가 없어 당장은 실효성이 없지만 차후 다른 클래스를 파생할 때를 대비해 미리 공개해 두었다.

private는 자식에게조차도 숨겨야 할 내부적인 정보를 저장할 때 사용한다. 부모 클래스만 단독으로 사용하며 자식은 이 멤버의 존재를 몰라도 상관없을 때 private로 지정한다. 반면 외부에 대해서는 숨기되 자식 클래스와 같이 사용해야 할 멤버는 protected로 지정하여 정보를 공유한다.

4 상속 액세스 지정

클래스 선언문의 기반 클래스 이름 앞에 상속 액세스 지정자가 온다. 이 지정자는 상속되는 멤버의 액세스 지정자를 자식 클래스에서 어떻게 변경할 것인지 지정한다. 키워드는 액세스 지정자와 같지만 의미는 완전히 다르다. 상속 액세스 지정자에 따라 상속 후 액세스 권한이 어떻게 바뀌는지 보자.

▼ 상속 액세스 지정자

상속 액세스 지정자	기반 클래스의 액세스 속성	파생 클래스의 액세스 속성
public	public private protected	public 액세스 불가능 protected
private	public private protected	private 액세스 불가능 private
protected	public private protected	protected 액세스 불가능 protected

기반 클래스의 private 멤버는 상속만 될 뿐 어떤 경우라도 파생 클래스가 읽을 수 없다. 자신도 못 읽는 멤버를 외부에 대해 액세스 지정한다는 것은 말이 안 된다. 기반 클래스의 public, protected 멤버는 상속 액세스 지정자에 따라 상속 후의 속성이 변경된다.

상속 액세스 지정자가 public이면 기반 클래스의 속성이 그대로 유지된다. 이를 public 상속이라고 하며 가장 일반적이다. 상속 액세스 지정자가 private이거나 protected이면 상속 후 모든 멤버가 private나 protected로 변경된다. 이렇게 되면 이후의 파생 클래스는 더 이상 멤버를 외부로 공개할 수 없다.

클래스는 가급적 멤버를 숨기려는 경향이 있어 상속 액세스 지정자의 디폴트는 private이다. 반면 구조체는 public 상속이 디폴트이다. 일반적으로 상속이라 하면 부모의 액세스 속성이 그대로 유지되는 public 상속을 의미하며 private, protected 상속은 특수한 기법으로 사용된다. 상속 구문을 정리해 보자.

파생 클래스와 기반 클래스를 구분

```
class Student : public Human
```

| 클래스를 정의한다. | 파생 클래스의 이름은 Student 이다. | 기반 클래스 멤버의 액세스 지정을 그대로 상속받는다. | 기반 클래스 Human 으로부터 파생된다. |

Student는 Human으로부터 상속받되 모든 멤버의 액세스 속성을 그대로 유지한다. 그래서 protected 속성의 name 멤버가 상속 후에도 여전히 protected이며 Student 객체의 report 함수가 name을 자유롭게 읽을 수 있다.

5 멤버 함수 재정의

다음 멤버들은 클래스만의 고유한 처리를 담당하기 때문에 상속의 대상에서 제외된다. 특정 클래스에 완전 종속적이며 해당 클래스만의 동작이나 지정이기 때문에 파생 클래스에게 굳이 물려줄 필요는 없다. 생성자는 초기화 리스트에서 호출할 뿐 일단 생성 완료되면 더 호출할 필요가 없고 대입 연산자도 같은 타입끼리만 복사하므로 파생 클래스가 소유해야 할 이유가 없다.

- 생성자와 파괴자
- 대입 연산자
- 정적 멤버
- 프렌드 관계 지정

이런 특수한 멤버 몇 가지만 제외하고 기반 클래스의 모든 멤버는 파생 클래스로 무조건 상속된다. 원하는 멤버만 선택적으로 상속하거나 일부 멤버의 상속을 거부할 수 없으며 부모가 가진 모든 속성을 다 물려받아야 제대로 된 자식이다. 정 원치 않는 멤버가 있다면 이때 자식은 둘 중 하나를 선택한다.

- 전혀 필요치 않은 멤버라면 완전히 무시하고 있거나 말거나 사용하지 않으면 된다. 부모가 필요해서 만든 것일 뿐 내가 필요 없다면 안 쓰면 그만이다.
- 필요는 하지만 용도와 맞지 않다면 약간 바꿔 사용한다. 멤버 변수는 이런 경우가 없고 주로 멤버 함수의 동작을 수정한다. 상속받은 멤버 함수를 같은 원형으로 다시 정의하여 동작을 수정하는 것을 재정의(Overriding)라고 한다.

다음 예제는 Human의 intro 함수를 Student에서 재정의한 것이다. 사람은 이름과 나이로 자신을 소개하지만 학생은 나이보다 학번이 더 중요하다. 사람이 자신을 소개하는 방식과 학생이 자신을 소개하는 방식이 다르므로 intro 함수를 재정의한다.

```
Override
#include <stdio.h>
#include <string.h>

class Human
{
protected:
    char name[12];
    int age;

public:
    Human(const char *aname, int aage) {
```

```cpp
        strcpy(name, aname);
        age = aage;
    }
    void intro() {
        printf("이름 = %s, 나이 = %d\n", name, age);
    }
};

class Student : public Human
{
protected:
    int stunum;

public:
    Student(const char *aname, int aage, int astunum) : Human(aname, aage) {
        stunum = astunum;
    }
    void study() {
        printf("이이는 사, 이삼은 육, 이사 팔\n");
    }
    void intro() {
        printf("%d학번 %s입니다.\n", stunum, name);
    }
};

int main()
{
    Human kim("김상형", 29);
    kim.intro();
    Student han("김한결", 15, 123456);
    han.intro();
}
```

```
이름 = 김상형, 나이 = 29
123456학번 김한결입니다.
```

Human 클래스에 intro 함수가 있지만 이름과 나이를 출력하는 형식이 학생에게 어울리지 않는다. 이럴 때는 Student에 똑같은 원형으로 intro 함수를 재정의하여 학번과 이름을 밝히도록 수정한다. Human 객체 kim과 Student 객체 han에 대해 각각 intro 함수를 호출했는데 객체에 따라 실제 호출되는 함수가 다르다.

Human::intro 함수도 상속되기는 하며 Student는 상속받은 intro와 자신이 정의한 intro 두 개의 함수를 가진다. 이름이 중복되면 항상 지역이 우선이라 부모의 함수는 숨겨지며 학생 객체에 대해서는 Student::intro 함수가 호출된다. 만약 부모의 숨겨진 함수를 호출하고 싶다면 클래스명과 범위 연산자를 사용한다.

```
void intro() {
    Human::intro();
    printf("저는 %d학번입니다.\n", stunum);
}
```

Human::intro() 는 Human 클래스에 정의된 intro 함수를 의미한다. 위 코드는 부모가 정의한 방식대로 이름과 나이를 먼저 소개하고 자신의 고유 정보인 학번을 연이어 출력한다.

6 C++ 상속의 특성

상속의 횟수나 깊이에는 제약이 없다. 사본을 만든다고 해서 원본이 훼손되는 것은 아니어서 하나의 부모 클래스로부터 특성이 조금씩 다른 자식 클래스를 얼마든지 파생시킬 수 있다.

생물은 세포로 이루어지며 호흡하고 번식하는 동작을 한다. 생물에 움직인다는 동작을 추가하면 동물이 된다. 마찬가지로 광합성한다는 동작을 추가하여 식물을 파생시킬 수 있고 독특한 특성을 가지는 미생물이나 박테리아 클래스도 정의할 수 있다.

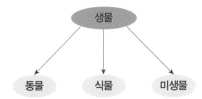

▲ 상속의 횟수에는 제한이 없다.

동물, 식물, 미생물은 모두 생물의 특성을 가진다. 이렇게 되면 세 개의 자식 클래스는 생물을 공동의 조상으로 가지며 상속받은 속성과 동작을 공유한다. 파생의 깊이에도 제약이 없어 파생 클래스를 원본으로 또 다른 클래스를 얼마든지 파생시킬 수 있다. 동물에 더 구체적인 속성과 동작을 추가하면 포유류, 영장류, 원숭이 클래스가 차례대로 정의된다.

생물 → 동물 → 포유류 → 영장류 → 원숭이

일반적이다.

구체적이다.

▲ 상속의 깊이에는 제한이 없다.

클래스 관계에서 부모, 자식의 용어는 상대적인 개념이다. 상속 계층의 중간에 있는 클래스는 부모에 대해서는 자식이지만 자식에 대해서는 부모가 된다. 포유류는 동물의 자식이면서 영장류의 부모이다. 상속 관계도의 위쪽에 있는 클래스를 선조 또는 조상이라 하고 아래쪽에 있는 클래스를 후손이라고 하며 최상위의 부모를 루트라고 부른다.

상속 관계의 아래쪽으로 내려올수록 더 많은 속성과 동작이 정의된다. 위쪽의 선조 클래스는 멤버가 많지 않아 일반적이고 포괄적인 사물을 표현하는 데 비해 아래로 내려올수록 후손 클래스의 멤버가 늘어 특수하고 구체적인 사물을 표현한다. 다음 예제는 학생으로부터 더 특수한 대학원생 클래스를 생성한다.

InheritGraduate

```cpp
#include <stdio.h>
#include <string.h>

class Human
{
protected:
    char name[12];
    int age;

public:
    Human(const char *aname, int aage) {
        strcpy(name, aname);
        age = aage;
    }
    void intro() {
        printf("이름 = %s, 나이 = %d\n", name, age);
    }
```

```cpp
};

class Student : public Human
{
protected:
    int stunum;

public:
    Student(const char *aname, int aage, int astunum) : Human(aname, aage) {
        stunum = astunum;
    }
    void study() {
        printf("이이는 사, 이삼은 육, 이사 팔\n");
    }
};

class Graduate : public Student
{
protected:
    char thesis[32];

public:
    Graduate(const char *aname, int aage, int astunum, const char *athesis) : Student
        (aname, aage, astunum) {
        strcpy(thesis, athesis);
    }
    void research() {
        printf("%s을 연구하고 논문을 쓴다.\n", thesis);
    }
};

int main()
{
    Graduate moon("문종민", 45, 920629, "게임방 상권 분석");
    moon.research();
}
```

게임방 상권 분석을 연구하고 논문을 쓴다.

대학원생은 학부생에 비해 특수한 주제에 대해 연구하며 논문을 쓴다. Student 클래스를 상속받아 연구 주제인 논문 thesis 속성을 추가하고 연구하는 research 동작을 정의하면 대학원생을 표현하는 Graduate 클래스가 된다. Graduate는 Human으로부터 이름과 나이를 상속받고 Student로부터 학번을 상속받으며 자신의 고유 멤버인 thesis를 추가한다.

Graduate 생성자는 이 네 개의 멤버에 대한 초깃값을 모두 전달받아 그중 상속받은 세 개의 멤버를 Student로 넘긴다. Student는 그중 둘을 다시 Human으로 넘겨 초기화한다. Graduate가 할아버지인 Human의 생성자를 직접 호출할 필요는 없고 바로 위의 부모에게 초기화를 위임하면 그 위쪽은 알아서 초기화된다.

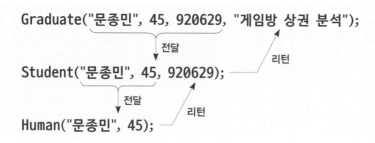

자식 클래스는 일종의 부모여서 두 관계를 IS A 관계라고 부른다. 동물은 생물의 일종이며 이 문장을 영어로 animal is a creature라고 표현하기 때문에 IS A 관계라 한다. 학생은 일종의 사람이며 대학원생은 일종의 학생이므로 이 두 관계도 IS A가 잘 성립한다. 그러나 역관계는 성립하지 않는다. 동물은 생물이지만 모든 생물이 다 동물은 아니다.

상속의 횟수와 깊이에 제약이 없어 하나의 클래스로부터 얼마든지 많은 클래스가 파생될 수 있고 깊이도 굉장히 깊어진다. 복잡한 상속관계를 구성할 때 트리 형태의 그림으로 표현하는데 이를 클래스 계층도^{Class Hierarchy Chart}라 한다.

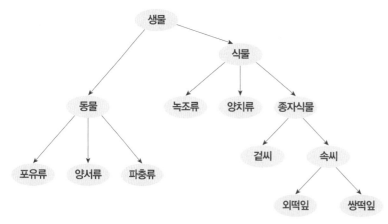

▲ 클래스 계층도

이 정도면 간략하게 그린 것이며 생물로부터 엄청나게 많은 클래스가 파생될 수 있다. 실제 상용 클래스 라이브러리의 계층도는 전지에 그려야 할 정도로 거대하다. 복잡한 객체 지향 라이브러리를 제대로 활용하려면 계층도를 잘 파악해야 한다.

셀프 테스트 ●

6-1. Human 클래스로부터 상속받아 키, 몸무게 멤버를 추가하고 자기 소개에 키와 몸무게, 이름을 출력하라. 싸우는 동작을 하는 fight 함수도 추가하라.

2 다중 상속

1 두 개의 기반 클래스

C++은 두 개의 기반 클래스로부터 새로운 클래스를 파생하는 다중 상속Multiple Inheritance을 지원한다. 현실에서도 두 가지 사물의 기능을 결합하여 다중 상속하는 예가 많다.

- 핸드폰 + 카메라 = 카메라 폰
- 프린터 + 스캐너 + 팩스 = 복합기

핸드폰은 마이크, 액정, 배터리 등을 가지며 본래의 목적은 통화하는 것이다. 카메라는 렌즈, 메모리 등을 가지며 사진을 찍는다. 이 둘의 속성과 기능을 결합하면 카메라 폰이 되어 통화도 하고 사진도 찍을 수 있다. 여기에 MP3의 음악 재생 기능과 TV 수신 기능까지 더하면 스마트 폰이 된다.

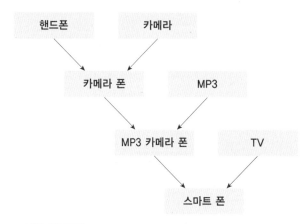

▲ 다중 상속의 예

여러 가지 기능을 하나의 장비에 통합하면 비용이 절감되고 편의성이 향상된다. 소프트웨어의 세계에서도 다중 상속을 통해 유사한 통합이 가능하다. 이미 완성된 두 개의 클래스를 다중 상속하면 두 클래스의 기능을 모두 가지는 새로운 클래스를 쉽게 만들 수 있고 기능을 더 추가할 수도 있다.

```cpp
#include <stdio.h>
#include <conio.h>

class Date
{
protected:
    int year, month, day;
public:
    Date(int y, int m, int d) { year = y; month = m; day = d; }
    void OutDate() { printf("%d/%d/%d", year, month, day); }
};

class Time
{
protected:
    int hour, min, sec;
public:
    Time(int h, int m, int s) { hour = h; min = m; sec = s; }
    void OutTime() { printf("%d:%d:%d", hour, min, sec); }
};

class DateTime : public Date, public Time
{
private:
    bool bEngMessage;
    int milisec;
public:
    DateTime(int y, int m, int d, int h, int min, int s, int ms, bool b = false)
        : Date(y, m, d), Time(h, min, s) {
        milisec = ms;
        bEngMessage = b;
    }
    void OutNow() {
        printf(bEngMessage ? "Now is " : "지금은 ");
        OutDate();
        putch(' ');
        OutTime();
        printf(".%d", milisec);
        puts(bEngMessage ? "." : " 입니다.");
```

```
        }
    };

    int main()
    {
        DateTime now(2017, 6, 29, 12, 30, 58, 99);
        now.OutNow();
    }
```

지금은 2017/6/29 12:30:58.99 입니다.

Date 클래스는 날짜와 관련된 속성과 함수를 정의하고 Time 클래스는 시간과 관련된 기능을 캡슐화한다. 한 시점을 정확히 표현하려면 날짜와 시간이 모두 필요하다. 두 기능이 이미 만들어져 있으니 새로 만들 필요 없이 두 클래스로부터 다중 상속받으면 된다. 클래스 정의문에 콤마로 구분하여 부모 클래스를 나열하되 각 부모의 액세스 지정자는 개별적으로 지정한다. 다음 문장은 Date와 Time 클래스를 public 상속받아 Now 클래스를 선언한다.

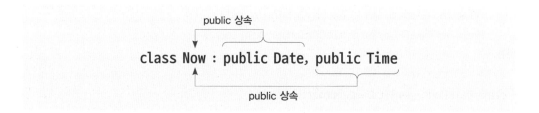

이 선언문에 의해 Now는 날짜, 시간과 관련된 속성을 모두 상속받으며 필요한 멤버를 더 추가할 수도 있다. 메시지 출력 언어를 지정하는 bEngMessage와 1/1000초 단위까지 정밀한 시간을 저장하기 위해 milisec 멤버를 추가했다. 그리고 시간과 날짜를 같이 출력하는 OutNow 멤버 함수를 정의하여 상속받은 OutDate, OutTime 함수를 차례대로 호출한다.

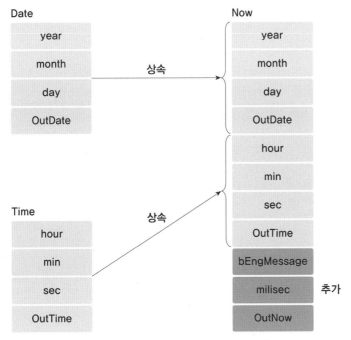

▲ 다중 상속에 의한 멤버 상속 및 추가

단일 상속과 마찬가지로 상속받은 멤버는 부모의 생성자가 초기화하는데 클래스 선언문에 나타난 순서대로 호출된다. 위 예제는 Date, Time 순으로 상속받으므로 Date의 생성자가 먼저 호출되고 Time의 생성자가 나중에 호출된다. Now 클래스의 경우 초기화 순서는 별 의미 없지만 생성자 리스트에서 호출하는 순서가 아니라 선언문의 순서를 따른다는 점에 유의하자.

2 가상 기반 클래스

다중 상속은 여러 개의 클래스를 융합하여 새로운 클래스를 만드는 멋진 기능이다. 그러나 상속의 경로가 여러 갈래이다 보니 종종 복잡한 문제가 생긴다. 클래스끼리 여러 단계로 다중 상속하다 보면 한 클래스를 간접적으로 두 번 상속받게 되고 이렇게 되면 명칭끼리 충돌이 발생하여 모호해진다.

```
VirtualBase1
```

```cpp
#include <stdio.h>

class A
{
protected:
    int a;
```

```cpp
public:
    A(int aa) { a = aa; }
};

class B : public A
{
protected:
    int b;
public:
    B(int aa, int ab) : A(aa) { b = ab; }
};

class C : public A
{
protected:
    int c;
public:
    C(int aa, int ac) : A(aa) { c = ac; }
};

class D : public B, public C
{
protected:
    int d;
public:
    D(int aa, int ab, int ac, int ad) : B(aa, ab), C(aa, ac) { d = ad; }
    void fD() {
        b = 1;
        c = 2;
        a = 3;          // 여기서 문제 발생
    }
};

int main()
{
    D d(1, 2, 3, 4);
}
```

네 개의 클래스가 상속 계층을 구성하는데 소스만 봐서는 클래스끼리의 관계를 한눈에 파악하기 어렵다. 계층도를 그려 보면 파악이 쉬운데 이런 형태의 계층도를 공포의 다이아몬드라고 부른다.

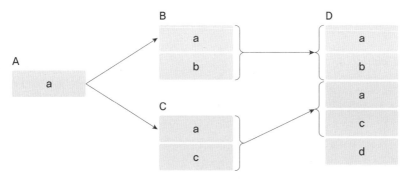

▲ 다이아몬드 형태의 다중 상속

D는 B, C로부터 다중 상속받으며 B, C는 둘 다 A를 공동의 조상으로 가진다. 그러다 보니 D는 A를 간접적으로 두 번 상속받으며 A의 멤버 a가 두 개 존재한다. 두 멤버의 의미가 같다면 하나는 쓸데없이 자리만 차지하는 불필요한 정보이다. 카메라 폰은 카메라와 핸드폰의 기능을 동시에 상속받지만 그렇다고 해서 배터리를 두 개나 가질 필요는 없다.

멤버가 중복되면 모호함이 발생한다. D의 멤버 함수 fD에서 a 멤버를 칭하면 이 a가 어떤 a를 칭하는지 애매하다. 간접 상속에 의해 똑같은 이름의 멤버가 두 개 있어 애매하고 상속받은 수준까지 같아 우선순위를 정할 수도 없다. 이 점은 함수도 마찬가지이며 이름이 같으면 어떤 함수를 호출할지 결정하기 어렵다.

만약 두 멤버가 이름은 같더라도 의미가 다르다면 B::a, C::a 식으로 범위 연산자로 소속을 밝혀 구분할 수는 있다. 그냥 a는 모호하지만 B::a는 B로부터 상속받은 a를 의미하므로 대상이 분명하다. 구분할 방법은 있지만 논리적으로 헷갈리고 실수할 가능성도 높다.

이 문제를 해결하려면 한 클래스를 두 번 상속받더라도 멤버는 하나만 상속받아야 한다. 간접적으로 두 번 상속되더라도 멤버는 한 번만 상속하는 클래스를 가상 기반 클래스^{Virtual Base Class}라고 하며 상속문의 기반 클래스 앞에 virtual 키워드를 붙인다. 예제에서는 B, C 선언문의 A를 가상 기반 클래스로 지정한다.

VirtualBase2

```
#include <stdio.h>

class A
{
protected:
    int a;
public:
    A(int aa) { a = aa; }
```

```
};

class B : virtual public A
{
protected:
    int b;
public:
    B(int aa, int ab) : A(aa) { b = ab; }
};

class C : virtual public A
{
protected:
    int c;
public:
    C(int aa, int ac) : A(aa) { c = ac; }
};

class D : public B, public C
{
protected:
    int d;
public:
    D(int aa, int ab, int ac, int ad) : A(aa), B(aa, ab), C(aa, ac) { d = ad; }
    void fD() {
        b = 1;
        c = 2;
        a = 3;
    }
};

int main()
{
    D d(1, 2, 3, 4);
}
```

B, C를 선언할 때 A를 가상 기반 클래스로 지정했다. 이 상태에서 B, C로부터 D를 다중 상속하더라도 D에는 A의 멤버 a 하나만 상속된다. 모호함이 제거되었으므로 이제 D의 멤버 함수에서 a를 칭해도 아무 문제가 없다.

가상 기반 클래스로부터 상속받는 중간 클래스는 부모의 생성자를 호출하지 않는다. D 생성자의 초기화 리스트에서 B(aa, ab)를 호출하는데 B의 생성자는 A의 생성자를 건너뛴다. 중간 클래스는 가상 기반 클래스의 멤버인 a를 직접 소유하지 않으며 부모 클래스가 이 멤버를 어떻게 사용하는지도 모른다. 또 두 경로를 통해 A의 생성자를 중복 호출하면 서로 값을 덮어 쓸 위험도 있다.

이런 이유로 다중 상속을 통해 상속받은 멤버의 초기화는 최종 클래스가 직접 처리한다. 그래서 D의 생성자에서 B, C를 건너뛰고 A의 생성자를 호출한다. B, C를 경유해 a를 상속받았지만 이 멤버는 D의 소유이므로 D가 할아버지의 생성자를 통해 초기화한다.

상속 관계에서 자식은 부모의 생성자만 호출할 수 있을 뿐 그 위쪽 선조의 생성자를 직접 호출할 수는 없다. 그러나 다중 상속의 가상 기반 클래스는 예외적으로 조상의 생성자를 직접 호출하는 것이 허용된다. 정교한 문법에 예외를 두어야 할 정도로 다중 상속은 골치아픈 문제가 많다.

3 다중 상속의 효용성

다중 상속은 완성된 클래스의 재활용성을 극대화하는 멋진 기능이다. 그러나 역효과도 커 실용성에 대한 논쟁이 많았다. 앞에서 살펴봤다시피 멤버의 중복 문제가 있고 복잡한 계층에서는 부모 타입의 포인터로 자식 객체를 가리킬 수 없는 민감한 문제가 있어 다형성 구현에 걸림돌이 되기도 한다.

물론 이를 해결하는 문법적 장치나 지침이 있고 실제로 다중 상속을 멋지게 활용하는 라이브러리도 많다. 하지만 다중 상속이라는 상황 자체가 복잡해서 개발자가 이해하기 어렵다. 삼중, 사중 다중 상속도 가능해 클래스 계층이 극단적으로 복잡해지기도 한다. ATL 라이브러리는 20중 다중 상속까지 하는데 초보자가 이 클래스를 이해하는 것은 거의 불가능하다.

문법적 복잡성과 부작용에 비해 실용성은 사실 높지 않다. 클래스를 재활용할 수 있는 대체 문법이 많아 다중 상속이 아니면 도저히 문제를 풀 수 없는 경우는 거의 없다. 그래서 자바나 C#은 C++을 참조하여 만들었지만 다중 상속은 지원하지 않는다. 심지어 MFC같은 C++ 라이브러리도 다중 상속은 철저하게 배제한다.

그렇다면 이렇게 복잡하고 말썽꾸러기인 다중 상속이 C++에는 왜 포함되었을까? C++이 처음 등장했을 때는 언어들끼리 경쟁적으로 최신 기능을 늘리던 시기였고 다른 언어에 비해 문법적 우위를 점하기 위해 복잡한 기능까지 도입해야 했다. 고기능성을 위한 과욕에 지원하였지만 지금은 잘 사용하지 않는 문법의 사생아가 되어 버렸다.

C++ 문법의 한 부분이고 아주 드물게 가끔 사용할 일이 있어 제대로 쓴다면 실용성이 아주 없지는 않다. 하지만 득보다 실이 많은 기능이므로 가급적이면 쓰지 않는 것이 좋다. 이미 구축된 소스나 라이브러리를 활용할 때는 어쩔 수 없지만 새로 프로젝트를 한다면 다중 상속은 완전히 배제하는 것이 바람직하다.

C3 클래스 재활용

1 포함

부모의 속성과 동작을 물려받는 상속은 시간과 노력을 대폭 절감할 수 있는 멋진 기법이다. 이왕 공들여 클래스를 만들었으면 적극적으로 재활용하여 생산성을 높여야 한다. 그러나 상속만이 클래스를 재활용하는 유일한 기법은 아니며 여러 가지 방법이 더 있다.

포함Containment은 객체를 멤버로 선언하여 해당 클래스의 기능을 재활용하는 기법이다. 클래스의 멤버는 타입에 제한이 없어 기본형뿐만 아니라 객체를 포함할 수 있다. 클래스끼리 중첩되는 형식인데 구조체가 다른 구조체를 멤버로 포함하는 것과 같다. 다음 예제에서는 날짜를 표현하는 Date 클래스를 포함 기법으로 재활용한다.

MemObject

```
#include <stdio.h>
#include <string.h>

class Date
{
protected:
    int year, month, day;
public:
    Date(int y, int m, int d) { year = y; month = m; day = d; }
    void OutDate() { printf("%d/%d/%d", year, month, day); }
};

class Product
{
private:
    char name[64];
```

```cpp
        char company[32];
        Date validto;
        int price;
public:
        Product(const char *aname, const char *acompany, int y, int m, int d, int aprice) :
            validto(y, m, d) {
            strcpy(name, aname);
            strcpy(company, acompany);
            price = aprice;
        }
        void OutProduct() {
            printf("이름:%s\n", name);
            printf("제조사:%s\n", company);
            printf("유효기간:");
            validto.OutDate();
            puts("");
            printf("가격:%d\n", price);
        }
};

int main()
{
    Product shrimp("새우깡", "농심", 2020, 8, 15, 900);
    shrimp.OutProduct();
}
```

```
이름:새우깡
제조사:농심
유효기간:2020/8/15
가격:900
```

제품 하나에 대한 정보를 표현하는 Product 클래스는 제품명, 제조사, 가격, 유통 기한 등을 멤버로 가진다. 유통 기한을 표현하기 위해 year, month, day 멤버를 일일이 선언할 필요 없이 이 정보를 잘 캡슐화해 놓은 Date 클래스의 객체 하나를 선언하는 것이 더 간편하다. 그래서 유효 기간은 Date 타입의 validto 멤버로 선언했다.

▲ 포함에 의한 클래스 재사용

생성자 본체가 실행되기 전에 생성자 리스트에서 포함 객체를 초기화한다. 이때 초기화 대상은 클래스가 아닌 멤버이므로 Date(y, m, d)라고 적지 않고 validto(y, m, d)라고 멤버의 이름을 적는다. 상속과는 달리 포함 객체가 두 개 이상일 수도 있어 초기화 대상 객체의 이름을 분명히 밝혀야 한다.

초기화 리스트에 포함 객체에 대한 초기식이 생략되면 디폴트 생성자를 호출하는데 Date는 디폴트 생성자가 없어 에러 처리된다. Date에 디폴트 생성자를 선언하고 생성자 본체에서 다음과 같이 포함 객체를 초기할 수도 있다.

```
Product(const char *aname, const char *acompany, int y, int m, int d, int aprice) {
    validto = Date(y, m, d);
    strcpy(name, aname);
    strcpy(company, acompany);
    price = aprice;
}
```

이렇게 해도 초기화는 되지만 과정이 상당히 다르다. 본체로 들어가기 전에 디폴트 생성자로 validto 객체를 먼저 만든다. 생성자 본체에서 Date 임시 객체를 생성하여 validto에 대입한 후 임시 객체는 파괴된다. 두 번의 생성자 호출, 대입 연산, 임시 객체 파괴까지 긴 과정을 거쳐야 하니 느리고 비효율적이다. 이 과정이 번잡하기 때문에 초기화 리스트에서 한 번에 초기화하는 문법을 제공한다.

클래스가 다른 클래스의 객체를 포함하는 관계를 HAS A 관계라고 한다. 상속 관계를 표현하는 IS A 관계와는 달리 소유 관계이다. 유효 기간 표현을 위해 제품이 날짜를 소유(Product has a Date)하는 것이지 제품이 일종의 날짜(Product is a Date)는 아니다. 절대적인 법칙은 아니지만 두 클래스의 관계가 IS A일 때는 상속 기법을 사용하고 HAS A 관계일 때는 포함 기법을 사용하는 것이 정석이다.

2 private 상속

클래스는 포함 객체의 액세스 속성을 마음대로 결정한다. Product가 validto를 외부에 공개하려면 public으로 선언하고 내부적으로만 사용하려면 private로 선언하면 된다. 제품의 유효 기간은 고유한 정보이므로 숨기는 것이 합당하며 그래서 validto를 private로 선언했다. 포함 관계에서는 포함하는 클래스가 포함되는 객체의 공개 여부를 임의로 결정할 수 있다.

그렇다면 상속의 경우에도 자식 클래스가 상속받은 멤버의 액세스 지정을 변경할 수 있을까? 상속을 받았으면 자신의 소유가 되므로 원하는대로 은폐할 수 있어야 한다. 이것을 가능하게 해 주는 방법이 바로 상속 액세스 지정자이다. 지금까지 실습했던 상속은 모두 원래의 액세스 속성이 유지되는 public 상속이었다.

private 상속은 부모의 멤버를 상속받으면서 private로 바꾸어 버린다. 자식 클래스 자신은 이 멤버를 액세스할 수 있지만 외부나 이차 파생되는 클래스는 더 이상 참조할 수 없다. private 상속은 포함과 유사한 효과가 나타나며 HAS A 관계를 구현하는 또 다른 방법이다. 앞 예제를 포함이 아닌 private 상속으로 바꿔 보자.

PrivateInherit

```
#include <stdio.h>
#include <string.h>

class Date
{
protected:
    int year, month, day;
public:
    Date() { }
    Date(int y, int m, int d) { year = y; month = m; day = d; }
    void OutDate() { printf("%d/%d/%d", year, month, day); }
};

class Product : private Date
{
private:
    char name[64];
    char company[32];
    int price;
public:
Product(const char *aname, const char *acompany, int y, int m, int d, int
    aprice) : Date(y, m, d) {
    strcpy(name, aname);
    strcpy(company, acompany);
    price = aprice;
}
    void OutProduct() {
        printf("이름:%s\n", name);
        printf("제조사:%s\n", company);
        printf("유효기간:");
        OutDate();
```

```
            puts("");
            printf("가격:%d\n", price);
        }
    };

    int main()
    {
        Product shrimp("새우깡", "농심", 2020, 8, 15, 900);
        shrimp.OutProduct();
    }
```

소스에 몇 가지 변화가 생겼다. Date로부터 private 상속을 받으며 validto 포함 멤버는 제거한다. 초기화 리스트에서 Date의 생성자를 호출하여 상속받은 멤버를 초기화한다. Product는 Date의 모든 멤버를 상속받아 제품의 유효 기간을 표현하며 내부 구조는 다음과 같다.

year	month	day	name	company	price

구조는 바뀌었지만 실행 결과는 같으며 두 방식 모두 Date 클래스를 재활용한다. 날짜 정보가 클래스에 직접 소속되며 날짜를 출력할 때는 상속받은 OutDate 함수를 바로 호출하면 된다. IS A 관계와는 달리 상속받은 멤버를 가질 뿐 외부에서는 읽을 수 없고 OutDate 함수도 호출할 수 없다.

포함과 private 상속은 HAS A 관계를 표현한다는 면에서 유사하지만 차이점도 많다. 가장 큰 차이점은 복수 개의 객체를 동시에 재활용할 수 있는가의 여부이다. Product에 유효 기간뿐만 아니라 제조일자를 포함시키고 싶다면 Date 타입의 객체를 다른 이름으로 하나 더 선언하면 된다.

```
    Date validto;          // 유효기간
    Date manufact;         // 제조 일자
```

멤버의 개수에 제한이 없으니 얼마든지 많은 Date 객체를 포함할 수 있으며 각 멤버는 이름으로 구분 가능하다. 그러나 private 상속의 경우 같은 클래스를 두 번 상속할 수 없고 설사 가능하더라도 상속받은 부모 클래스의 멤버 이름이 같아 복수 개의 정보를 동시에 표현할 수 없다. 따라서 두 개 이상의 객체가 필요하다면 포함 기법을 사용하는 것이 정석이다.

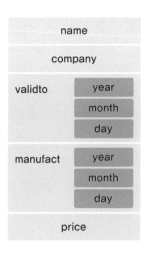

```
class Product
{
private
    char name[64];
    char company[32];
    Date validto;
    Date manufact;
    int price;
...
```

더 필요하다면 입고 날짜, 출고 날짜 등도 얼마든지 선언할 수 있으며 몇 개의 객체를 포함하든 이름이 달라 모호하지 않다. 포함 객체의 멤버를 칭할 때는 shrimp.manufact.year, shrimp. validto.month 식으로 객체명 다음에 포함 객체의 이름과 내부 멤버를 지정한다.

포함과 private 상속의 또 다른 차이점은 protected 멤버에 대한 액세스 허가 여부이다. 포함한 클래스는 포함된 객체 입장에서는 외부이므로 public으로 선언된 멤버만 참조할 수 있다. 반면 private 상속은 파생 클래스가 되므로 부모 클래스의 protected 멤버를 참조할 수 있다. 포함보다는 private 상속이 좀 더 긴밀한 관계이다. 포함이든 상속이든 어떤 경우라도 private 멤버는 참조할 수 없다.

잘 사용되지는 않지만 protected 상속이라는 것도 있는데 부모의 공개 멤버가 모두 protected로 바뀐다. 부모 클래스의 멤버를 외부에서 접근할 수 없다는 면에서 public과는 다르며 2차 파생되는 클래스가 애초의 기반 클래스에 접근할 수 있다는 점에서 private 상속과도 다르다.

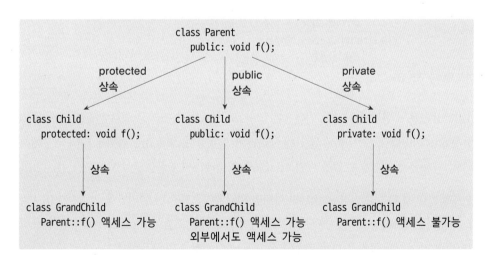

부모 클래스로부터 상속받은 멤버에 대한 액세스 권한을 바로 아래의 직계 후손에게만 주고 싶을 때 protected 상속을 사용한다. 현실적인 실용성은 높지 않아 자주 사용되지 않는다.

3 인터페이스 상속

이번에는 포함, private 상속과 public 상속의 차이점을 연구해 보자. 포함이나 private 상속은 인터페이스는 상속받지 않고 객체의 기능만 재사용할 뿐이어서 구현 상속이라고 한다. Date 객체를 포함하는 Product 객체는 OutDate 함수를 호출하여 날짜를 출력할 수 있지만 자신이 이 함수를 가진 것은 아니어서 외부에서는 호출할 수 없다.

shrimp.OutDate 호출문은 에러로 처리된다. 포함한 Date 객체의 기능만 사용할 뿐 Date 클래스의 기능을 가지는 것은 아니다. 정 하려면 shrimp.validto.OutDate() 식으로 호출할 수 있되 이는 shrimp 객체의 기능이 아닌 포함 객체인 validto의 기능을 사용하는 것이다. 그나마도 validto 멤버와 OutDate 함수가 모두 public으로 선언되어 있어야 한다.

private 상속도 효과가 비슷하다. 모든 멤버를 상속받지만 자동으로 private 속성으로 바뀌기 때문에 외부에서는 이 멤버가 없는 것과 마찬가지이다. 자신만 사용할 수 있을 뿐 공개된 인터페이스를 가지지 않는다. 함수의 기능을 물려받거나 쓸 수 있지만 함수 자체를 가지지 않는 상속을 구현 상속이라고 한다.

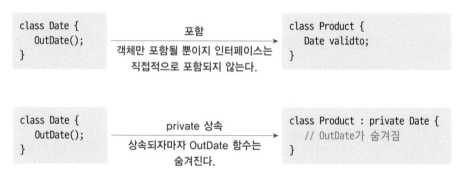

▲ 인터페이스 상속과 구현 상속

반면 public 상속은 구현뿐만 아니라 인터페이스까지도 상속받아 자기 것으로 만든다. Human을 상속받은 Student 클래스는 intro 함수를 물려받아 소유한다. Student 객체에 대해 외부에서 intro 함수를 자유롭게 호출할 수 있을 뿐만 아니라 후손 클래스에게 물려줄 수도 있다.

클래스를 재활용할 때 기능만 빌려 쓸 것인지 아니면 인터페이스까지 다 물려받을 것인지가 IS A와 HAS A를 구분하는 중요한 기준이다. 단순히 기능만 필요하다면 포함이나 private 상속을 사용하고 부모가 할 수 있는 모든 동작을 다 물려주고 싶다면 public 상속을 사용한다.

물론 절대적인 기준은 아니어서 상황에 따라 선택적이다. Prodcut가 Date를 public 상속받아도 기능적인 문제는 없다. 하지만 제품이 일종의 날짜는 아니어서 자연스럽지 못하다. 포함과 두 가지 상속의 유형을 그림으로 비교해 보자.

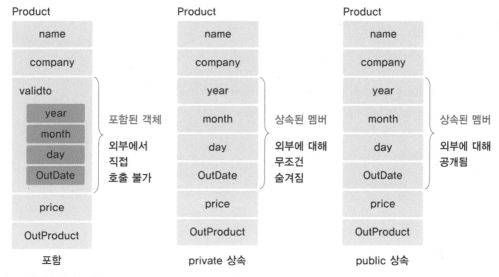

▲ **포함과 상속의 차이점**

세 경우 모두 캡슐화되는 정보는 같지만 이 멤버들이 어디서 왔는지, 외부에 대해 인터페이스가 공개되는지의 여부가 다르다. 구현 상속은 객체를 재사용하는 기법에 불과하지만 인터페이스 상속은 클래스간의 계층을 구성하여 다형성을 구현한다는 점에서 재활용 이상의 의미를 가진다.

4 중첩 클래스

클래스는 주로 멤버 변수와 멤버 함수로 구성되지만 타입도 포함할 수 있다. 클래스 내부적으로만 사용되고 외부에 알릴 필요가 없는 클래스가 있다면 선언문 안에 다른 클래스를 중첩하여 선언한다. 일종의 타입인 클래스가 다른 클래스에 포함될 수 있으며 열거형이나 typedef로 정의한 사용자 정의형도 물론 가능하다. 다음 예제를 보자.

```
NestClass

#include <stdio.h>
#include <string.h>

class Product
{
private:
    char name[64];
```

```cpp
    char company[32];
    int price;

    class Date
    {
    protected:
        int year, month, day;
    public:
        Date(int y, int m, int d) { year = y; month = m; day = d; }
        void OutDate() { printf("%d/%d/%d", year, month, day); }
    };
    Date validto;
public:
    Product(const char *aname, const char *acompany, int y, int m, int d, int aprice) :
        validto(y, m, d) {
        strcpy(name, aname);
        strcpy(company, acompany);
        price = aprice;
    }
    void OutProduct() {
        printf("이름:%s\n", name);
        printf("제조사:%s\n", company);
        printf("유효기간:");
        validto.OutDate();
        puts("");
        printf("가격:%d\n", price);
    }
};

int main()
{
    Product shrimp("새우깡", "농심", 2020, 8, 15, 900);
    shrimp.OutProduct();

    // Date now(12, 34, 56);                    // 에러
}
```

Date 클래스가 외부에서는 전혀 필요치 않고 Product 클래스 안에서만 사용된다면 Date 클래스
의 선언문을 통째로 Product 안으로 이동시킨다. Product 안에서 Date 타입의 멤버를 선언할 수

있고 함수의 인수로 사용할 수도 있다. Date 클래스를 선언한 후 이 타입의 *validto* 멤버를 선언했다.

포함 기법과 유사하되 객체뿐만 아니라 클래스 선언문까지 포함된다는 면이 다르다. 클래스의 동작을 도와주는 도우미 클래스가 필요하다면 외부에 둘 필요 없이 선언문을 중첩시킨다. Product가 자체적으로 필요한 모든 것을 다 소유하여 재사용성이 증가하며 외부의 영향을 덜 받는다.

이렇게 되면 Date는 외부로 알려지지 않으며 Product 안에서만 사용되는 지역 클래스가 된다. main에서는 Date 타입을 알 수 없어 Date 타입의 객체를 생성할 수 없다. 도우미 클래스를 외부로 공개하고 싶다면 public 영역에 선언한다. 중첩된 클래스를 사용할 때는 외부 클래스명을 밝힌다.

```
Product::Date now(12, 34, 56);
```

Product 클래스에 속한 Date 타입의 객체 now를 생성한다는 뜻이다. Date가 다른 클래스에 소속되어 있으니 Date라는 이름만으로 위치를 정확히 알 수 없으며 앞에 Product:: 을 붙여 소속을 정확히 밝혀야 한다.

셀프 테스트 ●

6-2. Human 클래스에 Date 클래스를 재활용하여 생일을 저장하는 `birth` 멤버를 추가하고 `intro` 함수에서 자기 생일을 출력하라.

셀프 테스트 ● **풀이**

```
6-1.
#include <stdio.h>
#include <string.h>

class Human
{
protected:
    char name[12];
    int age;

public:
    Human(const char *aname, int aage) {
        strcpy(name, aname);
        age = aage;
    }
    void intro() {
```

```cpp
        printf("이름 = %s, 나이 = %d\n", name, age);
    }
};

class Boxer : public Human
{
protected:
    int height;
    int weight;

public:
    Boxer(const char *aname, int aage, int aheight, int aweight) : Human(aname, aage) {
        height = aheight;
        weight = aweight;
    }
    void intro() {
        printf("키 %d, 몸무게 %d의 복서 %s입니다.\n", height, weight, name);
    }
    void fight() {
        puts("레프트, 라이트, 쨉쨉");
    }
};

int main()
{
    Boxer kim("김상형", 29, 180, 65);
    kim.intro();
    kim.fight();
}
```

Boxer 클래스를 Human으로부터 상속하고 height, weight 멤버를 추가한다. Boxer로부터 다른 클래스를 파생시킬 수도 있어 추가 멤버도 protected로 선언하는 것이 좋다. 생성자는 네 개의 인수를 전달받아 이름과 나이를 부모 클래스의 생성자에게 넘긴다. intro 함수를 재정의하여 키와 몸무게를 출력하고 fight 함수는 새로 추가한다.

6-2.
```cpp
#include <stdio.h>
#include <string.h>

class Date
{
protected:
```

```cpp
    int year, month, day;
public:
    Date(int y, int m, int d) { year = y; month = m; day = d; }
    void OutDate() { printf("%d/%d/%d", year, month, day); }
};

class Human
{
protected:
    char name[12];
    int age;
    Date birth;

public:
    Human(const char *aname, int aage, int y, int m, int d) : birth(y, m, d) {
        strcpy(name, aname);
        age = aage;
    }
    void intro() {
        printf("이름 = %s, 나이 = %d\n", name, age);
        printf("생일 = ");
        birth.OutDate();
        printf("\n");
    }
};

int main()
{
    Human kim("김상형", 29, 1989, 6, 29);
    kim.intro();
}
```

Date 클래스를 먼저 선언하고 Human에 Date 타입의 멤버 birth를 선언한다. 생성자는 생일을 구성하는 년, 월, 일을 전달받아 초기화 리스트에서 birth 멤버로 전달하여 생일을 초기화한다. intro 함수는 이름과 나이 다음에 birth 객체의 OutDate 함수를 호출하여 생일을 출력한다.

연 습 문 제

1 상속을 하는 목적 또는 효과가 <u>아닌</u> 것은?

① 클래스를 기본 타입과 완전히 동등하게 만든다.

② 기존의 클래스를 재활용한다.

③ 반복을 제거하여 유지, 보수성을 향상시킨다.

④ 계층을 만듦으로써 객체 집합에 다형성을 부여한다.

2 외부에서는 액세스할 수 없고 파생 클래스는 액세스할 수 있는 지정자는?

① private   ② protected   ③ public   ④ mutable

3 다음 두 용어의 의미를 짧게 기술하시오.

오버로딩 –

오버라이딩 –

4 클래스끼리 IS A 관계일 때는 public 상속을 사용하고 HAS A 관계일 때는 (　　　　　) 또는
(　　　　　) 상속을 사용한다.

5 파생 클래스의 초기화 및 종료에 대한 설명으로 <u>틀린</u> 것은?

① 부모 클래스의 생성자가 먼저 실행된다.

② 파생 클래스의 파괴자가 먼저 실행된다.

③ 부모 클래스가 디폴트 생성자를 정의할 경우 상속받은 멤버의 초기화는 생략할 수 있다.

④ 파생 클래스의 생성자 본체에서 상속받은 멤버를 최우선적으로 초기화해야 한다.

6 다음 명제의 진위 여부를 O, X로 표시하라.

[O, X] 생성자는 상속되지 않는다.

[O, X] 상속 기법으로는 동일 타입의 객체 복수개를 재사용할 수 없다.

[O, X] 포함 객체는 반드시 초기화 리스트에서만 초기화할 수 있다.

[O, X] public 상속을 해야만 부모의 private 멤버를 읽을 수 있다.

[O, X] 자식이 같은 이름의 멤버를 정의하면 부모의 멤버는 상속되지 않는다.

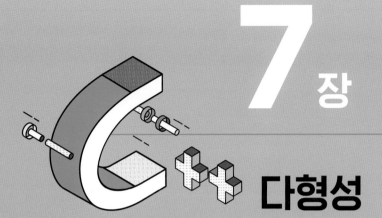

7장

다형성

1 가상 함수

1 객체와 포인터

변수끼리 대입할 때는 좌우변의 타입이 같거나 호환되어야 한다. 객체끼리의 대입도 마찬가지인데 사람과 시간처럼 전혀 관련 없는 객체끼리 대입할 수 없다. 그러나 상속 관계에 있는 객체끼리는 타입이 달라도 어느 정도 대입이 허용된다. 다음 코드를 보자.

```
Human h("이놈", 29);
Student s("저놈", 15, 123456);

h = s;          // 가능
s = h;          // 에러
```

부모 타입의 객체인 h가 자식 객체인 s를 대입받는 것은 허용된다. 학생은 일종의 사람이고 사람을 표현하는 모든 멤버가 다 포함되어 있기 때문이다. 부모로부터 상속받은 s의 모든 멤버가 h에 대입되며 s에서 추가한 멤버는 대입에서 제외된다.

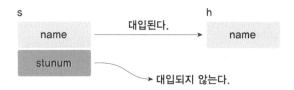

name은 양쪽에 모두 있어 대입되지만 h 객체에 없는 stunum은 대입할 수 없다. 후손 객체의 멤버 일부가 잘려 나가는 슬라이스^{slice} 현상이 발생하지만 객체의 온전함에는 문제가 없다. 학번은 사람이 되기 위한 필수 정보는 아니어서 학번이 없어도 사람일 수는 있다.

그러나 반대로의 대입인 s = h는 대입받은 객체가 온전하지 못해 허락되지 않는다. 자식은 부모보다 더 상세한 정보를 가지고 멤버끼리 긴밀하게 연관되는데 일부만 대입받으면 객체의 무결성이 깨진다. 학생 객체에 이름만 변경하면 이름과 학번이 불일치하여 불완전한 객체가 된다.

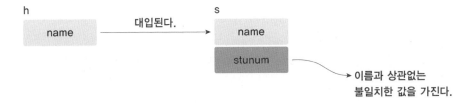

Human과 Student 같은 간단한 클래스에서는 심각한 문제가 아니지만 실무 프로젝트에서 정보의 불일치는 치명적인 에러의 원인이 된다. 예를 들어 부모가 버퍼를 가지고 자식이 이 버퍼를 조작하는 포인터를 추가했다고 해 보자. 버퍼는 바뀌었는데 포인터는 바뀌지 않고 엉뚱한 곳을 가리키면 이후의 동작은 보증할 수 없다.

자식이 부모 객체로부터 필요한 정보만 복사하고 나머지는 적당한 디폴트를 취하는 대입 연산자를 정의하면 역방향의 대입도 가능하지만 일반적이지 않다. 요약하자면 부모 객체는 자식 객체를 대입받을 수 있지만 그 반대는 안 된다. 객체 포인터와 객체의 관계도 이와 유사하다.

ObjectPointer

```
#include <stdio.h>
#include <string.h>

class Human
{
protected:
    char name[12];
    int age;

public:
    Human(const char *aname, int aage) {
        strcpy(name, aname);
        age = aage;
    }
    void intro() {
        printf("이름 = %s, 나이 = %d\n", name, age);
    }
};

class Student : public Human
{
```

```
protected:
    int stunum;

public:
    Student(const char *aname, int aage, int astunum) : Human(aname, aage) {
        stunum = astunum;
    }
    void intro() {
        printf("%d학번 %s입니다.\n", stunum, name);
    }
    void study() {
        printf("이이는 사, 이삼은 육, 이사 팔\n");
    }
};

int main()
{
    Human h("김사람", 10);
    Student s("이학생", 15, 1234567);
    Human *pH;
    Student *pS;

    pH = &h;            // 당연히 가능
    pS = &s;            // 당연히 가능
    pH = &s;            // 가능
    // pS = &h;         // 에러

    pS = (Student *)&h;
    pS->intro();
}
```

-858993460학번 김사람입니다.

main에서 Human과 Student 타입의 객체와 각 타입의 포인터를 선언한 후 서로 대입해 보았다. pH가 h의 번지를 대입받는 것과 pS가 s의 번지를 대입받는 것은 양변의 타입이 일치해 자연스럽다. pS가 학생 객체를 가리키고 있는 상태에서 pS→intro(), pS→study() 함수를 이상 없이 호출할 수 있다.

pH = &s 대입문은 양변의 타입이 일치하지 않지만 컴파일도 가능하고 아무 문제가 없다. pH 포인터로는 Human의 멤버만 참조할 수 있으며 Human의 모든 멤버가 s에도 존재한다. pH→intro()를 호출해도 학생이 자기 소개를 잘한다. 학생은 사람이므로(Student is a Human) 사람이 할 수 있는 모든 행동을 다 할 수 있어 pH가 s를 가리키는 것은 합당하다.

그러나 그 반대는 성립하지 않아 pS가 h를 가리키는 것은 허용되지 않는다. 모든 사람이 다 학생은 아니므로 학생이 하는 행동 중 일부는 사람이 할 수 없다. 정 대입하려면 캐스팅해서 강제로 가리킬 수 있지만 논리적으로 맞지 않은 대입어서 문제가 발생한다.

h의 번지를 강제로 Student *로 바꾸어 pS에 대입한 후 pS→intro()를 호출했다. pS가 Student 타입의 포인터이기 때문에 Student::intro가 호출된다. 이 함수에서 stunum 멤버를 읽는데 h에는 이 멤버가 존재하지 않는다. 그래서 엉뚱한 번지의 오프셋을 읽어 쓰레기값이 출력된다.

그나마 intro는 상속받은 함수여서 큰 이상은 없지만 pS→study() 호출문은 더 위험하다. 사람은 공부하는 동작을 할 수 없어 결과를 예측할 수 없다. 이렇게 위험하기 때문에 컴파일러는 자식 타입의 포인터로 부모 타입의 객체를 가리키는 것은 금지한다.

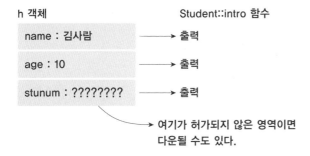

포인터를 선언할 때 지정한 타입을 정적 타입Static Type이라고 하고 포인터가 실제 가리키고 있는 대상체의 타입을 동적 타입Dynamic Type이라고 한다. 대개의 경우 정적 타입과 동적 타입은 일치하지만 부모 타입의 포인터가 자식 객체를 가리키는 경우는 두 타입이 달라진다.

▲ 정적 타입과 동적 타입

C++은 상속 관계의 클래스끼리 대입할 때 조상 타입의 포인터가 후손 객체를 가리키는 것을 허용한다. 다형성을 구현하기 위해서 이 규칙이 꼭 필요하다. 다형성과 객체 지향의 특성을 이해하는 핵

심적인 규칙이므로 "부모는 자식을 가리킬 수 있다"라고 잘 외워 두자.

2 가상 함수의 개념

부모 타입의 포인터가 자식 객체를 가리키는 상황에서 이 포인터로 멤버 함수를 호출하면 어떤 함수가 호출되는 것이 맞을까? 포인터의 정적 타입을 따를 수도 있고 동적 타입을 따를 수도 있는데 다음 예제로 시험해 보자.

```
VirtFunc

#include <stdio.h>
#include <string.h>

class Human
{
protected:
    char name[12];
    int age;

public:
    Human(const char *aname, int aage) {
        strcpy(name, aname);
        age = aage;
    }
    void intro() {
        printf("이름 = %s, 나이 = %d\n", name, age);
    }
};

class Student : public Human
{
protected:
    int stunum;

public:
    Student(const char *aname, int aage, int astunum) : Human(aname, aage) {
        stunum = astunum;
    }
    void intro() {
        printf("%d학번 %s입니다.\n", stunum, name);
```

```
        }
        void study() {
            printf("이이는 사, 이삼은 육, 이사 팔\n");
        }
    };


int main()
{
    Human h("김사람", 10);
    Student s("이학생", 15, 1234567);
    Human *pH;

    pH = &h;
    pH->intro();
    pH = &s;
    pH->intro();
}
```

```
이름 = 김사람, 나이 = 10
이름 = 이학생, 나이 = 15
```

Human으로부터 파생된 Student 클래스는 intro 메서드를 상속받은 후 학번과 이름을 출력하도록 재정의하였다. Human 타입의 포인터 pH는 Human 객체와 Student 객체를 모두 가리킬 수 있는데 각 상태에서 pH로 intro를 호출했다. 어떤 타입을 따르는가에 따라 호출될 intro 함수가 달라진다.

pH가 Human 객체를 가리키고 있을 때는 정적 타입과 동적 타입이 모두 같아 Human::intro()를 호출하는 것이 당연하고 다른 선택의 여지가 없다. 그러나 pH가 Student 객체를 가리킬 때는 정적 타입을 따를지, 동적 타입을 따를지 결정해야 한다. 다음 두 가지 가능성이 있다.

pH가 Human * 타입으로 선언되어 있으니 Human::intro()를 호출하는 것이 합당한 것 같기도 하고 실제 가리키는 객체는 Student 타입의 객체이므로 Student::intro()를 호출하는 것이 맞는 것 같기도 하다. 예제의 실행 결과를 보면 포인터의 정적 타입을 따른다는 것을 알 수 있다.

pH가 Student 객체를 가리키고 있더라도 선언할 때 Human *로 선언했으니 이 포인터로 intro를 호출하면 Human::intro() 함수가 선택된다. 개발자가 이걸 기대했다면 아무 문제가 없지만 원래 의도한 것과 다를 수도 있다. pH가 가리키는 실제 객체의 타입에 따라 적절한 함수가 호출될 것을 기대했다면 프로그램이 원하는대로 동작하지 않은 것이다.

물론 위 예제의 경우 pH로 Student 객체를 가리키지 말고 Student * 타입의 pS를 선언하여 s객체를 가리키면 깔끔하게 해결된다. 그러나 함수를 통해 객체를 주고받을 때는 타입별로 일일이 함수를 만들 수 없어 대표 타입을 받는다. 가령 임의의 사람을 전달받아 소개 함수를 호출하는 함수를 만든다고 해 보자.

```
void IntroSomeBody(Human *pH) {
    pH->intro();
}
```

인수는 Human * 타입이지만 사람으로부터 파생된 모든 객체를 다 받을 수 있고 학생도 당연히 가능하다. 학생은 일종의 사람이고 소개하는 동작을 할 수 있기 때문이다. 이렇게 되면 형식인수 pH가 받는 객체에 따라 실제 호출할 함수가 달라져야 한다. 포인터의 정적 타입과 동적 타입이 다를 때 정적 타입을 따르도록 되어 있지만 실제 코드에서는 동적 타입을 따르는 것이 더 합당한 경우도 있다.

이럴 때 사용하는 것이 바로 가상 함수이다. 가상 함수는 포인터의 동적 타입에 따라 실제 호출할 함수가 결정된다. 포인터가 가리키는 타입에 따라 호출할 함수를 결정하려면 멤버 함수 앞에 virtual 키워드를 붙여 가상으로 선언한다. 예제를 다음과 같이 수정해 보자.

VirtFunc2

```
#include <stdio.h>
#include <string.h>

class Human
{
protected:
    char name[12];
    int age;

public:
    Human(const char *aname, int aage) {
        strcpy(name, aname);
```

```cpp
        age = aage;
    }
    virtual void intro() {
        printf("이름 = %s, 나이 = %d\n", name, age);
    }
};


class Student : public Human
{
protected:
    int stunum;

public:
    Student(const char *aname, int aage, int astunum) : Human(aname, aage) {
        stunum = astunum;
    }
    void intro() {
        printf("%d학번 %s입니다.\n", stunum, name);
    }
    virtual void study() {
        printf("이이는 사, 이삼은 육, 이사 팔\n");
    }
};


void IntroSomeBody(Human *pH) {
    pH->intro();
}


int main()
{
    Human h("김사람", 10);
    Student s("이학생", 15, 1234567);

    IntroSomeBody(&h);
    IntroSomeBody(&s);
}
```

```
이름 = 김사람, 나이 = 10
1234567학번 이학생입니다.
```

intro 함수를 가상으로 선언했으므로 이 함수를 호출할 때는 포인터의 동적 타입을 따른다. IntroSomeBody 함수로 어떤 객체를 넘기는가에 따라 실제 호출할 함수가 달라진다. Human 객체 h를 pH로 넘기면 Human::intro()가 호출되지만 Student 객체 s를 pH로 넘기면 Student::intro()가 호출된다. 사람은 사람으로 소개하고 학생은 학생답게 소개한다.

IntroSomeBody 함수의 본체는 pH->intro(); 로 정해져 있지만 pH로 어떤 객체를 넘기는가에 따라 호출될 함수가 결정되어 실제 동작이 달라진다. 똑같은 코드이지만 경우에 따라 다르게 동작하는 것, 이것이 바로 다형성이다.

3 동적 결합

가상 함수는 자신을 호출하는 객체의 실제 타입인 동적 타입에 따라 호출할 함수를 결정한다. 정의는 간단하지만 이런 동작이 어떻게 가능한지 연구해 볼 필요가 있다. 다음 일반적인 함수 호출문을 살펴보자.

```
printf(...);
strcpy(...);
```

컴파일러는 printf 함수의 정의를 알고 있으며 링커는 이 함수의 주소로 점프하는 코드를 작성한다. 컴파일(정확하게는 링크)하는 시점에 점프할 주소가 결정되는 방식을 정적 결합Static Binding 또는 이른 결합Early Binding이라고 한다. 결합Binding이란 함수의 번지를 결정하는 동작인데 지금까지 사용한 함수는 모두 정적 결합으로 동작한다.

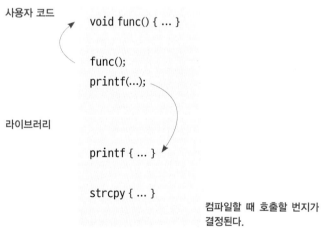

▲ 함수의 주소를 결정하는 바인딩

그러나 가상 함수는 객체의 타입에 따라 바인딩이 달라져야 하므로 컴파일할 때 호출 주소를 정확히 결정할 수 없다. 대입은 실행 중에 발생하는 연산이며 포인터가 실행 중에 어떤 타입의 객체를 대입받을지 미리 알 수 없기 때문이다. IntroSomeBody 함수의 본체 코드는 무조건적인 점프문이 될 수 없으며 조건에 따라 호출할 함수를 선택해야 한다.

```
void IntroSomeBody(Human *pH) {
    pH가 Human 객체를 가리키면 Human::intro() 호출
    pH가 Student 객체를 가리키면 Student::intro() 호출
}
```

실행 중에 호출할 함수를 결정하는 방식을 동적 결합Dynamic Binding 또는 늦은 결합Late Binding이라고 한다. pH→intro() 호출문을 미리 정해진 번지로의 점프문으로 번역할 수 없고 pH가 실제 가리키는 타입을 조사하여 정확한 함수를 호출해야 한다. 그래야 전달된 객체에 따라 각기 다른 동작을 할 수 있고 다형성을 구현할 수 있다.

```
class Human {
    virtual void intro() { ... }
}

class Student {
    virtual void intro() { ... }
}

pH->intro()
```

pH가 누구를 가리키는가에 따라 호출할 함수가 달라진다.

▲ 동적 결합이 필요한 상황

그렇다면 똑같은 코드에 대해 경우에 따라 다른 함수를 호출하는 코드는 어떻게 만들까? 타입을 판별하는 if 문이나 switch 문을 쓸 수도 있고 별도의 함수 목록을 작성할 수도 있다. C++ 스펙은 가상 함수의 동작 방식만 정의할 뿐 구현 방법까지 강제하지는 않아 컴파일러 제작사별로 컴파일 결과는 약간씩 다르다.

대부분의 컴파일러는 가상 함수 테이블vtable이라는 형식으로 구현한다. 내부는 다소 복잡하게 되어 있는데 너무 상세히 알 필요는 없다. 클래스마다 가상 함수의 번지 목록인 vtable을 작성하고 각 객체는 선두에 vtable의 위치를 가진다. 가상 함수 호출문은 객체의 vtable을 참고하여 점프할 함수의 실제 번지를 찾는 방식이다. 클래스마다 룩업 테이블을 유지하고 이 테이블에서 실제 함수의 번지를 찾는 형식이다.

가상 함수를 위해 객체의 구조가 달라지고 호출문 번역이 복잡해져 동적 결합은 정적 결합보다 호출 속도가 근소하게 느리다. 성능을 중요시하는 C/C++은 정적 결합을 할지 동적 결합을 할지 virtual 키워드로 선택하도록 되어 있다. 반면 속도보다는 정확성을 더 중요시하는 자바는 무조건 동적 결합을 한다. 가상 함수 호출문을 어떻게 번역할 것인가는 컴파일러 제작의 문제이므로 너무 상세하게는 몰라도 상관없다.

2 가상 함수의 활용

1 재정의 가능한 함수

가상 함수의 개념은 선뜻 이해될만큼 쉽지 않으며 실전에서 가상 함수를 제대로 활용하기는 더 어렵다. 보통은 비가상 함수로 충분하지만 동적 결합이 꼭 필요할 때 가상 함수를 사용한다. 이론만으로는 가상 함수의 실용성을 느끼기 어려우니 실제 예를 통해 가상 함수의 필요성에 대해 연구해 보자.

가상 함수는 포인터의 동적 타입에 따라 정확한 함수가 선택되는 함수이다. 따라서 가상 함수가 되려면 상속 계층의 클래스마다 재정의되어 동작이 달라야 한다. 부모가 정의한 함수를 자식이 수정할 가능성이 있는 함수는 가상으로 선언한다. 반면 재정의할 필요가 전혀 없는 함수는 굳이 가상으로 선언할 필요가 없다. 다음 예제를 보자.

```
Overridable
#include <stdio.h>
#include <string.h>

class Human
{
protected:
    char name[12];
    int age;

public:
    Human(const char *aname, int aage) {
        strcpy(name, aname);
        age = aage;
    }
    void eat() {
```

```cpp
            puts("냠냠냠");
        }
        virtual void intro() {
            printf("이름 = %s, 나이 = %d\n", name, age);
        }
};


class Student : public Human
{
protected:
    int stunum;

public:
    Student(const char *aname, int aage, int astunum) : Human(aname, aage) {
        stunum = astunum;
    }
    void intro() {
        printf("%d학번 %s입니다.\n", stunum, name);
    }
};


int main()
{
    Human h("김사람", 10);
    Student s("이학생", 15, 1234567);
    Human *pH;

    pH = &h;
    pH->intro();
    pH->eat();
    pH = &s;
    pH->intro();
    pH->eat();
}
```

```
이름 = 김사람, 나이 = 10
냠냠냠
1234567학번 이학생입니다.
냠냠냠
```

앞에서 알아본 것처럼 intro 함수는 Human과 Student의 동작이 달라 Student에서 재정의한다. 따라서 이 함수는 반드시 가상으로 선언해야 한다. 반면 eat 함수는 Human에만 정의되어 있고 Student는 이 함수를 상속받아 쓰기만 한다.

사람이나 학생이나 도둑놈이나 경찰이나 먹는 방법은 별반 차이가 없으니 eat 함수를 굳이 재정의할 필요는 없다. 후손 객체가 eat를 호출하더라도 실제 호출될 함수는 항상 Human::eat로 정해져 있다. 따라서 이 함수는 동적 결합할 필요가 없으며 가상으로 선언하지 않는 것이 좋다.

동적 결합은 포인터(또는 레퍼런스)를 통해 멤버 함수를 호출할 때만 적용된다. 부모가 자식을 가리킬 수 있다 보니 포인터의 정적, 동적 타입이 일치하지 않고 그래서 동적 결합이 필요하다. 객체로부터 함수를 직접 호출할 때는 객체의 타입이 분명해 항상 정적 결합된다. 다음 호출문을 보자.

```
h.intro();
s.intro();
```

h는 어떻게 해도 Human 타입일 수밖에 없으니 호출되는 함수는 항상 Human::intro()이다. 이런 경우는 intro가 가상으로 선언되어 있더라도 정적 결합한다. 포인터로부터 호출될 가능성이 없고 항상 객체로부터 호출된다면 intro도 굳이 가상일 필요는 없다. 그러나 클래스에 대한 포인터 타입이 항상 가능해 이런 가정은 위험하다.

가상 함수가 필요한 경우는 ① 상속 계층을 구성할 때, ② 자식 클래스가 멤버 함수를 재정의할 때, ③ 포인터로부터 멤버 함수를 호출할 때, 이 세 가지 조건을 모두 만족할 때이다. 상속하지 않는 단독 클래스이거나 계층을 구성하더라도 재정의하지 않는다면 호출할 함수를 선택할 필요가 없다. 그러나 미래의 확장까지 고려하여 조금이라도 가능성이 있다면 미리 가상 함수로 선언해 두어야 한다.

가상이어야 할 함수를 비가상으로 잘못 선언하면 엉뚱한 함수가 호출되어 언제 말썽을 부릴지 모른다. 반대의 경우는 약간의 성능 저하가 있을 뿐 논리상의 문제는 없다. 따라서 조금이라도 확장 가능성이 있는 함수는 죄다 가상으로 선언하는 것이 속 편하다. 성능을 중요시하는 C++은 가상 여부를 virtual 키워드로 선택하지만 자바는 성능보다 안정성을 더 중요시하여 무조건 가상이다.

2 객체의 집합 관리

다음 예제는 여러 가지 도형을 그리고 관리하는 그래픽 편집 프로그램의 간단한 구현 예이다. 최상위의 Shape 클래스로부터 여러 가지 모양을 표현하는 도형 객체가 파생되며 모두 draw라는 멤버 함수로 자신을 그린다. 도형마다 그리는 방식이 달라 모든 클래스가 draw를 재정의한다. 콘솔 환경에서 그래픽을 그릴 수 없어 문자열을 출력하여 흉내만 낸다.

```cpp
#include <stdio.h>

class Shape
{
public:
    void draw() { puts("도형 오브젝트입니다."); }
};

class Line : public Shape
{
public:
    void draw() { puts("선을 긋습니다."); }
};

class Circle : public Shape
{
public:
    void draw() { puts("동그라미 그렸다 치고."); }
};

class Rect : public Shape
{
public:
    void draw() { puts("요건 사각형입니다."); }
};

int main()
{
    Shape *ar[] = { new Shape(), new Rect(), new Circle(), new Rect(), new Line() };

    for (int i = 0; i < sizeof(ar)/sizeof(ar[0]); i++) {
        ar[i]->draw();
    }
    for (int i = 0; i < sizeof(ar) / sizeof(ar[0]); i++) {
        delete ar[i];
    }
}
```

루트에 Shape 클래스가 있고 이로부터 세 개의 도형 클래스를 파생했다. 각 도형별로 좌표 정보나 반지름 등의 멤버를 가지겠지만 예제에서는 간단하게 draw 함수만 구현했다.

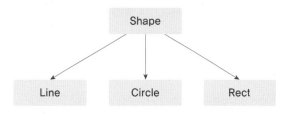

사용자는 마우스로 그래픽 객체를 선택하여 그리고 그려진 도형을 이동하거나 편집한다. 한꺼번에 여러 개의 도형을 선택할 수 있어 객체의 배열을 선언하여 집합적으로 관리한다. 예제에서는 Shape 포인터를 저장하는 ar 배열을 선언하고 이 배열에 다섯 개의 객체를 생성했다.

각 도형별로 배열을 유지할 필요 없이 루트인 Shape * 타입의 ar 배열 하나로 모든 파생 객체를 관리할 수 있다. 부모 타입의 포인터가 자식 객체를 가리킬 수 없다면 도형별로 배열을 일일이 만들어야 하므로 불편할 뿐만 아니라 코드도 길어진다.

배열의 도형을 집합적으로 관리하려면 루프를 돌며 도형의 포인터를 꺼내 각 객체의 멤버 함수를 호출한다. ar 배열을 순회하며 draw 함수를 호출하면 각 도형에 맞게 재정의한 draw 함수가 호출될 것이다. 그러나 기대와는 달리 객체의 타입에 상관없이 Shape::draw()만 호출된다.

이렇게 되는 이유는 draw 함수가 비가상이어서 정적 결합되기 때문이다. ar 배열의 정적 타입이 Shape *이니 배열 요소로부터 호출되는 함수는 항상 Shape::draw()일 수밖에 없다. 문제를 해결하려면 draw 함수가 동적 결합하도록 가상으로 선언해야 한다. 루트의 draw만 가상으로 선언하면 파생 클래스의 함수도 자동으로 가상이 된다. 다음과 같이 수정해 보자.

GraphicObject2

```
class Shape
{
public:
    virtual void draw() { puts("도형 오브젝트입니다."); }
};
....
```

```
도형 오브젝트입니다.
요건 사각형입니다.
동그라미 그렸다 치고.
요건 사각형입니다.
선을 긋습니다.
```

draw를 가상으로 선언하면 호출 객체의 타입에 따라 동적으로 결합되므로 각 도형에 맞는 draw 함수가 호출된다. 똑같은 ar[i]→draw() 호출임에도 ar[i]가 실제 어떤 도형인가에 따라 그려지는 모양이 달라진다. 가상 함수의 동작이 다형적이다.

```
                              ➤ Shape::draw()
                              ➤ Line::draw()
ar[i]→draw() ◄
                              ➤ Circle::draw()
                              ➤ Rect::draw()
```

타입을 구분할 필요 없이 ar[i]에 대해 draw만 호출하면 가상 함수가 동적 결합되어 객체 타입에 맞는 정확한 함수를 선택한다. 이런 기능이 없다면 도형별로 자신의 타입을 밝히는 멤버를 선언해 두고 관리 코드는 배열을 순회하며 도형의 타입에 따라 호출할 함수를 선택해야 한다.

```
for (int i = 0; i < sizeof(ar) / sizeof(ar[0]); i++) {
    switch (ar[i].Type) {
    case GR_SHAPE:
        ((Shape *)ar[i])→draw();
        break;
    case GR_LINE:
        ((Line *)ar[i])→draw();
        break;
    case GR_CIRCLE:
        ((Circle *)ar[i])→draw();
        break;
    case GR_RECT:
        ((Rect *)ar[i])→draw();
        break;
    }
}
```

이 방식은 아주 오래전에 C 개발자가 실제로 즐겨 사용했었다. 코드가 길어 불편할 뿐만 아니라 도형의 종류가 늘어나면 case도 같이 늘려야 하니 관리가 어렵다. 가상 함수는 컴파일러가 내부적으로 vtable을 관리하므로 추가된 도형까지도 다형적으로 잘 동작한다. 과연 그런지 예제에 삼각형 클래스를 추가해 보자.

GraphicObject3

```
class Triangle : public Shape
{
public:
    void draw() { puts("나는 새로 추가된 삼각형이다."); }
};

int main()
{
    Shape *ar[] = { new Triangle(), new Rect(), new Circle() };
    ....
```

```
나는 새로 추가된 삼각형이다.
요건 사각형입니다.
동그라미 그렸다 치고.
```

---

ar 배열에 new Triangle() 요소를 추가한 후 실행해 보면 삼각형도 잘 출력된다. 도형을 그리는 ar[i]→draw()는 전혀 수정할 필요가 없으며 심지어 이 코드가 이미 컴파일되어 있더라도 잘 동작한다. vtable로부터 객체의 함수를 찾는 과정이 똑같아 미래의 후손 클래스까지도 잘 지원한다.

기능을 확장할 때 클래스가 추가되는 것은 어쩔 수 없지만 객체를 관리하는 코드는 수정할 필요가 없어 관리의 유연성이 극적으로 향상된다. 이런 이점을 누리려면 클래스 계층을 잘 설계하고 재정의 함수를 가상으로 선언해야 한다. 실제 그래픽 편집 프로그램인 파워포인트의 동작을 관찰해 보자.

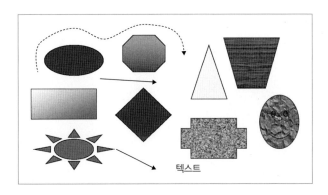

텍스트

이 프로그램은 수십 가지의 다양한 도형을 그리고 관리한다. 모든 도형은 클래스 계층에 속하고 파생 클래스의 멤버 함수는 전부 가상으로 선언되어 있다. 그래서 어떤 도형이든 가상 함수만 호출하면 일관된 방법으로 관리할 수 있다. 도형 클래스가 각자 다형적으로 동작하기 때문이다.

· **마우스 드래그시** : move 가상 함수 호출
· **트래커 드래그시** : resize 가상 함수 호출
· **더블클릭시** : setproperty 가상 함수 호출

가상 함수가 없다면 도형의 타입에 따라 일일이 분기해야 하고 새로 추가되는 도형에 대해 관리 코드를 매번 업데이트해야 한다. 이런 식이면 대형 프로젝트의 효율성이 떨어진다. 구현이 조금씩 다른 비슷한 객체의 집합을 만들 때는 클래스 계층을 구성하고 가상 함수를 적극 활용해야 한다. 다형성의 전제 조건이 상속과 재정의이다.

3 멤버 함수가 호출하는 함수

다음 예제는 화면상의 한 점을 표현하는 Point 클래스와 원을 표현하는 Circle 클래스를 정의한다. 콘솔 화면에 진짜 그래픽을 그릴 수는 없으니 문자로 점과 원을 표현한다. 커서를 옮기기 위해 gotoxy 함수가 필요하여 cursor.h 헤더 파일을 포함한다.

Point 클래스는 점의 좌표인 (x, y)와 점을 그릴 문자 ch를 멤버로 가진다. show 함수는 화면에 자신을 보이며 hide 함수는 자신을 숨긴다. move 함수는 현재 좌표의 점을 숨기고 새 좌표로 이동한 후 다시 보임으로써 점의 좌표를 바꾼다. 아주 쉬운 코드이다.

Circle은 Point로부터 중심점과 문자를 상속받으며 원을 표현하기 위한 반지름 멤버를 추가로 가진다. 점은 한 지점이지만 원은 삼각함수로 중심에서 일정 거리만큼 떨어진 좌표를 구해 원주를 그려야 하므로 show, hide 함수를 재정의했다.

```
MemCallMem

#include <stdio.h>
#include <conio.h>
#include <math.h>
#include <cursor.h>

class Point
{
protected:
    int x, y;
    char ch;
```

```cpp
public:
    Point(int ax, int ay, char ach) { x = ax; y = ay; ch = ach; }
    void show() {
        gotoxy(x, y); putch(ch);
    }
    void hide() {
        gotoxy(x, y); putch(' ');
    }
    void move(int nx, int ny) {
        hide();
        x = nx;
        y = ny;
        show();
    }
};

class Circle : public Point
{
protected:
    int radius;

public:
    Circle(int ax, int ay, char ach, int arad) : Point(ax, ay, ach) { radius = arad; }
    void show() {
        for (double a = 0; a < 360; a += 10) {
            gotoxy(int(x + sin(a*3.14 / 180)*radius), int(y - cos(a*3.14 / 180)
                *radius/2));
            putch(ch);
        }
    }
    void hide() {
        for (double a = 0; a < 360; a += 10) {
            gotoxy(int(x + sin(a*3.14 / 180)*radius), int(y - cos(a*3.14 / 180)
                *radius/2));
            putch(' ');
        }
    }
};
```

```
int main()
{
    Point p(1, 1, 'P');
    Circle c(20, 10, 'C', 12);

    p.show();
    c.show();

    getch();
    p.move(40, 1);
    getch();
    c.move(40, 10);
    getch();
}
```

main에서 점 객체 p와 원 객체 c를 생성하고 두 객체를 모두 화면에 표시한 후 키입력을 대기한다.
두 객체가 화면에 나타난다.

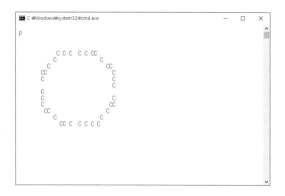

이 상태에서 아무 키나 누르면 move 함수를 호출하여 점을 (40, 1)로 이동시킨다. hide 함수로 이
전 위치의 점을 지우고 새 좌표로 갱신한 후 show 함수로 다시 그린다. 이동이란 이전 위치를 지우
고 새 위치에 다시 그리는 것이므로 move 함수는 이 순서에 맞게 함수를 호출한다. 다시 키를 누르
면 이번에는 원을 (40, 10)으로 옮긴다. 그러나 원은 제대로 옮겨지지 않고 중심점만 이동한다.

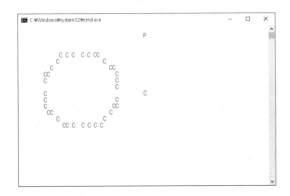

왜 이렇게 되는지 코드를 잘 분석해 보자. 점을 움직이는 원리나 원을 움직이는 원리나 원래 도형을 지우고 새 위치에 다시 그리는 절차는 마찬가지다. move 함수의 논리가 완전히 같아 Circle 클래스는 이 함수를 재정의하지 않았으며 Point의 move를 그대로 상속받았다. 합당한 상속이지만 Point의 move 함수가 원하는대로 동작하지 않아 문제가 발생한다. Point::move를 Circle 클래스에 그대로 복사해 보자.

```
class Circle : public Point
{
    ....
    void move(int nx, int ny) {
        hide();
        x = nx;
        y = ny;
        show();
    }
};
```

Circle에 자신만의 move 함수를 정의하면 원도 제대로 이동한다. 보다시피 글자 하나 다른 부분이 없는 완전히 똑같은 함수인데 왜 상속을 받으면 안 되고 자신이 정의하면 되는 것일까? 그 이유는 함수의 코드가 같더라도 이 함수가 호출하는 hide, show 함수가 다르기 때문이다.

멤버 함수에서 객체의 다른 멤버를 참조할 때 언제나 this->가 암시적으로 적용되어 현재 객체의 멤버를 대상으로 한다. 호출 객체의 포인터인 this의 정적 타입은 Point *이지만 호출 객체에 따라 동적 타입은 Point * 또는 Circle *로 달라진다. 따라서 move 내부에서 호출하는 show, hide가 동적 결합되어야 한다.

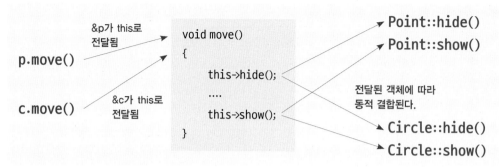

▲ 멤버 함수에서 다른 멤버 함수를 호출할 때의 동적 결합

하지만 위 예제의 show, hide는 비가상으로 선언되어 있어 정적 결합을 하며 항상 Point의 show, hide를 호출한다. 원주는 그대로 두고 중심점만 움직이니 원이 제대로 이동하지 않는다. 문제를 해결하려면 show, hide 함수를 가상으로 선언해야 한다.

```
MemCallMem2

class Point
{
protected:
    int x, y;
    char ch;
public:
    Point(int ax, int ay, char ach) { x = ax; y = ay; ch = ach; }
    virtual void show() {
        gotoxy(x, y); putch(ch);
    }
    virtual void hide() {
        gotoxy(x, y); putch(' ');
    }
    void move(int nx, int ny) {
        hide();
        x = nx;
        y = ny;
        show();
    }
};
    ....
```

show, hide를 가상으로 선언하면 move 함수에서 호출하는 show, hide가 동적으로 결합되어 점으로부터 호출할 때, 원으로부터 호출할 때의 실제 동작이 다형적으로 결정된다. move 함수의 코드는 완전히 같으므로 Circle이 move 함수를 굳이 가질 필요는 없다.

그렇다면 move를 가상으로 선언하는 것은 어떨까? 실제 해 보면 아무 효과가 없다. move의 코드는 어차피 똑같으므로 어떤 클래스의 move가 호출되더라도 차이가 없다. 중요한 것은 move가 호출하는 show, hide가 객체 타입에 맞는 동적 결합을 하는가 아닌가이다.

멤버 함수가 호출하는 다른 멤버 함수가 클래스별로 다르게 정의되어 있다면 이 함수는 가상으로 선언해야 한다. 멤버 함수는 항상 객체 포인터인 this로부터 호출되므로 this의 타입에 따라 동적 결합해야 정확한 함수가 호출된다.

4 가상 파괴자

파괴자는 항상 가상으로 선언해야 한다. 왜 그런지 다음 예제로 연구해 보자.

```
VirtDestructor
#include <stdio.h>

class Base
{
private:
    char *B_buf;
public:
    Base() { B_buf = new char[10]; puts("Base 생성"); }
    ~Base() { delete[] B_buf; puts("Base 파괴"); }
};

class Derived : public Base
{
private:
    int *D_buf;
public:
    Derived() { D_buf = new int[32]; puts("Derived 생성"); }
    ~Derived() { delete[] D_buf; puts("Derived 파괴"); }
};

int main()
{
    Derived d;
}
```

```
Base 생성
Derived 생성
Derived 파괴
Base 파괴
```

Base는 생성자에서 문자 배열을 생성하고 파괴자에서 해제한다. Base로부터 파생된 Derived는 생성자에서 정수 배열을 생성하고 파괴자에서 해제한다. 각 클래스가 필요한 메모리를 동적 할당하지만 생성자와 파괴자가 정확하게 작성되어 있어 메모리 누수는 없다.

main에서 Derived 타입의 d 객체 하나만 선언했다. 생성자와 파괴자가 언제 호출되는지 살펴보기 위해 메시지 출력문을 삽입했는데 실행 결과에서 보다시피 적절히 잘 호출된다. 생성시에는 부모, 자식 순으로 초기화되고 파괴시에는 반대로 자식, 부모 순으로 정리한다.

여기까지만 보면 지극히 평범하지만 여기에 포인터가 개입되면 정적 타입과 동적 타입의 불일치가 발생할 수 있어 문제가 달라진다. main의 코드를 다음과 같이 수정해 보자.

```cpp
int main()
{
    Base *pB;

    pB = new Derived;
    delete pB;
}
```

부모가 자식을 가리킬 수 있으니 Base 타입의 포인터에 Derived 타입의 객체를 생성하여 대입할 수 있다. new 연산자는 Derived 객체를 만들면서 Base와 Derived의 생성자를 차례로 호출하여 두 개의 버퍼를 동적으로 할당한다. 생성할 때는 어떤 타입의 객체를 만드는지 분명히 알 수 있다.

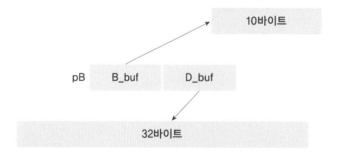

그러나 delete 연산자가 이 객체를 해제할 때는 pB가 Base * 타입이므로 pB의 파괴자만 호출한다.

포인터의 정적 타입에 따라 파괴자가 정적으로 결합되기 때문이다. 출력되는 메시지로 이 상황을 직접 확인할 수 있다.

```
Base 생성
Derived 생성
Base 파괴
```

이렇게 되면 부모가 할당한 배열은 잘 해제되지만 Derived가 할당한 배열은 해제되지 않아 메모리 누수가 발생한다. 문제의 원인은 파괴자가 정적 결합을 하기 때문이며 파괴자를 가상으로 선언하면 해결된다.

VirtDestructor2

```c
#include <stdio.h>

class Base
{
private:
    char *B_buf;
public:
    Base() { B_buf = new char[10]; puts("Base 생성"); }
    virtual ~Base() { delete[] B_buf; puts("Base 파괴"); }
};

class Derived : public Base
{
private:
    int *D_buf;
public:
    Derived() { D_buf = new int[32]; puts("Derived 생성"); }
    virtual ~Derived() { delete[] D_buf; puts("Derived 파괴"); }
};

int main()
{
    Base *pB;

    pB = new Derived;
    delete pB;
}
```

이런 이유로 파괴자는 항상 가상으로 선언해야 한다. 상속을 하지 않는다거나 포인터를 사용할 가능성이 없다면 그럴 필요가 없지만 당장은 아니더라도 클래스가 언제 확장될지 알 수 없으니 미리 가상으로 선언해 두는 것이 좋다.

파괴자와는 달리 생성자는 가상이 아니어도 상관없으며 가상으로 선언할 수도 없다. 왜냐하면 객체를 생성할 때 new 연산자 다음에 타입을 분명히 명시하므로 어떤 생성자를 호출할지 정확하게 결정할 수 있기 때문이다.

3 순수 가상 함수

1 정의

가상 함수는 동적 결합 능력이 있어 포인터로 호출해도 정확한 함수가 선택되므로 안전하게 재정의할 수 있다. 그러나 반드시 재정의해야 하는 것은 아니다. 부모의 동작을 그대로 쓰고 싶다면 상속만 받으면 되고 동작을 변경하고 싶을 때만 재정의하면 된다. 즉, 가상 함수는 재정의 가능한 함수이지 반드시 재정의해야 하는 것은 아니다.

이에 비해 순수 가상 함수Pure Virtual Function는 부모 클래스가 동작을 아예 정의하지 않아 파생 클래스에서 반드시 재정의해야 하는 함수이다. 부모 클래스가 너무 일반적이어서 동작을 정의할 수 없을 때 함수의 본체를 생략하고 대신 선언부의 끝에 = 0를 붙여 본체가 없음을 표시한다. 앞에서 만들었던 도형 예제의 draw 함수가 대표적인 예이다.

PureVirtual

```
#include <stdio.h>

class Shape
{
public:
    virtual void draw() = 0;
};

class Line : public Shape
{
public:
    virtual void draw() { puts("선을 긋습니다."); }
};

class Circle : public Shape
```

```
{
public:
    virtual void draw() { puts("동그라미 그렸다 치고."); }
};

class Rect : public Shape
{
public:
    virtual void draw() { puts("요건 사각형입니다."); }
};

int main()
{
    Shape *pS[3];

    // Shape s;
    pS[0] = new Line;
    pS[1] = new Circle;
    pS[2] = new Rect;

    for (int i = 0; i < 3; i++) {
        pS[i]->draw();
    }

    for (int i = 0; i < 3; i++) {
        delete pS[i];
    }
}
```

```
선을 긋습니다.
동그라미 그렸다 치고.
요건 사각형입니다.
```

Shape 클래스는 일반적인 도형을 정의할 뿐 실제로 화면에 자신을 그릴 수 있는 구체적인 도형은
아니다. 그래서 draw 함수의 본체를 정의할 수 없으며 = 0를 붙여 순수 가상 함수로 선언했다. 순
수 가상 함수를 하나 이상 가지는 클래스를 추상 클래스^{Abstract Class}라고 하며 동작 중 일부가 정의
되지 않아 인스턴스를 생성할 수 없다. Shape 타입의 s 객체를 선언하면 에러 처리된다.

모든 동작이 정의된 클래스를 구체 클래스^{Concrete Class}라고 하며 Line, Circle, Rect는 동작 가능한

객체를 생성한다. 구체 클래스는 부모의 순수 가상 함수를 구체적으로 구현한다. 편의상 문자열로 그리는 흉내만 내고 있지만 그래픽 환경이라면 진짜 선, 원, 사각형을 그릴 수 있다. 하지만 Shape 클래스는 막연한 도형을 의미하는 대표 타입일 뿐 그 자신을 그릴 수는 없다.

동작이 불완전하여 객체를 생성할 수 없지만 존재 의미가 없는 것은 아니다. 추상 클래스는 하위의 구체 클래스에 대한 공동의 조상이 되어 그룹 전체를 대표한다. Shape 타입의 객체는 생성할 수 없지만 Shape 객체를 가리키는 포인터나 포인터 배열은 선언할 수 있으며 이 배열로 후손 클래스의 객체 집합을 관리한다.

공동의 조상이 없다면 Line, Circle, Rect라는 도형의 집합을 한 번에 정의할 수 없다. 이들은 비슷한 형제 관계일 뿐 IS A 관계가 성립하지 않는다. 공동의 조상은 그 자체는 불완전하더라도 후손들이 마땅히 가져야 할 함수의 집합을 정의하고 다형성을 부여하는 역할을 한다. 추상 클래스로부터 구체적인 도형 클래스를 파생하려면 부모가 선언한 순수 가상 함수를 반드시 구현해야 한다.

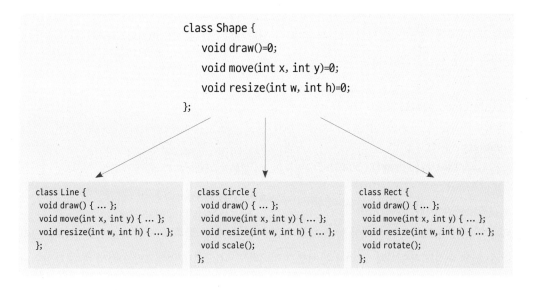

도형은 스스로 그릴 수 있으며 이동이나 크기 변경도 가능하다. Shape 추상 클래스는 구체적인 구현은 없지만 도형이 되기 위한 최소한의 동작 목록을 순수 가상 함수로 정의한다. 후손 클래스는 구체적인 도형이 되기 위해 draw, move, resize 동작을 구현하며 그 외에 더 필요한 멤버를 추가할 수 있다. 파생 클래스가 순수 가상 함수 중 일부를 재정의하지 않으면 여전히 추상 클래스이며 객체를 생성할 수 없다.

추상 클래스가 정의하는 기능 목록을 인터페이스라고 한다. Shape 클래스가 선언하는 세 개의 순수 가상 함수는 비록 본체는 없지만 "도형이 되려면 적어도 이 정도의 기능은 꼭 필요하다"는 것을 표시하고 개발자에게 구현을 강제하는 역할을 한다. 그리기, 이동, 크기 변경 중 하나라도 수행할 수 없다면 실세계의 도형이 아니다.

순수 가상 함수는 필요한 기능의 목록을 밝히는 것이 본연의 임무여서 본체를 가지지 않는 것이 보통이다. 추상 클래스는 필요한 동작의 종류만 밝히고 파생 클래스가 재정의하여 본체를 채운다. 일반적이지 않지만 순수 가상 함수도 후손들의 공통적인 동작을 처리하기 위해 본체를 가질 수도 있다.

```cpp
class Shape
{
public:
    virtual void draw() = 0 {
        clrscr();
    }
};
```

모든 도형이 그리기 전에 화면을 지워야 한다면 각 클래스의 draw마다 clrscr 호출문을 넣는 대신 루트의 draw에 이 코드를 미리 작성해 놓을 수 있다. 후손 클래스는 Shape::draw()를 호출하여 준비를 한 후 자신을 그린다.

```cpp
class Line : public Shape
{
public:
    virtual void draw() { Shape::draw(); puts("선을 긋습니다."); }
};
```

모든 후손이 공통으로 사용해야 할 코드를 루트의 순수 가상 함수에 작성해 놓으면 반복을 방지할 수 있고 수정도 용이하다. 그러나 본체를 가지더라도 = 0으로 선언했으면 여전히 순수 가상이며 Shape 클래스는 객체를 생성할 수 없는 추상 클래스이다. 그리기 준비만 하는 것으로는 도형이라고 볼 수 없기 때문이다.

2 추상 클래스의 예

추상 클래스를 사용할 정도면 클래스 계층이 거대해서 간단한 예제 프로젝트로 만들어 보기는 어렵다. 모식적인 예를 통해 프로젝트에서 추상 클래스의 활용 예를 구경해 보자. 워드 프로세서의 문서를 분석하는 기능을 클래스로 캡슐화한다면 문서를 스캔하여 문단, 도표, 그림 등의 요소를 추출하는 함수를 만들어야 한다. 많이 사용되는 아래한글과 워드에 대한 클래스는 아마 다음과 같을 것이다.

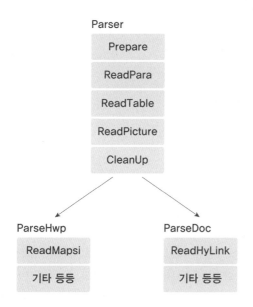

문서 분석은 다량의 메모리를 사용하고 XML 파서 같은 외부 모듈도 필요해 준비 과정이 필요하며 다 사용한 후 정리도 해야 한다. Prepare, CleanUp 함수가 준비와 정리를 수행한다. 문서 포맷은 문단 안에 도표와 그림이 있는 형태여서 이를 읽는 ReadPara, ReadTable, ReadPicture 함수도 정의했다. 그 외에 문서 포맷별로 존재하는 고유의 정보를 읽는 함수도 추가로 가진다.

워드 문서와 아래한글 문서의 전체적인 포맷이 비슷하다 보니 ParseHwp, ParseDoc 분석기에 중복되는 기능이 많다. 이럴 때는 상위의 Parser 클래스에 중복 기능을 통합하여 정의하고 이를 상속받아 클래스 계층을 만드는 것이 좋다. 중복 기능은 부모로부터 상속받고 고유의 기능을 추가로 정의한다.

이렇게 만들어진 계층에서 Parser 클래스는 어떤 문서를 분석하는 것일까? 이 클래스는 문서 분석기의 공통된 부모일 뿐 실제 존재하는 문서를 분석하는 구체적인 기능을 가지는 것은 아니다. 그래서 Parser의 멤버 함수를 순수 가상으로 선언하여 추상 클래스로 정의한다. Parser 자체가 분석기는 아니지만 모든 분석기에 대한 설계 도면인 셈이다.

Parser는 문서 분석기가 가져야 할 필수 인터페이스의 목록을 정의하며 파생 클래스는 이 목록의 모든 함수를 자신이 분석하는 문서 구조에 맞게 구체적으로 구현한다. 이후 훈민정음이나 HTML 문서에 대한 분석기를 추가할 때 Parser로부터 상속받아 순수 가상 함수만 재정의하면 된다. 공동의 조상에 의해 모든 분석기의 사용 방법이 유사해지며 Parser * 타입으로 분석기의 집합을 쉽게 관리할 수 있다.

구조를 잘 만들어 놓으면 시간이 지난 후 프로젝트를 다시 분석할 때 추상 클래스의 순수 가상 함수 목록만 봐도 클래스 구조를 한눈에 파악할 수 있다. 후임자에게 프로젝트를 인수하거나 팀 작업을 할 때도 추상 클래스와 계층도를 보여 주면 별다른 설명이 필요 없다. 필수 함수의 목록이 잘 정비되어 있어 새로운 분석기를 추가하기도 용이하다. 모델링 완료되어 구조가 다 만들어져 있으니 상속받아 알맹이만 채워 넣으면 된다.

3 유닛 추상 클래스

추상 클래스의 실제 사용 예를 체험해 보기 위해 게임 프로젝트의 내부를 상상해 보자. 누구나 다 아는 국민 게임인 스타크래프트^{StarCraft}에는 많은 유닛이 등장하는데 특성별로 분류하면 다음과 같은 계층이 만들어진다. 실제로는 더 복잡하겠지만 이해하기 편하게 개념적인 계층을 만들었다.

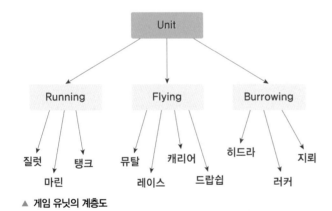

▲ 게임 유닛의 계층도

스타크래프트의 유닛을 지상에서 걸어 다니는 것, 하늘로 날아 다니는 것, 땅속으로 숨는 것 등으로 일차 분류했다. Running에 속한 마린과 탱크는 땅 위를 걸어 다닐 뿐 날지 못하며 스팀팩, 시지 모드 같은 고유의 동작을 가진다. Flying에 속한 뮤탈, 레이스는 공중에서 날아 다니며 클로킹, 쓰리쿠션 등의 동작을 할 수 있다.

모든 유닛은 좌표와 에너지 상태라는 공통 속성을 가지며 이동하고^{move}, 공격하고^{attack}, 체력이 다

하면 죽기도^{die}한다. 개별 클래스가 이 속성을 일일이 가질 필요는 없으니 공통 속성과 동작을 가지는 Unit 클래스를 정의한다.

```
class Unit
{
protected:
    int x,y;
    int energy;
public:
    virtual void move(int x, int y) = 0;
    virtual void attack(int x, int y) = 0;
    virtual void die() = 0;
};
```

Unit은 모든 유닛이 가져야 할 최소한의 요구 조건을 명시한다. 그러나 너무 일반적이어서 그 자체는 어떤 식으로 이동하고 어떤 식으로 공격할지 구체적으로 정의할 수 없다. 그래서 move, attack, die를 순수 가상 함수로 선언했으며 Unit은 객체를 만들 수 없는 추상 클래스이다. 중간 계층인 Running, Flying 등도 걸어 다니고 날아 다니는 유닛의 일반적 특성만 표현하므로 역시 추상 클래스다.

Unit으로부터 상속받는 클래스는 순수 가상 함수를 구체적으로 정의하여 실제 동작하는 유닛이 된다. 모든 유닛을 대표하는 루트 클래스 Unit을 정의해 놓으면 객체의 집합을 쉽게 관리할 수 있다. 스타크래프트는 한 번에 12개의 유닛을 선택하여 동시에 명령을 내릴 수 있는데 선택 유닛은 Unit *pSel[12] 배열로 관리한다. 이 상태에서 사용자가 이동 명령을 내렸다면 다음 코드를 실행한다.

```
for (int i = 0;i < 12;i++) pSel[i]→move(x, y);
```

각 유닛이 목표 지점까지 이동하는 방식은 모두 다르다. 질럿은 뒤뚱뒤뚱 걸어가고 탱크는 느릿느릿 기어가며 뮤탈은 가로질러 날아간다. 그러나 가상 함수인 move 함수가 다형적으로 동작하기 때문에 선택된 유닛의 종류를 판별할 필요 없이 객체 포인터로부터 move를 호출하기만 하면 된다. 객체별로 각자 재정의해 놓은 move 함수가 호출되어 알아서 잘 이동한다.

공격도 마찬가지이다. 선택된 유닛에 대해 pSel[i]→attack(x, y) 명령만 내리면 각자의 방법으로 알아서 공격한다. 마린은 두두두두 총을 쏠 것이고 저글링은 달려들어 물어뜯고 캐리어는 요격기를 발사한다. Unit 파생 클래스가 attack 함수를 동작에 맞게 재정의해 두었고 attack 호출문이 동적 결합하여 객체에 맞는 함수를 정확하게 선택해 주기 때문이다. 다음은 사망의 경우를 보자. 핵폭탄이 터졌을 때의 처리는 다음 코드면 충분하다.

```
for (pUnit = 첫 유닛 ~ 생성된 모든 유닛까지) {
    if (pUnit->x, y 좌표가 핵폭탄 범위 안이면) {
        pUnit->die();
    }
}
```

생성되어 있는 모든 유닛을 순회하며 좌표를 점검하여 핵폭탄 사정거리에 있을 때 die 함수만 호출하면 각자 알아서 사망하신다. 가상 함수가 동적으로 결합되어 각 유닛의 die 함수를 정확하게 호출해 준다. pUnit->die() 호출문은 니가 누구든 알아서 잘 죽으라는 뜻이다.

이후에 새로운 종족이나 유닛이 더 추가되더라도 이 코드는 더 이상 수정할 필요가 없다. Unit으로부터 상속받아 순수 가상 함수만 제대로 구현한다면 기존의 게임 운영 코드와 잘 어울리게 되어 있다. Unit 추상 클래스에 모델링이 완료되어 있으니 새 유닛을 추가하는 것도 쉽다. 대형 프로젝트에 추상 클래스가 어떻게 사용되고 다형성이 어떤 역할을 하는지 감이 올 것이다.

연습문제

1 부모 객체 h와 자식 객체 s가 있을 때 h = s 대입이 가능한 이유가 <u>아닌</u> 것은?

① 자식은 일종의 부모이기 때문에

② 자식의 멤버 일부는 버려도 되기 때문에

③ 부모의 모든 멤버가 자식에게 있기 때문에

④ 부모는 자식의 모든 동작을 수행할 수 있기 때문에

2 객체의 포인터를 선언할 때 지정한 타입을 (   ) 이라고 하며 포인터가 실제 가리키는 대상체의 타입을 (   ) 이라고 한다.

3 가상 함수에 대한 가장 정확한 정의는?

① 실제 호출되지 않고 호출부에 본체가 전개되는 함수

② 객체 소속이 아닌 클래스 소속의 함수

③ 동적 결합을 하는 함수

④ 객체의 상태를 변경하지 못하는 함수

4 가상 함수로 만들 필요가 전혀 없는 조건이 <u>아닌</u> 것은?

① 다른 멤버 함수에 의해 호출되는 멤버 함수

② 계층을 구성하지 않는 클래스의 멤버 함수

③ 재정의할 가능성이 전혀 없는 완결된 함수

④ 포인터로부터 호출되는 함수

5 생성자와 파괴자의 가상성에 대한 설명으로 옳은 것은?

① 둘 다 가상 함수로 작성하는 것이 좋다.

② 생성자만 가상으로 작성한다.

③ 파괴자만 가상으로 작성한다.

④ 둘 다 가상으로 작성할 필요 없다.

6 intro 함수를 순수 가상으로 올바로 선언한 것은?

① virtual void intro() {}

② virtual void intro() void;

③ virtual void intro() = 0;

④ void intro();

7 추상 클래스에 대한 설명으로 옳은 것은?

① 모든 멤버 함수가 순수 가상인 클래스

② 순수 가상 함수가 하나라도 포함된 클래스

③ 멤버 함수가 하나도 없는 클래스

④ 후손이 없는 클래스

8 스타크래프트의 질럿, 히드라, 뮤탈, 마린 등의 등장인물들은 공통적으로 move, attack, die 등의 동작을 필요로 한다. 이런 객체들이 반드시 가져야 할 행동 양식의 목록을 정의하기 위해 사용하는 클래스를 무엇이라 하는가?

8장

템플릿

C1 함수 템플릿

1 타입만 다른 함수

혼합형 언어인 C++은 여러 가지 개발 방식을 사용할 수 있다. C 언어의 상위 버전이므로 함수 위주의 구조적 기법을 쓸 수 있고 클래스를 활용한 객체 지향 기법도 쓸 수 있다. 이 외에 임의 타입에 대해 동작하는 함수와 클래스를 작성하는 일반화 기법도 사용할 수 있다. C++ 표준 라이브러리인 STL이 일반화 기법으로 작성된 좋은 예이다.

일반화는 템플릿에 의해 구현된다. 템플릿이 왜 필요하며 어떤 효용이 있는지 단계별로 예제를 만들며 실습해 보자. 타입이 엄격한 C 언어는 호환되지 않는 타입끼리 대입할 수 없어 비슷한 함수라도 타입별로 따로 만들어야 하는 경우가 많다. 다음 예제는 두 변수의 값을 교환하는 swap 함수를 작성한다.

```
SwapFunc

#include <stdio.h>

void swap(int &a, int &b)
{
    int t;
    t = a; a = b; b = t;
}

void swap(double &a, double &b)
{
    double t;
    t = a; a = b; b = t;
}

int main()
```

```
{
    int a = 3, b = 4;
    double c = 1.2, d = 3.4;
    swap(a, b);
    swap(c, d);
    printf("a = %d,b = %d\n", a, b);
    printf("c = %f,d = %f\n", c, d);
}
```

```
a = 4,b = 3
c = 3.400000,d = 1.200000
```

a, b 변수의 값을 교환하는 방법은 간단하다. 임시 변수 t를 선언해 두고 t에 a를 대피시켜 둔다. 그리고 a에 b를 대입하고 대피해 놓은 t를 b에 대입하면 된다. 컵에 담긴 콜라와 사이다를 바꾸려면 빈 컵이 하나 필요한데 t가 그 역할을 한다. 함수 내부에서 실인수의 값을 변경하므로 포인터나 레퍼런스를 사용해야 한다.

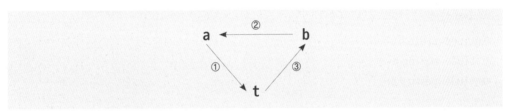

▲ 두 변수의 값을 교환하는 방법

타입이 달라도 값을 교환하는 알고리즘은 같지만 임시값을 저장할 빈컵의 종류가 다르다. 음료수를 교환하기 위한 빈컵으로 소주잔은 너무 작다. 타입도 마찬가지로 정수와 실수의 크기나 구조가 달라 하나의 함수로 통합할 수 없고 타입별로 별도의 함수를 만들어야 한다. 교환 방법은 같지만 인수의 타입과 임시 변수 t의 타입이 다르다.

```
void swap(int &a, int &b)
{
    int t;
    t = a; a = b; b = t;
}
```
→
```
void swap(double &a, double &b)
{
    double t;
    t = a; a = b; b = t;
}
```

int, double 외에 char, long 등의 타입에 대해서도 별도의 교환 함수가 필요하며 구조체나 사용자 정의형에 대해서도 각각의 교환 함수를 만들어야 한다. 그나마 오버로딩을 지원하는 C++은 함수 이름이라도 통일할 수 있지만 C에서는 swapint, swapdouble 등으로 이름도 다르게 지어줘야 한다. 실제 C 표준 함수 중에도 fabs, labs, cabs 등 이름만 다른 같은 함수가 있다.

비슷한 함수를 매번 새로 만드는 것은 무척 귀찮은 일일 뿐만 아니라 알고리즘을 변경할 때 모든 함수를 일괄 수정해야 하므로 유지, 보수에도 불리하다. 유사한 함수는 무슨 수를 쓰더라도 하나로 통합하여 반복을 제거해야 한다. 가장 간단한 방법은 매크로 함수를 활용하는 것이다.

```
#define SWAP(T,a,b) { T t;t=a;a=b;b=t; }
```

이 함수는 잘 동작하지만 SWAP(int, a, b) 식으로 임시 변수 t의 타입을 전달해야 한다는 면에서 번거롭다. 최소한의 작업 지시만 전달해야 하는데 군더더기가 있고 타입을 인수로 넘기는 것도 어색하다. 매크로 함수는 아주 간단한 동작에만 쓸 수 있어 활용성의 한계가 있고 부작용도 많다.

좀 더 완벽한 방법은 void *를 사용하여 임의 타입의 번지를 받아 메모리끼리 복사하는 것이다. void *는 임의의 대상체를 가리킬 수 있지만 대상체의 길이 정보가 없어 변수의 길이를 인수로 전달해야 하는 불편함이 있다.

```
swapvoid

#include <stdio.h>
#include <malloc.h>
#include <memory.h>

void swap(void *a, void *b, size_t len)
{
    void *t;
    t = malloc(len);
    memcpy(t, a, len);
    memcpy(a, b, len);
    memcpy(b, t, len);
    free(t);
}

int main()
{
    int a = 3, b = 4;
    double c = 1.2, d = 3.4;
    swap(&a, &b, sizeof(int));
    swap(&c, &d, sizeof(double));
    printf("a = %d,b = %d\n", a, b);
```

```
        printf("c = %f,d = %f\n", c, d);
    }
```

임의 타입 변수의 번지와 길이를 인수로 받는다. 인수의 길이와 같은 크기의 임시 메모리를 할당하고 이 메모리를 경유하여 값을 교환한다. 어떤 타입이 전달될지 알 수 없으므로 임시 변수도 동적 할당해야 하며 덕분에 배열같은 큰 데이터도 교환할 수 있다.

그러나 변수가 아닌 번지를 전달해야 하고 길이까지 일일이 가르쳐 주어야 하므로 호출부가 번잡스럽다. 간단한 동작을 위해 동적으로 메모리를 할당하고 복사 후 해제까지 한다는 점에서 속도상의 불이익도 있다. 뭔가 질적으로 다른 방법이 필요하다.

2 함수 템플릿

템플릿Template은 무엇인가를 만드는 형틀이다. 플라스틱 모형을 만드는 금형이나 붕어빵을 찍어내는 빵틀이 템플릿의 좋은 예이다. 모양에 대한 본을 떠 놓은 것이어서 한 번만 잘 만들어 두면 이후부터 똑같은 모양을 여러 번 찍어낼 수 있다. 형틀에 집어 넣는 재료에 따라 결과물이 조금씩 달라지는데 금형에 플라스틱을 넣으면 플라스틱 제품이 되고 고무를 넣으면 고무 제품이 된다. 붕어빵 틀에는 밀가루를 넣는 것이 보통이지만 찹쌀가루를 넣으면 더 부가가치가 높은 잉어빵이 나온다.

함수 템플릿은 함수를 만드는 형틀이다. 비슷한 모양의 함수가 여러 개 필요하다면 일일이 함수를 정의하는 것보다 템플릿을 먼저 만들어 두고 템플릿으로부터 필요한 함수를 찍어내는 것이 효율적이다. 다음 예제는 swap 함수를 템플릿으로 정의한다.

swaptemp
```
#include <stdio.h>

template <typename T>
void swap(T &a, T &b)
{
    T t;
    t = a; a = b; b = t;
}

int main()
{
    int a = 3, b = 4;
    double c = 1.2, d = 3.4;
```

```
        char e = 'e', f = 'f';

        swap(a, b);
        swap(c, d);
        swap(e, f);
        printf("a = %d,b = %d\n", a, b);
        printf("c = %f,d = %f\n", c, d);
        printf("e = %c,f = %c\n", e, f);
}
```

```
a = 4,b = 3
c = 3.400000,d = 1.200000
e = f,f = e
```

swap 함수 템플릿을 정의한 후 정수, 실수, 문자에 대해 각각 호출했다. 임의 타입을 지원하므로 대입만 가능하다면 구조체나 객체 등 어떤 타입이든 잘 교환된다. 함수 템플릿 정의문은 template 키워드로 시작하며 〈 〉 괄호 안에 타입 인수임을 의미하는 typename 키워드와 타입 인수의 이름을 적는다. 타입 인수도 명칭이므로 이름은 마음대로 정할 수 있지만 보통은 T, A 등의 짧은 이름을 사용한다.

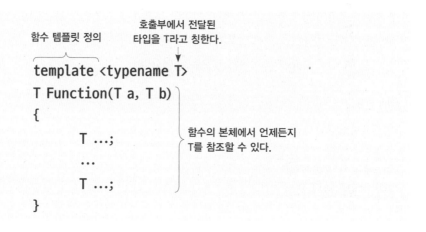

타입 인수는 본체에서 사용할 타입이며 함수의 형식인수와 비슷하다. 함수 호출부에서 int 타입을 사용하면 T는 int가 되며 본체에서 참조하는 모든 T가 int로 대체된다. 마찬가지로 double을 사용하면 double 타입의 함수를 만들고 char를 사용하면 char 타입의 함수가 된다. 템플릿이 빵틀이라면 T는 빵틀에 넣는 재료이다.

함수의 형식인수에 제한이 없는 것처럼 템플릿 인수 목록에 두 개 이상의 타입을 사용할 수도 있다. 본체에서 변화를 줄 만한 타입이 둘 이상이라면 함수 템플릿도 필요한 만큼의 타입 인수를 가진다.

이때는 원하는 만큼 인수를 지정하되 각 타입 인수의 이름은 구분 가능해야 한다. 보통 T1, T2 식으로 번호를 붙이거나 T, A, R 식으로 역할을 의미하는 짧은 이름을 붙인다.

```
template <typename T1, typename T2>
```

함수 템플릿 정의는 함수 호출부보다 먼저 와야 한다. 예제에서는 템플릿을 main보다 앞에 정의했는데 뒤쪽에 정의를 둘 때는 템플릿에 대한 원형을 선언한다. 템플릿 함수의 원형은 일반 함수와 같되 template 키워드부터 함수의 선언부 전체를 밝히고 본체는 생략하며 끝에 세미콜론을 붙인다.

```
template <typename T>
void swap(T &a, T &b);
```

함수의 원형이 두 줄에 걸쳐 있어 어색한데 한 줄에 이어서 써도 상관없다.

3 구체화

함수 템플릿은 앞으로 만들어질 함수의 모양을 기억하는 형틀일 뿐 그 자체가 함수는 아니다. 함수가 호출될 때 인수의 타입에 맞는 함수가 만들어진다. 템플릿으로부터 실제 함수를 만드는 과정을 구체화 또는 인스턴스화Instantiation라고 한다. 함수 템플릿으로부터 템플릿 함수가 만들어진다. 두 용어가 비슷해 헷갈리는데 뒤쪽 단어에 진짜 뜻이 있다.

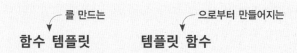

컴파일러는 호출부의 인수 타입을 재료로 템플릿으로부터 함수를 찍어낸다. 템플릿 자체는 메모리를 소모하지 않아 함수를 호출하지 않으면 아무 일도 일어나지 않는다. 붕어빵틀은 붕어빵이 아니어서 재료를 소모하지 않고 먹을 수 없는 것처럼 템플릿만으로는 메모리를 전혀 소모하지 않는다.

swaptemp 예제는 정수, 실수, 문자형에 대해 swap 함수를 호출한다. 컴파일러는 이때마다 swap 함수 템플릿을 참조하여 실인수의 타입에 맞는 swap 함수를 구체화한다. 이 예제의 경우 세 가지 버전의 swap 함수가 생성된다. long, short, float 등의 타입에 대해 swap 함수를 호출하면 더 많은 함수가 구체화될 것이다.

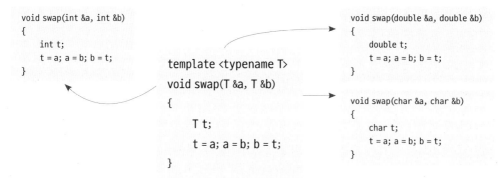

```
void swap(int &a, int &b)
{
    int t;
    t = a; a = b; b = t;
}

template <typename T>
void swap(T &a, T &b)
{
    T t;
    t = a; a = b; b = t;
}

void swap(double &a, double &b)
{
    double t;
    t = a; a = b; b = t;
}

void swap(char &a, char &b)
{
    char t;
    t = a; a = b; b = t;
}
```

▲ 템플릿으로부터 구체화되는 함수

템플릿을 잘 정의해 놓으면 타입별로 반복되는 부분이 통합되어 소스가 짧아지고 수정할 때 템플릿만 편집하면 되니 관리도 쉽다. 호출된 타입에 대한 함수를 새로 구체화하거나 더 이상 사용하지 않는 함수를 삭제하는 것은 컴파일러의 몫이다. 새로운 타입에 대해 swap 함수를 호출하면 해당 타입의 swap 함수가 즉시 만들어지며 호출문을 삭제하면 함수 정의문도 삭제된다.

템플릿 함수는 함수가 호출되는 순간에 만들어지는 것이 아니라 컴파일 단계에서 함수 호출문을 만날 때 미리 만들어지므로 실행시의 부담은 없다. 대신 매 타입마다 함수가 새로 생성되므로 구체화된 수만큼 실행 파일의 크기는 늘어난다. 크기와 속도는 항상 반비례 관계이며 템플릿은 속도를 얻기 위해 크기는 일정부분 포기한다.

템플릿을 정의하면 소스는 짧아지지만 매 타입마다 구체화되어 메모리를 차지하므로 실행 파일의 크기는 오히려 커진다. 서너 개면 큰 상관없지만 수십 개의 타입에 대해 일일이 구체화하면 용량의 낭비가 심하다. 메모리 절약면에서는 템플릿보다 void *를 사용하여 임의의 데이터를 처리하는 방식이 더 유리하다.

4 명시적 인수

컴파일러는 함수 호출부의 실인수 타입을 판별하여 템플릿 함수를 구체화한다. 앞 예제에서 swap(a, b)는 인수가 정수이므로 swap(int, int) 함수를 구체화하고 swap(c, d)는 인수가 실수이므로 swap(double, double) 함수를 구체화한다.

템플릿은 타입이 정확해야 하며 swap(a, c) 식으로 두 인수의 타입이 다르면 에러이다. a는 정수이고 c는 실수인데 swap 템플릿은 두 인수의 타입이 T 하나로 결정되어 인수의 타입이 다른 함수를 구체화할 수 없다. 그나마 변수는 타입이 명확하지만 상수는 형태만으로 타입을 판별할 수 없는 경우가 많다. 다음 예제를 보자.

```
#include <stdio.h>

template <typename T>
T max(T a, T b)
{
    return (a > b) ? a : b;
}

int main()
{
    int a = max(1, 2);
    double b = max(1.1, 2.2);
    int c = max(2, 3.14);

    printf("c = %d\n", c);
}
```

max 템플릿은 두 개의 인수를 받아 큰 값을 조사한다. max(1, 2) 호출에 의해 max(int, int) 함수가 구체화되며 max(1.1, 2.2) 호출에 의해 max(double, double) 함수가 구체화된다. 그러나 max(2, 3.14)는 두 인수의 타입이 달라 템플릿의 구조와 맞지 않다. 2를 실수로 상승 변환하거나 3.14를 정수로 하강 변환하여 적용할 수 있지만 개발자가 무엇을 원하는지 애매하다.

이 문장을 정확히 컴파일하려면 실인수의 타입이 무엇인지 명확하게 밝혀야 한다. 명시적으로 타입을 지정할 때는 함수명 다음에 〈 〉 괄호로 템플릿 인수의 타입을 밝힌다. 다음 두 호출문은 실인수의 타입을 명시적으로 지정했으므로 정상적으로 컴파일된다.

```
int c = max<int>(2, 3.14);
double d = max<double>(2, 3.14);
```

타입 인수를 리턴값이나 지역 변수에 적용하는 템플릿도 명시적 타입 지정이 필요하다. 리턴값이나 지역 변수는 함수 호출문에 나타나지 않아 호출문만으로 구체화할 함수를 결정할 수 없으니 어떤 함수를 원하는지 분명히 지정해야 한다. 이런 경우는 흔하지 않지만 객체를 대신 생성해 주는 래퍼 함수를 만들 때 가끔 사용되며 STL 라이브러리에서 이 기법을 사용한다.

```c
#include <stdio.h>

template <typename T>
T cast(int s)
{
    return (T)s;
}

int main()
{
    unsigned u = cast<unsigned>(1234);
    double d = cast<double>(5678);

    printf("u = %d, d = %f\n", u, d);
}
```

```
u = 1234, d = 5678.000000
```

cast 함수는 인수로 전달된 정수형의 s를 T 타입으로 캐스팅하여 리턴한다. cast(1234)라는 호출문 만으로는 어떤 타입을 리턴하는 함수를 만들지 결정할 수 없어 에러로 처리된다. 상수 1234는 cast 함수의 인수일 뿐 T를 결정하는 데 아무런 힌트가 되지 않는다. 호출문에 타입 인수가 나타나지 않아 애매하므로 명시적으로 원하는 타입을 밝혀야 한다.

명시적 인수 지정 기법은 너무 많은 템플릿 함수를 생성하지 못하도록 할 때도 유용하다. 특정한 한 타입에 대해서만 구체화하고 싶다면 호출할 때마다 원하는 타입을 명시적으로 지정한다.

```c
#include <stdio.h>

template <typename T>
void LongFunc(T a)
{
    // 아주 긴 함수의 본체
}

int main()
{
    int i = 1;
```

```
    unsigned u = 2;
    short s = 3;

    LongFunc(i);
    LongFunc(u);
    LongFunc(s);
}
```

아주 긴 LongFunc 함수를 int, unsgined, short에 대해 각각 호출하면 매 타입마다 구체화되어
실행 파일이 커진다. int와 호환되는 타입은 처리하는 방식이 비슷한데 각 타입에 대해 일일이 함수
를 만드는 것은 낭비이다. 이럴 때 호출문에 int 타입으로 구체화하라고 지시하면 낭비를 막을 수
있다.

```
LongFunc<int>(i);
LongFunc<int>(u);
LongFunc<int>(s);
```

타입을 분명히 지정했으니 실인수의 타입에 상관없이 LongFunc(int) 함수만 구체화되어 용량을
절약한다. 이 경우 실인수는 int로 산술변환될 수 있는 것만 사용해야 한다.

5 동일한 알고리즘 조건

함수 템플릿은 코드는 같고 타입만 다른 함수의 집합을 정의한다. 문제를 푸는 알고리즘이 동일해
야 하는데 앞에서 만들어 본 max 함수가 대표적인 예이다. 수치형 타입은 모두 〉 연산자로 대소를
비교할 수 있어 모든 기본 타입에 대해 적용할 수 있다.

알고리즘이 같지 않으면 코드가 달라 템플릿으로 통합할 수 없다. 두 값을 교환하는 swap 함수 템
플릿은 임의의 타입에 대해 잘 동작하지만 배열에 대해서는 동작하지 않는다. 배열 두 개를 선언하
고 swap 함수를 호출해 보자.

```
int a[]={1,2,3},b[]={4,5,6};
int *pa=a,*pb=b;
swap(pa, pb);
// swap(a, b);
```

swap(pa, pb)는 컴파일은 잘 되지만 배열이 바뀌는 것이 아니고 배열을 가리키는 포인터만 교환될

뿐이다. swap(a, b)는 배열이 포인터 상수여서 변경할 수 없다는 에러로 처리된다. 두 배열의 타입과 크기가 완전히 일치하더라도 swap 함수 본체에서 사용하는 = 연산이 배열에 대해 동작하지 않아 구체화할 수 없다.

두 배열을 바꾸려면 알맹이인 배열 요소를 교환해야 하며 배열 크기가 가변적이므로 크기도 알려주어야 한다. 배열 교환을 위한 별도의 함수를 만들되 이 경우도 배열의 타입이 다양해 템플릿으로 정의하면 활용성이 높아진다.

SwapArray

```
#include <stdio.h>
#include <malloc.h>
#include <memory.h>

template <class T>
void swaparray(T *a, T *b, int num)
{
    void *t;

    t = malloc(num * sizeof(T));
    memcpy(t, a, num * sizeof(T));
    memcpy(a, b, num * sizeof(T));
    memcpy(b, t, num * sizeof(T));
    free(t);
}

int main()
{
    int a[] = { 1,2,3 }, b[] = { 4,5,6 };
    char c[] = "문자열", d[] = "string";
    swaparray(a, b, sizeof(a) / sizeof(a[0]));
    printf("before c = %s,d = %s\n", c, d);
    swaparray(c, d, sizeof(c) / sizeof(c[0]));
    printf("after c = %s,d = %s\n", c, d);
}
```

```
before c = 문자열,d = string
after c = string,d = 문자열
```

앞에서 만들었던 swapvoid 예제와 유사하되 메모리 길이가 아닌 요소의 개수를 전달한다는 점이 다르다. main에서 정수형 배열과 문자형 배열을 교환했으므로 두 개의 swaparray 함수가 구체화되며 배열 요소의 타입에 상관없이 잘 동작한다.

수치값을 교환하는 알고리즘과 완전히 달라 swaparray라는 별도의 이름을 사용했는데 인수 목록이 달라 이 함수도 swap이라는 이름으로 정의할 수 있다. 즉, 템플릿끼리도 조건만 만족하면 오버로딩이 가능하다.

6 임의 타입 지원 조건

템플릿은 임의의 타입에 대해 동작하므로 특정 타입에 종속적인 코드는 사용하지 말아야 한다. 기본 타입을 모두 지원하는 +, − 등의 연산자를 사용하거나 cout처럼 피연산자의 타입을 스스로 판별할 수 있는 코드를 사용해야 한다. printf처럼 타입에 따라 서식이 달라지는 함수는 안 된다.

```
template <typename T>
void PrintValue(T value)
{
    printf("value is %d\n",value);
}
```

이 함수는 출력 코드에서 %d 서식을 사용하므로 정수와 호환되는 타입만 출력할 수 있다. 범용성을 높이려면 임의의 타입을 지원하는 cout 객체를 사용해야 한다. max 템플릿의 > 연산자는 기본형에 대해서는 잘 동작하지만 구조체나 객체는 > 연산자로 비교 불가능해 구체화할 수 없다.

연산자를 사용하는 템플릿에 대해 클래스를 지정하려면 템플릿이 사용하는 연산자를 오버로딩해야 한다. 클래스가 > 연산자로 객체끼리 비교하는 기능을 제공하면 max 템플릿의 타입으로 사용할 수 있다. 다음 예제는 Human 타입의 객체끼리 교환한다.

```
SwapObject

#include <stdio.h>
#include <string.h>

template <typename T>
void swap(T &a, T &b)
{
    T t;
    t = a; a = b; b = t;
}
```

```cpp
class Human
{
private:
    char *name;
    int age;

public:
    Human() {
        name = new char[1];
        name[0] = NULL;
        age = 0;
    }
    Human(const char *aname, int aage) {
        name = new char[strlen(aname) + 1];
        strcpy(name, aname);
        age = aage;
    }

    Human(const Human &other) {
        name = new char[strlen(other.name) + 1];
        strcpy(name, other.name);
        age = other.age;
    }

    Human &operator =(const Human &other) {
        if (this != &other) {
            delete[] name;
            name = new char[strlen(other.name) + 1];
            strcpy(name, other.name);
            age = other.age;
        }
        return *this;
    }

    ~Human() {
        delete[] name;
    }

    void intro() {
        printf("이름 = %s, 나이 = %d\n", name, age);
```

```
    }
};

int main()
{
    Human lee("이승만", 10);
    Human park("박정희", 20);
    lee.intro();
    park.intro();
    swap(lee, park);
    lee.intro();
    park.intro();
}
```

이름 = 이승만, 나이 = 10

이름 = 박정희, 나이 = 20

이름 = 박정희, 나이 = 20

이름 = 이승만, 나이 = 10

교환 알고리즘이 워낙 간단해 swap 템플릿은 지금까지 사용했던 것과 같으며 더 손댈 부분이 없다. 다만 이 코드가 Human 객체에 대해 제대로 동작하려면 swap 함수 내부에서 사용하는 = 대입 연산자를 Human 클래스가 지원해야 한다. 예제의 Human 클래스는 복사 생성자, 대입 연산자를 제대로 정의하고 있어 기본 타입과 똑같이 동작하며 따라서 swap 함수의 인수로 사용할 수 있다.

Human이 대입 연산자를 정의하지 않으면 어떻게 되는지 대입 연산자 정의문을 주석 처리한 후 실행해 보자. swap 함수로 Human 객체를 전달할 때는 복사 생성자가 호출되어 인수 전달은 잘 수행된다. 그러나 교환을 위해 t에 a를 대입하면 두 객체가 버퍼를 공유하며 이 값을 대입받는 b도 마찬가지이다. 지역 객체 t가 파괴될 때 버퍼를 정리하면 b가 버퍼를 잃어버린다.

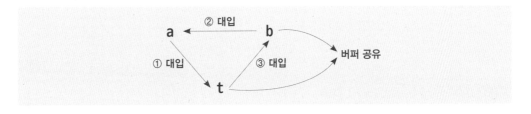

결국 main이 종료될 때 park의 버퍼가 이중 해제되어 다운된다. 대입 연산자가 없어도 디폴트 대입 연산자가 있어 컴파일은 되지만 얕은 복사에 의해 버퍼가 제대로 관리되지 않아 객체 복사에서 이

상이 발생한다. 함수 템플릿의 인수로 사용할 타입은 템플릿 함수의 코드와 완벽하게 호환되어야
한다.

셀프 테스트

8-1. 다음 코드는 값을 교환하는 함수 템플릿 swap을 정의한다. 괄호 안에 적당한 키워드를 채워 넣어라.

```
( ① ) <( ② ) T>
void swap(T &a, T &b)
{
    T t;
    t = a; a = b; b = t;
}
```

2 클래스 템플릿

1 타입만 다른 클래스

함수 템플릿은 비슷한 함수를 찍어내는 데 비해 클래스 템플릿은 구조나 알고리즘은 같되 멤버의 타입이 다른 클래스를 찍어내는 형틀이다. 다음 클래스들은 화면의 특정 위치에 값 하나를 출력하는데 타입별로 클래스를 일일이 만들었다.

```
class PosValueInt
{
private:
    int x,y;
    int value;
public:
    PosValue(int ax, int ay, int av) : x(ax),y(ay),value(av) { }
    void outvalue();
};

class PosValueChar
{
private:
    int x,y;
    char value;
public:
    PosValue(int ax, int ay, char av) : x(ax),y(ay),value(av) { }
    void outvalue();
};

class PosValueDouble
{
```

```
private:
    int x,y;
    double value;
public:
    PosValue(int ax, int ay, double av) : x(ax),y(ay),value(av) { }
    void outvalue();
};
```

출력 좌표를 지정하는 x, y는 모두 정수형으로 같지만 출력값인 value는 대상값의 종류에 따라 타입이 다르다. value의 타입이 제각각이라 이 값을 초기화하는 생성자의 원형도 다르며 클래스는 오버로딩이 지원되지 않아 고유한 이름을 붙였다. 실제로 다른 부분은 value와 관련된 부분밖에 없고 나머지는 모두 동일하므로 하나의 템플릿으로 통합할 수 있다.

PosValueTemp

```
#include <cursor.h>
#include <iostream>
using namespace std;

template <typename T>
class PosValue
{
private:
    int x, y;
    T value;
public:
    PosValue(int ax, int ay, T av) : x(ax), y(ay), value(av) { }
    void outvalue() {
        gotoxy(x, y);
        cout << value << endl;
    }
};

int main()
{
    PosValue<int> iv(10, 10, 2);
    PosValue<char> cv(25, 5, 'C');
    PosValue<double> dv(30, 15, 3.14);
    iv.outvalue();
```

```
        cv.outvalue();
        dv.outvalue();
    }
```

```
C:\Windows\system32\cmd.exe                    —    □    ×


                    C


        2


                3.14



```

클래스 선언문 앞에 template 〈typename T〉를 붙이고 value 멤버의 타입과 생성자의 세 번째 인
수에 T 타입을 적용했다. 템플릿을 정의해 놓으면 비슷한 클래스를 손쉽게 찍어낼 수 있다. main에
서 타입별로 세 개의 객체를 생성하여 화면에 출력한다.

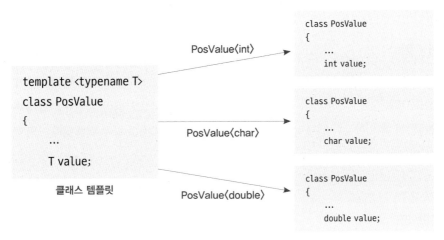

▲ **템플릿으로부터 구체화되는 클래스**

템플릿 클래스의 타입명에는 언제나 〈 〉 괄호가 함께 따라다니며 객체를 선언할 때 〈 〉 괄호 안에
원하는 타입을 밝힌다. PosValue는 템플릿 이름일 뿐 클래스가 아니어서 이 이름으로는 객체를 생
성할 수 없다. value가 int인 클래스의 이름은 PosValue〈int〉이고 value가 char인 클래스의 이름
은 PosValue〈char〉이다.

객체를 선언할 때는 〈 〉 괄호와 타입까지 반드시 밝혀야 한다. 객체 선언문의 인수 타입으로 유추한
다면 PosValue iv(10, 10, 2)의 마지막 인수가 정수이므로 PosValue〈int〉 객체를 생성하면 될 것

같지만 생성자가 여러 벌로 오버로딩된 경우 애매함이 발생할 수 있다. 또 객체를 초기화하기 전에 메모리부터 할당해야 하는데 생성자 호출 이전에 크기를 계산해야 하므로 클래스 이름에 타입이 분명히 명시되어야 한다.

생성자는 원래 클래스 이름을 따르지만 클래스 템플릿의 경우 〈T〉를 붙일 필요 없이 템플릿 이름을 그대로 사용한다. 생성자는 보통 인라인으로 선언하며 클래스 내부에 있으므로 〈T〉가 없어도 문제 없다. PosValue 템플릿의 생성자는 인수의 타입에 상관없이 그냥 PosValue이다. 물론 생성자의 원형은 타입 인수에 따라 조금씩 다르다.

템플릿 클래스도 일반 클래스와 자격이 같아 클래스를 쓸 수 있는 곳이면 언제나 쓸 수 있다. 템플릿 클래스로부터 일반 클래스를 상속하는 것도 가능하다. 다음 클래스는 PosValue〈int〉로부터 새로운 클래스를 파생한다.

```
class PosValue2 : public PosValue<int> { ... }
```

기반 클래스로 사용된 클래스는 설사 이 타입의 객체를 생성하지 않더라도 즉시 구체화된다. 부모의 모습이 결정되어야 자식 클래스를 정의할 수 있기 때문이다.

2 템플릿 멤버 함수

템플릿은 함수를 만들 때도 사용되고 클래스를 만들 때도 사용된다. 클래스에 속한 멤버 함수도 일종의 함수이므로 템플릿으로 선언할 수 있다. 일반 클래스 소속이더라도 멤버 함수가 타입에 따라 여러 벌 필요하다면 멤버 함수만 템플릿으로 만든다. 방법은 앞에서 배운 함수 템플릿과 같되 클래스에 소속되어 있다는 것만 다르다.

TempMember

```cpp
#include <stdio.h>

class Util
{
public:
    template <typename T>
    void swap(T &a, T &b)
    {
        T t;
        t = a; a = b; b = t;
    }
```

```
    };

    int main()
    {
        Util u;
        int a = 3, b = 4;
        double c = 1.2, d = 3.4;
        char e = 'e', f = 'f';

        u.swap(a, b);
        u.swap(c, d);
        u.swap(e, f);
        printf("a = %d,b = %d\n", a, b);
        printf("c = %f,d = %f\n", c, d);
        printf("e = %c,f = %c\n", e, f);
    }
```

```
a = 4,b = 3
c = 3.400000,d = 1.200000
e = f,f = e
```

Util 클래스에 여러 타입의 값을 교환하는 함수가 필요하다면 swap 함수를 템플릿으로 정의한다. Util 객체 u를 선언한 후 u의 멤버 함수 swap을 세 가지 타입에 대해 호출했다. 컴파일러는 호출되는 타입별로 멤버 함수를 만든다.

이런 식이다 보니 Util 클래스의 멤버 개수는 가변적이다. 위 코드에서 Util 클래스의 멤버 함수는 세 개이지만 다른 타입에 대해 swap을 호출하면 Util 클래스가 계속 확장된다. 다행히 멤버 함수의 개수는 객체의 크기에 영향을 미치지 않는다.

3 템플릿의 위치

C 언어는 원패스 방식으로 컴파일하기 때문에 모든 명칭은 사용하기 전에 정의되어야 한다. 템플릿 도 마찬가지로 먼저 정의한 후 사용해야 하며 순서가 바뀌면 main에서 템플릿의 정의를 알 수 없어 에러 처리된다.

```
int main()
{
    PosValue<int> iv(10, 10, 2);
}


template <typename T>
class PosValue
{
    ...
}
```

예제에서는 편의상 템플릿을 정의하는 코드와 사용하는 코드를 한 소스에 작성했지만 실제 프로젝트에서는 클래스별로 모듈을 구성하는 것이 일반적이다. 템플릿도 별도의 모듈로 작성하는데 템플릿 선언문과 멤버 함수의 정의까지 모두 헤더 파일에 작성한다. 템플릿에 속한 멤버 함수를 내부에 인라인으로 선언할 때는 T에 대한 설명이 클래스 선언문 앞에 이미 있으므로 평이하게 작성한다.

그러나 클래스 내부에는 선언만 하고 외부에서 정의할 때는 템플릿에 속한 멤버 함수임을 밝히기 위해 소속 클래스 이름을 붙여야 하며 소속 클래스 이름에 T가 포함되므로 template <typename T>가 먼저 와야 한다. PosValue 클래스 템플릿은 PosValue.h 에 선언하고 이 클래스에 속한 멤버 함수에 대한 정의는 PosValue.cpp에 별도로 작성한다고 해 보자.

```
#include "PosValue.h"

template <typename T>
void PosValue<T>:: outvalue()
{
    gotoxy(x, y);
    cout << value << endl;
}
```

이렇게 되면 outvalue 함수는 PosValue.cpp 안에서만 알려져 다른 모듈에서 참조할 수 없다. 일반 함수는 원형만으로 컴파일 가능하고 링크할 때 실제 주소로 바인딩되는 데 비해 템플릿은 컴파일할 때 완벽하게 구체화되어야 하므로 같은 번역 단위 안에 있어야 한다. C/C++의 번역 단위는 cpp 파일 하나이며 이 파일에 포함된 헤더도 같이 컴파일된다.

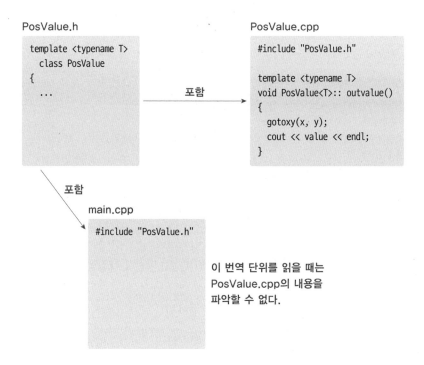

PosValue.h

```
template <typename T>
  class PosValue
{
  ...
```

포함 →

PosValue.cpp

```
#include "PosValue.h"

template <typename T>
void PosValue<T>:: outvalue()
{
  gotoxy(x, y);
  cout << value << endl;
}
```

포함 ↓

main.cpp

```
#include "PosValue.h"
```

이 번역 단위를 읽을 때는
PosValue.cpp의 내용을
파악할 수 없다.

템플릿의 멤버 함수가 별도의 구현 파일에 정의되어 있으면 main을 번역할 때 멤버 함수를 구체화할 수 없다. 템플릿은 컴파일러에게 모양을 알릴 뿐 코드를 생성하지 않아 외부로 알려지지 않는다. 그래서 클래스 템플릿은 헤더에 작성하는 것이 원칙이며 설사 중복 포함하더라도 선언일 뿐이어서 문제되지 않는다.

템플릿을 헤더에 선언하면 소스를 숨길 수 없는 보안상의 문제가 있다. 기술적으로 중요한 소스는 숨겨야 하지만 헤더 파일은 소스 형태로 배포되므로 숨기기 어렵다. 이런 문제를 해결하기 위해 최신 C++ 표준은 구현 파일에 템플릿의 멤버 함수를 정의하는 export 키워드를 도입했다. 이 키워드로 선언된 멤버 함수는 외부로도 알려진다.

```
export template <typename T>
void PosValue<T>::outvalue() { ... }
```

export 키워드는 표준으로 채택되었지만 아직 지원하는 컴파일러가 많지 않다. 왜냐하면 번역 단위별로 컴파일하고 링크할 때 합치는 전통적인 컴파일 방식과 맞지 않기 때문이다. export로 지정된 함수는 모든 번역 단위에 대해 정의를 알려야 하므로 컴파일 방식을 완전히 바꾸지 않는 한 지원하기 어렵다. 이런 이유로 템플릿 라이브러리의 소스는 거의 대부분 공개되어 있다.

4 디폴트 템플릿 인수

함수의 디폴트 인수는 호출시 생략된 인수에 기본적으로 적용되는 값이다. 클래스 템플릿에도 비슷한 개념인 디폴트 타입 인수가 있다. 템플릿 선언문의 타입 인수 다음에 = 구분자를 쓰고 기본 타입을 명시한다. 다음 코드는 PosValue의 기본 타입을 int로 지정한다.

```
template <typename T=int>
class PosValue
{
    ...
```

이 템플릿으로부터 객체를 생성할 때 별다른 타입 지정이 없으면 T에는 디폴트 타입인 int가 적용된다. 정수형의 PosValue 객체를 선언할 때는 타입 지정없이 빈 〈 〉 괄호만 쓴다.

```
PosValue<> iv(10, 10, 2);
```

디폴트 타입을 사용하더라도 빈 괄호 〈 〉는 꼭 있어야 한다. 디폴트는 어디까지나 생략시의 기본값일 뿐이므로 PosValue〈double〉처럼 타입을 명시하면 무시된다. 타입 인수가 여러 개일 때 오른쪽 인수부터 차례대로 디폴트를 지정할 수 있으며 객체를 선언할 때도 오른쪽부터 순서대로 생략 가능하다.

클래스 템플릿과는 달리 함수 템플릿에는 디폴트 인수를 지정할 수 없다. 함수는 호출할 때 실인수의 타입을 보고 구체화할 함수를 결정하는데 실인수를 생략해 버리면 어떤 타입의 함수를 원하는지 알 방법이 없기 때문이다.

5 비타입 인수

템플릿의 인수는 통상 타입을 지정하지만 상수를 전달하기도 하는데 이를 비타입 인수[Nontype Argument]라고 한다. 다음 예제의 Array 클래스는 임의 타입의 고정 크기 배열을 표현하며 값을 읽거나 변경하는 기능을 제공한다. 배열 요소의 타입을 지정하는 타입 인수와 배열의 크기를 지정하는 정수 상수를 전달받는다.

```
NonTypeArgument

#include <stdio.h>

template <typename T, int N>
```

```
class Array
{
private:
    T ar[N];
public:
    void SetAt(int n, T v) { if (n < N && n >= 0) ar[n] = v; }
    T GetAt(int n) { return (n < N && n >= 0 ? ar[n] : 0); }
};

int main()
{
    Array<int, 5> ari;
    ari.SetAt(1, 1234);
    ari.SetAt(1000, 5678);
    printf("%d\n", ari.GetAt(1));
    printf("%d\n", ari.GetAt(5));
}
```

```
1234
0
```

배열을 래핑한 클래스이되 요소를 액세스하기 전에 범위를 점검하여 치명적인 에러를 방지한다. 범위를 벗어나는 첨자를 사용하면 무시하거나 0을 리턴한다. Array⟨int,5⟩ 타입은 다음과 같은 클래스로 구체화된다.

```
class Array
{
private:
    int ar[5];
public:
    void SetAt(int n,int v) { if (n < 5 && n >=0) ar[n]=v; }
    int GetAt(int n) { return (n < 5 && n >=0 ? ar[n]:0); }
};
```

첫 번째 인수로 int 타입을 전달하고 두 번째 인수로 상수 5를 전달하여 크기 5의 정수형 배열을 생성했다. 두 번째 인수는 타입이 아닌 값이어서 비타입 인수라고 한다. 정수만 사용할 수 있으며 실수나 문자열 등의 복잡한 값은 사용할 수 없다. 이 템플릿은 임의 타입에 대해 임의 크기를 지원하는 안전 배열을 만든다.

템플릿을 쓰는 대신 생성자의 인수로 크기를 전달하고 동적으로 할당하는 방법도 가능하다. 포인터를 사용하면 필요한 만큼 할당할 수 있고 원할 경우 재할당도 가능하다. 하지만 동적 할당을 하면 파괴자, 복사 생성자, 대입 연산자를 모두 정의해야 하며 상속 관계까지 고려하면 모든 함수는 가상으로 선언해야 한다. 범용적이고 신축적이지만 코드의 부담이 크다.

템플릿은 정적 할당하면서도 객체마다 크기를 다르게 생성할 수 있어 간편하며 속도도 빠르고 안전하다. Array 템플릿은 비타입 인수로 크기를 지정할 수 있고 구조가 단순해서 좋다. 그러나 크기가 다른 객체를 생성할 때마다 클래스가 구체화된다는 면에서 낭비가 있다. 크기가 다르면 아예 다른 타입이어서 서로 호환되지 않는다.

```
Array<int,5> ari;
Array<int,5> ari2;
Array<int,6> ari3;

ari = ari2;
ari = ari3;          // 에러
```

크기 5의 배열과 크기 6의 배열은 객체 크기부터 달라 대입할 수 없다. 클래스 선언문의 비타입 인수는 상수만 사용할 수 있으며 실행 중에 결정되는 변수는 사용할 수 없다.

```
int size = 5;
Array<int,size> ari;
```

템플릿은 타입 인수를 적용하여 컴파일중에 클래스를 만드는 형틀이므로 모든 정보가 컴파일중에 결정되어야 한다. 템플릿 클래스는 실행 중에 생성되는 것이 아니어서 컴파일 시점에 값이 결정되는 변수는 사용할 수 없다.

함수 템플릿에도 비타입 인수를 사용할 수 있되 형식인수 목록에 상수가 올 수 없으므로 비타입 인수는 본체에서만 사용할 수 있다. 비타입 인수는 함수 호출시에 인수로 전달되는 것이 아니어서 함수명 다음에 sub〈5〉(); 식으로 인수의 값을 명시적으로 지정한다. 함수 템플릿의 비타입 인수는 실용성이 떨어지며 일부 컴파일러는 지원하지 않는다.

3 템플릿 고급

1 명시적 구체화

개발자가 원하는 타입으로 템플릿 함수를 호출하면 나머지는 컴파일러가 알아서 처리한다. 컴파일러는 호출부를 보고 필요한 함수를 생성하는데 이를 암시적 구체화라고 한다. 호출하지 않은 타입에 대해서는 사용할 일이 없으니 함수를 만들 필요가 없다.

그러나 호출하지 않아도 미리 함수를 만들어 놓아야 할 필요가 있는데 이를 명시적 구체화Explicit Instantiation라고 한다. 호출 여부에 상관없이 지정한 타입에 대해 함수를 만들 것을 컴파일러에게 지시하는 것이다. 예를 들어 float 타입을 교환하는 함수를 생성하고 싶다면 다음 명령을 사용한다.

```
template void swap<float>(float, float);
```

키워드 template 다음에 함수 이름과 적용할 타입을 밝히면 컴파일러가 이 타입으로 함수를 미리 생성해 놓는다. 템플릿 모양을 알아야 함수를 만들 수 있으므로 명시적 구체화 선언문은 템플릿 선언보다 더 뒤에 와야 한다.

명시적 구체화가 필요한 대표적인 예는 라이브러리를 배포할 때이다. 당장 사용하지 않더라도 라이브러리 사용자가 호출할 확률이 높은 함수를 미리 구체화해 놓는 작전이다. 그러나 실제로는 헤더 파일 형태로 템플릿 선언문이 공개되어 호출시 즉시 생성되므로 이렇게까지 할 필요는 없다.

템플릿 선언은 헤더 파일에 그 모양을 밝혀 두어야 하며 따라서 소스가 노출되는 문제가 있다. 소스는 숨기고 구체화된 함수만 제공하고 싶을 때 명시적 구체화로 일련의 함수를 미리 만들어 놓는다. 이 경우 템플릿의 정의를 알 수 없어 미리 구체화해 놓은 함수만 호출할 수 있다. 함수가 만들어져 있어 컴파일 속도는 조금 빨라지지만 실행 속도와는 상관이 없다.

클래스 템플릿도 함수 템플릿과 마찬가지로 특정 타입에 대해 미리 클래스를 생성해 놓으려면 명시적으로 구체화한다. 다음 코드는 float 타입의 PosValue 클래스를 생성하며 객체를 선언하지 않아도 클래스 선언과 멤버 함수가 구체화된다.

```
template class PosValue<float>;
```

클래스가 정의되어 있으니 사용자는 언제든지 PosValue〈float〉 타입의 객체를 생성할 수 있다.

2 특수화

같은 템플릿으로부터 생성된 함수는 타입만 다를 뿐 본체 코드가 같으니 동작도 같다. 만약 특정 타입에 대해 약간 다르게 동작하는 함수를 만들고 싶다면 해당 타입에 대해 별도의 함수를 정의할 수 있는데 이를 특수화Specialization라고 한다.

두 값을 교환하는 swap 함수를 실수에 대해서는 정수부만 교환하도록 정의하고 싶다고 해 보자. 이때는 double 형에 대한 swap 함수를 특수하게 따로 정의한다.

Specialization

```
#include <stdio.h>

template <class T>
void swap(T &a, T &b)
{
    T t;
    t = a; a = b; b = t;
}

template <> void swap<double>(double &a, double &b)
{
    int i, j;

    i = (int)a;
    j = (int)b;
    a = a - i + j;
    b = b - j + i;
}

int main()
{
    double a = 1.2, b = 3.4;
    printf("a = %g, b = %g\n", a, b);
```

```
        swap(a, b);
        printf("a = %g, b = %g\n", a, b);
    }
```

```
a = 1.2, b = 3.4
a = 3.2, b = 1.4
```

임의 타입에 대해 동작하는 swap 템플릿을 정의하고 double 형에 대해서는 특수한 swap 함수를 별도로 정의한다. main에서 두 개의 실수를 swap 함수로 전달하여 교환하는데 일반적인 swap 함수 대신 실수에 대해 특수화된 swap 함수가 호출된다. a, b의 정수부만 바뀌며 실수부는 그대로 유지된다.

컴파일러는 임의 타입에 대해 적용되는 템플릿보다 특수화된 템플릿에 더 우선권을 주어 타입이 맞는 특수화 템플릿이 있으면 이 템플릿으로부터 함수를 생성한다. double에 대해 특수한 템플릿이 정의되어 있어 실수에 대해서는 아래쪽의 템플릿을 사용한다. 이 템플릿이 없으면 임의 타입에 대해 동작하는 swap 함수가 호출되어 정수부와 실수부가 모두 바뀐다.

특수화 템플릿의 표기법이 다소 어렵다. 특수화 함수라는 것을 표시하기 위해 template ◇로 시작하며 어떤 타입에 대한 특수화인지 함수명 다음의 ◇ 괄호 안에 밝힌다. 앞쪽의 ◇가 없으면 명시적 구체화 구문이 되므로 이 괄호를 생략해서는 안 된다. 특수화 대상 타입은 인수의 목록으로 알 수 있어 생략 가능하며 ◇ 괄호까지 생략하는 것도 허용한다.

```
template ◇ void Swap◇(double &a, double &b)
template ◇ void Swap(double &a, double &b)
```

함수명 뒤쪽의 〈double〉이 없어도 인수의 타입을 통해 실수에 대한 특수화임을 알 수 있다. 단, 타입 인수가 함수의 인수로 사용되지 않고 리턴값이나 지역 변수로 사용될 때는 특수화 대상 타입을 생략할 수 없다.

이외에도 특수화 템플릿을 표기하는 몇 가지 방법이 더 있고 과거에 실제로 사용되었지만 최신 표준에서는 위의 표기법만 인정한다. 표준 정착 이전에 컴파일러 제작사에 의해 비공식적으로 확장되다 보니 다양한 표기법이 난무했지만 지금은 표준대로 쓰는 것이 바람직하다.

클래스 템플릿에 대한 특수화도 방법은 거의 비슷하다. 특정 타입에 대해 약간 다른 형태의 클래스를 만들고 싶다면 원하는 타입에 대해 다음 형식으로 특수화한다.

```
template◇ class 클래스명〈특수타입〉
```

다음 예제는 double 타입에 대해 PosValue 클래스를 특수하게 정의한 것이다.

```cpp
#include <cursor.h>
#include <iostream>
using namespace std;

template <typename T>
class PosValue
{
private:
    int x, y;
    T value;
public:
    PosValue(int ax, int ay, T av) : x(ax), y(ay), value(av) { }
    void outvalue() {
        gotoxy(x, y);
        cout << value << endl;
    }
};

template <> class PosValue<double>
{
private:
    int x, y;
    double value;
public:
    PosValue(int ax, int ay, double av) : x(ax), y(ay), value(av) { }
    void outvalue() {
        gotoxy(x, y);
        cout << "[" << value << "]" << endl;
    }
};

int main()
{
    PosValue<int> iv(10, 10, 2);
    PosValue<char> cv(25, 5, 'C');
    PosValue<double> dv(30, 15, 3.14);
    iv.outvalue();
```

```
        cv.outvalue();
        dv.outvalue();
}
```

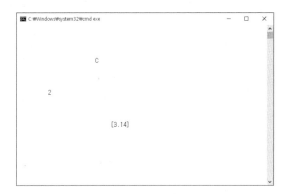

실수에 대해서는 값을 [ ] 괄호로 감싸 출력하도록 변화를 주었다. 특수화된 클래스는 타입이 이미
결정되어 있어 타입 인수 T를 쓰지 않고 특수화된 타입을 클래스 정의문에 바로 사용한다. double
타입에 대해 특수화된 객체가 생성되며 출력 형태도 다르다.

템플릿 인수가 여러 개 있을 때 그중 하나에 대해서만 특수화할 수도 있다. 이런 기법을 부분 특수
화Partial Specialization라고 한다.

```
template <typename T1, typename T2> class SomeClass { ... }
```

SomeClass 템플릿은 두 개의 인수를 가지며 〈int, int〉, 〈int, double〉, 〈short, unsigned〉 등 두
타입의 조합을 마음대로 선택할 수 있다. T1은 마음대로 선택하도록 내버려 두고 T2가 double인
경우에 대해서만 특수화하고 싶다면 다음과 같이 한다.

```
template <typename T1> class SomeClass<T1, double> { ... }
```

이 상태에서 SomeClass〈int, unsigned〉나 SomeClass〈float, short〉는 특수화되지 않은 버전의
템플릿으로부터 생성되지만 SomeClass〈int, double〉이나 SomeClass〈char, double〉은 부분
특수화된 템플릿으로부터 생성된다.

3 템플릿 중첩

템플릿 클래스도 하나의 타입이다. 다만 완전한 타입으로 인정되려면 타입 인수를 항상 밝혀야 한
다. PosValue는 템플릿의 이름일 뿐이며 PosValue〈int〉나 PosValue〈double〉이 타입이다. 템

플릿 클래스 타입을 함수로 전달하거나 리턴할 때도 일반 타입을 쓸 때처럼 인수열에 타입명을 밝힌다.

```
void sub(PosValue<int> pi)
```

이 함수는 PosValue〈int〉 타입의 객체 pi를 인수로 전달받는다. int나 double 타입을 인수로 받는 것과 아무 차이가 없되 템플릿이 요구하는 타입 인수를 〈 〉 괄호로 명시한다는 점만 다르다. 템플릿의 타입 인수 자리에는 타입이 들어가고 템플릿 클래스도 하나의 타입이다.

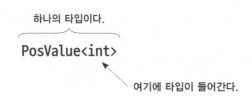

이 말은 템플릿끼리 중첩 가능하다는 의미이다. 템플릿 선언문의 타입 인수에 또 다른 템플릿이 들어갈 수 있다. 실제 예를 보이려면 소스가 굉장히 복잡해지므로 아주 간단한 중첩의 예를 구경해 보자.

```
NestTemplate
#include <cursor.h>
#include <iostream>
using namespace std;

template <typename T>
class PosValue
{
private:
    int x, y;
    T value;
public:
    PosValue() : x(0), y(0), value(0) { }
    PosValue(int ax, int ay, T av) : x(ax), y(ay), value(av) { }
    void outvalue() {
        gotoxy(x, y);
        cout << value << endl;
    }
};

template <typename T>
```

```
class Wrapper
{
private:
    T member;
public:
    void set(T v) {member = v; }
    T get() { return member; }
};

int main()
{
    Wrapper<PosValue<char> > wrap;
    wrap.set(PosValue<char>(10, 10, 'a'));
    PosValue<char> pc = wrap.get();
    pc.outvalue();
}
```

PosValue 템플릿은 지금까지 사용하던 것이되 빈 객체를 생성하기 위해 디폴트 생성자만 추가했다. Wrapper 템플릿은 임의 타입의 값 하나를 래핑하는 템플릿이다. 여러 개의 값을 모으면 배열이나 스택이 되는데 복잡해지므로 그냥 단순한 래핑만 하며 값을 변경하거나 읽는 기능만 제공한다. 다음은 Wrapper로 정수와 실수를 감싸는 객체를 생성한다.

```
Wrapper<int> wi;
Wrapper<double> wd;
```

Wrapper의 타입 인수로 int를 주면 정수를 감싸고 double을 주면 실수를 감싼다. 그렇다면 int나 double 자리에 같은 자격을 가지는 타입인 PosValue〈char〉를 써 주면 이 객체도 래핑할 수 있지 않을까? 이렇게 되면 템플릿끼리 중첩이 발생한다. 이런 중첩문을 작성할 때 다음과 같이 선언하면 안 된다.

```
Wrapper<PosValue<char>> wrap;
```

중첩되어 있으니 템플릿의 타입 인수를 닫는 〉 괄호가 두 개 연거푸 오는데 이 괄호를 붙여서 〉〉로 쓰면 시프트 연산자로 해석되어 에러 처리된다. 선언문에 생뚱맞게 연산자가 올 수는 없다. 그래서 템플릿을 중첩할 때는 두 괄호 사이에 공백을 넣어 연산자가 아님을 분명히 해야 한다.

템플릿의 중첩 횟수에는 제한이 없어 이중, 삼중으로 중첩 가능하며 실전에서도 이런 중첩이 제법 사용된다. 그러나 중첩이 가능하려면 두 클래스가 임의 타입에 대해 잘 동작하도록 충분히 일반화되어야 하며 생성자, 대입 연산자 등 모든 장치가 제대로 마련되어 있어야 한다. 템플릿의 중첩 자체는 쉽지만 중첩된 상태로 제대로 돌아가게 만들기는 어렵다.

셀프 테스트 ● 풀이

8-1.
① template ② typename

1 C/C++ 언어로 적용할 수 있는 개발 방법이 <u>아닌</u> 것은?

① 구조화 프로그래밍

② 객체 지향 프로그래밍

③ 일반화 프로그래밍

④ 대화형 인터프리터 프로그래밍

2 템플릿으로 함수를 합치는 조건 중 <u>틀린</u> 것은?

① 타입만 다르고 알고리즘은 동일해야 한다.

② 템플릿 내의 모든 코드가 적용하고자 하는 타입에 대해 성립해야 한다.

③ 타입이 아닌 정수, 실수 등의 비타입 인수도 템플릿으로 전달할 수 있다.

④ 템플릿으로 전달되는 타입이 여러 개일 수도 있다.

3 타입 인수에 대한 설명으로 <u>잘못된</u> 것은?

① 어떤 타입이든지 사용할 수 있다.

② 인수의 개수에 제약이 없다.

③ 이름은 짧은 한 글자로 작성해야 한다.

④ 템플릿에 넣는 재료에 해당한다.

4 템플릿으로부터 실제 함수를 만드는 과정을 (   ) 또는 인스턴스화라고 한다.

5 템플릿 함수가 만들어지는 시점은 언제인가?

① 호출문을 컴파일할 때

② 실행 중에 호출문을 만날 때

③ 함수 템플릿을 정의할 때

④ 함수 템플릿의 원형을 선언할 때

6 명시적 인수가 꼭 필요한 경우가 <u>아닌</u> 것은?

① 함수의 인수로 상수를 전달할 때

② 타입 인수가 두 개 이상일 때

③ 타입 인수가 리턴값으로 사용될 때

④ 타입 인수가 지역 변수로 사용될 때

7 템플릿 함수 중 특정 타입에 대해서만 동작을 다르게 지정하고 싶을 때 사용하는 기법은?

① 명시적 구체화   ② 암시적 구체화

③ 특수화   ④ 디폴트 인수

9장

예외 처리

1 예외

1 전통적인 예외 처리

예외Exception는 정상적인 실행을 방해하는 조건이나 상태를 의미한다. 프로그램을 잘못 작성해서 오동작하는 에러와는 다르다. 에러는 발견하는 즉시 수정해야 하고 미처 발견하지 못하면 버그가 된다. 예외는 버그와는 달리 프로그램을 제대로 만들었지만 원하는 대로 동작하지 못하게 방해하는 불가항력적인 상황이다.

아무리 치밀하게 코드를 작성해도 미래의 상황까지 예측할 수 없기 때문에 예외는 항상 발생한다. 예외의 주 원인은 사용자와 환경이다. 사람은 워낙 부정확한 존재여서 늘 실수하며 정해진 절차대로 프로그램을 사용하지 않는다. 프로그램이 구동되는 환경도 항상 불확실하다. 프린터에 종이가 떨어지거나 걸리는 상황은 자주 발생하며 네트워크도 언제 끊어질지 예측할 수 없다.

프로그램은 언제 발생할지 모르는 예외에 적극적으로 대처해야 한다. 잘못된 입력은 사용자에게 알려 재입력을 요구하고 실패한 동작은 원인을 제거한 후 성공할 때까지 재시도해야 한다. 도저히 해결할 수 없다면 최소한 에러 메시지라도 출력하고 위험한 코드를 실행하지 말아야 한다. 다음은 두 개의 정수를 입력받아 나누는데 이 간단한 코드에서도 예외가 발생할 수 있다.

```
printf("나누어질 수를 입력하시오 : ");
scanf("%d", &a);
printf("나누는 수를 입력하시오 : ");
scanf("%d", &b);
printf("나누기 결과는 %d입니다.\n", a / b);
```

사용자가 a, b를 항상 정확히 입력한다면 아무 문제가 없다. CPU가 나눗셈을 틀릴 리 없고 printf가 출력을 못할 리도 없다. 그러나 사용자가 b에 0을 입력해 버리면 예외가 발생한다. 수학적으로 0으로 나누는 것은 불가능한 연산이어서 다운된다. 프로그램은 값이 유효한지 항상 유의해야 하는

데 전통적인 방법은 if 문으로 값을 점검하는 것이다.

```
scanf("%d", &b);
if (b == 0) {
    puts("0으로는 나눌 수 없습니다.");
} else {
    printf("나누기 결과는 %d입니다.\n", a / b);
}
```

b를 입력받은 후 이 값이 0이면 에러 메시지를 출력하여 연산을 거부하며 0이 아닌 값이 입력되었을 때만 나눗셈을 한다. 에러 메시지를 출력하는 대신 입력 및 점검 코드를 while 루프로 감싸 제대로 입력할 때까지 반복할 수도 있다.

if 문으로 값을 점검하는 방법은 지극히 상식적이며 이해하기도 쉽다. 하지만 형식성이 느슨해 점검할 예외가 많아지면 코드의 품질이 떨어진다. 다음 코드는 메모리를 할당하고 값을 입력받아 계산한 결과를 파일로 출력하는데 예외 발생 여지가 많아 다량의 if 문이 필요하다.

```
size=필요한 메모리 양 조사
if (size < 100M || size > 0) {
    ptr=malloc(size);
    if (ptr) {
        if (InputData(ptr)) {
            if (CalcData(ptr)) {
                File=파일 열기();
                if (File) {
                    if (파일 쓰기()) {
                        에러 출력("파일 쓰기 실패");
                    }
                    파일 닫기();
                } else {
                    에러 출력("파일을 열 수 없음");
                }
            } else {
                에러 출력("계산중 에러 발생");
            }
        } else {
            에러 출력("입력중 에러 발생");
        }
        free(ptr);
    } else {
```

```
        에러 출력("메모리 할당 실패");
    }
} else {
    에러 출력("요구하는 메모리 크기가 너무 크거나 황당하게 작음");
}
```

메모리 요구량이 잘못되었거나 할당에 실패할 수도 있고 사용자가 엉뚱한 값을 입력할 수도 있다. 파일 입출력은 CPU 외부와의 통신이어서 실패할 확률이 꽤 높다. 발생 가능한 예외가 많아 if 문으로 조건을 일일이 점검해야 하며 그러다 보니 실제 작업 코드보다 예외 처리 코드가 훨씬 더 많다.

또한 예외를 처리하는 구문과 실제 코드가 마구 섞여 있어 핵심 코드가 잘 보이지 않는다. 조건 점검문과 에러 처리문이 멀리 떨어져 가독성이 떨어지며 들여쓰기가 깊어 소스를 관리하기도 어렵다. 그래서 if 문과는 질적으로 다른 혁신적인 방법이 필요해졌다.

2 C++의 예외 처리

형식적으로 잘 정비된 예외 처리 방법은 꼭 필요하며 라이브러리나 운영체제 수준에서 다양한 예외 처리 방법이 도입되었다. C++은 언어 차원에서 예외 처리 문법을 제공한다. 기존 방법에 비해 언어에 통합되어 있고 클래스를 인식한다는 점에서 더 완벽하다. C++은 예외 처리를 위해 다음 세 키워드를 도입했다.

• **try** : 예외가 발생할 만한 코드 블록을 감싼다. 이 블록 안에서 예외가 발생했을 때 throw 명령으로 예외를 던진다.
• **throw** : 예외 발생시 예외를 던져 catch 문으로 점프한다. throw 다음에 예외를 설명하는 값이나 객체를 전달한다.
• **catch** : 예외를 받아서 처리하는 예외 핸들러이며 이 안에 예외 처리 코드를 작성한다. catch 다음에 받고자 하는 예외를 명시하여 throw에서 던진 예외를 받는다.

이 세 가지 키워드는 한 세트여서 같이 사용되며 다음과 같은 구조로 작성한다.

```
try {
    if (예외 조건) throw 예외 객체;
}
catch (예외 객체) {
    예외 처리
}
```

try 블록 안에서 연산을 하다가 에러 상황을 만나면 throw로 예외를 던지며 catch에서 이 예외를 받아 처리한다. 하나의 try 블록에서 여러 종류의 예외가 발생할 수 있는데 이때는 예외의 종류에 따라 catch 블록 여러 개를 나열한다. 다음 예제는 정수 두 개를 입력받아 나눗셈을 하되 피젯수는 양수만 가능하다는 규칙을 추가한 것이다.

```
trycatch

#include <stdio.h>

int main()
{
    int a, b;

    try {
        printf("나누어질 수를 입력하시오 : ");
        scanf("%d", &a);
        if (a < 0) throw a;
        printf("나누는 수를 입력하시오 : ");
        scanf("%d", &b);
        if (b == 0) throw "0으로는 나눌 수 없습니다.";
        printf("나누기 결과는 %d입니다.\n", a / b);
    }
    catch (int a) {
        printf("%d는 음수이므로 나누기 거부\n", a);
    }
    catch (const char *message) {
        puts(message);
    }
}
```

입력 및 연산 코드는 모두 try 블록에 작성되어 있다. a를 입력받되 이 값이 음수이면 a를 던진다. throw는 정수값을 받는 catch 블록을 찾아 점프하며 throw 이후의 코드는 무시된다. 순차적으로 실행되는 코드 흐름에서 앞부분이 잘못되면 뒷부분도 제대로 실행되지 않는 것이 보통이며 연산을 위한 입력값이 잘못되었으니 뒤쪽의 코드는 더 실행할 필요가 없다. catch에서 a값을 전달받아 음수는 안 된다는 에러를 출력하고 전체 블록이 종료된다.

a가 양수이면 다음 단계로 넘어가 b를 입력받는다. b가 0이면 나눌 수 없다는 문자열 예외를 던진다. throw는 char *를 받는 catch 문으로 점프하여 에러 메시지를 출력하고 전체 블록이 종료된다. 두 입력값 중 하나라도 잘못되면 나눗셈은 수행되지 않는다. a, b가 4, 2 식으로 정상적으로 입력되면 모든 예외 점검문을 통과하여 a / b를 연산한 결과를 출력한다.

catch 블록의 코드는 잘 발생하지 않는 비정상적인 상황을 처리하며 프로그램의 논리와는 큰 상관이 없다. 핵심 코드와 어쩌다 발생하는 예외 처리 코드가 분리되어 깔끔하며 이 코드를 분석하는 사람은 try 블록만 집중적으로 분석하고 관리하면 된다. 코드의 실행 흐름은 다음과 같다.

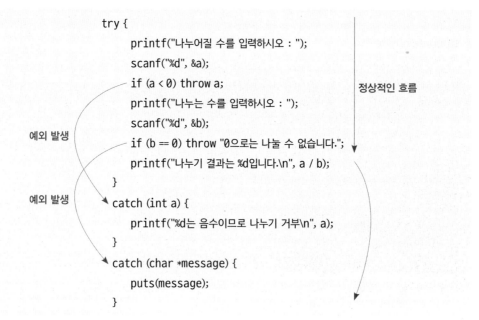

```
                    try {
                        printf("나누어질 수를 입력하시오 : ");
                        scanf("%d", &a);
                        if (a < 0) throw a;                          정상적인 흐름
                        printf("나누는 수를 입력하시오 : ");
                        scanf("%d", &b);
          예외 발생      if (b == 0) throw "0으로는 나눌 수 없습니다.";
                        printf("나누기 결과는 %d입니다.\n", a / b);
                    }
          예외 발생      catch (int a) {
                        printf("%d는 음수이므로 나누기 거부\n", a);
                    }
                    catch (char *message) {
                        puts(message);
                    }
```

▲ 정상적인 흐름과 예외 발생시의 흐름

예외가 발생하지 않으면 catch 블록은 모두 무시되며 try 블록 다음부터 실행을 계속한다. throw 가 예외 객체를 던지고 catch가 받는데 마치 함수로 인수를 전달하는 것과 비슷하다. catch는 전달된 예외 객체를 통해 상황을 판단하여 예외를 처리한다.

catch는 throw에 의해 호출되는 함수에 비유되며 함수가 오버로딩될 수 있듯이 catch도 예외 타입에 따라 여러 벌로 작성한다. throw가 던지는 예외의 타입과 일치하는 catch가 호출된다. catch 가 다시 리턴하지는 않으므로 throw는 무조건 분기문인 goto와 더 유사하다.

3 함수와 예외

예외를 던지는 throw 문은 try 블록 안에 있는 것이 원칙이지만 함수 안에서는 단독으로 올 수 있다. 이 경우 함수가 직접 예외를 처리하지 않고 함수를 호출한 곳에서 처리한다. 따라서 호출원이 try, catch 블록을 작성하여 예외를 처리해야 한다.

> **throwfunc**

```c
#include <stdio.h>

void divide(int a, int d)
```

```
    {
        if (d == 0) throw "0으로는 나눌 수 없습니다.";
        printf("나누기 결과 = %d입니다.\n", a / d);
    }

    int main()
    {
        try {
            divide(10, 0);
        }
        catch (const char *message) {
            puts(message);
        }
        divide(10, 5);
    }
```

```
0으로는 나눌 수 없습니다.
나누기 결과 = 2입니다.
```

divide 함수는 두 개의 인수 a, d를 받아 나눗셈 결과를 출력하되 d가 0이면 예외를 던진다. main
은 이 함수를 호출하는 구문을 try 블록으로 감싸 예외를 받아야 한다. 첫 번째 호출에서 의도적으
로 0을 전달하여 예외를 일으켰다. divide의 throw 구문은 호출원으로 돌아와 대응되는 catch 문
을 찾아 예외를 처리한다. 함수에서 문자열을 던졌으므로 나눌 수 없다는 에러 메시지가 출력된다.

스택에는 함수의 호출 정보를 저장하는 스택 프레임이 생성되며 함수가 리턴할 때 정확하게 호출 전
의 상태로 돌아간다. 함수 실행중에 예외가 발생하여 호출원의 catch로 바로 점프하면 스택이 항상
성을 잃어버려 엉망이 되고 만다. 그래서 throw는 호출원으로 돌아가기 전에 자신의 스택 프레임을
정리하는데 이를 스택 되감기Stack Unwinding라고 한다.

try 블록 안의 divide(10, 0)에서 발생한 예외는 catch 블록에서 처리되며 이후 그 다음 문장인
divide(10, 5)가 정상적으로 잘 실행된다. 예외에 의해 함수가 강제 리턴했음에도 main의 다음
코드가 아무 이상 없이 잘 실행되는 이유는 스택 프레임을 호출 전의 상태로 복구하기 때문이다.
main의 코드를 다음과 같이 수정해 보자.

```
    int main()
    {
        divide(2, 0);
    }
```

이 경우는 예외를 받아줄 catch 문이 없으므로 디폴트 처리되어 프로그램이 강제 종료된다. 다음의 경우도 마찬가지이다.

```cpp
int main()
{
    try {
        divide(20, 0);
    }
    catch (int code) {
        printf("%d번 에러가 발생했습니다.\n", code);
    }
}
```

함수 호출문이 try 블록에 포함되어 있고 catch 문도 있지만 divide 함수가 던지는 char * 타입을 받는 catch 블록이 없다. 발생한 예외를 아무도 처리하지 않으므로 프로그램은 강제 종료된다.

함수 호출 단계가 깊어도 throw는 정확히 예외 처리 블록을 찾는다. throw는 대응되는 catch 블록을 찾기 위해 스택에서 위쪽 함수를 찾아 올라가며 스택을 차례대로 정리하는데 이때 각 함수의 지역 객체도 정상적으로 잘 파괴된다. 다음 예제로 스택을 되감는 절차를 구경해 보자.

stackunwinding

```cpp
#include <stdio.h>

class C
{
    int a;
public:
    C() { puts("생성자 호출"); }
    ~C() { puts("파괴자 호출"); }
};

void divide(int a, int d)
{
    if (d == 0) throw "0으로는 나눌 수 없습니다.";
    printf("나누기 결과 = %d입니다.\n", a / d);
}

void calc(int t, const char *m)
{
```

```
    C c;
    divide(10, 0);
}

int main()
{
    try {
        calc(1, "계산");
    }
    catch (const char *message) {
        puts(message);
    }
    puts("프로그램이 종료됩니다.");
}
```

생성자 호출
파괴자 호출
0으로는 나눌 수 없습니다.
프로그램이 종료됩니다.

main이 직접 divide를 부르는 것이 아니라 중간에 calc 함수가 더 있다. calc는 지역 객체 c를 생성한 후 예외를 일으키는 divide(10, 0)을 호출하는데 이 함수 실행중에 문자열 예외가 발생한다. 이때의 스택 상황은 다음과 같다.

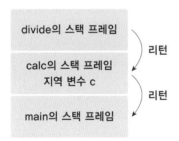

▲ 함수 호출 정보를 저장하는 스택 프레임

divide는 내부에 catch 블록이 없어 자신의 스택 프레임을 정리하고 호출원인 calc로 돌아간다. calc도 마찬가지로 catch 블록이 없으므로 같은 방식으로 스택을 정리한다. 이때 인수 t, m은 물론이고 지역 변수 c도 같이 파괴되며 파괴 과정에서 파괴자가 호출된다. 스택만 정리하고 객체를 제대로 정리하지 않으면 프로그램은 여전히 불안정해지므로 호출 전의 상태로 정확하게 복구해야 한다.

main으로 리턴하면 catch 블록으로 점프하여 메시지를 출력함으로써 예외를 처리한다. 비록 나눗셈은 실패했지만 예외를 잘 처리하여 프로그램은 정상적으로 계속 실행할 수 있다. 예외를 일으킨 함수와 중간 함수까지 스택과 객체를 호출 전의 상태로 잘 정리했기 때문이다. 마지막 메시지 출력 문까지 정상 실행한 후 프로그램이 무사히 종료된다.

4 중첩 예외 처리

예외 처리 구문은 중첩 가능해서 try 블록 안에 또 다른 try 블록이 들어갈 수 있다. 큰 작업의 일부를 처리하는 중에 다른 예외가 발생할 수 있다면 언제든지 try 블록을 구성하면 된다. 다음 예제는 학번, 이름, 나이를 입력받되 학번과 나이는 양수여야 하며 이름은 4바이트 이상이어야 한다.

```
nesttry
```

```c
#include <stdio.h>
#include <conio.h>
#include <string.h>

int main()
{
    int num;
    int age;
    char name[128];

    try {
        printf("학번을 입력하시오 : ");
        scanf("%d", &num);
        if (num <= 0) throw num;
        try {
            printf("이름을 입력하시오 : ");
            scanf("%s", name);
            if (strlen(name) < 4) throw "이름이 너무 짧습니다";
            printf("나이를 입력하시오 : ");
            scanf("%d", &age);
            if (age <= 0) throw age;
            printf("입력한 정보 ⇒ 학번:%d, 이름:%s, 나이:%d\n", num, name, age);
        }
        catch (const char *Message) {
            puts(Message);
        }
        catch (int) {
            throw;
```

```
            }
        }
    catch (int n) {
        printf("%d는 음수이므로 적합하지 않습니다.\n", n);
    }
}
```

```
학번을 입력하시오 : 8906299
이름을 입력하시오 : kimsanghyung
나이를 입력하시오 : -29
-29는 음수이므로 적합하지 않습니다.
```

바깥쪽 try 블록에서 학번 num을 입력받다가 음수일 경우 num을 예외로 던지며 바깥쪽의
catch(int n) 블록이 이 예외를 받아 음수는 불가하다는 메시지를 출력한다. 학번이 제대로 입력되
었으면 이름을 입력받는데 이때도 길이가 너무 짧아서는 안 된다. try 블록 안에서 또 다른 예외가
발생할 수 있으므로 다시 try 블록을 감싸고 catch(const char *)가 받아서 처리한다.

나이가 음수일 때는 안쪽의 catch(int)로 예외를 던진다. 안쪽에서 이 예외를 직접 처리할 수도 있
지만 바깥쪽에 같은 타입의 예외 처리기가 있으면 밖으로 던져 버리면 된다. catch 블록에서 예외를
다시 던질 때는 객체를 지정할 필요 없이 throw 명령만 단독으로 사용한다.

이 예제는 예외 처리 구문의 중첩을 보이기 위해 의도적으로 작성했다. 한 함수 내에서는 사실 굳이
중첩시킬 필요 없이 하나의 try 블록에 catch 블록을 여러 개 배치하면 된다. 그러나 이미 예외 처리
블록을 가진 함수를 호출할 때는 자연스럽게 중첩이 발생한다. 이런 경우를 위해 예외의 중첩을 지
원한다.

셀프 테스트 ●

9-1. 다음은 나이를 입력받아 음수일 때 예외 처리하는 코드이다. 괄호 안에 적당한 키워드를 채워 넣어라.

```
( ① ) {
    printf("나이를 입력하시오.");
    scanf("%d", &age);
    if (age < 0) throw age;
}
( ② ) (int a) {
    puts("나이는 양수만 가능합니다.");
}
```

2 예외 객체

1 예외를 전달하는 방법

함수 실행중에 계속 진행할 수 없는 상황이 발생하면 즉시 리턴하되 어떤 종류의 에러가 왜 발생했는지 상세히 보고해야 한다. 호출원은 함수의 리턴값을 보고 에러의 종류를 파악하여 다음 조치를 취한다. 함수가 에러를 보고하는 전통적인 방법은 에러 코드를 리턴하는 것이다.

ExceptionReturn

```c
#include <stdio.h>

int report()
{
    if (true/*예외 발생*/) return 1;

    // 여기까지 왔으면 무사히 작업 완료했음
    return 0;
}

int main()
{
    int e;

    e = report();
    switch (e) {
    case 1:
        puts("메모리가 부족합니다.");
        break;
    case 2:
        puts("연산 범위를 초과했습니다.");
        break;
```

```
        case 3:
            puts("하드 디스크가 가득 찼습니다.");
            break;
        default:
            puts("작업을 완료했습니다.");
            break;
        }
    }
```

메모리가 부족합니다.

이 예제의 report 함수는 통계를 내고 파일로 출력하되 작업을 무사히 완료했으면 0을 리턴하고 에러 발생시 1에서 3 사이의 에러 코드를 리턴한다. 에러 코드는 일종의 약속이며 함수 레퍼런스에 각 에러 코드의 의미를 문서화해 둔다. 호출원은 리턴값을 점검하여 에러의 유형에 따라 필요한 조치를 취한다.

이 방법은 과거 흔하게 사용되었고 표준 C 함수들은 모두 이런 식으로 작성되어 있다. 하지만 에러 코드가 정상적인 리턴값과 구분되는 특이값이어야 한다는 제약이 있고 레퍼런스를 봐야 의미를 알 수 있다는 점에서 불편하다. 모든 리턴값이 다 의미가 있어 에러 코드로 쓸 만한 특이값이 없을 때는 에러 통보를 위해 별도의 변수를 넘기는 방법을 쓰기도 한다.

예외 처리 구문을 사용하면 예외로 에러 사실을 통보할 수 있으니 리턴값은 고유의 작업 결과 보고용으로 사용할 수 있다. 리턴값이 아닌 throw 구문으로 에러를 보고할 수 있고 throw 자체가 함수를 종료하므로 별도의 return 문을 쓸 필요도 없다. 다음 예제는 에러의 종류를 열거형으로 정의하고 throw 문으로 예외를 던진다.

ExceptionEnum

```
#include <stdio.h>

enum E_Error { OUTOFMEMORY, OVERRANGE, HARDFULL };
void report() throw(E_Error)
{
    if (true/*예외 발생*/) throw OVERRANGE;

    // 여기까지 왔으면 무사히 작업 완료했음
}

int main()
```

```
{
    try {
        report();
        puts("작업을 완료했습니다.");
    }
    catch (E_Error e) {
        switch (e) {
        case OUTOFMEMORY:
            puts("메모리가 부족합니다.");
            break;
        case OVERRANGE:
            puts("연산 범위를 초과했습니다.");
            break;
        case HARDFULL:
            puts("하드 디스크가 가득 찼습니다.");
            break;
        }
    }
}
```

연산 범위를 초과했습니다.

---

report가 예외를 던지므로 이 함수 호출문은 반드시 try 블록 안에 작성하고 catch 블록에서 예외의 종류에 따라 처리한다. 앞 예제보다는 좀 나아졌지만 열거형도 기억하기 어렵다는 면에서 여전하며 호출원이 일일이 의미를 분석해야 하니 코드의 길이도 비슷하다.

throw로 던질 수 있는 예외의 타입에 제한이 없으니 아예 객체를 던지는 것이 더 활용성이 높다. 클래스는 에러 메시지를 포함할 수 있고 스스로 예외를 처리하는 함수까지 가질 수 있어 호출원에서 사용하기 쉽다.

ExceptionObject

```
#include <stdio.h>

class Exception
{
private:
    int ErrorCode;

public:
```

```cpp
        Exception(int ae) : ErrorCode(ae) { }
        int GetErrorCode() { return ErrorCode; }
        void ReportError() {
            switch (ErrorCode) {
            case 1:
                puts("메모리가 부족합니다.");
                break;
            case 2:
                puts("연산 범위를 초과했습니다.");
                break;
            case 3:
                puts("하드 디스크가 가득 찼습니다.");
                break;
            }
        }
};

void report()
{
    if (true/*예외 발생*/) throw Exception(3);

    // 여기까지 왔으면 무사히 작업 완료했음
}

int main()
{
    try {
        report();
        puts("작업을 완료했습니다.");
    }
    catch (Exception &e) {
        printf("에러 코드 = %d ⇒ ", e.GetErrorCode());
        e.ReportError();
    }
}
```

에러 코드 = 3 ⇒ 하드 디스크가 가득 찼습니다.

Exception 예외 클래스는 에러 코드와 생성자, 에러 코드를 조사하는 함수와 메시지를 출력하는 함수를 캡슐화한다. report 함수는 에러 발생시 예외 객체를 생성하여 던지고 catch는 이 객체를 받아 에러 코드를 얻으며 메시지 출력까지 예외 객체에게 시킨다. 예외와 관련된 모든 정보와 동작까지 완벽하게 캡슐화하여 사용하기 쉽다.

그래서 throw가 던지는 예외 정보를 예외 객체라고 부르며 정수나 문자열도 객체의 일종이다. throw는 예외 객체를 생성하여 던지며 catch는 레퍼런스로 받는다. 값으로 받으면 속도가 느리고 포인터로 받으면 -> 연산자를 사용해야 하니 직관적이지 못하다. 그래서 임시 객체를 던지고 레퍼런스로 받는다.

2 예외 클래스 계층

예외를 클래스로 정의하면 객체 지향의 여러 가지 기법을 활용할 수 있다. 비슷한 종류의 예외라면 상속 계층을 구성하여 반복된 코드를 줄이고 에러 처리 함수를 가상으로 선언하면 다형성의 이점도 누릴 수 있다. 다음 예제는 100 이하의 양의 짝수만 입력받으며 그 외의 숫자는 예외 처리한다.

InheritException

```
#include <stdio.h>

class ExNegative
{
protected:
    int number;

public:
    ExNegative(int n) : number(n) { }
    virtual void PrintError() {
        printf("%d는 음수이므로 잘못된 값입니다.\n", number);
    }
};

class ExTooBig : public ExNegative
{
public:
    ExTooBig(int n) : ExNegative(n) { }
    virtual void PrintError() {
        printf("%d는 너무 큽니다. 100보다 작아야 합니다.\n", number);
    }
};

class ExOdd : public ExTooBig
```

```
{
public:
    ExOdd(int n) : ExTooBig(n) { }
    virtual void PrintError() {
        printf("%d는 홀수입니다. 짝수여야 합니다.\n", number);
    }
};

int main()
{
    int n;

    for (;;) {
        try {
            printf("숫자를 입력하세요(끝낼 때 0) : ");
            scanf("%d", &n);
            if (n == 0) break;
            if (n < 0) throw ExNegative(n);
            if (n > 100) throw ExTooBig(n);
            if (n % 2 != 0) throw ExOdd(n);

            printf("%d 숫자는 규칙에 맞는 숫자입니다.\n", n);
        }
        catch (ExNegative &e) {
            e.PrintError();
        }
    }
}
```

```
숫자를 입력하세요(끝낼 때 0) : 1
1는 홀수입니다. 짝수여야 합니다.
숫자를 입력하세요(끝낼 때 0) : -1
-1는 음수이므로 잘못된 값입니다.
숫자를 입력하세요(끝낼 때 0) : 2
2 숫자는 규칙에 맞는 숫자입니다.
```

음수에 대한 예외를 처리하는 ExNegative를 최상위 클래스로 정의하고 에러 메시지를 출력하
는 PrintError 함수를 가상으로 선언했다. 이 클래스를 파생시켜 100을 초과하는 수에 대한 예
외를 처리하는 ExTooBig 클래스를 정의하며 이 클래스를 다시 파생시켜 홀수 예외를 처리하는

ExOdd를 정의한다. 루트 클래스의 PrintError 함수가 가상으로 정의되어 있으므로 파생 클래스의 PrintError 함수도 동적으로 결합한다.

main에서 숫자를 입력받아 조건에 따라 적절한 예외 객체를 생성하여 던진다. 예외 종류에 따라 각 예외 객체를 받는 catch 블록을 일일이 작성할 필요 없이 루트 타입인 ExNegative 객체만 받아 처리하면 된다. 발생 가능한 모든 예외가 ExNegative와 IS A 관계여서 파생 객체를 모두 받을 수 있고 각 객체에 대한 PrintError 함수가 예외 타입에 따라 동적으로 호출된다.

예외끼리 상속 계층을 이루고 가상 함수에 의해 예외 타입에 맞는 적절한 함수가 자동으로 호출되니 예외의 종류를 판별하는 일은 신경쓰지 않아도 된다. 비슷한 예외를 하나의 catch 블록으로 통합 처리할 수 있어 코드가 간단해지고 확장이나 변형도 쉽다. 객체 지향의 이점을 충분히 활용하기 위해 에러 코드보다 가급적 객체로 예외를 정의하는 것이다.

3 예외의 캡슐화

클래스 동작 중에 특정한 예외가 발생할 수 있다면 이 예외에 대한 모든 처리도 클래스 안에 완벽하게 통합해 넣는 것이 좋다. 예외 클래스를 지역적으로 선언해 두면 어떤 상황에서라도 클래스 스스로 예외를 처리할 수 있어 안전성과 재활용성이 향상된다.

ExceptionClass

```
#include <stdio.h>

class MyClass
{
public:
    class Exception
    {
    private:
        int ErrorCode;

    public:
        Exception(int ae) : ErrorCode(ae) { }
        int GetErrorCode() { return ErrorCode; }
        void ReportError() {
            switch (ErrorCode) {
            case 1:
                puts("메모리가 부족합니다.");
                break;
```

```
            case 2:
                puts("연산 범위를 초과했습니다.");
                break;
            case 3:
                puts("하드 디스크가 가득 찼습니다.");
                break;
            }
        }
    };
    void calc() {
        try {
            if (true/*에러 발생*/) throw Exception(1);
        }
        catch (Exception &e) {
            printf("에러 코드 = %d ⇒ ", e.GetErrorCode());
            e.ReportError();
        }
    }
    void calc2() throw(Exception) {
        if (true/*에러 발생*/) throw Exception(2);
    }
};

int main()
{
    MyClass m;
    m.calc();
    try {
        m.calc2();
    }
    catch (MyClass::Exception &e) {
        printf("에러 코드 = %d ⇒ ", e.GetErrorCode());
        e.ReportError();
    }
}
```

에러 코드 = 1 ⇒ 메모리가 부족합니다.
에러 코드 = 2 ⇒ 연산 범위를 초과했습니다.

MyClass는 예외를 처리하는 Exception 지역 클래스를 포함하며 이 클래스는 에러 코드와 에러 메시지 출력 기능을 제공한다. calc 멤버 함수 동작 중에 예외가 발생하면 Exception 객체를 생성하여 던지며 함수 내부에서 이 예외를 직접 처리한다. 클래스 내부에서 모든 것을 처리하고 있어 외부에서는 에러 처리에 신경쓸 필요 없이 그냥 호출만 하면 된다.

내부적으로 처리하기 곤란하거나 외부에 예외 발생 사실을 알려야 한다면 멤버 함수가 직접 처리하지 말고 예외 객체를 던진다. calc2 함수가 이런 식으로 동작하는데 이 예외는 호출원인 main에서 처리한다. 단, 이것이 가능하려면 지역 클래스인 Exception을 외부에서 참조할 수 있도록 public으로 선언해야 한다.

섬세한 예외 처리를 위해 복잡한 코드가 동원되며 많은 비용이 들어간다. 클래스 계층을 구성하여 다형성을 활용하고 예외 처리를 통합하기 위해 지역 클래스까지 정의했다. 여기에 추상 클래스와 순수 가상 함수까지 동원하면 더 복잡해진다. 발생 빈도가 희박한 예외를 위해 너무 많은 노력을 하는 듯한데 응용 프로그램 수준에서 이렇게까지 하는 경우는 드물다.

그러나 불특정 다수가 사용하는 라이브러리라면 사정이 다르다. 비숙련 개발자가 사용하더라도 끄떡없이 동작하도록 스스로 정교한 예외 처리를 해야 한다. 라이브러리를 견고하게 작성해야 신뢰성이 향상되며 신경쓴 만큼 품질은 확실히 좋아진다. 직접 처리하지 않고 예외를 던지더라도 예외 발생 사실과 원인을 가급적 상세히 전달해야 한다. C++이 이렇게 복잡한 문법을 제공하는 이유는 어떤 경우에라도 안정적으로 동작하는 라이브러리를 만들어 요구 숙련도를 떨어뜨리기 위해서이다.

4 생성자와 연산자의 예외

생성자와 연산자는 일반적인 방법으로는 예외를 처리하기 어렵다. 생성자는 리턴값의 개념이 없어 에러를 리턴할 방법이 없다. 연산자의 리턴값은 연산 결과이므로 에러로 정의할 수 있는 특이값이 없다. + 연산자의 리턴값 −1을 에러로 정의하는 것은 진짜 연산 결과가 −1인 경우와 구분되지 않아 불가능하다. 예외 처리 구문은 리턴값에 의존하지 않고 예외 발생시 원하는 곳으로 제어를 옮길 수 있어 생성자와 연산자의 에러 처리에 적합하다.

CtorException

```
#include <stdio.h>

class Int100
{
private:
    int num;

public:
```

```cpp
    Int100(int a) {
        if (a <= 100) {
            num = a;
        } else {
            throw a;
        }
    }
    Int100 &operator+=(int b) {
        if (num + b <= 100) {
            num += b;
        } else {
            throw num + b;
        }
        return *this;
    }
    void OutValue() {
        printf("%d\n", num);
    }
};


int main()
{
    try {
        Int100 i(85);
        i += 12;
        i.OutValue();
    }
    catch (int n) {
        printf("%d는 100보다 큰 정수이므로 다룰 수 없습니다.\n", n);
    }
}
```

97

---

int100 클래스는 100 이하의 정수를 저장하는 클래스이며 생성자와 += 연산자, 값을 출력하는 OutValue 함수를 정의한다. 생성자는 초깃값이 100보다 클 경우 예외를 던져 객체 생성을 중지한다. 안전한 객체 생성을 위해 객체 선언문을 try 블록에 작성하고 catch(int)로 예외를 처리한다.

값을 증가시키는 += 연산자는 증가에 의해 100보다 큰 값이 될 때 예외를 던진다. 연산자는 연쇄적인 연산을 위해 객체 자체를 리턴하며 특이값을 정의할 수 없어 예외를 던진다. 예외를 처리하지 않으면 잘못된 값을 가지거나 증가 연산 자체를 무시해야 한다. 호출원에서 이 사실을 모르면 언제 어떤 문제가 발생할지 알 수 없다.

생성자에서 예외를 처리하는 것은 이론적으로는 가능하지만 현실적으로는 사용하기 어렵다. 객체를 try 블록에서 선언하면 블록 지역 변수가 되어 블록 바깥에서 참조할 수 없다는 곤란한 문제가 있다. try 블록에 객체 선언문이 있을 경우 이 객체를 사용하는 모든 코드가 블록 안에 포함되어야 하며 다음과 같이 작성해서는 안 된다.

```cpp
int main()
{
    try {
        Int100 i(85);
    }
    catch(int n) {
        printf("%d는 100보다 큰 정수이므로 다룰 수 없습니다.\n",n);
    }
    i+=12;
    i.OutValue();
}
```

try 블록을 벗어나면 i 객체는 존재하지 않기 때문에 블록이 끝난 후에는 참조할 수 없다. 그래서 생성자는 예외 처리 구문보다 성공적인 생성 여부를 별도의 플래그에 설정해 두고 객체 생성 후 플래그를 평가하는 방법을 더 많이 사용한다.

5 try 블록 함수

함수 실행 중에 항상 예외가 발생할 수 있다면 함수 본체 전체를 try 블록으로 완전히 묶는다. 앞에서 만들었던 divide 예제가 이런 식으로 작성되어 있다.

```cpp
void divide(int a, int d)
{
    try {
        if (d == 0) throw "0으로는 나눌 수 없습니다.";
        printf("나누기 결과 = %d입니다.\n",a/d);
    }
    catch(const char *message) {
        puts(message);
```

```
        }
    }
```

함수의 실질적인 코드가 모두 try 블록에 작성되어 있으니 본체를 따로 만들 필요 없이 try 블록 자체를 함수의 본체로 만들면 된다. 함수의 시작과 끝을 표시하는 { } 괄호를 없애고 try와 catch 블록을 함수의 본체인 것처럼 작성하는 것이다.

tryfunc

```
#include <stdio.h>

void divide(int a, int d)
try {
    if (d == 0) throw "0으로는 나눌 수 없습니다.";
    printf("나누기 결과 = %d입니다.\n", a / d);
}
catch (const char *message) {
    puts(message);
}

int main()
{
    divide(10, 0);
}
```

```
0으로는 나눌 수 없습니다.
```

try 블록과 catch 블록이 함수의 본체가 되며 catch 블록에서도 인수를 참조할 수 있다. 함수를 감싸는 { } 괄호가 없어 굉장히 어색해 보이고 실제로 이런 코드를 본 적이 없는 사람도 많겠지만 이상 없이 잘 컴파일된다.

보기에도 어색한 이런 이상한 문법을 왜 만들었지 의아하며 실제로 함수를 이렇게 작성하는 경우도 드물다. 하지만 생성자의 경우는 사정이 다른데 본체 이전에 실행되는 초기화 리스트까지 예외 처리 블록에 포함시키려면 이런 구문이 필요하다. 다음 예를 보자.

tryctor

```
#include <stdio.h>

class Int100
```

```cpp
{
private:
    int num;

public:
    Int100(int a)
    try : num(a) {
        if (a > 100) {
            throw a;
        }
    }
    catch (int a) {
        printf("%d은 100보다 더 큽니다.\n", a);
    }

    void OutValue() {
        printf("%d\n", num);
    }
};

int main()
{
    try {
        Int100 i(101);
        i.OutValue();
    }
    catch (int) {
        puts("무효한 객체임");
    }
}
```

101은 100보다 더 큽니다.
무효한 객체임

생성자 모양의 희한하다. 생성자 본체가 시작되자마자 try 블록이 나오고 블록 시작 전에 초기화 리스트가 시작된다. 초기화 리스트까지도 예외 처리 블록에 포함시키기 위해 이 표기법이 꼭 필요하다. 초기화 리스트는 본체 이전에 있으므로 기존의 방법으로는 예외 처리 구문에 포함시킬 수 없다.

이 예제의 Int100 클래스는 num에 a를 대입하는 코드밖에 없어 사실 예외가 발생할 가능성이 없다. 하지만 기반 클래스로부터 상속받은 멤버나 포함 객체를 초기화하는 중에 예외가 발생할 가능성은 아주 높다. 이럴 때는 초기화 리스트까지 예외 처리 블록에 포함시켜야 한다.

생성자에서 조건을 판단하여 예외를 처리하더라도 이 예외는 자동으로 다시 던져진다. 왜냐하면 생성 단계의 예외는 객체 혼자만의 문제가 아니라 이 객체를 선언한 곳과도 관련이 있어 선언 주체에게도 예외 사실을 알리기 위해서이다. main에서 Int100 객체를 선언하는 문장도 try 블록으로 감싸 객체 생성시의 예외를 처리한다. 이 구문이 빠지면 미처리 예외가 되어 프로그램이 다운된다.

6 표준 예외

표준 C++ 라이브러리는 모든 예외의 루트인 exception 클래스를 정의하며 이 클래스로부터 표준 예외 클래스의 계층을 정의한다. exception 자체는 별다른 기능이 없으며 빈 문자열을 리턴하는 what 가상 함수만 가지는데 파생 클래스는 예외의 내용을 출력하도록 재정의한다. 표준 예외 계층은 다음과 같다.

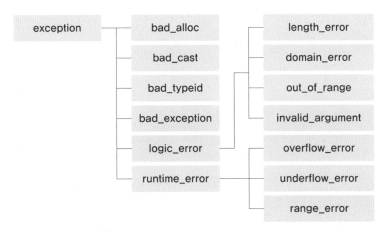

▲ 표준 예외 클래스 계층

이 예외들은 C++ 연산자가 주로 사용하는데 대표적으로 bad_alloc 예외에 대해서만 알아보자. 과거의 컴파일러는 new 연산자가 할당에 실패할 때 NULL을 리턴하지만 최신 컴파일러는 bad_alloc 예외를 던져 if 문이 아닌 예외 처리 구문으로 할당 실패를 처리할 수 있다.

과연 그런지 다음 예제로 테스트해 보자. 운영체제의 메모리 관리 능력을 엿볼 수 있지만 시스템의 전체 메모리를 고갈시킬 위험성이 있으므로 실행하지 말고 구경만 하자. 기어이 테스트해 보고 싶다면 모든 문서와 프로젝트를 닫고 다운될 각오를 하고 실행해야 한다.

bad_alloc

```
#include <stdio.h>
#include <cursor.h>
```

```
#include <new>

int main()
{
    int *pi[1000] = { NULL, };
    int i;

    try {
        for (i = 0;; i++) {
            pi[i] = new int[10000000];
            if (pi[i]) {
                printf("%d번째 할당 성공\n", i);
            } else {
                printf("%d번째 할당 실패\n", i);
            }
            delay(1000);
        }
    }
    catch (std::bad_alloc &b) {
        puts("에러 발생");
        b.what();
    }
    for (i = 0;; i++) {
        delete[] pi[i];
    }
}
```

main에서 무한 루프를 돌며 40M씩 계속 할당하는데 시스템 메모리가 아무리 충분해도 언젠가는 고갈될 것이다. 이때 bad_alloc 예외를 잡아 메모리 부족시의 예외를 처리한다. if 문으로 포인터를 점검하는 대신 예외 처리 구문에 통합할 수 있다.

그러나 어디까지나 이론상의 얘기일 뿐 실제 결과는 상당히 다르다. 메모리 실장량과는 상관없이 초반에는 빠른 속도로 할당되다가 일정 횟수를 넘어서면 할당 속도가 느려진다. 대략 2G 정도 할당하면 실패하는데 이것도 메모리 부족이 원인이 아니라 주소 공간이 고갈되어 발생하는 것이다. 64비트 시스템에서는 실패 시점이 훨씬 더 늦다.

최근의 보호된 운영체제는 응용 프로그램의 메모리 요구량을 적극적으로 수용한다. 실장 메모리가 바닥나도 페이징 파일을 늘려 가상 메모리를 만들어 할당해 준다. 너무 친절하다 보니 몇 분이 걸리더라도 어떻게든 메모리를 만들어 주는데 사실 이는 할당 실패보다 더 최악의 상황을 만든다. 메모리가 완전히 고갈되면 에러가 발생하기 이전에 시스템이 뻗어 버릴 수도 있다.

현대적인 운영체제 환경에서 메모리 할당이 실패하는 예는 극히 드물다. 황당하게 큰 메모리가 아니면 대부분 성공적으로 할당된다. 따라서 메모리 할당 후 에러를 점검하는 것보다 할당하기 전에 메모리 요구량이 적절한지 점검하는 것이 더 바람직하다.

3 예외 지정

1 미처리 예외

throw로 예외를 던졌는데 받을 catch 블록이 없거나 있더라도 예외 타입이 맞지 않다면 미처리 예외가 된다. 아무도 처리하지 않는 예외는 terminate 함수가 처리하며 내부적으로 abort 함수를 호출하여 프로그램을 강제 종료한다.

강제 종료는 너무 가혹한 것 같지만 나중에 말썽을 부리는 것보다는 개발 중에 문제를 분명히 알리는 것이 차라리 낫다. 고객 눈앞에서 죽을 바에야 개발자가 지켜보는 앞에서 장렬히 전사함으로써 수정할 기회를 주는 것이 더 합리적이다.

미처리 예외를 직접 처리하고 싶다면 다음 함수로 미처리 예외 핸들러를 등록한다. 인수로 void func(void) 타입(terminate_handler)의 함수 포인터를 전달하면 이후부터 미처리 예외가 발생할 때 이 함수가 호출된다.

    terminate_handler set_terminate(terminate_handler ph)

미처리 예외 핸들러는 아무도 처리하지 않는 예외를 받아 극단적인 예외 처리를 수행한다. 다음 예제는 myterm 함수를 미처리 예외 핸들러로 지정하여 화면에 자신의 죽음을 알리고 종료한다.

terminate

```
#include <stdio.h>
#include <exception>
using namespace std;

void myterm()
{
    puts("처리되지 않은 예외 발생");
    exit(-1);
```

```
    }

    int main()
    {
        set_terminate(myterm);
        try {
            throw 1;
        }
        catch (char *m) {
        }
    }
```

main에서 정수형의 예외를 던졌는데 뒤쪽의 catch 블록은 정수를 받지 않으므로 이 예외는 처리
할 주체가 없다. 미처리 예외 발생시 미리 지정해 놓은 myterm 함수가 호출되어 최종 처리를 담당
한다. 이때 예외를 발생시킨 함수의 스택 정리 여부는 컴파일러마다 다른데 어차피 종료되는 상황
이라 별 의미는 없다.

임의의 모든 예외를 다 받으려면 catch(...) 블록을 사용한다. 이 블록은 모든 예외를 다 처리할 수
있지만 어떤 예외가 왜 발생했는지는 정확히 알 수 없다. 예외에 대한 정보는 필요 없고 단순히 예외
가 발생했다는 사실만 알고 싶을 때 이 구문을 사용한다. terminate는 전역적인 예외 핸들러인데
비해 catch(...)는 국지적인 미처리 예외 핸들러이다.

```
catch (...) {
    puts("뭔지 모르겠는데 하여튼 잘못되었습니다.");
}
```

컴파일러는 등장하는 순서대로 catch 블록을 점검하여 타입이 일치하는 핸들러를 찾는다. 따라서
특수한 타입이 앞에 와야 하며 모든 예외를 받는 catch(...)는 제일 마지막에 와야 한다. 여러 개의
예외를 처리할 때 catch 블록의 올바른 배치는 다음과 같다.

```
try { }
catch (int)
catch (char *)
catch (exception)
catch (...)
```

catch(...)가 제일 앞에 있으면 어떤 예외든 이 블록에서 잡아 버리므로 아래쪽의 catch 블록은 있으나 마나이다. 컴파일러는 예외 객체의 타입으로 catch 블록을 선택하는데 타입 점검이 지나칠 정도로 엄격해서 암시적 변환은 고려하지 않는다. 다음 구문은 이상 없어 보이지만 미처리 예외가 발생한다.

```
try {
    if (true) throw 1234;
}
catch(unsigned a) {
    printf("%d에 대한 예외 발생\n",a);
}
```

1234는 int형 리터럴인 데 비해 catch는 unsigned만 받으므로 예외 객체의 타입이 맞지 않다. throw 1234u로 리터럴의 접두사를 붙이면 정확해진다. 같은 정수라도 int, short는 길이가 달라 다른 타입이며 심지어 int, long은 실제로는 같은 타입이라도 잠재적 차이가 있어 다른 타입으로 인식된다.

정확한 예외 처리를 위해 예외 객체의 타입 점검이 굉장히 엄격하다. 예외적으로 void * 타입을 받는 핸들러는 임의의 포인터 타입을 받을 수 있고 부모 타입의 포인터를 받는 핸들러는 자식 타입의 객체를 받을 수 있다.

2 예외 지정

함수의 원형 뒤쪽에 함수 실행 중에 발생 가능한 예외의 목록을 지정할 수 있다. 인수 목록 다음에 throw(예외 목록) 형식으로 괄호 안에 예외 타입을 적되 여러 개일 경우 콤마로 나열한다.

```
void sub1(int a, int d) throw(char *)
void sub2(int a, int d) throw(char *, int)
```

예외를 던지지 않는 함수는 throw() 만 적어 괄호 안을 비워둔다. throw 지정이 없는 함수는 임의의 예외를 던질 수 있다는 뜻이다. 다음 두 함수는 원형은 같지만 예외 지정은 완전히 다르다.

```
void sub3(int a, int d) throw()
void sub4(int a, int d)
```

sub3은 예외를 던지지 않는 함수이며 sub4는 예외를 던질 수도 있고 아닐 수도 있다. throw 지정은 문법적인 기능은 없으며 어떤 예외를 던지는지 문서화만 한다. 실행과는 상관없고 이 함수를 사용하는 사람에게 발생 가능한 예외를 알려 주는 일종의 주석이다. 개발자는 이 지정문을 참고하여 필요한 핸들러를 작성한다.

지정하지 않은 예외가 발생하면 이때는 unexpected 함수가 호출되어 예외를 처리한다. 이 함수는 terminate를 호출하여 프로그램을 강제 종료한다. 다음 함수로 미지정 예외 핸들러를 미리 등록하면 처리 방식을 변경할 수 있다.

```
unexpected_handler set_unexpected(unexpected_handler ph)
```

인수도 없고 리턴값도 없는 void func(void) 형식의 함수를 만들어 지정해 두면 된다.

unexpect
```
#include <stdio.h>
#include <exception>
using namespace std;

void myunex()
{
    puts("발생해서는 안 되는 에러 발생");
    exit(-2);
}

void calc() throw(int)
{
    throw "string";
}

int main()
{
    set_unexpected(myunex);
    try {
        calc();
    }
    catch (int) {
        puts("정수형 예외 발생");
    }
    puts("프로그램 종료");
}
```

calc 함수는 지정문에 정수 예외를 던진다고 해 놓고 문자열 예외를 던진다. 이때는 미리 지정해 놓은 myunex 미지정 예외 핸들러가 호출되어 처리한다. 메시지를 출력하고 프로그램을 종료했는데 throw 1 식으로 바꿔 던질 수도 있다. gcc는 미지정 예외 핸들러를 잘 지원하지만 비주얼 C++은 지원하지 않는다.

3 예외 처리의 한계

C++의 예외 처리 기능은 언어에 통합되어 있고 정교하게 잘 만들어졌다는 면에서 쓰기 편하다. 표준을 준수하는 모든 컴파일러에서 쓸 수 있어 이식성을 걱정할 필요가 없다. 그러나 비용이 높고 일부 상황에서 잘 동작하지 않는 한계가 있다. 그래서 C++의 예외 처리 기능을 회의적으로 평가하고 잘 사용하지 않는 개발자도 있다.

예외 처리 기능을 사용하면 여기저기 필요한 코드가 삽입되어 프로그램은 커지고 성능은 떨어진다. 특히 스택 되감기는 호출된 모든 함수의 스택을 강제 정리하는 대공사여서 속도가 심하게 떨어진다. 이런 상황이 자주 발생하지 않지만 어쨌든 필요한 코드를 모두 생성해야 하니 프로그램이 비대해질 수밖에 없다.

스택 되감기는 지역 변수를 깔끔하게 정리하고 객체의 파괴자도 정상적으로 잘 호출한다. 호출 단계가 아무리 깊어도 스택의 항상성을 정확히 유지해 준다. 그러나 이는 스택 기반의 변수에 한정될 뿐이며 동적으로 할당한 메모리는 정리하지 못하는 한계가 있다.

exdynamic

```
#include <stdio.h>

class SomeClass { };

void calc() throw(int)
{
    SomeClass obj;
    char *p = new char[1000];

    if (true/*예외 발생*/) throw 1;
    delete[] p;
}

int main()
{
    try {
```

```
        calc();
    }
    catch (int) {
        puts("정수형 예외 발생");
    }
}
```

calc 함수에서 예외 발생시 지역 객체인 obj의 파괴자가 호출되어 객체를 깔끔하게 제거한다. 그러나 new 연산자로 할당한 메모리는 해제되지 않아 메모리 누수가 발생한다. 동적 할당한 메모리는 사용자가 해제하지 않는 한 할당된 채로 계속 남는다. throw는 뒷부분을 무시하고 예외 핸들러로 점프해 버리기 때문에 delete[] 는 호출되지 않는다.

예외 처리 구문은 다른 기능과 충돌을 일으키기도 하는데 대표적으로 템플릿과 잘 어울리지 않는다. 템플릿은 임의의 타입을 지원하여 범용적인 기능을 제공하는 데 비해 예외 처리는 엄격한 타입에 기반하기 때문이다. 템플릿은 임의 타입에 대해 쓸 수 있다 보니 어떤 예외가 발생할지 예측하기 어렵다. 쉽게 말해 이 둘은 궁합이 잘 맞지 않아 같이 쓰기 어렵다.

멀티 스레드 환경에서도 여러 가지 문제를 야기한다. C++의 예외 처리 기능 자체는 멀티 스레드를 고려하여 동기적으로 설계되어 있지만 실제 적용시에는 여러 가지 복잡한 규칙을 따라야 하고 주의 사항이 많아 예외를 매끈하게 처리하기 쉽지 않다. 멀티 스레드만 해도 복잡한데 예외 처리까지 개입되면 더 복잡해진다.

실용적인 면에서도 전통적인 구문에 비해 딱히 탁월하지도 않다. 예외 처리는 예외 발생시 적당한 핸들러를 찾아 점프하여 예외를 처리할 뿐 예외를 복구할 수는 없다. catch로 점프해 버리면 다시 try 블록으로 돌아갈 방법이 없다. 다음 예제를 보자.

exretry

```
int main()
{
    int num;

    try {
        printf("1에서 100사이의 정수를 입력하시오 : ");
        scanf("%d", &num);
        if (num < 1 || num > 100) throw num;
        printf("입력한 수 = %d\n", num);
```

```
        }
    catch (int num) {
            printf("%d는 1에서 100 사이의 정수가 아닙니다.\n", num);
        }
}
```

```
1에서 100 사이의 정수를 입력하시오 : 123
123는 1에서 100 사이의 정수가 아닙니다.
```

1에서 100 사이를 벗어난 수가 입력되면 예외 처리했다. 틀린 입력은 정확하게 적발하지만 다시 입력하도록 돌아가지는 못한다. 재시도하려면 예외 처리 구문을 반복문으로 감싸 다시 입력하도록 해야 한다. 전통적인 루프를 쓸 바에야 그냥 if 문으로 예외를 처리하는 것이 더 간편하다.

```
for (;;) {
    printf("1에서 100사이의 정수를 입력하시오 : ");
    scanf("%d", &num);
    if (num >= 1 && num <= 100) break;
    printf("%d는 1에서 100 사이의 정수가 아닙니다.\n", num);
}
printf("입력한 수 = %d\n", num);
```

이런 짧은 코드에서는 단순한 for, if 문이 더 읽기 쉽고 마음대로 재시도할 수 있어 예외 처리 구문보다 더 직관적이다. 예외 처리 기능이 최신이라고 해서 반드시 if 문보다 더 낫다고 할 수는 없으며 모든 if 문을 다 예외 처리 구문으로 바꿀 수도 없다. 이 외에도 스택 되감기 중 파괴자에서 예외 발생시의 애매함, 예외 핸들러에서 예외가 발생한 지점을 알 수 없다는 한계가 있다.

예외 처리 기능은 라이브러리 내의 깊은 호출 단계에서 발생한 예외까지도 잡아낸다는 점에서 훌륭하지만 반대급부가 있으므로 꼭 필요할 때만 사용하는 것이 좋다. 비주얼 C++은 예외 처리 기능의 사용 여부를 옵션으로 선택하도록 되어 있는데 이는 무조건 사용하지 말고 선택적으로 사용하라는 뜻이다.

셀프 테스트 ● 풀이

9-1.
① try ② catch

1 다음 중 예외로 볼 수 <u>없는</u> 것은?

① 사용자가 잘못된 값을 입력했다.

② 포인터의 타입을 잘못 캐스팅했다.

③ 네트워크 연결이 끊어졌다.

④ 하드 디스크가 고장났다.

2 if 문에 의한 전통적인 예외 처리 방법의 단점이 <u>아닌</u> 것은?

① 에러를 발견만 할 뿐 재시도는 어렵다.

② 예외 처리 구문과 실제 코드가 섞여 가독성이 떨어진다.

③ 함수 호출 중에 발생한 예외를 처리하기 어렵다.

④ 코드의 들여쓰기가 깊어져 관리가 어렵다.

3 예외 처리와 관련 없는 키워드는?

① throw   ② continue

③ try   ④ catch

4 함수 호출 중에 예외를 만났을 때 자신의 스택을 정리하여 호출 전의 상태로 스택을 복귀하는 것을
(   )라고 한다.

5 에러 코드로 정수를 리턴할 때의 단점이 <u>아닌</u> 것은?

① 에러의 의미를 파악하기 위해 레퍼런스를 사용해야 한다.

② 호출측에서 에러 코드에 따라 일일이 에러를 처리해야 한다.

③ 가능한 리턴값과 중복되지 않는 특이값을 선정해야 한다.

④ 에러 발생 사실만 알릴 수 있을 뿐 원인은 알 수 없다.

6 예외 객체를 리턴할 때의 이점이 <u>아닌</u> 것은?

① 예외에 관한 정보와 동작을 캡슐화한다.

② 예외 전달 속도가 빠르다.

③ 상속 계층을 구성하여 다형적으로 예외를 처리한다.

④ 예외 처리를 객체가 직접 하여 호출원의 부담을 줄인다.

7 다음 함수의 원형에 대한 설명으로 옳은 것은?

```
void sub(int a) throw()
```

① 예외를 던질 수도 있고 아닐 수도 있다.

② 하나의 예외만 던진다.

③ 예외를 던지지 않는다.

④ 임의의 예외를 던질 수 있다.

10장

타입 정보

1 RTTI

1 실시간 타입 정보

RTTI^{RunTime Type Information}는 실시간으로 타입 정보를 알아내는 기술이다. 변수의 이름이나 클래스 계층 구조는 컴파일할 때만 필요하며 실행 파일로 번역한 후에는 사용되지 않는다. 이름은 구분을 위한 명칭일 뿐이고 타입은 길이와 비트 구조를 해석하는 데 참조할 뿐이다.

클래스도 마찬가지로 컴파일되면 멤버의 오프셋으로 참조하되 가상 함수가 있으면 vtable을 가지는 정도만 특이하다. 컴파일러는 이름으로 변수를 구분하고 타입으로 액세스 방법을 결정하여 적절한 기계어 코드를 생성한다. CPU는 타입을 인식하지 않으며 메모리에 있는 값을 지정한 길이만큼 읽고 쓸 뿐이다.

타입과 관련된 정보는 컴파일 중에만 사용되며 기계어로 바뀌면 남아 있지도 않는다. 컴파일이 끝나면 참조할 수 없고 참조할 필요도 없다. 그러나 클래스 계층을 다룰 때는 가끔 타입 정보가 유용하게 사용되는 경우가 있다. 다음 예제로 이런 상황을 테스트해 보자.

RTTI

```
#include <stdio.h>

class Parent
{
public:
    virtual void PrintMe() { printf("I am Parent\n"); }
};

class Child : public Parent
{
private:
    int num;
```

```
public:
    Child(int anum) : num(anum) { }
    virtual void PrintMe() { printf("I am Child\n"); }
    void PrintNum() { printf("Hello Child = %d\n", num); }
};

void func(Parent *p)
{
    p->PrintMe();
    ((Child *)p)->PrintNum();
}

int main()
{
    Parent p;
    Child c(5);

    func(&c);
    func(&p);
}
```

```
I am Child
Hello Child = 5
I am Parent
Hello Child = -858993460
```

상속 관계의 두 클래스가 정의되어 있다. Parent는 PrintMe 가상 함수만 가지며 Parent로부터 파생된 Child는 num 멤버 변수, 생성자와 PrintNum 멤버 함수를 가지고 PrintMe 가상 함수를 재정의한다. 클래스 계층을 잘 파악한 후 테스트 코드를 분석해 보자.

func 함수는 Parent 파생 객체의 포인터를 전달받아 PrintMe 함수를 호출하고 Child일 경우 Child * 타입으로 강제 캐스팅하여 PrintNum 비가상 함수도 호출한다. main에서 각 타입의 두 객체 p와 c를 생성한 후 func 함수로 전달했다. Child 객체를 전달했을 때는 두 함수 모두 정상적으로 동작하지만 Parent 타입의 객체를 전달할 때는 PrintNum이 엉뚱한 값을 출력한다.

가상 함수인 PrintMe는 객체의 동적 타입에 따라 정확하게 호출되지만 비가상 함수인 PrintNum은 정적 타입을 따르므로 항상 Child::PrintNum이 호출된다. Parent 객체는 num 멤버가 없으므로 엉뚱한 쓰레기값이 출력된다. 그렇다면 PrintNum 함수를 가상으로 바꾸면 어떻게 될까? 컴파일은 잘 되지만 p가 가리키는 vtable에는 PrintNum 함수의 번지가 없어 다운된다.

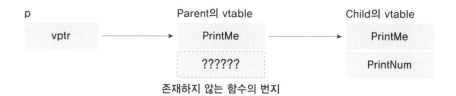

부모 클래스는 자식이 정의한 가상 함수를 가지지 않는다. 아무리 가상으로 선언하더라도 없는 함수를 호출할 수는 없다. 문제의 원인은 func 함수가 전달받은 객체 p를 무조건 Child로 강제 캐스팅한 것인데 p가 진짜 Child 타입일 때만 캐스팅해야 한다. 필요한 코드는 다음과 같다.

```
void func(Parent *p)
{
    p→PrintMe();
    if (p가 Child 객체를 가리키면) {
        ((Child *)p)→PrintNum();
    }
}
```

p를 조사하여 이 포인터가 진짜 Child 객체를 가리키고 있을 때만 캐스팅하면 안전하다. 그러나 포인터만 가지고 이 번지에 있는 객체가 무엇인지 어떻게 알 수 있을까? 일반적으로 이는 불가능하다. 왜 불가능한지 단순 타입으로 바꿔 생각해 보자.

```
void sub(int *pi)
{
    // pi가 누구를 가리키는가?
}

int a;
unsigned b;
sub(&a);
sub((int *)&b);
```

sub 함수는 정수형 포인터 pi를 전달받는다. 이 번지에 정수형 변수가 있는지 정수 배열의 한 요소를 가리키는지 구조체의 정수형 멤버인지 알 수 없다. 단지 이 번지에 정수가 있다는 것만 알고 있으며 * 연산자로 그 값을 읽거나 변경할 수 있을 뿐이다. 심지어 정수가 아닌 unsigned 형 변수의 번지를 캐스팅해서 넘겨도 정수라고 믿을 수밖에 없다.

그래서 실시간 타입 판별 기능이 필요하다. 오래전부터 필요성은 제기되었지만 C++ 초기 스펙에는 배제되어 업체별로 기능을 만들어 썼다. 예를 들어 MFC는 루트 클래스인 Object가 IsKindOf, IsDerivedFrom 함수를 제공하여 객체의 타입을 판별한다. 임의 확장된 기능도 잘 동작하지만 당연히 호환되지 않으며 범용성이 떨어진다. 그래서 이식성, 호환성 확보를 위해 최신 C++에 언어 차원의 RTTI 기능이 포함되었다.

2 typeid 연산자

RTTI 기능의 핵심은 객체의 타입을 조사하는 typeid 연산자이다. 피연산자로 객체나 객체의 포인터 또는 클래스 이름을 전달하면 타입에 대한 정보를 가지는 type_info 객체를 리턴한다. type_info 클래스는 컴파일러 제작사마다 약간씩 차이가 있는데 비주얼 C++의 경우 typeinfo 헤더 파일에 다음과 같이 선언되어 있다.

```
class type_info {
public:
    type_info& operator=(type_info const&);
    bool operator==(type_info const& _Other) const;
    bool operator!=(type_info const& _Other) const;
    bool before(type_info const& _Other) const;
    const char* name() const;
    const char* raw_name() const;
private:
    mutable __std_type_info_data _Data;
};
```

name 함수는 클래스의 이름을 조사한다. raw_name 함수는 장식명을 조사하는데 사람이 직접 읽기는 어려우며 비교에만 사용한다. 타입 정보끼리 대입, 비교하는 연산자가 정의되어 있는데 == 연산자로 원하는 타입인지 알아낸다. 다음 예제는 두 객체에 대해 실시간 타입 정보를 조사한다.

```
typeid

#include <stdio.h>
#include <typeinfo>

class Parent
{
public:
```

```cpp
        virtual void PrintMe() { printf("I am Parent\n"); }
};

class Child : public Parent
{
private:
    int num;

public:
    Child(int anum) : num(anum) { }
    virtual void PrintMe() { printf("I am Child\n"); }
    void PrintNum() { printf("Hello Child = %d\n", num); }
};

int main()
{
    Parent P, *pP;
    Child C(123), *pC;
    pP = &P;
    pC = &C;

    printf("P=%s, pP=%s, *pP=%s\n",
        typeid(P).name(), typeid(pP).name(), typeid(*pP).name());
    printf("C=%s, pC=%s, *pC=%s\n",
        typeid(C).name(), typeid(pC).name(), typeid(*pC).name());

    pP = &C;
    printf("pP=%s, *pP=%s\n",
        typeid(pP).name(), typeid(*pP).name());
}
```

```
P=class Parent, pP=class Parent *, *pP=class Parent
C=class Child, pC=class Child *, *pC=class Child
pP=class Parent *, *pP=class Child
```

main에서 두 개의 객체 P와 C를 생성하고 각 객체를 가리키는 포인터를 선언하여 대응 객체를 가리키도록 했다. 부모 타입의 포인터인 pP는 두 객체를 번갈아 가리킨다.

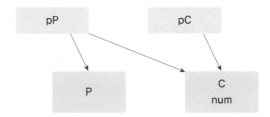

이 상태에서 typeid 연산자로 각 객체와 포인터, 포인터의 대상체에 대한 타입을 조사하여 이름을 출력했다. 앞 두 줄의 결과는 당연하고 상식적이다. 객체 P나 이 객체를 가리키는 포인터 pP나 포인터의 대상체 *pP는 모두 Parent 타입으로 조사된다. 차일드인 C, pC의 경우도 마찬가지이다.

세 번째 줄의 결과를 주목해 보자. 부모 타입인 pP는 자식 객체인 C를 가리킬 수 있는데 이 상태에서 pP의 타입과 *pP의 타입이 다르게 조사된다. pP는 포인터 자체의 타입이므로 Parent *라고 조사되며 현재 Child 객체를 가리키고 있으므로 대상체인 *pP는 Child로 조사된다. 부모 타입의 포인터가 자식 객체를 가리키고 있는 상황을 정확하게 구분한다.

RTTI 정보가 없다면 pP가 누구를 가리키는지 알 수 없지만 이 정보를 참조하는 typeid 연산자는 가리키는 객체를 정확히 구별해 낸다. 이 기능을 사용하면 앞에서 작성한 예제의 func 함수를 올바르게 작성할 수 있다. typeinfo 헤더 파일을 포함하고 함수를 다음과 같이 수정하면 된다.

```
RTTI2

#include <stdio.h>
#include <typeinfo>

class Parent
{
public:
    virtual void PrintMe() { printf("I am Parent\n"); }
};

class Child : public Parent
{
private:
    int num;

public:
    Child(int anum) : num(anum) { }
    virtual void PrintMe() { printf("I am Child\n"); }
    void PrintNum() { printf("Hello Child = %d\n", num); }
```

```cpp
};

void func(Parent *p)
{
    p->PrintMe();
    if (typeid(*p) == typeid(Child)) {
        ((Child *)p)->PrintNum();
    } else {
        puts("이 객체는 num을 가지고 있지 않습니다.");
    }
}

int main()
{
    Parent p;
    Child c(5);

    func(&c);
    func(&p);
}
```

```
I am Child
Hello Child = 5
I am Parent
이 객체는 num을 가지고 있지 않습니다.
```

인수로 전달받은 p의 타입 정보와 Child의 타입 정보를 == 연산자로 비교해 본다. 원하는 타입일 때만 Child로 캐스팅하여 멤버 함수를 호출하고 그렇지 않으면 타입이 맞지 않다는 메시지를 대신 출력한다. 실행 중에 타입을 조사하여 적용하므로 항상 안전하다.

3 RTTI의 내부

실행 중에 객체의 타입을 조사하려면 타입 관련 정보가 클래스에 기록되어야 한다. 이 정보는 가상 함수 테이블(vtable)에 같이 기록되며 그러다 보니 RTTI는 가상 함수를 가진 클래스에 대해서만 사용할 수 있다. 단독 클래스나 비가상 함수만 가진 클래스는 실행 중에 타입 정보를 조사할 필요 가 전혀 없어 별다른 문제가 되지 않는다.

RTTI는 C++ 언어를 최초 설계할 때부터 포함된 것이 아니라 뒤늦게 추가된 확장 기능이어서 언어와의 통합성이 떨어진다. 타입 정보 저장을 위해 별도의 추가적인 정보가 필요해 용량이나 속도면에서 불이익이 있다. 이 기능이 항상 필요한 것도 아니어서 컴파일러 옵션으로 꼭 필요할 때만 선택적으로 사용하도록 되어 있으며 현업에서 사용하는 경우가 많지 않다.

사용 여부가 옵션이라는 것은 필수적이지 않다는 뜻이며 RTTI가 도입되기 전에도 여러 가지 방법으로 객체의 타입을 판별할 수 있는 기능을 자체적으로 만들어 사용하기도 했다. 원리는 비슷한데 클래스 어딘가에 자신이 누구라는 표식을 남겨 두면 된다.

CStyleRTTI

```
#include <stdio.h>
#include <string.h>

class Parent
{
public:
    char classname[32];
    Parent() {
        strcpy(classname, "Parent");
    }
    virtual void PrintMe() {
        printf("I am Parent\n");
    }
};

class Child : public Parent
{
private:
    int num;

public:
    Child(int anum) : num(anum) {
        strcpy(classname, "Child");
    }
    virtual void PrintMe() { printf("I am Child\n"); }
    void PrintNum() { printf("Hello Child = %d\n", num); }
};

void func(Parent *p)
{
```

```cpp
        p->PrintMe();
        if (strcmp(p->classname, "Child") == 0) {
            ((Child *)p)->PrintNum();
        } else {
            puts("이 객체는 num을 가지고 있지 않습니다.");
        }
    }

    int main()
    {
        Parent p;
        Child c(5);

        func(&c);
        func(&p);
    }
```

Parent 클래스에 classname 문자열 배열을 선언하고 생성자에서 이 문자열에 "Parent"를 저장해 놓는다. 파생 클래스인 Child는 이 멤버를 상속받아 생성자에서 "Child"를 저장한다. 객체 스스로 자신의 이름표를 가지고 있으니 실행 중에 이 정보를 읽어 보면 누구인지 금방 알 수 있다. 포인터의 타입과 상관없이 객체 자체를 직접 참조하니 항상 정확하다.

이름표를 문자열로 붙여 비교가 번거로운데 숫자로 붙이면 속도를 높일 수 있다. 하지만 문자열은 클래스 이름과 일치시킬 수 있지만 숫자는 관리가 필요해 직관성이 떨어진다. 형식성을 더 따진다면 타입을 조사하는 멤버 함수를 가상으로 선언해서 함수로 비교할 수도 있고 == 연산자를 오버로딩 하여 객체끼리 타입을 비교할 수도 있다. RTTI가 도입되기 이전에 만들어진 MFC 라이브러리가 이런 식으로 되어 있다.

RTTI도 사실 이 예제의 방식과 유사하게 동작한다. 다만 개발자가 명시적으로 멤버를 선언하고 관리하지 않아도 컴파일러가 암시적으로 정보를 관리한다는 것만 다를 뿐이다. 컴파일러가 항상 정확한 정보를 써 넣으며 객체가 아닌 클래스마다 하나씩 정보를 삽입하므로 용량 낭비도 없다. 개발자가 직접 만든 코드보다 컴파일러가 생성한 코드가 효율이 더 좋을 수밖에 없다.

1 캐스트 연산자의 한계

캐스트 연산자는 변수의 타입을 원하는 대로 바꿀 수 있어 편리하다. 타입은 가급적 맞추어 쓰는 것이 바람직하지만 불가피하게 타입을 바꿔야 하는 상황이 있고 void *처럼 캐스트 연산자가 꼭 필요한 경우도 있다. 그러나 지시를 너무 잘 따른다는 면에서 부작용이 있고 실수의 가능성도 높다.

```
ccast

#include <stdio.h>

int main()
{
    const char *str = "korea";
    int *pi;

    pi = (int *)str;
    printf("%d %x\n", *pi, *pi);
}
```

```
1701998443 65726f6b
```

문자열 포인터 str이 가리키는 번지를 정수형 포인터(int *)로 강제 캐스팅해서 pi에 대입한 후 pi가 가리키는 곳의 내용을 읽었다. * 연산자는 포인터의 타입에 따라 읽을 길이와 비트 해석 방법을 결정한다. pi가 가리키는 곳에 문자열이 들어 있지만 pi가 정수형 포인터이므로 정수로 읽는다.

16진수로 출력한 값은 "kore" 문자값을 반대로 나열한 것임을 어렴풋이 짐작할 수 있다. 그러나 10진수로 읽은 17억이라는 값은 도대체 무슨 의미인지 짐작도 할 수 없다. 게다가 리틀 엔디안은 뒤쪽 번지에 높은 값이 있어 거꾸로 읽어 정수를 만들어내니 더 헷갈린다.

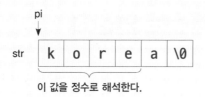

이 값을 정수로 해석한다.

실제 저장된 "korea" 문자열과 pi로 읽은 17억은 논리적 연관이 없으며 따라서 아무짝에도 쓸모없는 값이다. 캐스트 연산자는 이런 의미 없는 변환까지도 허용해 버려 실수했을 때 엉뚱한 결과가 나오도록 방치한다. 그나마 이 경우는 할당은 되어 있는 곳이므로 안정성에 문제는 없지만 다음 코드는 위험하기까지 하다.

```
int value = 12345678;
char *str = (char *)value;
puts(str);
```

정수값을 char *로 캐스팅하여 이 번지의 문자열을 읽었다. 이 번지가 다행히 읽을 수 있는 곳이라면 쓰레기 문자열이라도 나오겠지만 허가되지 않은 영역이라면 프로그램이 다운되어 버린다. 메모리는 운영체제가 알아서 관리하는데 절대 번지를 마음대로 액세스하는 것은 실용성도 없고 위험하다.

문제는 이런 터무니없는 코드도 개발자가 지시했으니 군말없이 컴파일한다는 점이다. 설사 개발자의 황당한 실수이더라도 아무런 불평없이 시키는 대로 냉큼 해 버린다. 그나마 이런 실수가 당장 문제를 일으키면 즉시 수정할 수 있지만 그렇지 않으면 별 이상 없이 잘 실행되다가 언제 터질지 모르는 시한폭탄이 되기도 한다.

C의 캐스트 연산자는 원하는 대로 다 바꿔줄 테니 모든 책임은 개발자가 지라는 식이다. 고객이 OK할 때까지 고분고분 말을 잘 들으니 프로그램이 KO될 위험이 높다. 그래서 C++은 기능을 축소하고 엄격한 규칙을 적용한 네 개의 새로운 캐스트 연산자를 도입했다. 어떤 변환인지 의도를 분명히 밝히도록 하여 의도치 않은 실수를 줄여 준다.

2 static_cast

static_cast 연산자는 논리적으로 변환 가능한 타입만 변환하며 그 외의 변환은 에러로 처리한다. 사용 방법이 다소 생소한데 나머지 캐스트 연산자도 형식은 비슷하다.

static_cast<타입>(대상)

static_cast는 키워드이며 〈 〉 괄호 안에 변환할 타입을 적고 ( ) 괄호 안에 캐스팅할 대상을 적는다.

```
static_cast

#include <stdio.h>

int main()
{
    const char *str = "korea";
    int *pi;
    double d = 123.456;
    int i;

    i = static_cast<int>(d);           // 가능
    pi = static_cast<int *>(str);      // 에러
    pi = (int *)str;                   // 가능
}
```

실수형을 정수형으로 캐스팅하거나 반대로 캐스팅하는 것은 허용된다. 두 타입은 수치형이라는 점에서 공통적이고 약간의 정밀도 희생은 있지만 호환 가능한 타입이다. 열거형과 정수형 간의 변환이나 double과 float 형 간의 변환도 허용된다.

그러나 포인터의 타입을 다른 것으로 변경하는 것은 금지된다. 문자형 포인터 str을 정수형 포인터로 캐스팅하면 컴파일 에러로 처리하여 실수를 방지한다. 논리적으로 이런 변환이 필요한 경우가 드물어 의도한 것이라기보다 실수일 가능성이 높기 때문이다. 이에 비해 C의 캐스트 연산자는 너무 친절해서 시키는 대로 다 해 버려 문제가 된다.

상속 관계에 있는 포인터끼리는 상호 연관성이 있어 static_cast 연산자로 변환할 수 있다. 자식 객체의 포인터가 부모 객체 타입으로 바뀔 수 있고 부모 타입으로 받았다가 자식 타입으로 바꿀 수도 있다. 그 외의 경우는 변환을 거부하고 컴파일 에러로 처리한다.

```
static_cast2

#include <stdio.h>

class Parent { };
```

```
class Child : public Parent { };

int main()
{
    Parent P, *pP;
    Child C, *pC;
    int i = 1234;

    pP = static_cast<Parent *>(&C);         // 가능
    pC = static_cast<Child *>(&P);          // 가능하지만 위험
    pP = static_cast<Parent *>(&i);         // 에러
    pC = static_cast<Child *>(&i);          // 에러
}
```

계층을 이루는 두 개의 클래스를 선언하고 네 종류의 변환을 해 보았다. 첫 번째는 자식 객체를 부모 타입으로 바꾸는데 이것은 언제나 가능하다. 상속 계층의 위쪽으로 변환하는 업캐스팅^{UpCasting}은 항상 안전하며 따라서 캐스팅할 필요도 없다.

두 번째는 부모 객체의 번지를 자식 타입의 포인터로 바꾸는 다운 캐스팅^{DownCasting}을 하는데 항상 안전하지는 않아 캐스트 연산자를 사용해야 한다. 부모 객체가 자식 타입의 모든 멤버를 가지고 있지 않아 위험하지만 static_cast는 실행 중 타입 체크까지는 하지 않으므로 이 변환의 위험성을 판단할 수 없다.

뒤쪽 두 개의 변환은 정수형 포인터를 아무런 관련이 없는 클래스형 포인터로 변환하므로 금지된다. 정수형 변수가 Parent나 Child의 멤버를 가지고 있지 않으니 변환할 필요조차 없다. 의미 없는 변환이라 판단하여 에러 처리한다.

3 dynamic_cast

다운 캐스팅은 대상 변수가 실제 어떤 객체를 가리키는가에 따라 안전성 여부가 결정된다. 다운 캐스팅이 안전하려면 부모 타입의 포인터가 진짜 자식 객체를 가리키고 있어야 한다. 이를 정확하게 판단하려면 실행 중 타입 정보를 참조해야 하는데 dynamic_cast는 RTTI 정보를 참조하여 안전한 변환만 허용한다.

안전한 변환이 아닌 경우 NULL을 리턴하여 위험한 변환을 허가하지 않는다. 실행 중 타입 정보를 사용하므로 이 연산자를 사용하려면 RTTI 기능이 켜져 있어야 한다. 앞에서 typeid 연산자로 작성했던 RTTI2 예제를 dynamic_cast 연산자로 다시 작성해 보자.

```
....
void func(Parent *p)
{
    p->PrintMe();
    Child *c = dynamic_cast<Child *>(p);
    if (c) {
        c->PrintNum();
    } else {
        puts("이 객체는 num을 가지고 있지 않습니다.");
    }
}
....
```

인수로 전달된 포인터 p를 Child *로 동적 캐스팅한다. 이때 p가 가리키는 객체가 Child 타입이면 제대로 변환되며 그렇지 않으면 NULL이 리턴된다. dynamic_cast가 무사히 캐스팅했다면 p의 대상체는 분명 Child 객체이며 따라서 이 객체로부터 PrintNum을 호출해도 안전하다. 실행 중 타입 점검과 캐스팅까지 한꺼번에 할 수 있어 typeid 연산자보다 간편하다.

dynamic_cast는 상속 관계의 포인터끼리 변환할 때 사용하는데 레퍼런스에 대해서도 사용할 수 있다. 다만 레퍼런스는 NULL이 없으므로 캐스팅할 수 없을 때 bad_cast 예외를 던진다. 레퍼런스에 대해 이 캐스팅을 적용할 때는 코드를 try 블록에 작성하고 bad_cast 예외를 처리해야 한다.

4 const_cast

const_cast 연산자는 포인터의 상수성만 변경한다. 상수 지시 포인터를 비상수 지시 포인터로 잠시 바꾸고 싶을 때 이 연산자를 사용한다. 반대의 경우도 사용할 수 있지만 바로 대입 가능해 굳이 캐스팅할 필요는 없다.

const_cast

```
#include <stdio.h>

int main()
{
    char str[] = "string";
    const char *c1 = str;
    char *c2;
```

```
        c2 = const_cast<char *>(c1);
        c2[0] = 'a';
        puts(c2);
    }
```

```
atring
```

상수 지시 포인터 c1에 str 문자 배열을 대입했다. str 자체는 변경 가능하지만 c1이 상수만 가리키는 포인터여서 대상체를 변경할 수 없다. c2는 상수가 아닌 일반 포인터이므로 c2 = c1으로 c1의 번지를 대입할 수 없다. 이 대입을 허락하면 c2로 상수 문자열을 부주의하게 바꿀 위험이 있다.

c1은 상수지만 대상체는 상수가 아니라는 것을 확실히 알고 있다면 char *로 캐스팅하여 상수성을 없앨 수 있으며 그 결과를 c2에 대입하면 c2로 대상체를 변경할 수 있다. str은 배열이므로 상수가 아니며 따라서 c2가 이 번지를 가져도 이상 없다. 만약 str이 배열이 아닌 문자열 리터럴을 가리키는 상수라면 c2가 대입받아서는 안 된다.

const_cast에 의해 const char * 타입이 char * 포인터 타입으로 잠시 바뀐다. 이 연산자는 포인터의 상수성만 바꿀 뿐이며 대상체 타입을 바꾼다거나 기본 타입을 포인터 타입으로 바꿀 수는 없다. 다음 두 코드는 모두 에러이다.

```
int *pi = const_cast<int *>(c1);
d = const_cast<double>(i);
```

문자형 포인터를 정수형 포인터로 변경할 수 없으며 정수형 변수 i를 실수형으로 바꿀 수도 없다. 정수와 실수는 호환 타입이어서 d = i로 직접 대입해도 되지만 const_cast는 이것조차도 허락하지 않는다. 오로지 포인터의 상수성만 변경하도록 특화되어 실수를 방지하며 이 연산자를 사용한 의도를 분명히 표시한다.

상수성은 오로지 const_cast로만 바꿀 수 있으며 다른 C++ 캐스트 연산자로는 변경할 수 없다. 물론 C의 캐스트 연산자로는 모든 변환이 가능해서 상수성도 바꿀 수 있지만 변환의 범위가 너무 넓어 위험하다. 이 변환이 왜 위험한지 다음 코드를 보자.

```
const char *c1;                    const int*c1;
char *c2;               →          char *c2;
c2 = (char *)c1;                   c2 = (char *)c1;
```

이 상태에서 어떤 이유로 c1의 타입을 const int *로 바꿨다고 하자. 변수의 타입이 바뀌는 경우는 종종 있다. 애초의 (char *) 연산자는 c1의 상수성만 변경하고자 했는데 c1의 타입이 바뀌면 상수성뿐만 아니라 대상체의 타입까지도 같이 변경한다. 처음과는 다른 명령이 되었지만 컴파일러는 아무런 거부 없이 정수형 포인터를 문자형 포인터로 바꾼다.

c1이 정수형 포인터로 바뀌었으면 c2도 같이 바꿔야 하는데 개발자가 이를 미처 알아차리지 못하고 누락한 것이다. 타입 불일치와 강제 캐스팅이 이후 어떤 문제를 일으킬지 우려되는 상황이다. const_cast 연산자는 이런 실수를 잡아낸다. 상수성을 바꾸는 기능밖에 없으므로 c1의 타입이 바뀌면 당장 에러를 출력하여 c2의 타입도 같이 바꾸어야 함을 알려 사고를 방지한다.

5 reinterpret_cast

이 연산자는 임의의 포인터 타입끼리 변환한다. 상속 관계에 있지 않은 포인터끼리도 변환 가능하다. 또 정수형과 포인터 간의 변환을 허용하여 포인터에 절대 번지를 대입한다.

```
int *pi;
char *pc;
pi = reinterpret_cast<int *>(12345678);
pc = reinterpret_cast<char *>(pi);
```

정수값을 주소로 바꾸어 정수형 포인터인 pi에 대입할 수 있고 이 값을 다시 문자형 포인터로 바꾸어 pc에 대입한다. 대입은 허가하지만 이후 발생하는 문제는 전적으로 개발자가 책임져야 한다. 상당히 위험한 연산자이며 이식성에도 불리하다.

C의 캐스트 연산자와 유사하지만 포인터끼리나 수치형과 포인터 간의 변환만 허용할 뿐 기본 타입끼리의 변환은 지원하지 않는다. 정수형을 실수형으로 바꾸는 간단한 변환도 지원하지 않아 다음 코드는 에러 처리된다.

```
d = reinterpret_cast<double>(i)
```

이럴 때는 static_cast 연산자를 사용한다. 캐스트 연산자별로 변환 가능한 타입의 종류가 엄격히 구분되어 있다.

▼ C++ 캐스트 연산자의 용도

캐스트 연산자	변환 형태
static_cast	상속 관계의 클래스 포인터 및 레퍼런스. 기본 타입. 타입 체크 안 함
dynamic_cast	상속 관계의 클래스 포인터 및 레퍼런스. 타입 체크. RTTI 기능 필요
const_cast	const, volatile 등의 속성 변경
reinterpret_cast	포인터끼리, 포인터와 수치형 간의 변환

따라서 변환하고자 하는 목적에 맞는 연산자를 잘 골라 사용해야 하며 잘못 사용하면 컴파일 중에 에러 처리가 된다. 꼭 필요한 변환만 최소한으로 수행하므로 부주의한 캐스팅을 방지하고 실수를 금방 알 수 있게 해 준다. 특이한 모양으로 인해 캐스트 연산자인지 금방 알아볼 수 있어 가독성에도 유리하다.

강 타입 언어인 C에서는 가급적 타입을 맞춰 써야 하지만 불가피하게 강제로 타입을 바꿔야 하는 경우가 있다. 하지만 캐스팅을 너무 남발하면 컴파일러의 타입 체크 기능을 방해하여 안정성을 떨어뜨리고 실수의 가능성이 높아진다. 그래서 기능을 제한하는 캐스트 연산자를 새로 도입한 것이다. C++의 캐스트 연산자는 훨씬 안전하지만 그래도 위험하기는 마찬가지라 주의 깊게 사용해야 한다.

셀프 테스트 ●

10-1. 정수형 변수 sum에 124, num에 5가 있을 때 두 수를 나누어 평균을 구해 출력하되 소수점 이하까지 정밀하게 계산하라.

C++ 3 멤버 포인터 연산자

1 멤버 포인터 변수

멤버 포인터 변수는 특정 클래스에 속한 특정 타입의 멤버를 가리키는 포인터이다. 일반 포인터는 메모리상의 임의 지점을 가리키는 데 비해 멤버 포인터는 클래스 내의 한 지점을 가리킨다는 점이 다르다.

```
타입 클래스::*이름;
```

대상체의 타입과 소속 클래스 이름을 밝히고 * 구두점과 변수명을 적는다. 일반 포인터 선언문에 소속 클래스에 대한 정보가 추가된다.

MemberPointer

```
#include <stdio.h>

class MyClass
{
public:
    int i, j;
    double d;
};

int main()
{
    MyClass C;
    int MyClass::*pi;
    double MyClass::*pd;
    int num;

    pi = &MyClass::i;
```

```
    pi = &MyClass::j;
    pd = &MyClass::d;
    //pd=&MyClass::i;
    //pi=&MyClass::d;
    //pi=&num;
}
```

MyClass에는 정수형 멤버 변수 i, j와 실수형 멤버 변수 d가 포함되어 있다. main에서 두 개의 멤버 포인터 변수 pi, pd를 선언한다.

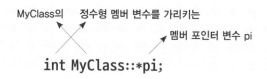

pi는 MyClass에 속한 정수형 변수만 가리킬 수 있고 pd는 MyClass에 속한 실수형 변수만 가리킨다. 멤버 포인터에 값을 대입할 때는 &class::member 형식으로 클래스의 멤버 이름을 밝힌다. pi는 MyCalss::i나 MyCalss::j를 가리킬 수 있으며 타입이나 소속이 다른 변수를 가리킬 수 없다. d는 소속은 같지만 정수가 아니므로 가리킬 수 없고 num은 정수지만 클래스 소속이 아닌 지역 변수이므로 역시 가리킬 수 없다.

pd는 MyClass 소속의 실수만 가리킬 수 있는데 이 예제에서는 d밖에 없다. i, j는 소속이 다르고 num은 소속과 타입이 모두 달라 가리키지 못한다. 클래스 외부에 있는 pi, pd 포인터로 클래스 내부의 멤버를 읽으려면 대상 멤버는 public으로 선언되어 있어야 한다. 멤버 포인터 변수에 멤버 변수의 번지를 대입하는 것은 가리킬 대상을 알려줄 뿐 객체의 멤버를 직접 가리키는 것은 아니다. 클래스를 작은 주소 공간으로 간주하고 가리키는 멤버가 클래스의 어디쯤에 있는지 위치 정보만 가진다. 실제 객체의 멤버를 액세스할 때는 다음 두 연산자를 사용한다.

```
obj.*mp
pObj->*mp
```

.* 연산자는 좌변의 객체에서 멤버 포인터 변수 mp가 가리키는 멤버를 읽는다. ->* 연산자는 좌변이 객체를 가리키는 포인터라는 점만 다르다. 멤버 포인터 변수는 클래스 내의 멤버 위치인 오프셋을 기억해 두었다가 .* 연산자나 ->* 연산자로 읽을 때 이 위치의 대상체를 포인터 타입만큼 읽어낸다.

```
#include <stdio.h>

class Time
{
public:
    int hour, min, sec;

    void OutTime() {
        printf("현재 시간은 %d:%d:%d입니다.\n", hour, min, sec);
    }
};

int main()
{
    Time now;
    int Time::*pi;

    pi = &Time::hour;
    now.*pi = 12;
    pi = &Time::min;
    now.*pi = 34;
    pi = &Time::sec;
    now.*pi = 56;
    now.OutTime();
}
```

현재 시간은 12:34:56입니다.

Time은 세 개의 정수형 멤버를 가진다. 멤버 포인터로 가리키기 위해 모두 public으로 공개했다. main에서 Time형 객체 now를 선언하고 Time의 정수형 멤버 변수를 가리키는 pi를 선언했다. pi가 Time의 hour를 가리키도록 하면 이 멤버의 위치를 기억해 둔다. 그리고 now.*pi에 값을 대입하면 now 객체의 hour 값이 바뀐다.

멤버 포인터는 변수이므로 실행 중에 가리키는 대상을 바꿀 수 있다. 같은 방식으로 min과 sec을 가리키도록 하여 두 멤버에도 값을 대입했다. pi 멤버 포인터가 세 개의 정수형 멤버를 번갈아 가리키며 값을 대입한다.

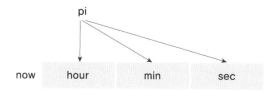

Time형 객체를 가리키는 포인터를 가지고 있다면 .* 연산자 대신 –)* 연산자를 사용한다. 같은 타입의 임의 변수를 가리킨다는 면에서 일반 포인터와 기능이 같되 범위가 클래스 내부의 멤버로 국한된다는 점이 특수하다.

2 멤버 포인터 연산자의 활용

멤버 포인터 변수로 객체의 멤버를 간접적으로 액세스하는데 한 단계를 더 거치면 중간에서 여러 가지 조작이 가능해진다. 클래스 X에 수많은 정수형 멤버가 있고 그중 어떤 멤버를 액세스할 것인지 기억하려면 정수형 멤버 포인터 변수를 사용한다.

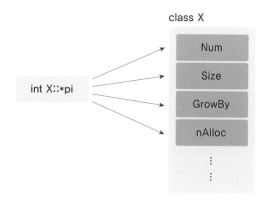

객체 내의 정수 멤버를 가리키는 포인터 변수 pi로 임의의 정수 멤버를 가리킨 상태에서 .*pi로 이 멤버를 간접 액세스한다. 그러나 이 예는 실용성이 떨어지는데 그토록 많은 멤버가 있다면 배열을 구성하고 첨자로 선택하는 방법이 더 효율적이다. 멤버 변수를 간접 액세스하는 것은 큰 의미가 없으며 멤버 함수를 간접 호출하는 기법이 실용적이다.

MemPtr1

```
#include <stdio.h>

class Calc
{
public:
    void Op1(int a, int b) { printf("%d\n", a + b); }
```

```
        void Op2(int a, int b) { printf("%d\n", a - b); }
        void Op3(int a, int b) { printf("%d\n", a*b); }
    };

    int main()
    {
        int ch;
        Calc c;
        int a = 3, b = 4;

        printf("연산 방법을 선택하시오. 0=더하기, 1=빼기, 2=곱하기 : ");
        scanf("%d", &ch);

        switch (ch) {
        case 0:
            c.Op1(a, b);
            break;
        case 1:
            c.Op2(a, b);
            break;
        case 2:
            c.Op3(a, b);
            break;
        }
    }
```

```
연산 방법을 선택하시오. 0=더하기, 1=빼기, 2=곱하기 : 0
7
```

Calc 클래스는 세 종류의 연산을 하는 멤버 함수를 가지며 모두 원형이 같다. main에서 사용자의 입력을 받아 원하는 연산을 선택하고 switch 문으로 분기하여 적절한 계산 함수를 호출한다. 호출할 함수가 많고 그중 하나를 미리 선택해 놓을 때는 함수 포인터를 쓰는 것이 정석이다. 그렇다면 다음 코드로 멤버 함수를 선택해 놓을 수 있지 않을까?

```
void (*pf)(int,int);
pf = c.Op1;
```

될 것 같지만 막상 컴파일해 보면 에러 처리된다. 왜냐하면 멤버 함수는 호출 객체인 this를 암시적

인수로 전달해야 하므로 일반 함수와는 원형이 다르다. 호출 방법이 다르기 때문에 함수 포인터로는 멤버 함수를 가리킬 수 없으며 클래스 내의 멤버를 가리키는 멤버 포인터 변수가 필요하다.

MemPtr2

```c
#include <stdio.h>

class Calc
{
public:
    void Op1(int a, int b) { printf("%d\n", a + b); }
    void Op2(int a, int b) { printf("%d\n", a - b); }
    void Op3(int a, int b) { printf("%d\n", a*b); }
};

int main()
{
    int ch;
    Calc c;
    int a = 3, b = 4;
    void (Calc::*arop[3])(int, int) = { &Calc::Op1,&Calc::Op2,&Calc::Op3 };

    printf("연산 방법을 선택하시오. 0=더하기, 1=빼기, 2=곱하기 : ");
    scanf("%d", &ch);

    if (ch >= 0 && ch <= 2) {
        (c.*arop[ch])(3, 4);
    }
}
```

```
연산 방법을 선택하시오. 0=더하기, 1=빼기, 2=곱하기 : 2
12
```

main에서 멤버 함수 포인터의 배열 arop를 선언하고 세 멤버 함수의 주소로 초기화했다. arop는 두 개의 정수 인수를 취하고 리턴값이 없는 Calc의 멤버 함수를 가리키는 크기 3의 배열이다. 선언문이 복잡한데 이럴 때는 사용자 정의형을 먼저 선언하고 배열을 선언하는 것이 쉽다.

```c
typedef void (Calc::*fpop)(int, int);
```

멤버 함수 포인터 타입을 fpop로 선언해 두면 이 타입으로 배열을 간편하게 선언할 수 있다. arop

가 세 멤버 함수의 위치를 기억하고 있으므로 사용자가 입력한 연산 종류를 첨자로 하여 arop의 멤버 함수를 선택한다. 이 방식이면 호출할 멤버 함수가 아무리 많아도 배열만 늘리면 된다. 물론 범위를 벗어나지 않도록 첨자는 잘 점검해야 한다.

함수 포인터는 변수여서 다른 함수의 인수로 전달할 수 있다. 대표적인 예가 qsort인데 비교 함수를 인수로 전달하여 사용자가 원하는 방식으로 정렬을 수행한다. 멤버 포인터 변수도 마찬가지 장점이 있는데 멤버 함수에게 다른 멤버 함수를 전달한다.

MemFuncArgument

```
#include <stdio.h>

class Calc
{
public:
    void Op1(int a, int b) { printf("%d\n", a + b); }
    void Op2(int a, int b) { printf("%d\n", a - b); }
    void Op3(int a, int b) { printf("%d\n", a*b); }
    void DoCalc(void (Calc::*fp)(int, int), int a, int b) {
        puts("지금부터 연산 결과를 발표하겠습니다.");
        printf("%d와 %d의 연산 결과 : ", a, b);
        (this->*fp)(a, b);
        puts("이상입니다.");
    }
};

int main()
{
    int ch;
    Calc c;
    int a = 3, b = 4;
    void (Calc::*arop[3])(int, int) = { &Calc::Op1,&Calc::Op2,&Calc::Op3 };

    printf("연산 방법을 선택하시오. 0=더하기, 1=빼기, 2=곱하기 : ");
    scanf("%d", &ch);

    if (ch >= 0 && ch <= 2) {
        c.DoCalc(arop[ch], a, b);
    }
}
```

DoCalc 멤버 함수는 앞뒤로 친절한 메시지를 출력하고 Op1, Op2, Op3를 대신 호출하는 래퍼이다. 연산할 멤버 함수와 피연산자를 인수로 전달하면 DoCalc가 연산 함수를 호출한다. 멤버 함수 실행 중에 다른 멤버 함수를 선택적으로 호출해야 한다면 대상 멤버 함수를 인수로 받아야 하는데 이때 필요한 것이 멤버 포인터 인수이다.

DoCalc의 fp 인수가 Calc의 멤버 함수 하나를 가리키며 DoCalc는 본체에서 this->*fp 표현식으로 전달받은 멤버 함수를 호출한다. 복잡한 알고리즘을 수행하는 중에 세부 동작을 실행할 때 이 기법이 종종 사용된다. 예를 들어 트리를 순회하며 검색이나 통계를 낼 때 전위, 중위, 후위, 층별 순회를 할 수 있는데 어떤 방법을 쓸 것인가를 멤버 함수 포인터로 전달받는다.

3 멤버 포인터의 특징

멤버 포인터는 클래스 내의 한 지점을 가리킨다는 면에서 일반 포인터와 다른 면이 많다. 상속 계층에서 멤버를 가리킬 때의 특징을 살펴보자.

```
MemPtrInherit

#include <stdio.h>

class Parent
{
public:
    int p;
};

class Child : public Parent
{
public:
    int c;
};

int main()
{
```

```
    int Parent::*pp;
    int Child::*pc;

    pp = &Parent::p;
    pc = &Child::c;

    pc = &Parent::p;
    pc = &Child::p;
    //pp = &Child::c;
}
```

Parent는 p 멤버 변수를 가지고 파생 클래스인 Child는 또 다른 멤버 변수 c를 가진다. main에서 Parent의 정수형 멤버를 가리키는 pp와 Child의 정수형 멤버를 가리키는 pc를 선언하고 각 클래스의 멤버를 대입해 보았다. 앞 두 개의 대입은 선언한 타입과 완전히 일치하므로 당연하다.

Child의 정수 멤버를 가리키는 pc가 Parent::p를 대입받는 것은 가능한데 상속에 의해 Child에도 p 멤버가 존재하기 때문이다. 소속 클래스를 부모로 지정해도 되고 자신인 Child::p로 지정해도 상관없다. 그러나 부모의 정수 멤버를 가리키는 pp가 Child::c를 가리키는 것은 안 된다. 자식은 부모의 멤버를 가지지만 부모가 자식의 멤버를 가지지는 않기 때문이다.

멤버 포인터는 정적 멤버를 가리킬 수 없다. 정적 멤버는 클래스 소속일 뿐 객체와는 상관없고 객체 내의 위치를 가지지도 않아 멤버 포인터와 맞지 않으며 가리킬 때는 일반 포인터 변수를 사용한다. 멤버에 대한 레퍼런스라는 개념은 없어 레퍼런스 멤버도 가리킬 수 없다.

포인터 연산도 일반 포인터와는 약간 다르다. 증감 연산자로 앞뒤의 다른 멤버로 이동할 수 없는데 이는 함수 포인터와 마찬가지이다. 같은 타입의 멤버가 인접하여 무리지어 있을 리 없으니 증감에 의해 다음 멤버로 이동할 수 없고 그래야 할 실용적인 이유도 없다. 멤버 포인터 변수는 단지 클래스 내의 한 지점을 가리킬 뿐이다.

10-1.

```c
#include <stdio.h>

int main()
{
    int sum = 124, num = 5;
    printf("평균 = %f\n", static_cast<double>(sum) / num);
}
```

평균 = 24.800000

정수끼리 나누면 정수 나눗셈을 하여 소수점 이하기 잘리므로 둘 중 하나의 변수를 실수로 캐스팅한다. 정수와 실수는 호환 가능한 타입이므로 static_cast 연산자로 캐스팅한다.

1 실행 중에 타입 정보를 알 수 없는 이유가 <u>아닌</u> 것은?

① 타입은 컴파일 중에만 사용된다.

② 기계어로 번역되면 지정 위치의 길이만큼 읽는 코드로 컴파일된다.

③ CPU는 모든 정보를 바이트 단위로만 읽는다.

④ 변수명은 구분을 위해서만 사용되며 컴파일되면 번지값으로 바뀐다.

2 RTTI 기능을 사용할 때는 (　　　　　　　) 연산자로 (　　　　　　　) 객체를 구해 타입 정보를 읽는다.

3 type id 연산자로 포인터가 가리키는 대상체를 읽을 때 조사되는 타입은 무엇인가?

① 포인터가 선언된 정적 타입

② 포인터가 가리키는 객체의 동적 타입

③ 4바이트의 부호 없는 타입

④ 포인터가 가리키는 객체의 최상위 부모 타입

4 타입 정보는 가상 함수가 있는 클래스에만 기록된다. 그 이유는 무엇인가?

① 가상 함수가 있는 클래스 계층에만 실용적 의미가 있기 때문이다.

② 언어의 초기 명세에 포함되지 못하고 추가된 확장 기능이기 때문이다.

③ 단독 클래스에 대해서는 속도상의 불이익이 존재하기 때문이다.

④ 비가상 함수는 포인터로부터 호출하지 않기 때문이다.

5 C 언어의 캐스트 연산자의 위험을 올바로 지적한 것은?

① 별다른 제한 없이 개발자의 명령을 무조건 수용한다.

② 변수의 실제 타입을 바꿔 버린다.

③ 의미 없는 변환에 대해 변환을 거부한다.

④ 산술 변환 규칙을 역행한다.

6 부모 타입의 포인터를 자식 객체의 포인터 타입으로 안전하게 변환하고자 할 때 사용하는 캐스트 연산자는?

① static_cast

② dynamic_cast

③ const_cast

④ reinterpret_cast

7 멤버 포인터 변수의 올바른 정의는?

① 특정 클래스의 멤버 집합을 가리킨다.

② 임의 클래스에 속한 모든 멤버의 집합을 가리킨다.

③ 특정 클래스의 특정 타입 멤버를 가리킨다.

④ 임의 클래스의 특정 타입 멤버를 가리킨다.

8 멤버 포인터 변수의 특징으로 옳지 않은 것은?

① 증감 연산자로 이동할 수 없다.

② 멤버를 바꿔가며 가리킬 수 없다.

③ 정적 멤버를 가리킬 수 없다.

④ 레퍼런스 멤버를 가리킬 수 없다.

11장

네임스페이스

네임스페이스

1 명칭의 충돌

명칭Identifier은 변수, 함수, 타입 등 다양한 요소에 고유한 이름을 붙인다. 간단한 규칙 몇 가지만 지키면 기억하기 쉬운 이름을 자유롭게 붙일 수 있되 같은 범위 내에서 중복되어서는 안 된다. some이라는 이름으로 변수를 선언했다면 같은 이름으로 다른 변수를 선언할 수 없음은 물론이고 함수나 타입의 이름으로도 사용할 수 없다.

짧은 소스에서 고유한 명칭을 작성하는 것은 어렵지 않으며 설사 충돌이 발생해도 한쪽을 고치면 된다. 그러나 규모가 커지면 필요한 명칭이 많아져 중복을 피하기 어렵다. 여러 명이 수행하는 팀 단위 프로젝트는 우연한 충돌이 잦고 외부 라이브러리와 충돌이 발생하면 골치 아픈 상황이 되기도 한다. 명칭이 충돌하면 컴파일이 거부된다.

대규모 프로젝트에서는 개발자별로 또는 팀별로 접두를 다는 방식을 흔히 사용한다. 만든 주체나 목적을 이름에 포함시켜 구분하는 것이다. 예를 들어 영희와 철수가 공동 프로젝트를 한다면 철수는 cs_ 접두를 붙이고 영희는 yh_ 접두를 붙인다.

```
cs_func()          yh_proc()
cs_init()          yh_printf()
cs_Count           yh_Count
cs_Total           yh_Tool
cs_Screen          yh_Remain
cs_Value           yh_Score
```

철수의 모듈   영희의 모듈

▲ 접두에 의한 명칭의 구분

둘 다 Count라는 전역 변수를 사용하지만 한쪽은 cs_Count이고 한쪽은 yh_Count이니 충돌은 발생하지 않는다. 그러나 접두도 완벽하지 않아 또 다른 충돌의 가능성이 있다. 팀에 창수나 윤희가 있다면 접두에서 충돌이 발생한다. 외부 라이브러리끼리 명칭이 충돌하면 수정 불가한 상황이 되기도 한다. 실제로 라이브러리끼리 클래스명이 충돌하는 경우가 빈번하며 심지어 같은 라이브러리의 다른 버전끼리 충돌하는 예도 많다.

흔하지 않더라도 명칭 충돌 가능성이 언제나 있는 이유는 명칭 작성의 자유가 부여되어 있고 중앙 통제 센터가 없기 때문이다. 관습이나 약속이 아닌 언어 차원에서 이 문제를 해결하기 위한 근본적인 장치가 필요해졌다. 그것이 바로 네임스페이스이다. 네임스페이스는 명칭이 저장되는 영역으로 쉽게 말해 이름을 담는 통이다. 선언 형식은 다음과 같다.

```
namespace 이름
{
        여기에 변수나 함수를 선언한다.
}
```

키워드 namespace 다음에 영역의 이름을 지정하고 { } 괄호 안에 명칭을 선언한다. 영역 안에 명칭을 선언하면 이름이 같아도 소속이 달라 충돌 가능성이 대폭 줄어든다. 같은 반에 김철수가 두 명 있으면 헷갈리지만 1반, 2반에 따로 있으면 1반 철수, 2반 철수로 구분할 수 있는 것과 같다. 다음 코드는 두말할 것 없이 에러다.

```
int value;
double value;
```

value라는 같은 명칭으로 정수형 변수와 실수형 변수를 선언했다. 이후 코드에서 value를 칭하면 어떤 변수인지 애매해져 이런 중복은 허용되지 않는다. 그러나 영역을 구분하면 상관없어 다음 코드는 컴파일이 가능하다.

```
int value;
void sub() {
    double value;
    value = 12.34;
}
```

두 개의 value가 있지만 하나는 전역이고 하나는 지역이라 소속이 다르다. 두 영역에서 명칭이 충돌하면 지역이 우선이어서 sub에서 칭하는 value가 누구인지 명확하다. 만약 전역 변수 value를 참조하고 싶다면 ::value라고 쓰면 된다. 지역 변수는 범위가 좁아 충돌이 별 문제가 되지 않는다.

함수에 의해 명칭을 선언하는 영역이 나누어지기 때문에 충돌 확률이 낮아진다. 이런 영역 구분을 전역에서도 비슷한 방식으로 해결하는 것이 네임스페이스이다. 네임스페이스를 먼저 선언하고 이 안에 명칭을 선언하면 서로 구분 가능하다.

```
#include <stdio.h>

namespace A {
    double value;
}

namespace B {
    int value;
}

int main()
{
    A::value = 12.345;
    B::value = 123;
}
```

전역에 두 개의 value가 있지만 하나는 A 네임스페이스 소속이고 하나는 B 네임스페이스 소속이어서 구분 가능하다. 소속이 달라 구분된다는 것은 참조할 때 소속을 밝혀야 함을 의미한다. 네임스페이스에 속한 명칭을 참조할 때는 :: 연산자 앞에 소속을 밝힌다.

네임스페이스를 별도로 정의하지 않아도 함수 바깥의 전역 네임스페이스는 항상 존재한다. 전역 변수를 선언하는 디폴트 네임스페이스이며 원래부터 존재하므로 별도의 이름은 없다. 다음 예제는 똑같은 이름으로 세 개의 변수를 선언한 것이다.

```
#include <stdio.h>

int value;                    // 전역 네임스페이스 소속
namespace A {
    int value;                // A 소속
}

int main()
{
    int value;                // main 소속

    value = 1;                // 지역 변수 value
```

```
        ::value = 2;                    // 전역 네임스페이스의 value
        A::value = 3;                   // A 네임스페이스의 value
    }
```

전역 value가 선언된 영역이 전역 네임스페이스이다. A 네임스페이스 안에 같은 이름의 value가 있고 main 함수 안에도 value가 있다. 세 변수 모두 영역이 명확히 구분되므로 main에서 세 변수를 모두 참조할 수 있다. 그냥 이름만 쓰면 자신의 지역 변수고 네임스페이스를 밝히면 해당 소속의 변수이다. 전역 네임스페이스는 이름이 없어 :: 연산자만 붙인다.

직접 만드는 소스에서 명칭이 충돌하는 예는 많지 않다. 그러나 외부 라이브러리를 쓰거나 라이브러리를 만들 때는 항상 충돌 가능성을 염두에 두어야 한다. count, number 같은 변수명이나 Array, Util, System 같은 클래스명은 너무 일반적이어서 클라이언트 코드와 충돌할 가능성이 높다. 이럴 때 네임스페이스 안에 명칭을 작성하면 충돌 확률이 낮아진다.

명칭 충돌 문제 외에 코드를 논리적인 그룹으로 나눌 때도 네임스페이스는 유용하다. 그래픽 관련 명칭은 GR 네임스페이스에 넣고 사용자를 대면하는 기능은 UI 네임스페이스에 작성하면 두 그룹의 코드를 명확히 나눌 수 있다. 팀별로, 개발자별로, 버전별로 네임스페이스를 정의하면 누가 어떤 목적으로 만든 명칭인지 쉽게 파악할 수 있다.

2 네임스페이스 작성 규칙

네임스페이스의 개념 자체는 어렵지 않다. 네임스페이스도 일종의 명칭이기 때문에 상식적인 수준의 여러 가지 규칙이 적용된다.

• 네임스페이스 이름도 중복될 가능성이 있다. 네임스페이스끼리는 물론이고 변수나 함수와도 같은 이름을 사용해서는 안 된다. 이름 충돌을 해결하기 위한 장치가 스스로 충돌 가능성을 가지는 재귀적인 문제가 있는데 그만큼 명칭 충돌은 골치 아프다. 그러나 변수처럼 많은 수가 필요치는 않으므로 가능성은 훨씬 낮다. 충돌을 회피하기 위해 가급적 길고 고유한 이름을 붙이되 회사 이름이나 도메인, 개인 이메일 주소 등으로 작성하면 거의 충돌하지 않는다.

• 네임스페이스는 전역적으로만 선언할 수 있으며 함수 안에 지역적으로 선언할 수 없다. 함수 자체가 하나의 네임스페이스 영역이고 충돌이 발생해도 국지적이어서 지역 네임스페이스를 굳이 만들 필요가 없다.

```
void sub()
{
    namespace C {
        int z;
    }
    ....
```

아무리 팀 프로젝트라 해도 함수를 여러 명이 만들지는 않으니 충돌 가능성이 낮다. 만약 지역 변수 간의 명칭 충돌이 심하다면 이는 함수를 잘못 만든 것이다. 함수는 딱 하나의 전문적인 기능만 수행하도록 가급적 작게 만들어야 한다.

네임스페이스는 본질적으로 전역이므로 네임스페이스에 선언되는 명칭도 전역적이다. 전역 변수를 선언하는 경우는 드물고 주로 클래스나 함수, 사용자 정의 타입 등 프로젝트 전반에 걸쳐 참조되는 명칭이 네임스페이스에 선언된다.

• 네임스페이스끼리 중첩 가능하며 중첩의 단계에 대한 제약은 없다. 명칭을 세부적인 그룹으로 나누고 싶다면 여러 단계로 중첩시킨다.

```
namespace Game {
    namespace Graphic {
        struct Screen { };
    }
    namespace Sound {
        struct Sori { };
    }
}
```

Game 네임스페이스 안에 기능에 따라 Graphic과 Sound 네임스페이스를 중첩시키고 이 안에 클래스나 구조체를 선언한다. 중첩된 명칭을 참조할 때는 :: 연산자를 연거푸 사용하여 Game::Graphic::Screen 식으로 사용한다.

• 네임스페이스는 항상 개방되어 있어 여러 번 나누어 정의할 수 있다. { } 블록 안에 모든 명칭을 일괄 선언해야 하는 것은 아니다.

```
namespace A {
    double a;
}
namespace B {
    int a;
}
namespace A {
    char name[32];
}
```

A 네임스페이스가 두 번 선언되어 있는데 컴파일 단계에서 병합된다. 그래서 a와 name은 둘 다 같은 네임스페이스 소속이다. 여러 모듈에서 같은 네임스페이스를 사용할 수 있으며 여러 사람이 하나의 네임스페이스를 공동으로 작성할 수도 있다.

• 이름을 가지지 않는 익명 네임스페이스를 정의할 수 있다. namespace 키워드 다음에 { } 괄호를 열고 이 안에 명칭을 선언한다.

```
namespace {
    int internal;
}
```

internal은 일반적인 전역 변수와 동일하며 소속을 밝힐 필요 없이 이름만으로 바로 참조 가능하다. 다만 익명 네임스페이스에 속한 명칭은 외부 모듈로는 알려지지 않는다. static으로 선언한 외부 정적 변수와 성격이 같되 static은 C 방식이고 익명 네임스페이스는 C++ 방식이다.

- 실제 프로젝트를 할 때는 기능별로 여러 개의 모듈로 분할한다. 헤더 파일에 함수의 원형을 쓰고 구현 파일에 본체를 작성하는 것이 정석인데 네임스페이스 안에 함수를 작성할 때도 이 원칙대로 한다.

NsTest.cpp

```
#include <stdio.h>
#include "Util.h"

int main()
{
        A::func();
}
```

Util.h

```
namespace A {
        void func();
}
```

Util.cpp

```
#include <stdio.h>
#include "Util.h"

void A::func()
{
        printf("I am func\n");
}
```

Util.h에 네임스페이스 A를 정의하고 이 안에 func 함수의 원형을 선언했다. 함수의 본체는 Util.cpp에 작성하되 함수 이름 앞에 소속 네임스페이스인 A::을 밝힌다. 아니면 네임스페이스의 개방성을 활용하여 함수의 정의를 네임스페이스 안에 작성해도 무방하다.

```
namespace A {
    void func()
    {
        printf("I am func\n");
    }
}
```

두 네임스페이스가 병합되어 함수의 선언과 정의가 모두 네임스페이스 A에 합쳐진다. 구현 파일을 따로 만들지 않고 헤더 파일에 함수의 본체를 작성하는 것은 바람직하지 않다. 헤더 파일을 중복해서 포함하면 함수를 두 번 정의하는 문제가 있다. 일반적으로 선언은 여러 번 해도 상관없지만 정의는 한 번만 해야 한다.

2 네임스페이스의 활용

1 using 지시자

네임스페이스는 명칭 선언 영역을 분리하여 충돌을 방지하는 긍정적인 효과가 있지만 명칭을 참조할 때마다 매번 소속을 밝혀야 하는 번거로움이 있다. UTIL 네임스페이스에 선언된 변수나 함수를 참조하려면 매번 UTIL::value, UTIL::sub() 식으로 호출해야 하니 타이프하기도 힘들고 소스의 가독성도 떨어진다.

그래서 이런 불편함을 해소할 수 있는 여러 가지 방법이 제공된다. using 지시자Directive는 지정한 네임스페이스의 모든 명칭을 현재 영역으로 가져와 소속을 밝히지 않고 바로 사용할 수 있도록 한다. using namespace 다음에 가져올 네임스페이스의 이름을 적는다.

```
usingdirective
```

```
#include <stdio.h>

namespace UTIL {
    int value;
    double score;
    void sub() { puts("sub routine"); }
}

using namespace UTIL;

int main()
{
    value = 3;
    score = 1.2345;
    sub();
}
```

UTIL 안에 value, score 변수와 sub 함수가 선언되어 있다. 외부에서 이 명칭을 사용하려면 UTIL::을 붙여 소속을 밝히는 것이 원칙이다. 그러나 using 지시자로 UTIL 네임스페이스를 사용하겠다고 선언하면 UTIL::을 붙이지 않아도 상관없다.

value 변수를 참조하면 컴파일러는 현재 네임스페이스에서 이 변수를 찾아보고 없을 경우 using 지시자에 의해 지정된 UTIL 네임스페이스도 검색해 본다. UTIL에서 value가 발견되면 이 명칭을 참조하도록 컴파일한다. using 지시자가 명칭 앞에 UTIL::을 알아서 붙여 주는 것이다.

using 지시자는 이 선언이 있는 영역에만 영향을 미친다. 특정 함수나 블록 안에 using 지시자를 사용하면 블록 내에서만 네임스페이스 소속의 명칭을 이름만으로 사용할 수 있으며 그 외의 영역에서는 여전히 소속 지정이 필요하다.

```
int main()
{
    using namespace UTIL;
    value = 3;
}

void mysub()
{
    UTIL::value = 5;
}
```

using 지시자가 main 함수 내부에 있으므로 이 선언의 효력은 main 함수로만 국한된다. mysub에서는 별다른 지시자가 없어 value를 참조할 때 UTIL:: 소속을 반드시 붙여야 한다.

2 using 선언

using 지시자는 네임스페이스의 모든 명칭을 한꺼번에 다 가져오는 데 비해 using 선언Declaration은 하나의 명칭만 가져온다. 키워드 using 다음에 가져올 명칭의 소속과 이름을 밝히면 이후 이 명칭은 소속을 밝히지 않고 바로 사용할 수 있다.

```
usingdecl
#include <stdio.h>

namespace UTIL {
    int value;
```

```
        double score;
        void sub() { puts("sub routine"); }
}

int main()
{
    using UTIL::value;

    value = 3;
    UTIL::score = 1.2345;
    UTIL::sub();
}

void mysub()
{
    UTIL::value = 5;
}
```

main 선두에서 UTIL::value에 대해서만 using 선언했다. 이후 value에 대해서는 소속을 밝히지 않고 이름으로 바로 참조할 수 있다. 그러나 score와 sub는 별도의 선언이 없으므로 항상 UTIL:: 을 앞에 붙여 소속을 밝혀야 한다.

using 선언도 이 선언이 있는 블록에만 영향을 미친다. UTIL::value에 대한 선언이 main 함수 내부에 있으므로 main 함수에서만 value를 이름으로 참조할 수 있으며 mysub에는 별다른 선언이 없어 항상 UTIL::value로 참조해야 한다. using 선언을 main 함수 이전의 전역 영역으로 옮기면 이후의 모든 함수에서 value를 바로 참조할 수 있다.

3 using에 의한 충돌

using 지시자와 using 선언은 소속을 밝히지 않고 명칭을 사용할 수 있다는 면에서 간편하지만 원칙이 아니다 보니 잠재적인 문제가 발생할 수 있다. 현재 영역에 네임스페이스에서 가져온 명칭과 똑같은 명칭이 이미 있다면 충돌이 발생한다. 이 경우 컴파일러가 충돌을 어떻게 처리하는지 using 선언부터 살펴보자.

---

usingdeclconflict

```
#include <stdio.h>

namespace UTIL {
```

```
        int value;
        double score;
        void sub() { puts("sub routine"); }
    }

    int value;
    int main()
    {
        using UTIL::value;
        int value = 5;              // 에러

        value = 1;                  // UTIL의 value
        ::value = 2;                // 전역 변수 value
    }
```

value라는 이름의 변수가 네임스페이스에 하나, 전역에 하나, 지역에 하나 총 세 개 선언되어 있다. 소속이 달라 선언 자체는 가능하지만 using 선언에 의해 모호함이 발생한다. using 선언에 의해 UTIL의 value가 main 영역으로 들어오는데 main의 지역 변수 value와 이름이 같아진다. 이후 value라는 이름이 어떤 value를 의미하는지 명확히 알 수 없어 지역 변수 선언문이 에러로 처리된다.

using 선언에 의해 value라는 명칭이 이미 존재하므로 같은 이름으로 지역 변수를 선언할 수 없다. 그러나 같은 이름의 전역 변수는 :: 연산자로 참조할 수 있어 문제되지 않는다. 이 문제를 해결하려면 지역 변수의 이름을 바꾸든가 아니면 using 선언을 취소하고 UTIL::value로 소속을 밝혀야 한다. 다음은 using 지시자의 경우이다.

```
usingdireconflict
#include <stdio.h>

namespace UTIL {
    int value;
    double score;
    void sub() { puts("sub routine"); }
}

int value;
int main()
{
```

```
        using namespace UTIL;
        int value = 5;                    // 지역 변수 선언

        value = 1;                        // 지역 변수 value
        ::value = 2;                      // 전역 변수 value
        UTIL::value = 3;                  // UTIL의 value

        score = 1.2345;
    }
```

using 지시자에 의해 UTIL의 모든 명칭을 main에서 참조할 수 있다. 지역 변수 value와 충돌이 발생하지만 이 경우는 에러로 처리하지 않고 지역 변수에 우선권을 주어 모호함을 해결한다. main 에서 value 명칭을 참조하면 지역 변수 value를 의미한다. UTIL의 value는 지역 변수에 의해 가려져 있으므로 직접 참조할 수 없고 소속을 밝혀 UTIL::value로 적어야 한다. 충돌이 발생하지 않은 score 변수나 sub 함수는 이름만으로 참조할 수 있다.

두 경우 모두 충돌이 발생할 가능성이 있는데 using 선언은 에러로 처리하는 데 비해 using 지시자는 가시성만 제한한다. using 지시자가 더 관대한 것 같지만 실수할 가능성이 높아 오히려 더 위험하다. using 지시자로 전체 명칭을 다 가져오는 것보다 using 선언으로 꼭 필요한 명칭만 선별적으로 가져오는 것이 더 바람직하다.

네임스페이스끼리도 명칭이 충돌할 수 있다. 원래는 분리된 영역이어서 같은 명칭을 사용해도 상관없지만 using 지시자나 using 선언으로 명칭을 가져오면 해당 영역에서 충돌이 발생한다.

nsconflict

```
#include <stdio.h>

namespace A {
    double value;
}

namespace B {
    int value;
}

int main()
{
    using namespace A;
    using namespace B;
```

```
    value = 3;                  // 모호하다는 에러 발생
  }
```

main에서 A, B 네임스페이스를 다 가져오면 각 영역에 있는 value가 main 블록 안으로 들어온다. 이 상태에서 value를 참조하면 어떤 네임스페이스 소속인지 결정할 수 없어 모호해진다. 두 네임스페이스의 수준이 같아 전역, 지역의 경우처럼 가시성을 제한할 수도 없어 명백한 에러이다. using 선언의 경우도 마찬가지 문제가 있다.

```
int main()
{
    using A::value;
    using B::value;             // 중복된 선언이라는 에러 발생

    value = 3;
}
```

A::value를 main 블록으로 가져오는 첫 번째 선언은 성공하지만 같은 이름을 가지는 B::value를 또 가져올 수는 없다. 두 선언 중 하나는 취소하고 소속을 밝혀야 한다.

네임스페이스는 명칭 충돌을 해결하기 위해 영역을 분리한다. 반면 using 선언이나 지시자는 분리된 영역을 다시 합치는 반대 동작을 하기 때문에 부작용이 생길 수밖에 없다. 그래서 using 선언은 불편하지 않은 수준에서 적당히 사용해야 한다.

4 별명

네임스페이스끼리 충돌할 수도 있으니 가급적 긴 이름을 주어 충돌을 회피하는데 너무 길면 입력하기 번거롭고 소스도 지저분해진다. 다음 문장은 네임스페이스에 별명을 붙인다.

```
namespace A = B;
```

이후 A는 B와 똑같은 자격을 가지므로 B 대신 A를 사용하면 된다. 별명을 사용하면 긴 네임스페이스 이름을 짧게 줄여 쓸 수 있다.

```
namespace VeryVeryLongNameSpaceName {
    struct Person { };
}
```

```
int main()
{
    namespace A=VeryVeryLongNameSpaceName;
    A::Person P;
}
```

VeryVeryLongNameSpaceName::Person이라고 쓸 필요 없이 A::Person이라고 짧게 쓸 수 있어 편리하다. 별명 선언문도 선언한 블록 내에서만 유효하다. 단일 네임스페이스는 굳이 별명까지 줄 필요가 별로 없지만 여러 단계로 중첩된 네임스페이스를 사용할 때는 별명이 유용하다.

```
namespace MRG = MyCompany::Research::GameEngine;
```

네임스페이스는 대규모의 프로젝트에 필요한 문법이어서 사용자가 직접 쓸 경우는 많지 않고 라이브러리를 제작할 때 주로 사용한다. C++ 표준 라이브러리는 모두 std 네임스페이스에 선언되어 있어 C++은 통상 using namespace std;로 시작한다.

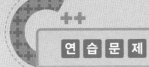

1 다음 코드에서 전역으로 선언된 정수형의 value 값을 출력하려면 어떤 표현식을 사용해야 하는가?

```
int value = 1234;
void sub() {
    double value = 5678;
}
```

① global::value

② value

③ ::value

④ .value

2 네임스페이스 작성 규칙으로 잘못된 것은?

① 함수 내부의 지역 네임스페이스를 선언할 수 있다.

② 네임스페이스끼리 얼마든지 중첩할 수 있다.

③ 같은 네임스페이스를 여러 번 나누어 정의해도 상관없다.

④ 이름이 없는 익명 네임스페이스도 선언할 수 있다.

3 모듈 내에서만 사용하고 외부로 알리지 않을 명칭은 static으로 선언한다. 이와 동일한 효과를 내는 C++의 문법은 (   )이다.

4 특정 네임스페이스의 모든 명칭을 다 가져오는 것은?

① using 선언

② using 지시자

③ namespace 별명 지정

④ #include

5 using 지시자에 의해 지역 변수와 네임스페이스의 명칭이 충돌할 경우 컴파일러는 이 상황을 어떻게 처리하는가?

① 지역 변수에 우선권을 준다.

② 네임스페이스의 명칭에 우선권을 준다.

③ 이름이 충돌하여 에러 처리된다.

④ 이름이 충돌하여 경고 처리된다.

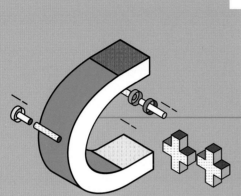

12장

표준 라이브러리

입출력 스트림

1 입출력 스트림의 구조

입출력 스트림은 C++ 라이브러리의 기본적인 입출력 방법이다. 객체 지향의 이점을 충분히 활용하여 범용성과 안정성을 확보했고 확장 가능한 클래스 구조까지 갖추었다. 그러나 템플릿 기반인데다 C++의 모든 문법을 총동원하여 만들다 보니 예상외로 복잡하고 까다롭다. 입출력 기능 자체만 평가하면 printf보다 편의성이 높다고 보기 어렵다.

게다가 요즘같은 그래픽 환경에서는 콘솔에 출력할 일이 거의 없어 실용성도 떨어진다. 굉장히 정교하게 잘 만든 라이브러리지만 만들 때의 환경과 지금의 환경이 상이해 디버깅용 외에는 별로 쓸 일이 없다. 상세하게 연구할 필요까지는 없으니 요약적으로 알아보자. 입출력 스트림의 클래스 계층은 다음과 같다.

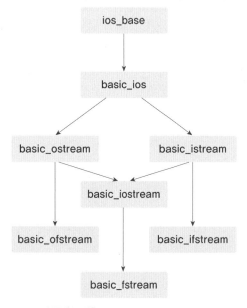

▲ 스트림 클래스 계층

루트인 ios_base는 입출력 관련 상수나 플래그를 정의하며 이 클래스로부터 입출력 클래스가 파생된다. 출력 클래스인 basic_ostream은 다음과 같이 선언되어 있다.

```
template<class _Elem, class _Traits>
class basic_ostream : virtual public basic_ios<_Elem, _Traits>
{
    ....
```

실제 클래스가 아닌 클래스 템플릿이며 두 개의 인수를 취한다. 이렇게 복잡한 이유는 ANSI 문자열뿐만 아니라 유니코드 문자열도 지원해야 하기 때문이다. 또 문자열을 표현하는 방식이 널종료 뿐 아니라 베이직의 BSTR이나 파스칼 방식도 있어 범용적인 문자열 구조를 다 지원하기 위해서이다. 이 템플릿으로부터 두 개의 특수화된 클래스를 정의한다.

```
typedef basic_ostream<char, char_traits<char> > ostream;
typedef basic_ostream<wchar_t, char_traits<wchar_t> > wostream;
```

ostream은 널종료 ANSI 문자열이며 wostream은 널종료 유니코드 문자열이다. 표준 라이브러리는 이 특수화된 클래스의 객체를 미리 생성해 둔다. 이름도 고정되어 있고 객체도 생성되어 있어 잘 써 먹기만 하면 된다.

```
extern istream cin;
extern ostream cout;
extern wistream wcin;
extern wostream wcout;
```

cin, cout이 표준 입출력 객체이며 이것만 잘 사용해도 입출력 라이브러리의 모든 기능을 다 활용할 수 있다. 유니코드 환경이라면 wcin, wcout을 대신 사용한다. 표준 입출력 객체는 속도 향상을 위해 내부적으로 버퍼를 사용하며 이 버퍼는 streambuf 클래스에 의해 관리된다.

2 출력 스트림

표준 출력 객체인 cout은 《 연산자로 데이터를 보내 출력한다. 모든 기본 타입에 대해 《 연산자를 다 오버로딩해 두어 타입에 상관없이 보내기만 하면 된다. 출력 후에 cout 객체의 레퍼런스를 다시 리턴하므로 연쇄적으로 출력할 수 있다. 정수든 실수든 《 연산자로 보내고 개행할 때는 endl을 보낸다.

```
cout ≪ 1234 ≪ 3.1415 ≪ "문자열" ≪ endl;
```

≪ 연산자는 원래 시프트 연산자인데 모양이 데이터를 전송하는 형태여서 출력용으로 정의했다. 모양이 직관적이라 사용하기 쉽지만 연산자를 오버로딩한다고 해서 본래의 우선순위가 바뀌는 것은 아니어서 주의가 필요하다. 다음 코드의 출력 결과를 예상해 보자.

```
bool bMan = true;
cout ≪ "당신은 " ≪ bMan == true ? "남자" : "여자" ≪ "입니다." ≪ endl;
```

사람이 보기에는 지극히 평범한 코드인 것 같지만 컴파일러는 이 문장을 에러로 처리한다. 왜냐하면 삼항 조건 연산자보다 ≪ 연산자의 우선순위가 더 높아 bMan을 먼저 출력한 후 리턴된 cout을 true와 비교하기 때문이다. 삼항 조건 연산문을 괄호로 감싸 남자나 여자를 먼저 선택해야 한다.

콘솔은 문자열을 표시하는 장치이므로 cout은 출력 대상을 내부적인 변환 규칙에 따라 평이한 문자열로 변환한다. 예를 들어 정수 123은 문자열 "123"으로 출력된다. 변환 규칙에 변화를 주고 싶다면 조정자^{manipulator}를 사용한다. 다음 예제는 정수의 진법을 변경한다.

coutradix

```cpp
#include <iostream>
using namespace std;

int main()
{
    int i = 1234;

    hex(cout);
    cout ≪ i ≪ endl;

    cout ≪ "8진수 : " ≪ oct ≪ i ≪ endl;
    cout ≪ "16진수 : " ≪ hex ≪ i ≪ endl;
    cout ≪ "10진수 : " ≪ dec ≪ i ≪ endl;
}
```

```
4d2
8진수  : 2322
16진수  : 4d2
10진수  : 1234
```

별다른 지정이 없다면 10진수로 출력되지만 hex, oct, dec 등의 함수로 출력 방식을 변경하면 진법이 바뀐다. 함수를 호출하는 대신 함수 포인터를 cout 객체로 보내도 효과는 같다. 진법이 변경되면이후부터 지정한 진법으로 계속 출력된다. 진법 지정은 정수에만 유효하며 실수나 문자열에는 아무영향을 주지 않는다. 다음은 출력 폭을 지정하는 조정자이다.

```
coutwidth

#include <iostream>
using namespace std;

int main()
{
    int i = 1234;
    int j = -567;

    // 출력 폭 지정
    cout << i << endl;
    cout.width(10);
    cout << i << endl;
    cout.width(2);
    cout << i << endl;

    // 채움 문자 지정
    cout.width(10);
    cout.fill('_');
    cout << i << endl;
    cout.fill(' ');

    // 정렬 지정
    cout.width(20);
    cout << left << j << endl;
    cout.width(20);
    cout << right << j << endl;
    cout.width(20);
    cout << internal << j << endl;
}
```

```
1234
    1234
1234
_____1234
-567
         -567
-        567
```

출력 폭은 width 함수로 지정한다. i는 4자리 정수지만 width(10)을 호출한 후 출력하면 10자리를 차지한다. 이 폭은 최소 폭이지 강제 폭은 아니어서 데이터의 길이보다 작아도 데이터를 자르지는 않는다. width는 직후의 출력에 딱 한 번만 적용되며 출력 후 원래 설정으로 복귀한다.

fill 함수는 출력 폭이 더 길 때 공백을 어떤 문자로 채울 것인가를 지정한다. left, right 조정자는 데이터를 공백의 왼쪽, 오른쪽으로 정렬한다. internal 정렬은 부호나 진법 표시는 왼쪽에 출력하고 숫자는 오른쪽에 출력한다. 다음은 실수의 정밀도를 지정하는 조정자이다.

coutfloat

```cpp
#include <iostream>
using namespace std;

int main()
{
    double d = 1.234;

    // 실수의 정밀도 지정
    cout << d << endl;
    cout.precision(3);
    cout << d << endl;
    cout.precision(10);
    cout << showpoint << d << endl;
    cout.precision(6);

    // 실수 출력 방식
    cout << fixed << d << endl;
    cout << scientific << d << endl;
}
```

```
1.234
1.23
1.234000000
1.234000
1.234000e+00
```

실수는 디폴트로 여섯 자리까지만 출력된다. precision 함수는 전체 출력 자릿수를 지정하며 자릿
수보다 긴 값은 반올림 처리된다. 자릿수보다 더 짧을 때 후행제로는 생략되지만 showpoint 조정
자를 사용하면 뒤쪽에 0을 붙인다. fixed 조정자는 고정 소수점 방식으로 출력하고 scientific 조
정자는 부동 소수점 방식으로 출력한다. 다음은 나머지 잡다한 지정자들이다.

coutmanip

```cpp
#include <iostream>
using namespace std;

int main()
{
    int i = 1234;
    double d = 56.789;
    char *str = "String";
    bool b = true;

    // bool형 출력 방식
    cout << b << endl;
    cout << boolalpha << b << endl;

    // 진법 접두 출력 및 대소문자
    cout << hex << i << endl;
    cout << showbase << i << endl;
    cout << uppercase << i << endl;

    // + 양수 기호 표시
    cout << dec << showpos << i << endl;
}
```

```
1
true
4d2
0x4d2
0X4D2
+1234
```

주석과 실행 결과를 살펴보면 각 조정자의 역할을 쉽게 이해할 수 있다. 출력 객체는 내부에 출력 옵션을 저장하며 조정자는 옵션을 변경한다. 여러 옵션을 한꺼번에 지정할 때는 setf, unsetf 함수로 일괄 지정하는 것이 편리하다.

3 입력 스트림

표준 입력 객체인 cin은 키보드로 입력받아 ≫ 연산자로 대상 변수에 대입한다. 기본 타입에 대해 모두 오버로딩되어 있어 타입에 상관없이 입력받을 수 있으며 레퍼런스를 리턴하여 연쇄적인 입력도 가능하다. 다음은 cin으로 정수와 문자열을 입력받아 다시 출력하는 예제이다.

cinintstring
```cpp
#include <iostream>
using namespace std;

int main()
{
    int i;
    char str[128];

    cin >> i;
    cout << i << endl;
    cin >> str;
    cout << str << endl;
}
```
```
123
123
string
string
```

입력 방법은 직관적이지만 사용자의 실수로 인한 에러가 자주 발생하기 때문에 정확한 입력이 쉽지 않다. cin 객체의 동작은 다음과 같다.

- 공백은 데이터간의 구분자로 인식되어 건너뛴다. 따라서 공백을 입력받을 수 없다.
- 무효한 문자를 만나면 즉시 입력을 중지한다. 정수는 숫자만 입력받으며 문자열은 공백에서 끊어 버려 단어만 입력받을 수 있다.
- 읽지 못한 데이터는 버퍼에 남겨지며 다음 입력 때 읽힌다. 새로 입력받으려면 버퍼를 비워야 한다.
- 배열의 끝 점검은 하지 않으며 배열보다 더 긴 문자열을 입력하면 다운된다. C/C++ 언어의 태생적인 한계여서 어쩔 수 없다.

이 특성들을 테스트해 보기 위해 위 예제를 실행해 놓고 다음과 같이 입력하여 i와 str에 어떤 값이 대입되는지 살펴보자.

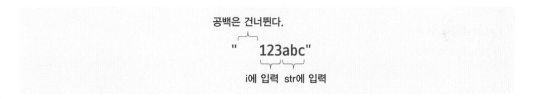

앞쪽의 공백은 일단 건너뛰고 정수를 입력받는다. 123까지만 읽고 다음 문자인 a는 숫자가 아니므로 여기서 입력을 중지하고 i에 대입한다. 나머지 뒷부분은 str을 입력받을 때 읽힌다. 이런 특성이 합리적이지만 때로는 목적에 맞지 않을 수도 있다. 〉〉 연산자로는 어떤 수를 써도 공백은 입력받을 수 없고 공백이 포함된 문자열도 입력받을 수 없다. 그래서 별도의 함수를 제공한다.

```
int get(void);
basic_istream& get(char& c);
basic_istream& getline(char *s, streamsize n, char delim='\n');
```

get 함수는 문자를 입력받아 리턴해 주는 버전과 인수로 전달된 레퍼런스에 대입해 주는 버전이 있다. 이 함수는 다음 입력된 문자 하나를 무조건 돌려주므로 공백이나 개행 코드도 입력받는다. getline 함수는 배열의 크기를 전달받아 범위를 넘지 않도록 하여 안전하다. delim 인수가 지정한 문자 직전까지 입력받는데 디폴트가 개행 코드여서 개행 이전의 모든 문자를 다 입력받는다.

```
chstring
```

```
#include <iostream>
using namespace std;

int main()
```

```
{
    char ch;
    char str[128];

    cin.get(ch);
    cout ≪ ch ≪ endl;
    cin.get(ch);

    cin.getline(str, 128);
    cout ≪ str ≪ endl;
}
```

```
a
a
beautiful korea
beautiful korea
```

입력은 출력과 달리 동작 중에 에러 발생 가능성이 높아 항상 에러를 점검해야 한다. ≫ 연산자는 에러 발생시 객체의 에러 비트를 설정하여 연산식 전체를 false로 만든다. 그래서 입력문 자체를 if 문으로 점검할 수 있다. 다음 예제는 정수를 입력받되 숫자가 아닌 엉뚱한 문자가 입력되면 실패 메시지를 출력한다.

cinerror

```
#include <iostream>
using namespace std;

int main()
{
    int i;

    if (cin ≫ i) {
        cout ≪ i ≪ endl;
    } else {
        cout ≪ "실패" ≪ endl;
    }
}
```

cin 객체의 에러 발생 여부를 표시하는 플래그를 조사하면 어떤 에러가 발생했는지 알 수 있다. 콘솔 입력뿐만 아니라 파일 입력까지 고려하여 일반적인 에러를 모두 표현한다.

플래그	설명
failbit	입력에 실패했다는 뜻이다. 정수를 입력받는데 문자가 입력된 경우 1이 된다.
eofbit	파일 끝이라는 뜻이다. 더 이상 읽을 문자가 없어 에러를 리턴한다.
badbit	스트림이 물리적으로 손상되어 읽을 수 없다.
goodbit	위의 세 에러가 발생하지 않았다는 뜻이며 0으로 정의되어 있다.

각 플래그의 상태를 조사하는 fail(), bad(), eof(), good() 멤버 함수를 통해 입력 객체의 상태를 조사한다. 다음 예제는 에러 플래그를 조사하여 정수 입력 성공 여부를 조사한다.

```
cinerrorbit

#include <iostream>
using namespace std;

int main()
{
    int i;

    cin >> i;
    if (cin.good()) {
        cout << i << endl;
    } else {
        cout << "실패" << endl;
    }
}
```

cin 객체는 에러 발생시 계속 에러 상태를 유지하며 이 상태에서는 다음 입력을 받지 못한다. 입력을 재개하려면 다음 함수로 에러 상태를 리셋한다.

```
iostate rdstate() const;
void setstate(iostate state);
void clear(iostate state = goodbit);
```

rdstate는 에러 플래그의 값을 리턴하며 setstate는 에러 플래그를 설정하거나 해제한다. clear는 지정한 플래그만 남기고 나머지는 모두 리셋한다. setstate는 나머지 플래그의 원래 상태를 유지하는 데 비해 clear는 나머지 플래그까지 전부 리셋한다는 점이 다르다. 이 외에 버퍼를 관리하는 멤버 함수가 있다. 파일 입출력시에 버퍼를 잘 관리해야 한다.

멤버 함수	설명
ignore	지정한 길이만큼 또는 지정한 문자가 나올 때까지 데이터를 무시한다. 버퍼에 들어 있는 데이터를 읽어서 버리고자 할 때 이 함수를 쓴다.
peek	버퍼에 있는 데이터를 읽기만 하고 제거하지 않는다. 어떤 데이터가 버퍼에 있는지 살짝 들여다 볼 때 이 함수를 사용한다.
gcount	앞 입력문에 의해 실제 읽힌 데이터의 길이를 조사한다. 》 연산자로 읽은 길이는 조사할 수 없으며 get, getline, read 등의 함수로 읽은 길이만 조사할 수 있다.
putback	특정 데이터를 버퍼에 다시 밀어 넣는다. 마치 어떤 문자가 입력된 것처럼 만들고 싶을 때 이 함수를 사용하는데 이 함수가 밀어 넣은 데이터는 다음 번 입력 함수에 의해 꺼내진다.

4 파일 입출력

파일이나 콘솔이나 동질적인 스트림이므로 비슷한 방법으로 입출력한다. 클래스 계층도를 보면 파일 입출력 스트림인 basic_i(o)fstream은 콘솔용 스트림으로부터 상속되며 》, 《 연산자와 조정자, 멤버 함수를 상속받는다. 다만 입출력 대상이 파일이므로 열고 닫는 동작과 섬세한 에러 처리가 필요하다는 것만 다르다. 파일 입출력 클래스도 템플릿이며 fstream 헤더 파일에 특수화 클래스가 정의되어 있다.

```
typedef basic_ifstream<char, char_traits<char> > ifstream;
typedef basic_ofstream<char, char_traits<char> > ofstream;
```

C에서와 마찬가지로 입출력을 위해 여러 가지 준비가 필요하다. 먼저 파일을 열어야 하며 이때는 다음 함수를 사용한다.

```
void ifstream::open(const char *s, ios_base::openmode mode = ios_base::in);
void ofstream::open(const char *s, ios_base::openmode mode = ios_base::out | ios_base::
    trunc);
```

첫 번째 인수로 경로를 주고 두 번째 인수로 모드를 주되 객체에 따라 디폴트 모드가 무난하게 설정되어 있다. 이 외에 다음과 같은 모드를 추가로 지정한다.

모드	설명
ios_base::out	출력용으로 파일을 연다.
ios_base::in	입력용으로 파일을 연다.
ios_base::app	파일 끝에 데이터를 덧붙인다. 데이터를 추가하는 것만 가능하다.
ios_base::ate	파일을 열자마자 파일 끝으로 FP를 보낸다. FP를 임의 위치로 옮길 수 있다.
ios_base::trunc	파일이 이미 존재할 경우 크기를 0으로 만든다.
ios_base::binary	이진 파일 모드로 연다.

오픈 성공 여부는 is_open 함수로 조사하며 다 사용한 파일은 close 함수로 닫는다. 함수의 형식만 다를 뿐 입출력 과정은 C와 거의 유사하다. 다음 함수는 텍스트 파일로 문자열과 정수를 출력한다.

```
cppfilewrite
```

```cpp
#include <iostream>
#include <fstream>
using namespace std;

int main()
{
    ofstream f;

    f.open("c:\\temp\\cpptest.txt");
    if (f.is_open()) {
        f << "String " << 1234 << endl;
        f.close();
    } else {
        cout << "파일 열기 실패" << endl;
    }
}
```

ofstream 객체를 선언하고 open 함수로 파일을 열었다. 두 단계를 거치는 대신 생성자의 인수로 파일 경로를 바로 전달해도 상관없다.

```
ofstream f("c:\\ temp\\cpptest.txt");
```

파일 입출력은 에러 발생 가능성이 높아 항상 성공 여부를 점검해야 한다. 오픈에 성공하면 << 연산자로 데이터를 출력한다. 콘솔과 같은 방법으로 파일에 출력하며 완료 후 close 함수로 파일을 닫는다. 다음 예제는 파일로부터 데이터를 다시 읽는다.

```
#include <iostream>
#include <fstream>
using namespace std;

int main()
{
    ifstream f;
    char str[128];
    int i;

    f.open("c:\\temp\\cpptest.txt");
    if (f.is_open()) {
        f >> str >> i;
        cout << str << i << endl;
        f.close();
    } else {
        cout << "파일 열기 실패" << endl;
    }
}
```

String1234

입력 객체를 생성하고 open 함수로 열었다. 오픈에 성공하면 콘솔에서 입력받듯이 》 연산자로 변수에 대입한다. 문자열과 정수를 입력받아 제대로 읽었는지 콘솔로 다시 출력했다. 앞 예제를 먼저 실행했다면 cpptest.txt 파일에 문자열과 정수가 저장되어 있을 것이다.

이진 모드로 대량의 데이터를 입출력할 수도 있고 FP를 옮겨가며 임의의 위치를 읽을 수도 있다. 일반적으로 필요한 파일 입출력 기능은 다 제공하며 콘솔과 똑같은 방법으로 사용할 수 있어 쉽다. 그러나 범용적인 기능만 제공하다 보니 아무래도 운영제제의 입출력 함수보다는 성능이 떨어진다.

2 string

1 문자열 클래스

C/C++ 언어에서 문자열은 기본 타입이 아니며 배열로 문자의 집합을 표현한다. 배열로도 문자열을 유연하게 관리할 수 있지만 귀찮은 점이 많고 경계를 점검할 수 없어 안정성을 위협한다. 다행히 클래스를 활용하면 고급언어 못지않은 높은 수준의 문자열 타입을 만들 수 있다.

C++이 라이브러리 차원에서 제공하는 string 문자열 클래스는 쓰기 편하고, 호환성, 이식성을 걱정할 필요 없이 자유롭게 사용할 수 있다. std 네임스페이스에 포함되어 있으며 string(string.h가 아님에 유의) 헤더 파일에 선언되어 있다. 일반화를 위해 템플릿으로 정의되어 있다.

```
template<class _Elem, class _Traits = char_traits<_Elem>, class _Ax = allocator<_Elem> >
class basic_string { 멤버 목록 };
```

타입 인수로 문자 코드, 문자열의 형태는 물론이고 메모리 관리 방식까지 선택할 수 있어 지원 범위가 광범위하다. 디폴트 인수를 사용하면 힙에 생성되는 널종료 방식의 문자열이 된다. 현실적으로는 char, wchar_t 타입의 문자열을 주로 사용하는데 이 두 버전에 대해 특수화 클래스가 정의되어 있다.

```
typedef basic_string<char> string;
typedef basic_string<wchar_t> wstring;
```

string은 ANSI 문자열이며 wstring은 유니코드 문자열이다. 문자 코드만 다를 뿐 같은 템플릿으로부터 생성된 클래스여서 내부 구조나 사용하는 방식은 같다. 실습하기 편리한 string 타입 위주로 알아보자.

클래스를 처음 연구할 때는 생성자부터 봐야 한다. string은 문자열을 만들 수 있는 모든 방법에 대해 생성자를 제공한다. 디폴트 생성자, 복사 생성자, 대입 연산자 등 온전한 타입이 되기 위한 모든 기능이 정의되어 있다. 자주 사용되는 생성자는 다음과 같다.

▼ string의 생성자

원형	설명
string()	디폴트 생성자. 빈 문자열을 만든다.
string(const char *s)	널종료 문자열로부터 생성하는 변환 생성자
string(const string &str, int pos=0, int num=npos)	복사 생성자
string(size_t n, char c)	c를 n개 가득 채움
string(const char *s, size_t n)	널종료 문자열로부터 생성하되 n 길이 확보
template(It) string(It begin, It end)	begin~end의 문자로 구성된 문자열 생성

문자열 리터럴로 생성할 수도 있고 다른 문자열의 일부를 취하거나 반복되는 문자로도 생성 가능하다. 객체의 세계에서는 사용자가 필요를 느끼는 모든 기능이 다 정의되어 있다고 보면 거의 틀림없다. 다음 예제는 각 방식으로 문자열을 생성한다.

stringctor

```
#include <iostream>
#include <string>
using namespace std;

int main()
{
    string s1("test");
    string s2(s1);
    string s3;
    string s4(10, 'S');
    string s5("very nice day", 8);
    char *str = "abcdefghijklmnopqrstuvwxyz";
    string s6(str + 5, str + 10);

    cout << "s1=" << s1 << endl;
    cout << "s2=" << s2 << endl;
    cout << "s3=" << s3 << endl;
    cout << "s4=" << s4 << endl;
    cout << "s5=" << s5 << endl;
    cout << "s6=" << s6 << endl;
}
```

```
s1=test
s2=test
s3=
s4=SSSSSSSSSS
s5=very nic
s6=fghij
```

문자열 리터럴로부터 초기화하는 s1 방식이 가장 보편적이다. s2는 복사 생성자로 다른 문자열의 사본을 만드는데 깊은 복사를 하므로 생성 후에는 개별적인 문자열이다. s3는 디폴트 생성자로 빈 문자열로 초기화되지만 실행 중에 다른 문자열을 대입받거나 연결할 수 있다. s4는 같은 문자를 원하는 횟수만큼 반복하며 다음과 같은 도표를 그릴 때 유용하다.

```
-----------------------------------------------------
| 박스 안에 들어 있는 문자                              |
-----------------------------------------------------
```

s5는 문자열 상수에서 일부만을 취한다. s6는 다른 문자열의 일정 범위에서 문자열을 추출한다. 반복자로 범위를 표현하는데 일종의 문자열 포인터이다. 알파벳이 저장된 str에서 5 ~ 10 범위를 취해 새로운 문자열을 만든다.

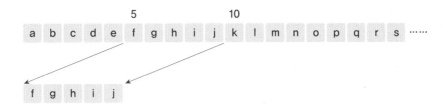

문자열 객체는 내용을 저장하기 위해 메모리를 할당하고 범위를 벗어날 때 파괴자가 메모리를 자동으로 정리하도록 되어 있어 별다른 정리를 할 필요는 없고 쓰다가 버리면 된다.

2 메모리 관리

string 객체는 가변적인 길이의 문자열 저장을 위해 힙에 메모리를 할당한다. 문자열이 아무리 길어도 버퍼 길이를 자동으로 관리하며 문자열이 늘어나면 버퍼를 재할당하고 파괴될 때 알아서 정리한다. 생성, 연결, 대입 등 모든 동작에 대해 메모리를 섬세하게 관리하고 있어 배열 경계를 넘어설 위험이 없다.

모든 것이 자동화되어 있지만 너무 빈번한 재할당은 성능을 떨어뜨리는 원인이 된다. 그래서 사용자가 직접 메모리를 제어할 수 있도록 버퍼의 길이를 조사하고 관리하는 함수를 제공한다. 다음 예제로 string의 메모리 관리 방식을 들여다 보자.

stringsize

```cpp
#include <iostream>
#include <string>
using namespace std;

int main()
{
    string s("C++ string");

    cout << s << " 문자열의 길이 = " << s.size() << endl;
    cout << s << " 문자열의 길이 = " << s.length() << endl;
    cout << s << " 문자열의 할당 크기 = " << s.capacity() << endl;
    cout << s << " 문자열의 최대 길이 = " << s.max_size() << endl;

    s.resize(6);
    cout << s << " 길이 = " << s.size() << ",할당 크기 = " << s.capacity() << endl;

    s.reserve(100);
    cout << s << " 길이 = " << s.size() << ",할당 크기 = " << s.capacity() << endl;
}
```

```
C++ string 문자열의 길이 = 10
C++ string 문자열의 길이 = 10
C++ string 문자열의 할당 크기 = 15
C++ string 문자열의 최대 길이 = 4294967294
C++ st 길이 = 6,할당 크기 = 15
C++ st 길이 = 6,할당 크기 = 111
```

size와 length는 똑같은 함수이며 객체에 저장된 문자열의 길이를 조사한다. capacity 함수는 객체가 실제 할당한 메모리양을 조사하는데 늘어날 때를 대비하여 여유분을 더 할당해 놓기 때문에 실제 문자열보다 항상 더 크다. max_size 함수는 가능한 최대 길이를 조사하는데 32비트 용량인 42억이나 되어 실질적으로 무한한 셈이다.

resize 함수는 할당량을 강제로 변경한다. 현재 문자열보다 더 작은 크기를 지정하면 뒤쪽을 잘라 버리고 더 크면 뒤쪽을 NULL 문자로 채우되 두 번째 인수로 채울 문자를 지정할 수 있다. reserve 함수는 여유분까지 고려하여 메모리를 미리 확보한다. 문자열이 자주 변경된다면 충분한 길이로 늘려 재할당 횟수를 줄여야 성능이 향상된다.

```
void clear( );
bool empty( ) const;
```

이 두 함수는 문자열을 비우거나 비어 있는지 조사한다. clear를 호출하는 것은 ""를 대입하는 것과 같다. empty는 문자열의 길이가 0일 때 true를 리턴한다.

string은 모든 면에서 문자 배열보다 우월하다. 그러나 string을 인식하지 못하는 구형 함수는 아직도 문자열 포인터를 요구한다. 예를 들어 strstr 함수를 호출하고 싶다거나 fwrite 함수로 문자열을 파일로 출력할 때이다. 이때는 data 함수나 c_str 함수로 단순 문자열을 얻는다.

chararray

```
#include <iostream>
#include <string>
using namespace std;

int main()
{
    string s("char array");

    cout << s.data() << endl;
    cout << s.c_str() << endl;

    char str[128];
    strcpy(str, s.c_str());
    printf("str = %s\n", str);
}
```

```
char array
char array
str = char array
```

string 객체에서 두 함수의 리턴값은 같지만 약간의 차이점이 있다. 문자열을 표현하는 basic_string 템플릿은 다양한 문자열 형태를 제공하며 꼭 널종료 문자열만 가능한 것은 아니다. data 함수는 객체의 내부 데이터를 그대로 리턴하므로 다른 형식의 문자열일 수 있다. 반면 c_str은 널종료 문자열이 아닌 경우 사본을 복사하여 널종료 문자열을 만들어 리턴한다.

C 스타일의 널종료 문자열을 얻고 싶다면 c_str 함수를 사용하는 것이 원칙적이다. string 객체의 문자열을 문자 배열로 복사하고 싶다면 충분한 길이의 배열을 선언하고 strcpy 함수로 문자열 객체

의 c_str 함수가 리턴한 포인터를 복사한다.

3 입출력

string 객체를 화면으로 출력할 때는 cout ≪로 보낸다. string 헤더 파일에 cout과 string 객체를
인수로 취하는 ≪ 전역 연산자 함수가 오버로딩되어 있어 기본형과 똑같은 방법으로 출력한다. 입력
도 마찬가지로 cin과 ≫ 연산자를 사용하되 ≫는 공백을 구분자로만 인식하여 한 단어만 입력받을
수 있다. 공백을 포함하여 한 줄을 다 입력받으려면 getline 전역 함수를 사용한다.

```
stringin
#include <iostream>
#include <string>
using namespace std;

int main()
{
    string name, addr;

    cout ≪ "이름을 입력하시오 : ";
    cin ≫ name;
    cout ≪ "입력한 이름은 " ≪ name ≪ "입니다." ≪ endl;
    cin.ignore();
    cout ≪ "주소를 입력하시오 : ";
    getline(cin, addr);
    cout ≪ "입력한 주소는 " ≪ addr ≪ "입니다." ≪ endl;
}
```

```
이름을 입력하시오 : kim
입력한 이름은 kim입니다 .
주소를 입력하시오 : 경기도 오산시 하늘밑 땅위
입력한 주소는 경기도 오산시 하늘밑 땅위입니다 .
```

한 단어인 이름은 cin ≫으로 입력받았으며 한 행인 주소는 getline 함수로 받는다. 버퍼 길이를 걱정
할 필요 없이 아무리 긴 문자열도 문제 없이 입력받을 수 있다. cin은 입력 후 개행 코드를 버퍼에 남
겨 두는 버릇이 있어 새로운 문자열을 입력받으려면 ignore 함수를 호출하여 버퍼를 비워야 한다.

문자열의 개별 문자를 액세스할 때는 at 함수나 [ ] 연산자를 사용한다. 인수로 첨자를 전달하면 이
위치의 문자를 리턴한다. 리턴값은 레퍼런스이므로 좌변값이며 문자열 객체가 상수가 아니라면 특

정 위치의 문자를 변경할 수 있다.

```
char& operator[](size_type _Off)
char& at(size_type _Off);
```

at 함수보다는 [ ] 연산자가 배열처럼 객체를 사용할 수 있어 직관적이다. [ ] 는 배열의 범위를 점검하지 않아 위험하지만 at 함수는 범위를 넘어선 첨자를 사용하면 out_of_range 예외를 일으킨다는 면에서 안전하다. 그러나 매번 첨자의 유효성을 점검하므로 속도는 조금 느리다. 첨자가 유효하다는 확신이 있다면 [ ] 연산자가 더 유리하다.

stringat

```
#include <iostream>
#include <string>
using namespace std;

int main()
{
    string s("korea");
    size_t len;

    len = s.size();
    for (int i = 0; i < len; i++) {
        cout << s[i];
    }
    cout << endl;
    s[0] = 'c';

    for (int i = 0; i < len; i++) {
        cout << s.at(i);
    }
    cout << endl;
}
```

```
korea
corea
```

size 함수로 길이를 조사하고 루프를 돌며 s[i] 문자를 읽어 출력했다. 개별 문자가 순서대로 출력되니 문자열 전체를 출력하는 것과 같다. s[0]를 좌변에 두면 문자를 변경할 수도 있다. 변경 후 다시 루프를 돌며 at(i)로 개별 문자를 읽어 다시 출력했다. 이 경우 for 루프가 문자열 길이까지만 정확히 반복하여 첨자는 항상 유효하므로 [ ] 연산자를 쓰는 것이 더 합리적이다.

4 대입 및 연결

string 클래스는 문자열을 조작하는 여러 가지 연산자와 함수를 제공한다. 필요한 거의 모든 기능이 다 정의되어 있고 원형이 상식적으로 요약적으로 알아보자. 대입 연산자는 다음 세 가지가 오버로딩되어 있다.

```
string& operator=(char ch);
string& operator=(const char* str);
string& operator=(const string& other);
```

개별 문자, 문자열 리터럴, string 객체를 실행 중에 대입받는다. 문자열 뒤에 연결할 때는 += 연산자를 사용하며 대입 연산자와 마찬가지로 세 가지 타입을 모두 연결할 수 있다. 대입이나 연결할 때도 메모리는 자동으로 관리되므로 길이는 걱정하지 않아도 된다.

```
stringequalplus
#include <iostream>
#include <string>
using namespace std;

int main()
{
    string s1("야호 신난다.");
    string s2;

    s2 = "임의의 문자열";
    cout << s2 << endl;
    s2 = s1;
    cout << s2 << endl;
    s2 = 'A';
    cout << s2 << endl;

    s1 += "문자열 연결.";
    cout << s1 << endl;
    s1 += s2;
```

```
        cout << s1 << endl;
        s1 += '!';
        cout << s1 << endl;

        string s3;
        s3 = "s1:" + s1 + "s2:" + s2 + '.';
        cout << s3 << endl;
    }
```

```
임의의 문자열
야호 신난다.
A
야호 신난다.문자열 연결.
야호 신난다.문자열 연결.A
야호 신난다.문자열 연결.A!
s1:야호 신난다.문자열 연결.A!s2:A.
```

대입, 연결 연산자 모두 string 객체를 리턴하여 연쇄적인 연산이 가능하다. + 연산자는 프렌드로
선언된 전역 함수이며 임의의 타입을 연쇄적으로 연결한다. 여러 개의 문자열을 하나로 합칠 때 한
줄로 연결할 수 있어 편리하고 직관적이지만 내부적으로 메모리 재할당이 빈번해 성능은 떨어진다.

연산자는 항상 피연산자 전체를 대상으로 하여 전부 대입하거나 전부 연결한다. 다른 문자열의 일
부만 취하고 싶을 때는 연산자를 쓸 수 없으며 함수로 범위를 밝혀야 한다. 다음 두 함수는 off 위치
에서 count 개수만큼만 대입하거나 연결한다.

```
string& assign(const string& _str, size_t off, size_t count);
string& append(const string& _str, size_t off, size_t count);
```

= 연산자가 strcpy에 대응된다면 assign 함수는 strncpy에 대응된다. 다음 예제는 두 개의 문자열
객체로부터 일부를 대입하고 연결한다.

AssignAppend

```
#include <iostream>
#include <string>
using namespace std;

int main()
{
```

```
    string s1("1234567890");
    string s2("abcdefghijklmnopqrstuvwxyz");
    string s3;

    s3.assign(s1, 3, 4);
    cout << s3 << endl;
    s3.append(s2, 10, 7);
    cout << s3 << endl;
}
```

```
4567
4567klmnopq
```

s3는 디폴트 생성자에 의해 빈 문자열로 생성되었다가 s1의 일부를 대입받고 s2의 일부를 연결한다.

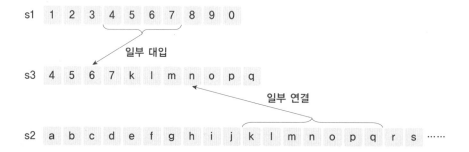

다음 두 함수는 문자 배열에 문자열의 일부를 복사하거나 string 객체끼리 교환한다.

```
size_type copy(value_type* _Ptr, size_type _Count, size_type _Off = 0) const;
void swap(basic_string& _Str);
```

copy는 _Off 위치에서 _Count 개수만큼의 문자를 복사하며 널종료 문자는 붙이지 않는다. 문자
열을 대입받을 _Ptr 배열은 충분한 길이여야 한다.

5 삽입과 삭제

문자열 중간에 다른 문자나 문자열을 삽입할 때는 insert 함수를 사용한다. 삽입 대상에 따라 여러
벌의 함수가 제공되는데 대표적인 몇 가지만 보인다. 전체 함수 목록은 항상 레퍼런스를 참조하자.

```
string& insert(size_t pos, const char* ptr, size_t count);
string& insert(size_t pos, const string& str, int off, int count);
string& insert(size_t pos, int count, char ch);
```

첫 번째 인수로 삽입할 위치를 전달하고 두 번째 인수는 삽입할 대상을 전달한다. 문자열 리터럴이나 string 객체, 같은 문자의 반복을 삽입할 수 있다. 문자열 일부를 삭제할 때는 다음 함수를 사용한다.

```
string& erase(size_t pos=0, size_t count=npos);
```

위치와 개수를 전달하면 중간의 문자열이 삭제되며 뒤쪽의 문자들이 앞쪽으로 이동한다.

stringinsert

```
#include <iostream>
#include <string>
using namespace std;

int main()
{
    string s1("1234567890");
    string s2("^_^");

    cout << s1 << endl;
    s1.insert(5, "XXX");
    cout << s1 << endl;
    s1.insert(5, s2);
    cout << s1 << endl;
    s1.erase(5, 6);
    cout << s1 << endl;
}
```

```
1234567890
12345XXX67890
12345^_^XXX67890
1234567890
```

문자열의 내용을 다른 것으로 변경하는 대체 함수는 총 10벌로 오버로딩되어 있는데 대표적으로 다음 함수 하나만 보자.

```
string& replace(size_t pos, size_t num, const char *ptr);
```

pos 위치에서 num개까지의 문자열을 ptr로 대체한다. 원본과 대체할 문자열의 길이가 꼭 같을 필요는 없으며 더 긴 문자열로 대체해도 메모리가 자동으로 늘어난다.

stringreplace

```cpp
#include <iostream>
#include <string>
using namespace std;

int main()
{
    string s1 = "독도는 일본땅";

    cout << s1 << endl;
    s1.replace(7, 4, "대한민국");
    cout << s1 << endl;
}
```

```
독도는 일본땅
독도는 대한민국땅
```

다음 함수는 string 객체의 일부 문자열을 추출하여 새로운 string 객체를 생성한다.

```
string substr(size_t off=0, size_t count=npos); const;
```

off 위치에서 count 개수만큼의 부분문자열을 추출하여 새로운 string 객체를 만든다. 원본은 원래 상태를 유지한다.

substr

```cpp
#include <iostream>
#include <string>
using namespace std;

int main()
{
    string s1("123456789");
    string s2 = s1.substr(3, 4);
```

```
        cout ≪ "s1:" ≪ s1 ≪ endl;
        cout ≪ "s2:" ≪ s2 ≪ endl;
}
```

```
s1:123456789
s2:4567
```

s1의 세 번째 문자에서부터 길이 4만큼을 취해 s2 문자열을 새로 만들었다.

6 비교와 검색

문자열끼리 상등, 대소 비교할 때는 관계 연산자를 사용한다. 기본 타입과 똑같은 방식으로 비교할 수 있도록 모든 연산자가 다 오버로딩되어 있다. 연산자는 항상 문자열 전체를 대상으로 비교한다. 일부만 비교하려면 다음 함수를 사용한다. 문자열 객체뿐만 아니라 문자열 리터럴과 비교하는 버전도 있다.

```
int compare(const string& str) const;
int compare(size_t pos, size_t num, const string& str) const;
int compare(size_t pos, size_t num, const string& str, size_t off, size_t count) const;
```

전체를 다 비교할 수도 있고 호출 객체의 일부와 str을 비교하거나 두 문자열 모두 일부만 비교할 수도 있다. 비교 결과가 같으면 0을 리턴하고 호출 객체가 더 작으면 음수, 더 크면 양수를 리턴한다.

compare

```
#include <iostream>
#include <string>
using namespace std;

int main()
{
    string s1("aaa");
    string s2("bbb");

    cout ≪ (s1 == s1 ? "같다" : "다르다") ≪ endl;
    cout ≪ (s1 == s2 ? "같다" : "다르다") ≪ endl;
    cout ≪ (s1 > s2 ? "크다" : "안크다") ≪ endl;
```

```cpp
    string s3("1234567");
    string s4("1234999");
    cout << (s3.compare(s4) == 0 ? "같다" : "다르다") << endl;
    cout << (s3.compare(0, 4, s4, 0, 4) == 0 ? "같다" : "다르다") << endl;

    string s5("hongkildong");
    cout << (s5 == "hongkildong" ? "같다" : "다르다") << endl;
}
```

```
같다
다르다
안크다
다르다
같다
같다
```

문자열 비교는 사전순이다. 비교 연산은 좌우변의 순서가 중요치 않아 s1 == s2로 비교하든 s2 == s1으로 비교하든 결과는 같다. == 연산자가 전역으로 선언되어 있어 문자열 리터럴과 비교할 때도 "hongkildong" == s5처럼 상수를 좌변에 쓸 수 있다.

다음 함수는 string 객체에서 부분 문자열이나 특정 문자를 찾는다. 여러 가지 검색 함수가 제공되는데 가장 기본적인 함수는 find이며 여러 벌로 오버로딩되어 있다.

```cpp
size_t find(char ch, size_t off=0) const;
size_t find(const char* ptr, size_t off=0) const;
size_t find(const char* ptr, size_t off=0, size_t count) const;
size_t find(const string& str, size_t off=0) const;
```

문자, 문자열, string 객체를 off 위치에서부터 검색하며 검색할 길이도 지정할 수 있다. 발견되면 그 첨자가 리턴되며 발견되지 않으면 string::npos(−1)를 리턴한다.

stringfind

```cpp
#include <iostream>
#include <string>
using namespace std;

int main()
{
```

```
    string s1("string class find function");
    string s2("func");

    cout << "i:" << s1.find('i') << "번째" << endl;
    cout << "i:" << s1.find('i', 10) << "번째" << endl;
    cout << "ass:" << s1.find("ass") << "번째" << endl;
    cout << "finding의 앞 4:" << s1.find("finding", 0, 4) << "번째" << endl;
    cout << "kiss:" << s1.find("kiss") << "번째" << endl;
    cout << s2 << ':' << s1.find(s2) << "번째" << endl;
}
```

```
i:3번째
i:14번째
ass:9번째
finding의 앞 4:13번째
kiss:4294967295번째
func:18번째
```

i 문자를 찾되 선두부터 찾을 때와 10번째 위치에서 찾을 때 검색 위치가 다르다. 발견된 다음 위치부터 검색을 반복하면 해당 문자의 모든 위치를 다 알아낼 수 있다. 부분 문자열 전체나 부분 문자열의 일부만 검색할 수도 있다. 그 외의 검색 함수는 검색 방향 지정, 포함 문자 검색, 비포함 문자 검색 등의 기능을 제공한다.

stringfind2

```
#include <iostream>
#include <string>
using namespace std;

int main()
{
    string s1("starcraft");
    string s2("123abc456");
    string moum("aeiou");
    string num("0123456789");

    cout << "순방향 t:" << s1.find('t') << "번째" << endl;
    cout << "역방향 t:" << s1.rfind('t') << "번째" << endl;
    cout << "역방향 cra:" << s1.rfind("cra") << "번째" << endl;
    cout << "최초의 모음" << s1.find_first_of(moum) << "번째" << endl;
```

```
        cout ≪ "최후의 모음" ≪ s1.find_last_of(moum) ≪ "번째" ≪ endl;
        cout ≪ "최초의 비숫자" ≪ s2.find_first_not_of(num) ≪ "번째" ≪ endl;
        cout ≪ "최후의 비숫자" ≪ s2.find_last_not_of(num) ≪ "번째" ≪ endl;
    }
```

순방향 t:1번째

역방향 t:8번째

역방향 cra:4번째

최초의 모음2번째

최후의 모음6번째

최초의 비숫자3번째

최후의 비숫자5번째

rfind는 역방향으로 문자열 끝에서부터 검색한다. 이름에 first, last가 들어간 함수는 C의 strpbrk
와 유사해서 특정 문자군을 찾는다. 검색이라는 동작 자체가 워낙 옵션이 많아 멤버 함수도 다양하
게 준비되어 있다.

3 auto_ptr

1 자동화된 파괴

객체가 파괴될 때 파괴자가 자동으로 호출되어 마지막 정리 작업을 수행한다. 메모리를 할당했거나 시스템 자원을 사용하더라도 객체가 제거될 때 파괴자가 알아서 정리해 주니 굉장히 편리하다. 지역 객체는 함수 안에서 마음대로 만들어 쓰다가 그냥 나가 버리면 나머지는 모두 자동이다.

string 객체는 가변 길이의 문자열을 저장하기 위해 버퍼를 동적으로 할당하는데 개발자가 신경 쓰지 않아도 이 메모리는 자동으로 회수된다. 그러나 객체에 대해서는 파괴자라는 안전 장치가 있지만 동적으로 할당한 메모리는 자동 회수가 안 된다.

```
dynalloc
```
```
#include <iostream>
using namespace std;

int main()
{
    double *rate;

    rate = new double;
    *rate = 3.1415;
    cout << *rate << endl;
    // delete rate;
}
```

```
3.1415
```

실수형 포인터 rate를 선언하고 동적 할당한 후 실수 하나를 저장했다. rate 자체는 main의 지역 변수이므로 함수를 종료할 때 자동으로 파괴된다. 그러나 rate가 가리키는 메모리는 동적 할당했기 때문에 개발자가 직접 해제하지 않는 한 힙에 계속 남아 있는다.

동적 할당은 필요할 때까지 쓰겠다는 의사 표현이므로 명시적으로 delete를 호출해야 해제된다. delete 호출을 실수로 빼 먹으면 이때 메모리 누수Memory Leak가 발생한다. 포인터를 잃어버리면 동적 할당된 메모리는 더 이상 참조할 수 없고 해제도 불가능하다.

실수에 의한 누수뿐만 아니라 예외 처리 구문이나 비정상적인 상황에 의해 제대로 해제되지 않는 경우도 있다. 다음 코드를 보자.

```
void func()
{
    double *rate=new double(3.14);
    if (어떤 조건) {
        throw("야! 똑바로 못해");
    }
    ....
    delete rate;
}
```

정상적인 실행 흐름에서는 new, delete가 짝을 이루어 할당, 해제되지만 예외가 발생하면 함수가 강제 종료되어 호출부의 catch 블록으로 점프해 버리므로 뒤쪽의 delete는 실행되지 못한다. 스택 되감기에 의해 모든 지역 객체가 자동으로 파괴되지만 지역 객체가 가리키는 메모리까지 해제하는 것은 아니어서 불가피하게 메모리 누수가 발생한다.

적은 양의 메모리 누수는 큰 문제가 아닐 수도 있지만 몇 년씩 실행되는 서버 프로그램의 경우는 약간의 누수도 심각하다. 단순 포인터는 파괴자가 없어 자동화된 파괴가 불가능하다. 이 문제를 해결하기 위해 동적 할당되는 포인터를 래핑한 것이 auto_ptr이다. 포인터를 한 번 감싸 객체 파괴시 자동으로 해제한다.

auto_ptr

```
#include <iostream>
#include <memory>
using namespace std;

int main()
```

```
    {
        auto_ptr<double> rate(new double);

        *rate = 3.1415;
        cout << *rate << endl;
    }
```

rate는 실수형 포인터를 감싸는 래퍼 객체이다. 이 예제는 명시적인 delete 호출이 없지만 자동화된 파괴에 의해 메모리 누수가 발생하지 않는다. auto_ptr은 memory 헤더 파일에 다음과 같이 정의되어 있는 클래스 템플릿이다.

template<typename T> class auto_ptr

대상체의 타입 T를 인수로 받아 T *형의 포인터를 대신 관리한다. 생성자로 포인터를 전달하면 내부에 이 포인터를 저장한다. auto_ptr은 포인터에 적용되는 *, →, = 등의 모든 연산을 오버로딩하여 객체에 대한 연산을 포인터에 대한 연산으로 중계한다. 래핑은 감싼 대상을 멋지게 흉내내어 rate 객체를 마치 double형 포인터처럼 사용할 수 있다.

단순 포인터는 파괴자가 없지만 이 포인터를 감싼 auto_ptr은 객체이므로 파괴자가 자동으로 호출된다. main 함수가 종료될 때 파괴자가 호출되며 여기서 저장해둔 포인터를 delete로 해제한다. 예외에 의해 스택 되감기를 할 때도 파괴자가 잘 호출된다. 기본형 포인터뿐만 아니라 객체에 대한 포인터도 감쌀 수 있다.

dynstring

```
#include <string>
#include <iostream>
#include <memory>
using namespace std;

int main()
{
    auto_ptr<string> pStr(new string("AutoPtr Test"));

    cout << *pStr << endl;
}
```

string 객체는 대량의 메모리를 소모하는데 동적으로 생성해 놓고 파괴하지 않으면 시스템 메모리를 게걸스럽게 먹어 치운다. 문자열 객체도 auto_ptr로 감싸 두면 스택의 래퍼 객체가 파괴될 때

string이 할당한 메모리가 자동으로 해제된다.

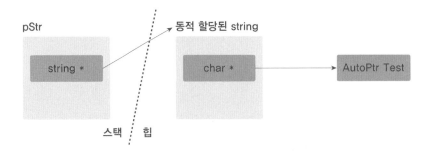

main이 종료될 때 지역 객체인 pStr이 파괴되며 파괴자가 호출된다. 파괴자는 내부적으로 저장해 둔 string 객체의 포인터를 delete로 해제하며 이 과정에서 string의 파괴자에 의해 문자열을 저장 해둔 버퍼도 정리된다.

auto_ptr은 포인터를 감싸 파괴자 호출을 보장한다는 면에서 안전하다. 그러나 선언 형식이 복잡해 서 다소 번거롭다. 해제 코드를 누락하지 않을 자신이 있거나 예외가 절대 발생하지 않는다면 굳이 auto_ptr을 쓸 필요는 없다. 하지만 이런 확신을 가지기 어렵기 때문에 auto_ptr로 감싸 확실한 해 제를 보장받는다.

2 auto_ptr의 내부

auto_ptr은 포인터를 감싸 일반 포인터와 모든 동작이 동일하되 파괴자가 자동으로 호출된다는 점 만 다르다. 이것이 어떻게 가능한지 헤더 파일을 열어 분석해 보면 실체를 금방 알 수 있다. C++의 문법을 교묘하게 잘 활용했을 뿐이다. 템플릿은 코드가 난해하므로 간략화된 클래스로 엑기스만 살펴보자.

```
myptr

#include <string>
#include <iostream>
using namespace std;

template <typename T>
class myptr
{
private:
    T *p;

public:
```

```
    explicit myptr(T *ap) : p(ap) { }
    ~myptr() { delete p; }
    T& operator *() const { return *p; }
    T* operator ->() const { return p; }
};

int main()
{
    myptr<string> pStr(new string("AutoPtr Test"));

    cout << *pStr << endl;
    cout << "길이 = " << pStr->size() << endl;
}
```

```
AutoPtr Test
길이 = 12
```

myptr 클래스는 T 타입의 포인터를 감싼다. T *형의 포인터 p를 멤버로 선언하고 생성자에서 전달한 인수로 초기화하여 내부에 저장해 둔다. * 연산자는 내부에 저장된 p의 대상체를 읽어 리턴하며 -> 연산자는 포인터를 리턴한다. 그래서 *pStr을 읽으면 p가 가리키는 문자열이 읽힌다. main이 종료될 때 myptr의 파괴자가 호출되고 여기서 delete 연산자로 p를 삭제하여 객체와 객체가 할당한 메모리까지 자동으로 정리한다.

auto_ptr의 구조도 myptr과 유사하되 이 외에 대입 연산자, 복사 생성자, 호환 타입 간의 변환 함수 등을 추가로 정의하여 포인터를 똑같이 흉내낸다. 포인터의 모든 기능에 자동화된 파괴 기능을 더한 것이다. 파괴는 항상 delete 연산자로 수행하므로 래핑되는 포인터는 동적으로 할당한 것이어야 한다. 다음 코드는 제대로 동작하지 않는다.

```
int i=1234;
auto_ptr<int> api(&i);
```

정적으로 선언한 변수의 번지는 delete 연산자로 해제할 수 없기 때문이다. malloc으로 할당해도 안 되며 반드시 new 연산자로 할당한 포인터만 전달해야 한다. 다음 코드도 문제가 있다.

```
auto_ptr<int> api(new int[10]);
```

new [ ] 연산자로 할당한 배열은 delete [ ]로 해제해야 하는데 auto_ptr은 delete 연산자를 쓰도록 되어 있어 배열의 일부만 해제되고 결국 메모리 누수가 발생한다. new 연산자로 할당한 포인터만 감쌀 수 있다. 이 외에도 두 객체가 하나의 대상을 가리킬 때 몇 가지 복잡한 문제가 있는데 참조 카운트로 이 문제를 해결한 스마트 포인터라는 것도 있다.

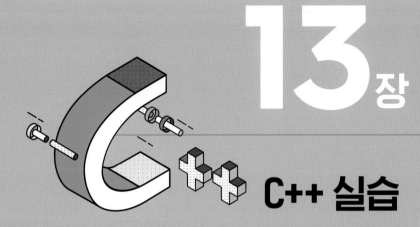

13장

C++ 실습

⊘ **학습목표**

객체 지향적인 설계와 구현을 경험해 보기 위해 콘솔 환경
에서 실행되는 고스톱 게임을 작성 및 분석해 본다. 부품이
되는 객체를 먼저 생성하고 이 객체를 조립하여 게임 룰을
구현하는 실습을 하며 완성된 예제를 바탕으로 새로운 기능
을 추가해 본다. 이 실습을 통해 객체 지향 개발 방법이 구조
적 방법과는 완전히 다르다는 것을 경험할 수 있다.

⊘ **내용**

1 고스톱

1 게임 소개

여기까지 C++의 객체 지향 문법을 학습했다. 문법은 규칙일 뿐이어서 설명을 읽고 예제를 만들어 보면 어렵지 않게 이해할 수 있다. 그러나 실무에 사용하지 않으면 체득되지 않고 금방 잊어버리기 마련이다. 문법을 확실히 습득하려면 실제 프로그램에 적용해 보고 실습해 봐야 한다.

C++ 문법 실습 프로젝트로 전통 민속놀이인 고스톱을 선정했다. 대중적인 게임이라 규칙을 설명할 필요가 없고 진행 속도가 느려 결과를 천천히 살펴볼 수 있다. 콘솔에서 화투패를 그릴 수는 없어 문자로 표시하고 최대한 단순하게 만들기 위해 두 명이 하는 맞고 형식으로 작성한다. 다음 기능은 구현이 복잡하고 실습에 딱히 필요치 않아 제외한다.

- 같은 카드 세 장이 들어왔을 때 흔들어 점수를 두 배로 만드는 규칙은 사용자의 선택이 필요해 복잡하고 한 번에 하나의 카드를 내는 규칙에 예외가 생겨 제외한다.
- 두 장의 피로 계산되는 쌍피, 피와 십짜리 양쪽으로 쓸 수 있는 카드, 보너스 카드 등은 점수 계산이 복잡해서 제외한다.
- 피박, 광박 등 점수를 곱절로 만드는 규칙도 제외한다. 어차피 현금이 오갈 수 없고 수동으로 적용 가능하므로 점수를 평이하게 매긴다.

이런 규칙을 제외해도 고스톱은 충분히 복잡하다. 그나마도 2인용 맞고라 간단하지만 여러 명이 하는 게임이면 광팔기, 독박 같은 더 복잡한 규칙이 있고 다자간의 대화와 타협이 필요해 구현하기 어렵다. 설사, 싹쓸이, 쪽, 따닥 등은 고스톱의 핵심 규칙이므로 구현하고 상대방의 피를 뺏는 동작까지 작성해 보기로 한다. 실행 모습은 오른쪽 화면과 같다.

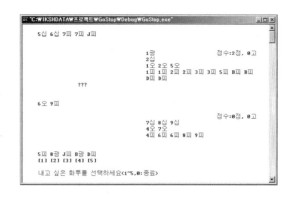

두 플레이어의 화투패를 아래 위에 표시한다. 플레이어의 이름은 직관적으로 이해할 수 있도록 화면 위치에 따라 남군, 북군으로 칭한다. 화면 중간에는 담요가 있고 이 위에 몇 개의 카드는 펼쳐 놓으며 뒤집어진 카드는 ???로 표시한다. 오른쪽에는 각 플레이어가 먹은 카드와 점수, 고 횟수가 표시된다.

콘솔 환경에서 마우스를 쓸 수 없어 숫자키로 패를 선택한다. 선택이 필요할 때 [1] [2] [3] 식으로 표시하고 플레이어는 숫자키를 눌러 카드를 선택한다. 혼자서 하는 게임이라 재미는 별로 없지만 규칙 파악을 위해 여러 번 해 보자. 동작을 살펴보고 이런 게임은 어떻게 구현하는지 머릿속으로 설계한 후 분석해 봐야 실력 향상에 도움이 된다.

2 카드 설계

객체 지향 기법은 실세계의 사물을 모델링하여 속성과 동작을 그대로 흉내낸다. 하위의 객체를 만들고 객체끼리의 상호작용을 정의하여 규칙을 구현하는 바텀업 방식이다. 먼저 화투판에 등장하는 모든 사물을 추상화하여 클래스로 정의한다. 패를 섞어서 돌리고 플레이어가 낸 카드와 일치하는 카드를 먹으면서 게임이 진행되는데 이 과정을 코드로 구현한다.

실제 고스톱 게임판이 어떻게 생겼는지 생각해 보자. 추상화할 때는 대상을 상상만 하는 것보다 실제 사물을 직접 만지고 가지고 놀면서 속성과 동작을 추출하는 것이 효과적이다. 흔한 고스톱판의 풍경은 다음과 같다.

이 사진 속에 등장하는 모든 물체가 코드에서 객체로 표현된다. 실제 화투판에는 현금, 맥주, 구경꾼도 등장하지만 게임과 직접적인 상관이 없으니 제외하자. 게임에 등장하는 매 클래스를 하나씩 순서대로 만들고 나중에 이들을 엮어 전체 게임을 완성한다. 먼저 소스 선두를 분석해 보자.

```
#include <stdio.h>
#include <conio.h>
#include <string.h>
#include <cursor.h>
#include <assert.h>
#include <iostream>
using namespace std;

const int MaxCard = 48;
const int CardGap = 4;
const int Speed = 1000;
const int PromptSpeed = 2000;
```

화면 전체를 사용하고 천천히 진행하기 위해 gotoxy와 delay 함수가 필요하며 그래서 cursor.h 헤더 파일을 포함했다. 게임 전체에 적용되는 네 개의 주요 상수를 정의한다. MaxCard는 화투패의 개수인 48로 고정되어 있다. CardGap은 카드간의 간격인데 하나의 카드를 세 문자 길이로 출력하므로 공백 하나를 더해 네 칸으로 정의했다.

Speed와 PromptSpeed는 카드를 내거나 메시지를 출력할 때 대기할 시간이며 전체적인 게임 진행 속도를 조절한다. 변화가 생길 때마다 적당히 시간을 끌어 게임판이 어떻게 바뀌는지 보여 주고 메시지를 확인할 충분한 시간을 주어야 한다.

전역 상수 정의문에 이어 게임에 등장하는 사물을 하나씩 클래스로 정의한다. 속성과 동작을 추출하고 모델링하여 코드로 표현하는 과정이다. SCard 클래스는 고스톱의 주인공인 화투 한 장을 표현한다. 영어에는 화투라는 표현이 없으므로 더 일반적인 카드라는 용어를 쓰기로 한다.

```
// 화투 한 장을 표현하는 클래스
struct SCard
{
    char Name[4];
    SCard() { Name[0] = 0; }
    SCard(const char *pName) {
        strcpy(Name, pName);
    }
    int GetNumber() const {
        if (isdigit(Name[0])) return Name[0] - '0';
        if (Name[0] == 'J') return 10;
        if (Name[0] == 'D') return 11;
```

```
                return 12;
        };
        int GetKind() const {
                if (strcmp(Name + 1, "광") == 0) return 0;
                else if (strcmp(Name + 1, "십") == 0) return 1;
                else if (strcmp(Name + 1, "오") == 0) return 2;
                else return 3;
        }
        friend ostream &operator ≪(ostream &c, const SCard &C) {
                return c ≪ C.Name;
        }
        bool operator ==(const SCard &Other) const {
                return (strcmp(Name, Other.Name) == 0);
        }
        bool operator ≪(const SCard &Other) const {
                if (GetNumber() < Other.GetNumber()) return true;
                if (GetNumber() > Other.GetNumber()) return false;
                if (GetKind() < Other.GetKind()) return true;
                return false;
        }
};
```

구체적인 동작은 카드를 소유하는 데크나 플레이어가 정의하고 카드는 화투를 표현하는 데이터이므로 구조체로 선언했다. 동작도 간단해서 모든 함수를 인라인으로 정의한다. 카드의 주요 속성은 숫자와 종류인데 1에서 12까지 각 4장씩 총 48장의 카드가 있고 광, 십, 오, 피 네 종류로 구분된다.

10번 이상의 카드는 숫자 대신 장, 비, 똥으로 불리는데 1바이트로 표현하기 위해 숫자 대신 J, B, D를 사용한다. 숫자 한 자리와 종류를 표현하는 한글 한 음절로 구성된 길이 4의 문자 배열 Name으로 카드에 이름을 붙인다. 카드 몇 장의 이름을 예로 들면 다음과 같다.

   1피   4십   J오   D광   B피

두 개의 생성자가 정의되어 있다. 디폴트 생성자는 빈 이름으로 초기화하여 쓰레기만 치운다. 이름이 없는 빈 카드는 카드를 섞을 때나 상대방에게 피가 없는 경우 등의 특수한 상황을 표현한다. const char *를 받는 생성자는 인수로 문자열을 받아 이름을 초기화한다.

GetNumber, GetKind는 화투의 숫자나 종류를 조사한다. 1에서 9까지는 숫자를 리턴하고 J, B, D는 각각 10, 11, 12를 리턴하는데 이 순서대로 카드를 정렬한다. 카드 종류는 Name+1의 한글을 읽어 0에서 3까지의 숫자와 대응시킨다. 숫자와 종류는 카드를 먹을 수 있는지, 먹은 패를 어디에 출력할지 결정할 때 사용된다.

카드 출력을 위해 《 연산자를 정의하여 Name 멤버를 cout으로 출력한다. == 연산자는 두 카드가 같은지 조사하는데 이름이 일치하면 같은 카드이다. 〈 연산자는 두 카드의 대소를 비교하는데 1차로 숫자를 비교하고 숫자가 같으면 종류에 따라 광, 십, 오, 피 순으로 순서를 매긴다.

화투는 총 48장의 카드로 구성되는데 각 숫자마다 조합이 달라 일정한 규칙이 없다. 예를 들어 1번 카드는 광이 있고 2번 카드는 광 대신 십이 있으며 D번 카드는 피만 세 장 있다. 조합이 불규칙적이라 배열에 일일이 이름을 나열하는 수밖에 없다. SCard의 생성자가 문자열 상수를 받으므로 문자열 배열을 초기화하듯이 이름을 나열하면 된다.

```
// 화투의 초기 카드 목록
SCard HwaToo[MaxCard]={
    "1광","1오","1피","1피","2십","2오","2피","2피","3광","3오","3피","3피",
    "4십","4오","4피","4피","5십","5오","5피","5피","6십","6오","6피","6피",
    "7십","7오","7피","7피","8광","8십","8피","8피","9십","9오","9피","9피",
    "J십","J오","J피","J피","D광","D피","D피","D피","B광","B십","B오","B피"
};
```

카드는 한 장씩 개별적으로 사용되지 않고 항상 집합을 이룬다. 플레이어가 손에 쥐고 있는 패, 아직 뒤집지 않고 데크에 쌓인 패, 담요에 깔린 패 등은 여러 장의 카드가 모여 있는 것이다. 카드의 집합을 관리하기 위해 CCardSet 클래스를 정의하고 삽입, 삭제, 검색 등의 기본적인 기능을 제공한다. 이 클래스는 게임에 등장하는 카드 집합의 공통 부모 역할을 한다.

```
// 카드의 집합을 관리하는 클래스
class CCardSet
{
protected:
    SCard Card[MaxCard];
    int Num;
    const int sx, sy;
    CCardSet(int asx, int asy) : sx(asx), sy(asy) { Num = 0; }

public:
    int GetNum() { return Num; }
```

```
                SCard GetCard(int idx) { return Card[idx]; }
                void Reset() {
                        for (int i = 0; i<MaxCard; i++) Card[i].Name[0] = 0;
                        Num = 0;
                }
                void InsertCard(SCard C);
                SCard RemoveCard(int idx);
                int FindSameCard(SCard C, int *pSame);
                int FindFirstCard(const char *pName);
        };

void CCardSet::InsertCard(SCard C) {
        int i;

        if (C.Name[0] == 0) return;
        for (i = 0; i<Num; i++) {
                if (C < Card[i]) break;
        }
        memmove(&Card[i + 1], &Card[i], sizeof(SCard)*(Num - i));
        Card[i] = C;
        Num++;
}

SCard CCardSet::RemoveCard(int idx) {
        assert(idx < Num);
        SCard C = Card[idx];
        memmove(&Card[idx], &Card[idx + 1], sizeof(SCard)*(Num - idx - 1));
        Num--;
        return C;
}

int CCardSet::FindSameCard(SCard C, int *pSame) {
        int i, num;
        int *p = pSame;

        for (i = 0, num = 0; i<Num; i++) {
                if (Card[i].GetNumber() == C.GetNumber()) {
                        num++;
                        *p++ = i;
                }
```

```
        }
        *p = -1;
        return num;
    }


int CCardSet::FindFirstCard(const char *pName) {
    int i;

    for (i = 0; i<Num; i++) {
        if (strstr(Card[i].Name, pName) != NULL) {
            return i;
        }
    }
    return -1;
}
```

CCardSet과 SCard는 HAS A 관계이며 최대 48개의 SCard 객체 배열을 포함한다. Num은 집합에 포함된 카드의 현재 개수이며 카드가 삽입, 삭제되면서 증감한다. sx, sy는 카드 집합의 화면상 좌표이되 출력 위치를 변경할 일이 없어 상수로 선언했다.

이상의 멤버는 파생 클래스에 대해서만 액세스를 허가하는 protected 액세스 속성을 가진다. 외부에서는 공개된 GetNum 함수로 개수를 조사하고 GetCard 함수로 배열의 카드를 읽는다. 읽기 함수만 제공하고 쓰기 함수는 없어 외부에서 이 정보는 읽기 전용이다.

생성자는 인수로 전달받은 화면 좌표를 저장해 두고 카드 개수를 0으로 초기화한다. Reset 함수는 게임을 여러 번 할 때 재초기화를 위해 정의해 두었다. 생성자가 protected 액세스 속성을 가져 외부에 은폐되어 있는데 따라서 CCardSet 객체는 외부에서 직접 생성할 수 없으며 파생 클래스를 통해서만 초기화된다.

네 개의 멤버 함수는 카드 집합을 관리한다. 먼저 카드를 삽입하는 InsertCard 함수를 보자. 빈 카드는 삽입을 거부하며 유효한 카드는 정렬된 위치에 삽입한다. 손에 쥔 패나 담요에 깔린 패를 쉽게 찾기 위해 정렬은 반드시 필요하다. 카드 집합을 순회하며 삽입할 카드보다 큰 최초의 카드를 찾아 이 위치에 삽입한다.

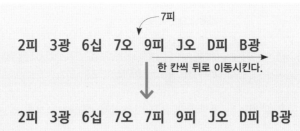

▲ 카드의 삽입 및 자동 정렬

7피가 삽입될 위치는 7피보다 최초로 큰 9피의 자리이다. SCard의 〈 비교 연산자로 카드끼리 대소 비교한다. 삽입할 위치보다 더 뒤쪽의 카드는 한 칸씩 오른쪽으로 이동시켜 빈 칸을 만들고 이 자리 에 새 카드를 삽입하며 Num을 1 증가시킨다.

RemoveCard는 지정한 첨자의 카드를 제거하고 해당 카드를 리턴한다. 손에서 카드를 내거나 데 크에서 카드를 뒤집을 때 이 함수가 호출되어 카드 하나를 뽑는다. 정렬 상태를 유지하기 위해 제거 된 카드 뒤쪽은 한 칸씩 앞으로 이동하며 Num은 1 감소한다. 집합간에 카드를 이동할 때 삽입, 삭 제 함수를 연이어 호출하면 간단하다. 다음 코드는 A의 idx번째 카드를 뽑아 B로 이동시킨다.

```
B.InsertCard(A.RemoveCard(idx));
```

FindSameCard는 C와 일치하는 카드를 조사한다. 여러 장의 카드가 일치할 수 있으므로 배열에 카드 목록을 작성하고 개수를 리턴한다. 같은 카드가 최대 네 장까지 가능하므로 배열은 끝 표시인 −1까지 포함하여 최소 5의 크기를 가져야 한다. 사용자가 손에 들고 있던 3광을 냈고 담요에 다음 패가 깔려 있다면 3이 두 장이므로 둘 중 하나를 골라 먹을 수 있다.

```
1오  1피  3오  3피  5십  6피  9십  D광
```

FindSameCard는 배열에 2, 3, −1을 채우고 개수인 2를 리턴한다. main은 이 함수의 조사 결과 에 따라 먹을 게 있는지, 설사를 했는지 등을 판단한다. 객체의 멤버 함수가 세세한 조사와 동작을 다 처리하고 있어 main은 잡다한 일을 부품에게 시키고 게임의 논리에만 치중할 수 있다.

FindFirstCard는 부분 문자열 검색으로 숫자나 종류가 일치하는 최초의 카드를 검색하여 첨자를 리턴하되 발견되지 않으면 −1을 리턴한다. 정렬 상태를 활용하여 이분 검색을 할 수 있지만 크기가 열 개 정도밖에 안 되어 순차 검색을 사용했다. 이 함수로 카드의 존재 여부를 신속하게 검색한다. 예를 들어 피박 체크를 위해 상대편이 피를 먹었는지 먹지 못했는지 바로 알 수 있다.

CCardSet은 카드 집합을 관리하는 기본 동작을 정의하며 이 클래스로부터 카드의 묶음을 관리하는 클래스가 파생된다. 게임 규칙이 추가되어 더 복잡한 동작이 필요하다면 이 클래스를 확장한다. 인간 세상에서처럼 부모가 많은 일을 하면 자식이 편해진다.

3 데크

데크는 카드를 쌓아 놓은 것이며 보통 담요의 중앙에 뒤집어 놓는다. 게임을 시작할 때 카드를 전부 섞어 손에 쥔 뭉치가 바로 데크이다. 여기서 카드를 한 장씩 꺼내 플레이어에게 나누어 주고 담요에 일부를 깔아 놓으며 게임이 시작되면 보이지 않게 뒤집어 담요 중앙에 놓는다. 플레이어가 카드를 낼 때마다 한 장씩 뒤집어 게임을 진행하며 모든 카드를 다 소진하면 게임이 끝난다.

데크는 CDeck 클래스로 정의하며 카드의 집합이므로 CCardSet으로부터 상속받는다. CDeck와 CCardSet은 전형적인 IS A 관계이며 멤버는 그대로 상속받는다. 다만 단순한 카드 집합에 비해 동작이 다른 부분이 있어 몇 가지 멤버 함수를 추가로 가진다.

```
// 담요 중앙에 카드를 쌓아 놓는 데크
class CDeck : public CCardSet
{
public:
    CDeck(int asx, int asy) : CCardSet(asx, asy) { ; }
    void Shuffle() {
        int i, n;
        for (i = 0; i<MaxCard; i++) {
            do {
                n = random(MaxCard);
            } while (Card[n].Name[0] != NULL);
            Card[n] = HwaToo[i];
            Num++;
        }
    }
    SCard Pop() { return RemoveCard(Num - 1); }
    bool IsEmpty() { return Num == 0; }
    bool IsNotLast() { return Num > 1; }
```

```
        void Draw(bool bFlip) {
            gotoxy(sx, sy);
            cout << "??? " << (bFlip ? Card[Num - 1].Name : "  ");
        }
    };
```

CCardSet의 InsertCard는 정렬 위치에 삽입하기 때문에 예측할 수 없도록 무작위로 섞어야 하는 데크를 초기화하는 용도로 적합하지 않다. 카드를 섞는 동작은 Shuffle 함수가 담당한다. HwaToo 배열의 카드는 처음 샀을 때처럼 가지런히 정렬되어 있지만 게임할 때는 마구 섞어야 한다. 현실에서는 카드를 바닥에 펼쳐 놓고 문지르거나 탁탁탁 치며 섞는데 이 동작을 그대로 흉내내는 함수가 Shuffle이다.

Shuffle은 HwaToo 배열의 카드를 순서대로 꺼내 Card 배열의 임의 위치에 마구잡이로 집어 넣는다. 이미 카드를 넣은 위치에는 중복해서 넣을 수 없으므로 빈 칸을 찾을 때까지 난수를 고른다. CCard의 디폴트 생성자가 빈 카드로 초기화하여 쓰레기를 치워 놓았으므로 이름 첫 자가 NULL인 칸이 빈 칸이다. 루프를 48번 돌면 카드가 불규칙하게 섞인다.

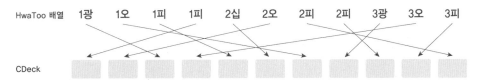

▲ 무작위로 카드 섞기

다 섞은 후 카드를 위에서부터 순서대로 한 장씩 빼내 담요에 놓고 플레이어에게 나누어준다. 이 동작은 Pop 함수가 처리하는데 RemoveCard로 Num − 1번째, 즉 마지막 카드 하나를 제거하여 리턴한다. 고스톱 게임 규칙상 데크에 카드를 다시 집어 넣는 경우는 없으니 Push 함수는 필요 없다.

IsEmpty 함수는 카드가 0인지 조사하여 게임 끝인지 조사한다. IsNotLast는 마지막 판인지 조사하는데 남은 카드가 두 장 이상이라면 아직 막판이 아니며 없거나 한 장만 남았으면 막판이다. 마지막 판은 다른 판과 달리 설사, 싹쓸이 규칙이 적용되지 않는다. 마지막 판은 항상 싹쓸이일 수밖에 없다.

Draw 함수는 화면에 데크를 그린다. 모두 포개져 있으니 카드를 그릴 필요는 없고 ???만 출력한다. 단, 카드 한 장을 막 뒤집었을 때는 이 카드가 무엇인지 보여 주기 위해 뒤집은 카드 한 장만 옆에 출력한다. bFilp 인수는 제일 윗장을 뒤집어 보여줄 것인가를 지정한다.

4 플레이어

플레이어는 게임에 참여하는 선수를 추상화한다. 맞고의 경우 열 장, 세 명 게임의 경우 일곱 장의
카드를 받고 손에 쥔 카드를 한 장씩 꺼내가며 게임을 진행한다. 실체는 사람이지만 게임 운영에 중
요한 것은 손에 쥔 카드의 집합이므로 CCardSet으로부터 상속받으며 이후 카드를 관리한다.

```cpp
// 게임을 하는 플레이어
class CPlayer : public CCardSet
{
public:
    CPlayer(int asx, int asy) : CCardSet(asx, asy) { ; }
    void Draw(bool MyTurn) {
        int i, x;
        for (i = 0, x = sx; i<Num; i++, x += CardGap) {
            gotoxy(x, sy);
            cout << Card[i];
            if (MyTurn) {
                gotoxy(x, sy + 1);
                cout << '[' << i + 1 << ']';
            }
        }
    }
};
```

별다른 멤버는 없고 플레이어의 패를 그리는 Draw 함수만 정의한다. 손에 쥔 카드를 순서대로 화
면에 나열하되 자기 차례(MyTurn)일 때는 어떤 카드를 낼지 입력받기 위해 아래쪽에 일련 번호를
출력한다.

1오 2십 2오 5오 5피 7피 9피 J오 D광 B오
[1] [2] [3] [4] [5] [6] [7] [8] [9] [10]

플레이어는 숫자키를 눌러 카드 하나를 선택한다. 자기 차례가 아닐 때는 일련번호를 생략하고 카
드만 출력한다. 삽입할 때 InsertCard 함수가 오름차순으로 정렬해 놓아 순서대로 출력되며 그래
서 카드를 고르기 쉽다.

5 담요

담요는 데크에서 꺼낸 카드를 펼쳐 놓는 곳이다. 플레이어는 자신의 카드 중 담요의 카드와 일치하

는 것을 내고 두 카드를 먹는다. 담요는 일정 개수의 카드를 가지고 정렬 상태로 카드를 표시한다는 면에서 플레이어와 유사하다. 그래서 CBlanket 클래스는 CPlayer로부터 상속받는다.

```
// 게임이 진행되는 담요
class CBlanket : public CPlayer
{
public:
    CBlanket(int asx, int asy) : CPlayer(asx, asy) { ; }
    void Draw() {
        CPlayer::Draw(false);
    }
    void DrawSelNum(int *pSame) {
        int n;
        int *p;
        for (n = 1, p = pSame; *p != -1; p++, n++) {
            gotoxy(sx + *p*CardGap, sy - 1);
            cout << '[' << n << ']';
        }
    }
    void DrawTempCard(int idx, SCard C) {
        gotoxy(sx + idx*CardGap, sy + 1);
        cout << C;
    }
};
```

담요는 게임에 참여하지 않아 카드를 보여 주면 될 뿐 고를 필요는 없다. 그래서 부모의 Draw 함수를 그대로 호출하되 MyTurn 인수는 항상 false이다. 대신 담요는 일치하는 카드가 두 장일 때 어떤 카드를 먹을지 선택받아야 한다.

사용자가 낸 카드나 데크에서 뒤집은 카드와 일치하는 카드가 둘 이상이라면 위쪽에 일련 번호를 표시한다. 예를 들어 8이 두 장 깔린 상황에서 8을 냈을 때 플레이어는 둘 중 하나를 골라 먹을 수 있다. 이 선택을 받기 위해 DrawSelNum 함수가 위쪽에 일련번호를 출력한다.

[1] [2]
1피 2오 2피 5오 8광 8피 9오 B십

일련번호를 표시할 카드의 첨자를 pSame 배열로 받아 이 위에 순서대로 번호를 붙인다. 사용자는 이 중 먹고 싶은 카드의 숫자키를 눌러 카드를 선택한다.

플레이어가 낸 카드는 잠시 담요 위에 올려 둔다. 먹을 카드 아래쪽에 출력하여 두 카드가 일치했음을 보여 주는데 이 처리는 DrawTempCard 함수가 담당한다. 예를 들어 5십 카드가 담요에 깔려 있는 상황에서 플레이어가 5피를 냈다면 화면에 다음과 같이 표시된다. 현실에서도 먹을 카드 위에 딱 하고 치는데 똑같은 상황이다.

1피 2오 2피 5십 8광 8피 9오 B십
5피

그러나 일치하는 카드가 있다고 해서 다 먹을 수 있는 것은 아니다. 고스톱에는 설사라는 규칙이 있어 데크를 뒤집어 봐야 확실히 먹을 수 있는지 알 수 있다. 그래서 일단 표시만 해 둔다. 카드를 내고 뒤집어지는 중간 과정을 천천히 보여 주어야 플레이어가 게임 진행 상황을 확실히 알 수 있다.

6 플레이어패

CPlayerPae 클래스는 플레이어가 게임 중에 먹은 패와 점수를 관리한다. 게임 중인 카드와 이미 먹은 카드는 동작과 관리 방법이 달라 별도의 클래스로 분리했다. 카드의 집합인 것은 동일하므로 CCardSet으로부터 파생된다.

```cpp
// 플레이어가 먹은 카드의 집합
class CPlayerPae : public CCardSet
{
private:
    int nGo;

public:
    int OldScore;
    CPlayerPae(int asx, int asy) : CCardSet(asx, asy) { OldScore = 6; nGo = 0; }
    void Reset() { CCardSet::Reset(); OldScore = 6; nGo = 0; }
    int GetGo() { return nGo; }
    void IncreaseGo() { nGo++; }
    void Draw();
    SCard RemovePee();
    int CalcScore();
};

void CPlayerPae::Draw() {
    int i, kind;
```

```cpp
        int x[4] = { sx,sx,sx,sx }, py = sy + 3;

        for (i = 0; i<Num; i++) {
            kind = Card[i].GetKind();
            if (kind < 3) {
                gotoxy(x[kind], sy + kind);
                x[kind] += CardGap;
            } else {
                gotoxy(x[3], py);
                x[3] += CardGap;
                if (x[3] > 75) {
                    x[3] = sx;
                    py++;
                }
            }
            cout << Card[i];
        }
        gotoxy(sx + 23, sy);
        cout << "점수:" << CalcScore() << "점, " << nGo << "고";
}

SCard CPlayerPae::RemovePee() {
        int idx;

        idx = FindFirstCard("피");
        if (idx != -1) {
            return RemoveCard(idx);
        }
        return SCard();
}

int CPlayerPae::CalcScore() {
        int i, kind, n[4] = { 0, };
        int NewScore;
        static int gscore[] = { 0,0,0,3,4,15 };

        for (i = 0; i<Num; i++) {
            kind = Card[i].GetKind();
            n[kind]++;
        }
```

```cpp
        NewScore = gscore[n[0]];
        if (n[0] == 3 && FindFirstCard("B광") != -1) NewScore--;
        if (n[1] >= 5) NewScore += (n[1] - 4);
        if (n[2] >= 5) NewScore += (n[2] - 4);
        if (n[3] >= 10) NewScore += (n[3] - 9);
        if (FindFirstCard("8십") != -1 && FindFirstCard("5십") != -1 && FindFirstCard("2십") != -1)
                NewScore += 5;
        if (FindFirstCard("1오") != -1 && FindFirstCard("2오") != -1 && FindFirstCard("3오") != -1)
                NewScore += 3;
        if (FindFirstCard("4오") != -1 && FindFirstCard("5오") != -1 && FindFirstCard("7오") != -1)
                NewScore += 3;
        if (FindFirstCard("9오") != -1 && FindFirstCard("J오") != -1 && FindFirstCard("6오") != -1)
                NewScore += 3;
        return NewScore;
    }
```

점수와 고 횟수 두 개의 멤버를 추가로 가진다. 점수는 외부에서 자유롭게 읽을 수 있도록 공개되어 있지만 고 횟수는 관리가 필요해 숨겨 놓았다. 고 횟수는 1씩만 증가하며 감소하는 경우는 없다. 생성자에서 점수는 6점으로, 고 횟수는 0번으로 초기화한다. 맞고에서는 7점 이상부터 스톱할 수 있는데 빠른 진행을 위해 점수를 내기 직전인 6점으로 초기화했다.

고를 한 후 상대방에게 피를 뺏겨 점수가 줄어드는 상황이 발생하기도 하는데 이 경우 뺏긴 점수를 벌충하고 추가 점수를 더 내야 한다. 그 전에 상대방이 먼저 스톱해 버리면 독박이며 이런 규칙 때문에 함부로 고를 못한다. 이전의 최고 점수를 멤버에 저장해 두어야 다음 스톱 시점을 정확하게 판단할 수 있다.

Draw는 먹은 패를 화면에 보기 좋게 종류별로 출력한다. 실제 선수들도 담요 위에 먹은 패를 가지런히 정렬하는데 그래야 뭘 더 먹어야 할지 민첩하게 판단할 수 있다. 광, 십, 오는 수가 많지 않아 한 줄로 출력하고 수가 많은 피는 여러 줄로 출력하는데 개행 처리를 위해 py에 현재 행을 기억한다. 종류별로 네 개의 x 좌표를 유지하며 해당 종류의 카드가 나올 때마다 CardGap만큼 오른쪽으로 이동한다.

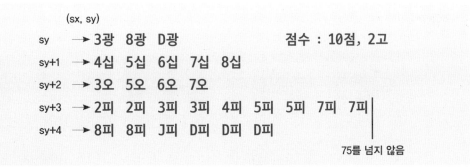

▲ 카드의 출력 좌표

RemovePee 함수는 상대방이 세 장을 한꺼번에 먹거나 싹쓸이했을 때 피 한 장을 제거하여 상대 방에게 상납한다. 이 함수가 리턴하는 카드는 상대방의 먹은 패에 삽입된다. 단, 줄 피가 없으면 간 절히 주고 싶어도 뺏기지 않으며 디폴트 생성자로 빈 카드를 생성하여 배째라는 표시를 한다.

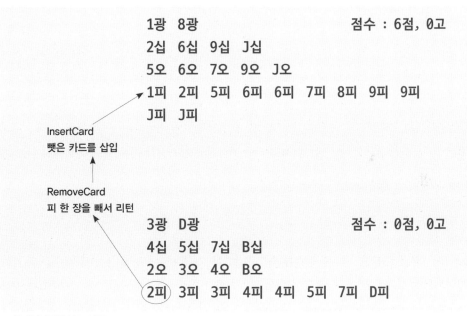

▲ 플레이어간의 카드 이동

CalcScore 함수는 고스톱 규칙대로 점수를 계산한다. 광 개수에 따라 세 장 이상은 각각 3, 4, 15 점으로 계산하되 비광이 포함된 3광은 2점이다. 십과 오는 다섯 장부터 1점으로 계산한다. 특정 카 드 종류를 다 모았을 때도 점수가 추가되는데 청단, 초단, 홍단은 각 3점이고 고도리는 5점이다.

여기까지 고스톱을 구성하는 객체를 클래스로 제작했다. 상용 라이브러리에 비할 바는 아니지만 이 작은 규모의 게임에도 클래스간의 계층이 생성된다.

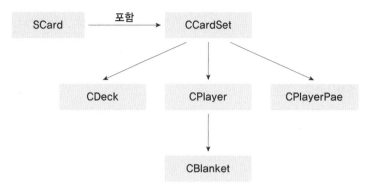

▲ 고스톱 게임의 클래스 계층도

주로 카드의 집합을 중심으로 클래스를 설계했는데 분석하는 방법에 따라 완전히 다른 계층이 나올 수도 있다.

2 게임 운영

1 전역 변수

게임을 만들기 위한 모든 클래스가 다 완성되었으니 이제 부품을 조립하여 서로 카드를 주거니 받거니 하면서 게임을 진행해 보자. 부품은 사물의 속성과 동작을 표현할 뿐 게임 규칙까지 구현하는 것은 아니므로 누군가 부품을 연결하고 상호 동작하도록 총지휘를 해야 한다. 이 역할을 하는 주체는 main이며 부품을 어떻게 조립하는가에 따라 고스톱이 될 수도 있고 화투점이나 민화투가 될 수도 있다.

클래스는 타입을 정의한 것이고 실체는 아니다. 게임에 필요한 객체를 선언하고 생성해야 화투판에 직접 등장하는 실체가 된다. 게임 전반에 걸쳐 사용되므로 main 이전에 전역 변수로 선언한다. 화투판에 등장하는 모든 사물이 객체로 표현되며 각 객체의 생성자로 화면상의 좌표를 전달하여 화면 배치를 결정한다.

```
CDeck Deck(18,9);
CPlayer South(5,20), North(5,1);
CBlanket Blanket(5,12);
CPlayerPae SouthPae(40,14), NorthPae(40,4);
bool SouthTurn;
```

화투를 쌓아 두는 데크를 배치하고 아래 위로 남군, 북군 두 명의 선수가 게임에 참여하며 중간에 담요가 위치한다. 게임 진행 중에 플레이어가 먹은 패는 화면 오른쪽에 배치한다. 80 * 24의 콘솔 화면에 객체를 적절히 배치했다. SouthTurn은 지금 누가 카드를 낼 차례인지 기억한다. 고스톱은 두 명이 번갈아 카드를 치는 턴 방식의 게임이므로 bool 타입의 변수 하나면 차례를 표현할 수 있다.

2 도우미 함수

게임 진행은 main이 담당하지만 혼자서 복잡한 게임 규칙을 다 처리할 수 없으니 몇 가지 동작은 도우미 함수를 따로 만든다. 복잡한 규칙을 구현한다기보다는 잡다한 처리를 담당하는 것이어서 간단하고 코드 내용도 쉽다.

```cpp
void Initialize()
{
    int i;

    Deck.Shuffle();
    for (i = 0; i<10; i++) {
        South.InsertCard(Deck.Pop());
        North.InsertCard(Deck.Pop());
        if (i < 8) Blanket.InsertCard(Deck.Pop());
    }
}

void DrawScreen()
{
    clrscr();
    South.Draw(SouthTurn);
    North.Draw(!SouthTurn);
    Blanket.Draw();
    Deck.Draw(false);
    SouthPae.Draw();
    NorthPae.Draw();
}

void OutPrompt(const char *Mes, int Wait/*=0*/)
{
    gotoxy(5, 23);
    for (int i = 5; i<79; i++) { cout << ' '; }
    gotoxy(5, 23);
    cout << Mes;
    delay(Wait);
}

int InputInt(const char *Mes, int start, int end)
{
```

```
    int ch;

    OutPrompt(Mes);
    for (;;) {
        ch = tolower(getch());
        if (ch == 0xE0 || ch == 0) {
            ch = getch();
            continue;
        }
        if (!(isdigit(ch) || ch == 'a')) continue;
        if (ch == 'a') ch = 10; else ch = ch - '0';
        if (ch >= start && ch <= end) {
            return ch;
        }
        OutPrompt("무효한 번호입니다. 지정한 범위에 맞게 다시 입력해 주세요.");
    }
}
```

Initialize 함수는 데크의 패를 무작위로 섞어 카드를 초기화한다. 실제 게임에서처럼 플레이어에게 각 열 장씩 카드를 돌리고 담요에 여덟 장의 카드를 깐다. 카드 초기화는 데크를 중심으로 일어나므로 데크에서 직접 할 수 있지만 이 예제는 외부에서 수행한다. 데크는 플레이어 수나 분배 규칙에 대해 알지 못하며 오로지 카드 집합만 관리한다. 부품끼리는 서로 독립적이어야 하는데 데크가 초기화를 직접 해 버리면 이 클래스로는 2인용 맞고만 만들 수 있어 재활용성이 떨어진다.

DrawScreen 함수는 화면을 지우고 모든 객체의 Draw 함수를 차례대로 호출하여 그린다. OutPrompt 함수는 하단에 짧은 메시지를 출력하고 사용자가 메시지를 읽을 동안 잠시 기다린다. 사용자에게 현재 상태를 알려 주거나 다음 행동을 지시할 때 메시지를 출력한다.

InputInt 함수는 지정한 범위의 정수 하나를 입력받는다. 키보드의 숫자키로 게임을 진행하며 선택 가능한 숫자의 범위는 남은 카드 수에 따라 가변적이어서 인수로 허용 범위를 전달받는다. 숫자키를 받아 돌려주되 최초 카드가 열 장인 경우 마지막 카드 선택을 위해 알파벳 A를 숫자 10 대신 사용한다. 범위를 벗어나면 메시지를 출력하고 재입력받는다.

객체 지향 프로그래밍에서 전역은 권장하지 않으며 모든 것을 클래스 안에 캡슐화할 것을 권장한다. 이 예제는 전역 변수와 전역 도우미 함수를 사용하고 있는데 꼭 없애고자 한다면 게임 전체를 캡슐화하는 클래스를 선언하고 이 안에 전역적인 변수와 함수를 선언하면 된다.

```
class Game
{
public:
    CDeck Deck(18,9);
    CPlayer South(5,20), North(5,1);
    CBlanket Blanket(5,12);
    CPlayerPae SouthPae(40,14), NorthPae(40,4);
    bool SouthTurn;

    void Initialize();
    void DrawScreen();
    void OutPrompt(const char *Mes,int Wait=0);
    int InputInt(const char *Mes, int range);
};
```

main에서 Game 타입의 G 객체 하나만 생성하면 모든 멤버가 같이 생성된다. 그러나 매 함수나 변수를 쓸 때마다 앞에 G.을 붙여야 하니 번거롭다. 자바나 C# 같은 완전한 객체 지향 언어에서는 이 방식이 권장되지만 C++은 혼합형 언어여서 굳이 이렇게까지 할 필요는 없다. 어차피 main이 전역이어서 아무리 발버둥을 쳐도 C++은 완전한 객체 지향이 될 수 없다.

3 main 함수

게임을 만들기 위한 부품과 객체를 선언했고 도우미 함수까지 다 완성했으니 이제 이들을 결합하는 코드를 작성해 보자. 부품을 다 완성해 놓고 조립하는 방식이어서 바텀업이라고 한다. 모든 부품을 조립하고 동작을 총지휘하는 주체는 main이며 총사령관 역할을 수행한다.

게임 규칙이 복잡해 소스는 다소 길지만 각 부분의 역할이 명확히 구분되고 게임 진행 순서대로 흘러가는 식이어서 분석하기 어렵지 않다. 더 작은 함수로 잘게 분할할 수도 있지만 학습용 예제의 위상에 맞게 분석하기 쉽도록 한 덩어리로 작성했다.

```
// 프로그램을 총지휘하는 main 함수
int main()
{
    int i, ch;
    int arSame[4], SameNum;
    char Mes[256];
    CPlayer *Turn;
```

```cpp
CPlayerPae *TurnPae, *OtherPae;
int UserIdx, UserSel, DeckSel;
SCard UserCard, DeckCard;
bool UserTriple, DeckTriple;
int nSnatch;
int NewScore;

randomize();
Initialize();
for (SouthTurn = true; !Deck.IsEmpty(); SouthTurn = !SouthTurn) {
    DrawScreen();
    if (SouthTurn) {
        Turn = &South;
        TurnPae = &SouthPae;
        OtherPae = &NorthPae;
    }
    else {
        Turn = &North;
        TurnPae = &NorthPae;
        OtherPae = &SouthPae;
    }

    sprintf(Mes, "내고 싶은 화투를 선택하세요(1~%d,0:종료) ", Turn->GetNum());
    ch = InputInt(Mes, 0, Turn->GetNum());
    if (ch == 0) {
        if (InputInt("정말 끝낼 겁니까?(0:예,1:아니오)", 0, 1) == 0)
            return;
        else
            continue;
    }

    // 플레이어가 카드를 한 장 낸다.
    UserTriple = DeckTriple = false;
    UserIdx = ch - 1;
    UserCard = Turn->GetCard(UserIdx);
    SameNum = Blanket.FindSameCard(UserCard, arSame);
    switch (SameNum) {
    case 0:
        UserSel = -1;
        Blanket.InsertCard(Turn->RemoveCard(UserIdx));
```

```cpp
                DrawScreen();
                break;
            case 1:
                UserSel = arSame[0];
                break;
            case 2:
                if (Blanket.GetCard(arSame[0]) == Blanket.GetCard(arSame[1])) {
                    UserSel = arSame[0];
                }
                else {
                    Blanket.DrawSelNum(arSame);
                    sprintf(Mes, "어떤 카드를 선택하시겠습니까?(1~%d)", SameNum);
                    UserSel = arSame[InputInt(Mes, 1, SameNum) - 1];
                }
                break;
            case 3:
                UserSel = arSame[1];
                UserTriple = true;
                break;
            }
            if (UserSel != -1) {
                Blanket.DrawTempCard(UserSel, UserCard);
            }
            delay(Speed);

            // 데크에서 한 장을 뒤집는다.
            Deck.Draw(true);
            delay(Speed);
            DeckCard = Deck.Pop();
            SameNum = Blanket.FindSameCard(DeckCard, arSame);
            switch (SameNum) {
            case 0:
                DeckSel = -1;
                break;
            case 1:
                DeckSel = arSame[0];
                if (DeckSel == UserSel) {
                    if (Deck.IsNotLast()) {
                        Blanket.InsertCard(DeckCard);
                        Blanket.InsertCard(Turn->RemoveCard(UserIdx));
```

```
                    OutPrompt("설사했습니다.", PromptSpeed);
                    continue;
                }
                else {
                    DeckSel = -1;
                }
            }
            break;
        case 2:
            if (UserSel == arSame[0]) {
                DeckSel = arSame[1];
            }
            else if (UserSel == arSame[1]) {
                DeckSel = arSame[0];
            }
            else {
                if (Blanket.GetCard(arSame[0]) == Blanket.GetCard(arSame[1])) {
                    DeckSel = arSame[0];
                }
                else {
                    Blanket.DrawSelNum(arSame);
                    sprintf(Mes, "어떤 카드를 선택하시겠습니까?(1~%d)", SameNum);
                    DeckSel = arSame[InputInt(Mes, 1, SameNum) - 1];
                }
            }
            break;
        case 3:
            DeckSel = arSame[1];
            DeckTriple = true;
            break;
    }
    if (DeckSel != -1) {
        Blanket.DrawTempCard(DeckSel, DeckCard);
    }
    Deck.Draw(false);
    delay(Speed);

    // 일치하는 카드를 거둬 들인다. 세 장을 먹은 경우는 전부 가져온다.
    if (UserSel != -1) {
        if (UserTriple) {
```

```cpp
                    for (i = 0; i<3; i++) {
                        TurnPae->InsertCard(Blanket.RemoveCard(UserSel - 1));
                    }
                }
                else {
                    TurnPae->InsertCard(Blanket.RemoveCard(UserSel));
                }
                TurnPae->InsertCard(Turn->RemoveCard(UserIdx));
                if (DeckSel != -1 && DeckSel > UserSel) {
                    DeckSel -= (UserTriple ? 3 : 1);
                }
            }
        if (DeckSel != -1) {
            if (DeckTriple) {
                for (i = 0; i<3; i++) {
                    TurnPae->InsertCard(Blanket.RemoveCard(DeckSel - 1));
                }
            }
            else {
                TurnPae->InsertCard(Blanket.RemoveCard(DeckSel));
            }
            TurnPae->InsertCard(DeckCard);
        }
        else {
            Blanket.InsertCard(DeckCard);
        }

        // 쪽, 따닥, 싹쓸이 조건을 점검하고 상대방의 피를 뺏는다.
        nSnatch = 0;
        if (Deck.IsNotLast()) {
            if (UserSel == -1 && SameNum == 1 && DeckCard.GetNumber() == UserCard.
                    GetNumber()) {
                nSnatch++;
                OutPrompt("쪽입니다.", PromptSpeed);
            }
            if (UserSel != -1 && SameNum == 2 && DeckCard.GetNumber() == UserCard.
                    GetNumber()) {
                nSnatch++;
                OutPrompt("따닥입니다.", PromptSpeed);
            }
```

```
                if (Blanket.GetNum() == 0) {
                    nSnatch++;
                    OutPrompt("싹쓸이입니다.", PromptSpeed);
                }
                if (UserTriple || DeckTriple) {
                    OutPrompt("한꺼번에 세 장을 먹었습니다.", PromptSpeed);
                    nSnatch += UserTriple + DeckTriple;
                }
            }
            for (i = 0; i<nSnatch; i++) {
                TurnPae->InsertCard(OtherPae->RemovePee());
            }

            // 점수를 계산하고 고/스톱 여부를 질문한다.
            NewScore = TurnPae->CalcScore();
            if (Deck.IsNotLast() && NewScore > TurnPae->OldScore) {
                DrawScreen();
                if (InputInt("추가 점수를 획득했습니다.(0:스톱, 1:계속)", 0, 1) == 1) {
                    TurnPae->OldScore = NewScore;
                    TurnPae->IncreaseGo();
                }
                else {
                    break;
                }
            }
        }
        DrawScreen();
        OutPrompt("게임이 끝났습니다.", 0);
    }
```

프로그램 시작 직후 완전한 난수를 생성하기 위해 난수 발생기를 초기화한다. Initialize 함수는 데크에 카드를 섞고 패를 골고루 나누어 게임판을 생성한다. 그리고 곧바로 전체 게임 루프인 for 루프로 진입하여 게임을 시작한다. 남군 차례에서 시작하여 루프를 돌 때마다 차례를 바꾸며 데크가 완전히 빌 때까지 게임을 진행한다. 물론 중간에 점수를 낸 사용자가 스톱하면 종료된다. 카드 하나를 낼 때 for 루프가 한 번 반복된다.

루프에 진입하자마자 DrawScreen 함수를 호출하여 각 객체를 화면에 그린다. 누구 차례인가에 따라 플레이어의 패를 담요로 옮기고 먹은 카드를 패로 옮겨야 하는데 매번 차례를 점검하기 번거로우므로 TurnPae, OtherPae에 대상 패를 미리 조사해 놓는다. 다음 코드 예를 보면 매번 차례를 점검하는 것과 대상을 미리 선택해 놓는 것의 효율성 차이를 실감할 수 있다.

```
if (SouthTurn) {
    South에서 카드 빼서 담요로
    일치하는 카드는 SouthPae로 이동
    쪽, 따닥시에 NorthPae의 피 한 장 가져옴
} else {
    North에서 카드 빼서 담요로
    일치하는 카드는 NorthPae로 이동
    쪽, 따닥시에 SouthPae의 피 한 장 가져옴
}
```

```
Turn에서 카드 빼서 담요로
일치하는 카드는 TurnPae로 이동
쪽, 따닥시에 OtherPae의 피 한 장 가져옴
```

필요할 때마다 조작 대상을 선택하면 차례에 따라 똑같은 코드가 반복되지만 포인터로 대상을 미리 선택해 놓으면 한 벌의 코드만 있으면 된다. 차례에 상관없이 코드를 일반화하는 기법이다. 이후 코드에서 Turn은 지금 차례인 플레이어이며 TurnPae는 먹은 카드가 이동할 곳이다.

현재 차례의 플레이어에게 어떤 카드를 낼 것인지 질문한다. 플레이어가 가지고 있는 카드 개수만큼 숫자를 입력받는다. 0을 입력하면 게임을 종료하되 실수를 방지하기 위해 한 번 더 확인한다. 플레이어가 카드를 내면 담요의 카드와 비교하여 게임을 진행한다. 플레이어가 낸 카드와 담요에 깔린 카드의 일치 개수를 FindSameCard 함수로 구한다. 몇 개의 카드가 일치하는가에 따라 처리가 완전히 달라진다. 일치 개수별로 분기하며 사용자가 선택한 카드를 UserSel에 대입한다.

① 일치하는 카드가 없는 경우 : 아무것도 먹지 못하니 UserSel은 −1이 된다. 데크에서 뒤집은 카드와 일치할 수 있으므로 버린 카드는 즉시 담요에 삽입한다. 낙장불입의 원칙에 의해 버린 카드는 다시 줍지 못한다.

② 하나만 일치하는 경우 : 이 카드를 먹는다. 그러나 데크를 뒤집었을 때 같은 카드이면 설사라는 규칙이 있어 아직 이동하면 안 된다.

③ 두 개가 일치하는 경우 : 둘 중 어떤 것을 먹을지 질문하고 선택한 카드를 UserSel에 대입한다. 일치하는 카드 목록을 arSame에 담아 담요의 DrawSelNum을 호출하여 번호를 출력하고 사용자의 키 입력을 받아 UserSel에 대입한다. 먹을 게 두 개 있다고 해서 무조건 질문하는 것은 아니며 두 카드가 같을 때는 질문하지 않는다.

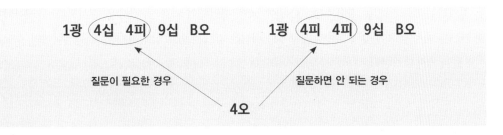

왼쪽 경우는 같은 4카드라도 종류가 다르다. 플레이어가 무엇을 노리고 있는가에 따라 먹어야 할 카드가 달라지니 선택할 기회를 준다. 그러나 오른쪽 경우는 어떤 것을 먹으나 마찬가지여서 질문할 필요가 없다.

같은 4피라도 그림은 약간 다르지만 점수가 같으므로 첫 번째 일치하는 arSame[0]를 가져오면 별 불만이 없을 것이다. 같은 피 두 장을 놓고 어떤 그림이 예쁜지 고민하다가는 돈 잃은 친구에게 멱살을 잡힐 수도 있다. 고스톱은 호흡이 빨라야 재미있다.

④ 세 개가 일치하는 경우 : 처음부터 세 장이 깔렸거나 설사해 놓은 것을 먹는 운수대박인 경우이다. 네 장의 카드를 다 먹는 것은 물론이고 상대방의 피까지 하나 뺏어온다. UserSel은 가운데 카드에 맞춰 두고 UserTriple에 true를 대입하여 세 장을 먹었음을 표시해 둔다.

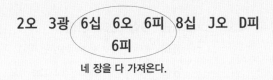

네 장을 다 가져온다.

카드를 가져올 때는 UserSel 좌우의 카드 두 장까지 한꺼번에 가져오면 된다. 카드는 항상 정렬되어 있어 UserTriple이 true이면 UserSel 양쪽은 같은 번호이다.

플레이어가 낸 카드를 먹을 카드 아래쪽에 표시하여 잠시 후 이 카드를 먹을 것임을 표시한다. 이 상황을 명확히 보여 주기 위해 1초간 시간을 끈 후 데크의 카드를 뒤집는다. 이때도 뒤집은 카드를 보여 주기 위해 잠시 대기한다. Pop 함수로 데크의 제일 위에 있는 카드를 꺼내 DeckCard에 대입한다. 데크에서 뒤집은 카드와 담요의 카드가 일치하는 개수에 따라 다음 진행이 결정된다. 여러 장이 일치할 경우 사용자에게 질문하여 선택 결과를 DeckSel에 대입한다.

① 일치하는 카드가 없는 경우 : DeckSel에 −1을 대입하여 먹을 게 없음을 표시한다. 플레이어가 낸 카드는 즉시 담요에 삽입하지만 데크에서 뒤집은 카드는 바로 삽입하지 말고 플레이어의 카드가 처리될 때까지 대기한다.

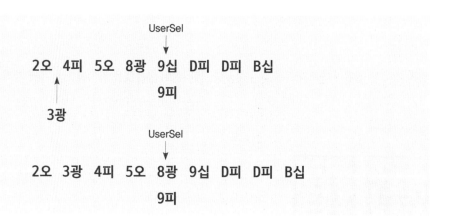

플레이어가 9피 카드를 내 9십 카드를 찜해 놓은 상황에서 데크를 뒤집었는데 3광이 나왔다. 이 카드를 담요에 삽입하면 정렬 기능에 의해 9십 카드가 뒤로 밀려 UserSel이 엉뚱한 카드를 가리켜 나가리의 원인이 된다. 사용자의 선택이 유효하도록 보호하기 위해 DeckSel, DeckCard에 조사만 해 놓고 삽입 처리는 보류한다.

② 하나만 일치하는 경우 : DeckSel에 일치한 카드 첨자를 대입해 놓는다. 데크의 카드를 뒤집었을 때 사용자가 낸 카드와 데크의 카드가 일치하면 설사이며 모든 카드를 담요로 반납하고 아무것도 먹지 못한다.

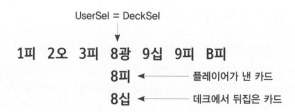

가져올 패도 없고 점수도 변화가 없으므로 루프 선두로 돌아가면 된다. 단 막판에는 설사가 없으니 DeckSel에 −1을 대입하여 사용자가 낸 카드를 무사히 가져가도록 한다.

③ 두 개가 일치하는 경우 : 플레이어가 카드를 낸 경우와 같이 어떤 카드를 먹을지 사용자에게 질문한다. 데크는 한 가지 조건이 더 필요한데 두 장 중 하나를 플레이어가 이미 찜해 놓았다면 더 질문할 필요 없이 남은 하나를 취하면 된다.

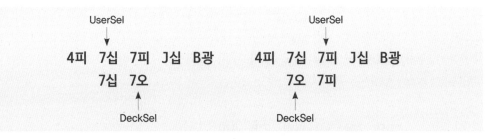

이런 경우를 따닥이라고 하는데 카드를 이동시킨 후 뒤에서 따로 처리한다.

④ 세 개가 일치하는 경우 : 이 경우는 모든 카드를 다 가져온다. DeckSel에 가운데 카드를 선택해 놓고 DeckTriple에 true를 대입해 놓는다.

여기까지 처리한 후 데크에서 뒤집은 카드를 DeckSel 자리에 표시하고 잠시 대기하여 게임판의 변화를 보여준다. 이제 변수에 저장된 정보를 참조하여 카드를 먹고 점수를 계산한다. UserSel이 −1이 아니면 담요의 카드를 먹은 패로 이동시킨다. 다음 코드로 두 개의 카드를 TurnPae에 삽입한다.

```
TurnPae->InsertCard(Blanket.RemoveCard(UserSel));
TurnPae->InsertCard(Turn->RemoveCard(UserIdx));
```

UserSel이 가리키는 담요의 카드를 먹은 패로 이동시키고 플레이어가 낸 카드도 이동시킨다. 6오를 내고 6피를 먹었다면 카드는 다음과 같이 이동한다.

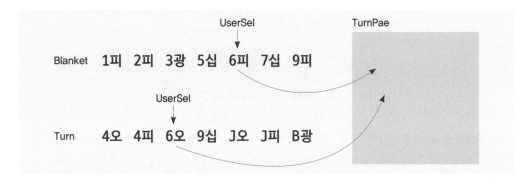

실제 코드는 두 가지 상황을 더 처리한다. UserTriple이 true이면 담요에서 세 장을 가져온다. UserSel이 가리키는 위치와 좌우의 카드를 가져오되 카드가 정렬되어 있으므로 UserSel − 1을 세 번 가져오는 것이 더 간단하다.

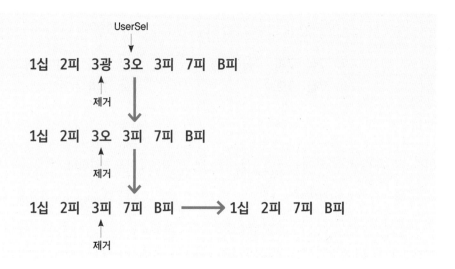

첨자를 바꿔 가며 제거할 필요 없이 왼쪽 위치의 카드를 세 번 제거하면 뒤쪽의 카드가 하나씩 이동하면서 제거된다. 세 글자를 지울 때 제일 앞 글자의 위치에서 Delete 키를 세 번 누르는 것과 같다. UserSel을 제거할 때 DeckSel이 더 뒤쪽에 있다면 UserSel 제거에 의해 위치가 바뀌므로 첨자를 조정한다.

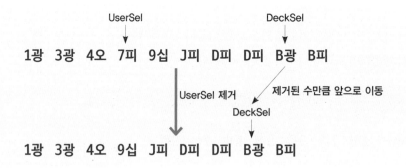

데크를 뒤집어 일치한 카드를 먹는 처리는 플레이어가 낸 카드를 처리하는 것과 같되 뒤집은 카드를 즉시 담요에 놓지 않고 보류해 두었으므로 DeckSel이 −1일 때 담요로 이동한다는 점이 다르다. 카드를 다 이동시킨 후 조건을 점검하여 상대방의 피를 가져온다. 고스톱에는 이런 경우가 다섯 가지나 있다. 뺏어올 카드 숫자인 nSnatch를 0으로 초기화하고 조건을 점검한다.

쪽은 내가 낸 카드를 데크에서 뒤집어 다시 먹은 경우이다. 이런 조건문을 만들 때는 화투패를 펼쳐 놓고 어떤 경우가 쪽인지 관찰해 보고 그 결과를 코드로 옮기면 된다. 고스톱을 모르는 친구에서 설명하듯이 컴파일러에게 쪽의 조건을 코드로 기술하는 것이다.

4피 6피 7오 8십 8피 9피 J피 B오

1광 ────► 플레이어가 낸 카드. 일치하는 카드가 없다.

1피 ────► 데크에서 뒤집은 카드. 플레이어가 낸 카드와 일치한다.

나머지 조건도 비슷한 식으로 코드를 작성한다. 따닥은 플레이어가 낸 카드로 담요의 카드를 먹고 데크에서 뒤집은 카드로도 먹되 네 장의 숫자가 모두 일치할 때이다. 싹쓸이는 담요에 남은 카드가 하나도 없어야 한다. 한꺼번에 세 장을 먹는 경우는 앞에서 이미 점검한대로 UserTriple, DeckTriple 변수를 살펴보면 된다.

조건이 만족할 때마다 nSnatch를 1씩 증가시킨다. 쪽과 따딱, 세 장 먹기는 동시에 일어날 수 없어 최댓값은 3이다. UserTriple, DeckTriple이 동시에 발생하면서 싹쓸이까지 했을 때 상대방의 피 세 장을 가져올 수 있다.

다음은 CalcScore를 호출하여 점수를 계산한다. 새 점수가 OldScore보다 커졌다면 고/스톱 질문을 하고 응답 여부에 따라 게임을 끝내거나 아니면 점수를 갱신하고 고 횟수를 증가시킨 후 루프 선두로 돌아간다. 단, 막판에는 어차피 끝나는 중이므로 무조건 스톱이다.

3 개작

1 흔들기

완성된 소스를 분석해 보면 과히 어렵지는 않다. 그러나 분석할 수 있다고 해서 이런 게임을 바로 만들 수 있는 것은 아니다. 제작 과정에서 예상치 못한 문제에 봉착하기도 하고 설계를 잘못해 처음부터 다시 설계해야 하는 경우도 빈번하다. 이제 응용력을 발휘하여 완성된 소스를 개작해 보자. 가급적 직접 실습해 봐야 경험이 쌓이고 성취감을 느낄 수 있다.

플레이어의 패에 같은 카드 네 장이 들어오면 기본 점수를 주고 게임을 그대로 종료한다. 담요에 네 장의 카드가 깔리면 처음 패를 두는 사람이 네 장을 모두 가진다. 발생 빈도는 낮지만 이렇게 되면 게임이 재미없고 싱거워진다. 구현보다는 이런 상황이 되지 않도록 금지 처리만 해 보자. 이를 위해 카드 집합에 한꺼번에 들어온 카드가 몇 장인지 조사하는 함수를 추가한다.

```cpp
int CCardSet::GetMaxSeries() {
    int i,n,m,old=-1;

    for (i=0,n=1,m=1;i<Num;i++) {
        if (old == Card[i].GetNumber()) {
            n++;
            m=max(n,m);
        } else {
            n=1;
            old = Card[i].GetNumber();
        }
    }
    return m;
}
```

삽입할 때부터 오름차순으로 정렬되어 있으니 카드패 전체를 순회하며 연속되는 숫자의 최댓값을 찾으면 된다. 게임 초기화 루틴에서 이 함수를 호출하여 네 장의 같은 패가 들어오면 Reset 함수로 집합을 비우고 다시 섞는다.

```
void Initialize()
{
    int i;

    for (;;) {
        Deck.Reset();
        South.Reset();
        North.Reset();
        Blanket.Reset();
        Deck.Shuffle();
        for (i=0;i<10;i++) {
            South.InsertCard(Deck.Pop());
            North.InsertCard(Deck.Pop());
            if (i < 8) Blanket.InsertCard(Deck.Pop());
        }
        if (South.GetMaxSeries()!=4 && North.GetMaxSeries()!=4 && Blanket.
            GetMaxSeries()!=4)
            break;
    }
}
```

같은 카드를 세 장 받으면 흔들 수 있다. 점수가 곱절이 되지만 상대방에게 패의 일부를 공개해야 하는 불이익이 있다. 게임의 흐름에는 영향을 주지 않으며 점수 계산 방식만 바뀐다. 점수는 CPlayerPae에서 계산하므로 여기에 멤버 변수를 추가한다.

```
class CPlayerPae : public CCardSet
{
private:
    int nGo;

public:
    int OldScore;
    int bShake;
    CPlayerPae(int asx,int asy) : CCardSet(asx,asy) { OldScore=6;nGo=0;bShake
        =false; }
```

```
void Reset() { CCardSet::Reset();OldScore=6;nGo=0;bShake=false; }
....
```

흔들기 여부를 기억하는 bShake 멤버를 추가하고 false로 초기화한다. 패를 나눈 직후에 화면을 그려 보여 주고 같은 카드가 세 장일 때 흔들 것인지 질문한다.

```
int main()
{
    ....
    randomize();
    Initialize();
    DrawScreen();
    if (South.GetMaxSeries() == 3) {
        ch=InputInt("같은 카드가 세 장입니다. (1:흔들기, 2:그냥 하기) ",1,2);
        if (ch == 1) SouthPae.bShake = true;
    }
    if (North.GetMaxSeries() == 3) {
        ch=InputInt("같은 카드가 세 장입니다. (1:흔들기, 2:그냥 하기) ",1,2);
        if (ch == 1) NorthPae.bShake = true;
    }
    for (SouthTurn=true;!Deck.IsEmpty();SouthTurn=!SouthTurn) {
        ....
```

흔들겠다는 응답을 하면 bShake를 true로 설정한다. 상대방이 네트워크에 있는 분리된 환경이라면 어떤 카드로 흔들었는지도 알려야 하지만 이 예제는 상대방 패를 뻔히 다 들여다보고 하는 식이라 그럴 필요가 없다. 화면에 흔들었다는 표시를 해 둔다.

```
void CPlayerPae::Draw() {
    ....
    gotoxy(sx+20,sy);
    cout << "점수:" << CalcScore() << "점, " << nGo << "고 "
        << (bShake ? "흔듬":"");
}
```

프로그램은 흔들었다는 표시만 할 뿐 판돈 두 배 징수에는 관여하지 않는다. 판돈을 두 배로 받는 것은 플레이어들이 알아서 할 일이다.

2 쌍피 인정

D피와 B피는 피 두 장으로 취급하여 이걸 먹으면 왠지 배부른 포만감이 든다. 9십 카드도 쌍피로 쓸 수 있지만 복잡하니 일단 제외했다. 쌍피는 일반 피와 점수가 다르고 모양도 달라 플레이어가 구분할 수 있어야 한다. 카드의 종류에 "쌍"을 추가하고 GetKind 함수를 수정한다.

```cpp
struct SCard
{
    int GetKind() const {
        if (strcmp(Name+1,"광")==0) return 0;
        else if (strcmp(Name+1,"십")==0) return 1;
        else if (strcmp(Name+1,"오")==0) return 2;
        else if (strcmp(Name+1,"쌍")==0) return 3;
        else return 4;
    }
    ....
```

쌍피에 일반피보다 더 작은 숫자를 부여하여 정렬할 때 쌍피가 더 앞쪽에 오도록 했다. GetKind가 두 종류의 피를 구분하므로 < 연산자는 수정할 필요 없다. 화투 구성표를 수정하여 두 개의 카드를 쌍피로 만든다.

```cpp
SCard HwaToo[MaxCard]={
    "1광","1오","1피","1피","2십","2오","2피","2피","3광","3오","3피","3피",
    "4십","4오","4피","4피","5십","5오","5피","5피","6십","6오","6피","6피",
    "7십","7오","7피","7피","8광","8십","8피","8피","9십","9오","9피","9피",
    "J십","J오","J피","J피","D광","D쌍","D피","D피","B광","B십","B오","B쌍"
};
```

플레이어와 담요는 카드 문자열을 있는 그대로 출력할 뿐이어서 별다른 영향을 받지 않는다. 먹은 패는 카드 종류별로 출력 위치가 다르다. 쌍피를 일반피와 같이 출력하기 위해 Draw 함수에 다음 조건문을 추가한다.

```cpp
void CPlayerPae::Draw() {
    int i,kind;
    int x[4]={sx,sx,sx,sx},py=sy+3;

    for (i=0;i<Num;i++) {
```

```
        kind=Card[i].GetKind();
        if (kind >= 3) kind=3;
        if (kind < 3) {
        ....
```

4번 카드도 3번으로 강제 조정하여 두 종류의 카드를 모두 3번 줄에 출력한다. 점수를 계산하는 함수도 약간 수정한다.

```
int CPlayerPae::CalcScore() {
    int i,kind,n[4]={0,};
    int NewScore;
    static int gscore[]={0,0,0,3,4,15};

    for (i=0;i<Num;i++) {
        kind=Card[i].GetKind();
        if (kind == 3) n[kind]++;
        if (kind >= 3) kind=3;
        n[kind]++;
    }
    ....
```

쌍피에 대해 피 개수를 하나 증가시켜 놓고 일반피와 쌍피를 모두 3번으로 만들어 원래 코드를 실행한다. 쌍피는 중복 계산되어 두 장의 피로 취급된다. 점수 계산이나 출력 방법은 별로 큰 변화가 없다. 그러나 쌍피가 생김으로써 상대방의 피를 가져오는 부분이 골치 아파진다. 쌍피를 반으로 쪼갤수 없고 상대방이 쌍피밖에 없다면 거스름피를 줄 필요 없이 무자비하게 가져올 수 있다. 피 세 장을 내 줄 때 가진 피에 따라 다음 규칙대로 내 준다.

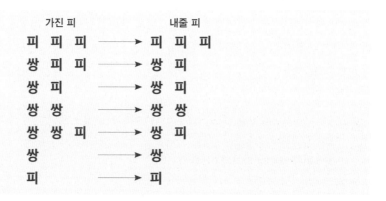

또한 쌍피로 인해 뺏어오는 피의 수와 카드의 수가 일치하지 않는다. 그래서 제거한 카드를 곧바로 상대방의 패에 삽입하는 간단한 코드를 쓸 수 없다. RemovePee 함수가 최소 비용의 카드 집합을 선택하고 선택된 카드를 InsertCard 함수로 따로 삽입한다.

```cpp
int CPlayerPae::RemovePee(int n,SCard *pCard) {
    int ns=0,np=0,tp;
    int i,idx,num=0;
    SCard *p=pCard;

    for (i=0;i<Num;i++) {
        if (Card[i].GetKind() == 3) ns++;
        if (Card[i].GetKind() == 4) np++;
    }
    tp=ns+np;
    if (tp == 0) return 0;

    switch (n) {
    case 1:
        if (np != 0) {
            *p++=RemoveCard(FindFirstCard("피"));
            return 1;
        } else {
            *p++=RemoveCard(FindFirstCard("쌍"));
            return 1;
        }
        break;
    case 2:
        if (ns != 0) {
            *p=RemoveCard(FindFirstCard("쌍"));
            return 1;
        } else {
            *p++=RemoveCard(FindFirstCard("피"));
            num=1;
            if (np >= 2) {
                *p++=RemoveCard(FindFirstCard("피"));
                num=2;
            }
            return num;
        }
```

```
        case 3:
            i=RemovePee(2,p);
            p+=i;
            idx=RemovePee(1,p);
            return i+idx;
        default:
            return 0;
    }
}
```

첫 번째 인수 n이 지정하는 개수만큼 피를 선정하여 두 번째 인수 pCard에 채우고 개수를 리턴한
다. 코드가 길지만 사람의 사고와 유사한 식으로 동작해 이해하기는 어렵지 않다. 쌍피의 개수를
ns에 조사하고 일반피의 개수를 np에 조사한다. 피가 하나도 없으면 줄 게 없으니 배째라는 뜻으로
0을 리턴한다.

한 개의 피를 줘야 한다면 일반피를 우선적으로 준다. 일반피가 없다면 어쩔 수 없이 쌍피를 줘야 한
다. 한 장을 줄 때는 쌍피보다 일반피가 우선이고 두 장을 줄 때는 쌍피가 우선이다. 쌍피가 없다면
한 장을 먼저 주고 남은 한 장이 있으면 더 준다.

세 장을 주는 처리는 예상외로 간단한데 앞에 한 장, 두 장을 주는 코드가 이미 완성되어 있으니 재
귀호출한다. 두 장을 먼저 주고 한 장을 또 주면 된다. 여러 장의 피를 한꺼번에 제거하여 배열에 채
워 주므로 뺏은 카드를 옮기는 부분도 수정한다.

```
SCard arPee[3];
int nPee;

nPee=OtherPae->RemovePee(nSnatch,arPee);
for (i=0;i<nPee;i++) {
    TurnPae->InsertCard(arPee[i]);
}
```

카드 목록을 조사하기 위해 크기 3의 카드 배열 arPee를 선언했다. RemovePee를 호출하여
nSnatch만큼 상대방의 피를 제거하고 arPee에 기록된 카드를 리턴된 개수만큼 자신의 패에 삽입
한다.

3 피박

피박은 피로 점수를 획득했는데 상대방은 피가 다섯 장 미만일 때 점수를 두 배로 계산하는 규칙이다. 판을 키우는 역할을 하며 게임의 긴장도를 높인다. 상대방이 피가 하나도 없으면 피박이 아니라는 규칙이 있지만 원치 않게 피가 들어오는 경우가 있어 이것도 쉽지 않다.

광박은 광으로 점수를 획득했는데 상대방이 광을 먹지 못했을 때 적용된다. 독박은 점수를 더 얻을 수 있을 것 같아 고를 불렀는데 추가 점수 획득에 실패한 경우이다. 세 규칙 모두 게임 진행에는 영향을 미치지 않으며 판돈 계산에만 적용된다. 게임이 끝난 후 판별해서 알려만 주면 판돈을 계산하는 것은 플레이어들이 알아서 한다.

```cpp
CPlayer *LastGo=NULL;

    for (SouthTurn=true;!Deck.IsEmpty();SouthTurn=!SouthTurn) {
        ....
            if (InputInt("추가 점수를 획득했습니다.(0:스톱, 1:계속)",0,1)==1) {
                TurnPae->OldScore=NewScore;
                TurnPae->IncreaseGo();
                LastGo=Turn;
            } else {
                break;
            }
    }
    DrawScreen();

    // 승부와 피박, 광박, 독박 여부를 판정한다.
    bool SouthWin;
    int SouthScore,NorthScore;
    int TurnPee=0,TurnLight=0,OtherPee=0,OtherLight=0;

    if (Deck.IsEmpty()) {
        if (LastGo != NULL) {
            SouthWin = (LastGo == &North);
        } else {
            SouthScore=SouthPae.CalcScore();
            NorthScore=NorthPae.CalcScore();
            if (SouthScore < 7 && NorthScore < 7) {
                OutPrompt("양쪽 모두 기본 점수를 얻지 못해 비겼습니다.");
                return;
```

```
                }
                SouthWin=(SouthScore > NorthScore);
            }
        } else {
            SouthWin=SouthTurn;
        }
        sprintf(Mes,"%s군이 이겼습니다. ", SouthWin ? "남":"북");

        if (SouthWin) {
            TurnPae=&SouthPae;
            OtherPae=&NorthPae;
        } else {
            TurnPae=&NorthPae;
            OtherPae=&SouthPae;
        }
        for (i=0;i<TurnPae->GetNum();i++) {
            if (TurnPae->GetCard(i).GetKind() >= 3) TurnPee++;
            if (TurnPae->GetCard(i).GetKind() == 0) TurnLight++;
        }
        for (i=0;i<OtherPae->GetNum();i++) {
            if (OtherPae->GetCard(i).GetKind() >= 3) OtherPee++;
            if (OtherPae->GetCard(i).GetKind() == 0) OtherLight++;
        }

        if (TurnPee >= 10 && OtherPee < 5 && OtherPee != 0) {
            strcat(Mes,"진 쪽이 피박입니다. ");
        }
        if (TurnLight >= 3 && OtherLight == 0) {
            strcat(Mes,"진 쪽이 광박입니다. ");
        }
        if (OtherPae->GetGo() != 0) {
            strcat(Mes,"진 쪽이 독박입니다. ");
        }
        OutPrompt(Mes);
    }
```

for 루프를 탈출하는 경우는 데크의 패를 다 뒤집었거나 한쪽이 스톱을 부른 경우이다. 스톱은 승자가 분명하지만 끝까지 진행했을 때는 승자를 판별해야 한다. 최후로 고(Go)를 부른 플레이어가 추가 점수를 얻지 못했다면 고를 부른 플레이어가 무조건 패한다. 이 조건을 점검하기 위해 플레이어가 고를 부를 때마다 해당 플레이어를 LastGo 변수에 저장한다.

아무도 고를 부르지 않았는데 데크의 카드가 더 없다면 양쪽의 점수를 계산해 본다. 둘 다 기본 점수인 7점에 미치지 못하면 비긴 것이고 7점을 넘겼다면 승자가 된다. 승자를 결정한 후 피박, 광박을 점검한다. 이긴 쪽의 피가 열 장 이상인데 진 쪽의 피가 다섯 장 미만이고 0은 아니라면 피박이며 이긴 쪽의 광이 세 장 이상인데 진 쪽이 광이 없으면 광박이다. 진 쪽이 고를 부른 적이 있다면 이때는 독박이다.

4 테스트

익숙한 게임이라 쉬워 보이지만 사실 고스톱의 규칙은 무척 복잡하다. 어떤 규칙은 재현 상황이 좀체 발생하지 않아 테스트해 보기도 어렵다. 정확하게 동작하는지 테스트하려면 수십 판을 해 봐야 하는데 이런 게임을 혼자 한다는 것은 지루하고 괴로운 일이다. 그렇다고 테스트를 생략할 수 없으니 테스트를 컴퓨터에게 맡겨 보자. 빠른 테스트를 위해 대기 시간을 없앤다.

```
const int Speed=0;
const int PromptSpeed=0;
```

기다리지 않으니 엄청난 속도로 패를 돌리고 게임을 진행한다. main 함수를 수정하여 난수의 시작점을 루프로 돌려 각 난수에 대해 게임이 잘 실행되는지 점검한다.

```
int main()
{
    ....
    randomize();
    for (int k=0;k<1000;k++) {
    srand(k);
    Initialize();
    for (SouthTurn=true;!Deck.IsEmpty();SouthTurn=!SouthTurn) {
        ....
    }
    OutPrompt(Mes);
    gotoxy(40,22);
    if (Blanket.GetNum() != 0) {
        printf("%d 난수번에 이상이 있음",k);
        getch();
    } else {
```

```
        printf("%d번 테스트 완료",k);
        delay(500);
    }
    SouthPae.Reset();
    NorthPae.Reset();
    }
}
```

만약 이상이 생긴다면 k값을 알아내어 어떤 경우에 이상이 생기는지 쉽게 재현할 수 있다. 사용자의 입력이 필요할 때 무조건 1번을 선택하도록 고정한다.

```
int InputInt(const char *Mes, int range)
{
    return 1;
```

항상 첫 번째 카드를 선택하고 점수가 나면 못먹어도 무조건 고이다. 이 상태로 프로그램을 실행하면 컴퓨터 혼자 카드 섞고 내고 따 먹고 초고속으로 잘 논다. 게임을 끝까지 진행하여 담요에 남은 패가 하나도 없다면 규칙대로 잘 돌아가고 있는 것이다. 카드의 짝을 잘 찾고 설사한 것도 제대로 처리한다. 만약 담요의 카드가 하나라도 남는다면 뭔가 논리적인 에러가 있는 것이다.

이상이 발견되면 난수 발생기로 같은 시작점을 주어 천천히 다시 실행해 본다. 카드를 먹거나 주고받는 과정에 뭔가 논리적인 에러가 있을 것이다. 이 상태로 한 시간만 프로그램을 돌려 보면 이상 여부를 거의 완벽하게 점검할 수 있다.

객체 지향 실습을 위해 짧지 않은 예제를 만들고 분석해 보았다. 더 실습해 보고 싶다면 다음 개작 실습까지 진행해 보자. 이런 규칙까지 완료하면 거의 완벽해진다.

• 첫 설사시 기본 점수를 부여하는 규칙이 있다.
• 세 번 설사하면 기본 점수로 게임이 끝난다.
• 중간에 세 장의 카드를 내는 폭탄 기능도 구현해 보자.
• 9십 카드는 쌍피와 십짜리 카드 양쪽으로 활용된다.

콘솔에서 만들 수 있는 수준은 이 정도이며 그래픽 환경이라면 더 품질 좋은 게임을 만들 수 있다. 실제 화투패를 보여 주면 훨씬 실감나며 마우스로 패를 선택할 수 있어 편리하고 패가 부딪치는 그럴듯한 소리도 낼 수 있다. 여기에 네트워크까지 붙이면 여러 명이 각자의 집에서 게임을 즐길 수 있으며 이쯤 되면 결과에 따라 왔다 갔다 하는 판돈의 개념도 필요하다.

컴퓨터에게 인공 지능을 부여하면 심심할 때 혼자 맞고를 칠 수도 있다. 그래픽 환경이든 네트워크 환경이든 게임의 전체적인 논리는 이 예제의 수준을 크게 벗어나지 않는다. 논리는 그대로 사용되므로 조금만 개작해도 훌륭한 게임을 만들 수 있다.

찾아보기